Fürst Hermann von Pückler-Muskau

Briefwechsel

Fünfter Band

Salzwasser

Fürst Hermann von Pückler-Muskau

Briefwechsel
Fünfter Band

1. Auflage | ISBN: 978-3-84601-751-7

Erscheinungsort: Paderborn, Deutschland

Salzwasser Verlag GmbH, Paderborn. Alle Rechte beim Verlag.

Nachdruck des Originals von 1874.

Inhalt.

Briefwechsel

zwischen

Pückler und Alexander von Humboldt.

1.
Alexander von Humboldt an Pückler.

Je viens de trouver en revenant du Jardin des Plantes, une carte de Monsieur le Comte de Pückler-Muskau, accompagnée d'une lettre très-aimable de Mr. le Comte de Goltz. Je serais déjà allé chercher Mr. le Comte de Pückler à son hôtel, s'il avait bien voulu me l'indiquer. Il ne me reste en attendant qu'à lui offrir mes faibles services, et à lui témoigner, à lui comme à Madame la Comtesse, combien je serais heureux de leur être utile pendant leur séjour à Paris. J'espère que la Comtesse de Pückler me reconnaîtra, malgré mes cheveux argentés. Le souvenir de la confiance toute particulière, dont elle m'a honoré jadis est resté gravé dans mon coeur. On n'oublie pas l'amabilité de l'esprit uni à de si rares qualités du coeur et du caractère.

Ce mardi.

Humboldt.

2.
Alexander von Humboldt an die Fürstin von Pückler-Muskau.

(1834.)

Dans la crainte de ne pas pouvoir offrir ce matin à Madame la Princesse de Pückler-Muskau l'hommage

1*

de mon ancienne admiration (devant accompagner la
Duchesse d'Anhalt au Musée) je m'empresse de lui
mander que je n'ai malheureusement jamais été honoré
de la communication d'un manuscrit de la part du
peintre spirituel de la nature et des moeurs. Il me
paraîtrait impossible qu'un tel souvenir ait pu s'effacer:
j'ai a regretter d'avoir si peu vu le Prince depuis
4—5 ans, et je n'ai jamais vu de son écriture, pas
même une lettre. Il y a donc quelque malentendu qui
me peine. Je supplie votre altesse d'agréer l'hommage
personelle de ma respectueuse reconnaissance.

Ce lundi.

A. de Humboldt.

3.

Pückler an Alexander von Humboldt.

Muskau, den 6. März 1834

Euer Exzellenz muß ich um Erlaubniß bitten, einen
Irrthum bei Ihnen entschuldigen zu dürfen, der die Fürstin
Pückler bewog Euer Excellenz (statt des Herrn General Witzleben) um Rückgabe eines Manuskripts zu bitten, das Sie
nie empfangen haben.

Wenn indeß Euer Exzellenz hiedurch unnützerweise be-
helligt worden sind, so hat mir dagegen dieses malentendu nur Glück gebracht, indem es mir eines Ihrer liebenswürdigen Billets verschaffte; obgleich dieses zwar nicht an
mich selbst adressirt ist, so gedenkt es doch meiner so gütig
und schmeichelhaft, um mir das Vergnügen versagen zu können,
Ihnen dafür meinen tiefgefühltesten Dank auszusprechen.

Ich lege es zu einem anderen, das ich einst in Paris
von Ihnen erhielt — denn auch die geringsten Aeußerungen
eines großen Mannes sind eine werthe Erinnerung in unserem
Lebensbuche, man ist aber um so stolzer darauf, wenn sie so

freundschaftliche Worte enthalten. Halten Sich Euer Excellenz mindestens überzeugt, daß niemand Ihnen aufrichtigere und tiefere Bewunderung zollen kann, als ich, und daß, wenn ich mich Ihnen nicht mehr und öfter zu nahen gewagt, dies nur in Schüchternheit und dem Gefühl meiner großen Nichtigkeit seinen Grund haben konnte.

Genehmigen Euer Excellenz diesen respektvollsten Ausdruck meiner Verehrung, mit der ich zeitlebens sein werde

Euer Excellenz

gehorsamst ergebener

H. Pückler.

——————

4.
Alexander von Humboldt an Pückler.

Berlin, den 8. März 1834.

Ew. Durchlaucht haben mir ein so liebenswürdiges Zeichen Ihres Andenkens gegeben, daß ich Sie mit wenigen Zeilen des Dankes in diesen hieroglyphisch-unleserlichen Zeilen zu belästigen wage. Was ich der geistreichen Fürstin schrieb, habe ich oft, auf beiden Ufern des trennenden Stromes, ausgesprochen. Am Abend eines bewegten Lebens, die Unnatur, die mich jetzt umgiebt, durch Erinnerungen verscheuchend, Palmenwälder aus diesen hinzaubernd, wo verkümmerte Cisternen, als Hasenhaide sich bis an die chinesische Gränze, in einförmigem Zuge, hinziehen, ist es eine doppelte Freude Sie durch die Lebendigkeit eines tiefen Naturgefühls die Sprache, die wir lieben, und die den Deutschen als ein freies Gut geblieben ist, in wahren und reizenden Schilderungen des Erdenlebens von Albion verherrlichen zu sehen.

A. v. Humboldt.

——————

5.

Pückler an Alexander von Humboldt.

Schloß Muskau, den 18. Mai 1834.

Euer Excellenz,

bitte ich um Nachsicht, wenn ich dem Manne, den sich die Natur eigens gebildet zu haben scheint, um ihre Geheimnisse den Menschen zu enthüllen, und ihre Schönheit und Erhabenheit uns doppelt genußreich durch seine Schilderungen zu machen — wenn ich, sage ich, einem so hoch gestellten Genius mit dem schwachen, beiliegenden Versuche zu nahen wage.

Ich habe freilich nur ein unbedeutendes Spiel mit dem Gewöhnlichsten, was die reiche Herrlichkeit der Natur uns darbietet, zu unternehmen vermocht, und dann dieses zu beschreiben versucht. Doch wer, wie Sie, schon so oft aus dem scheinbar Kleinsten Großes auffand, wird vielleicht auch hier das Geringe nicht verschmähen, wenn ihm wenigstens daraus ein von Liebe für Schönes und Großes erfüllter Geist, und ein redlicher Wille hervorleuchtet.

Auch ein wenig Egoismus, wie bei allen menschlichen Dingen, läuft mit unter. Ein paar anerkennende, öffentliche Worte aus Ihrem Munde würden die größte Genugthuung für mich, und ein sicherer Empfehlungsbrief für mein Büchlein sein.

Mit tiefster Verehrung

Euer Excellenz

gehorsamster H. Pückler.

6.

Alexander von Humboldt an die Fürstin
von Pückler-Muskau.

(1834.)

Après m'avoir inculpé comme rétracteur, votre
Altesse daignerait-Elle glisser ces lignes de remerciment
dans une de ses lettres au Prince?

A. H.

7.

Alexander von Humboldt an die Fürstin
von Pückler-Muskau.

Ce mardi.
(Den 2. Mai 1837.)

J'arrive la nuit même de Potsdam, et j'accepte
avec plaisir l'aimable offre de Madame la Princesse
pour demain mercredi soir à huit heures précises,
car le spectacle dure 1 heure. Je crains de prendre
jeudi, vu l'incertitude des perturbations planétaires.
Toutes les personnes que vous voulez bien choisir, me
sont agréables, je prierais seulement Madame la Princesse de ne pas inviter Rauch, Gans et Mr. et Md. de
Rühle parceque déjà ils ont passé par cet ennui. Mr.
de Varnhagen ajoutera qui il voudra. Rien ne surpasse
le tact qu'il a pour deviner qui pourrait avoir quelque
indulgence à m'entendre. Mille respectueux et affec-
tueux hommages.

A. de Humboldt.

8.

Pückler an Alexander von Humboldt.

Schloß Muskau, den 16. April 1842.

Euer Excellenz sind so unendlich gütig für mich, zeigen
mir soviel ganz unerwartete Theilnahme, daß ich Ihnen

meinen innigsten Dank dafür ausdrücken muß, einen um so tiefer gefühlten Dank, da ich in der That nicht weiß, womit ich eine so freundliche Gesinnung habe verdienen können. Denn daß ich Sie von jeher mit Enthusiasmus verehrt habe, giebt mir kein Verdienst. Ich müßte kein deutsches Herz im Busen tragen, wenn ich mich nicht stolz und glücklich fühlte, daß ein Mann wie Sie es sind, unserer Nation angehört.

Indessen, wenn auch unverdient, erfreut mich so viel Güte nicht minder, und stellt mich höher in meinen eigenen Augen. Dennoch mißbraucht der Mensch nur zu leicht sein Glück, und so wage auch ich jetzt vielleicht eine große Indiskretion zu begehen, indem ich mir über Folgendes Ihren freundschaftlichen Rath erbitte.

Eben als ich von Berlin die Nachricht erhielt, wie wohlwollend Sie für mich gehandelt, war ich im Begriff den in Abschrift beiliegenden Artikel in die „Augsburger Zeitung" einrücken zu lassen. Ich werde nun besorgt, vielleicht dadurch einer guten Sache Schaden zu thun. Persönliche Rücksichten sind hierbei durchaus nicht im Spiele, denn mein kleines Leben sehe ich als ziemlich abgeschlossen an, und wenn mir noch eine Ambition, ein Wunsch zu wirken übrig bleibt, so ist er einzig und allein auf meine nächste Umgebung beschränkt, aber ich ehre von fern im tiefsten Herzen unseres Königs edlen Willen und geniale Auffassung der Weltverhältnisse, ja ich sehe Deutschlands schönste Hoffnung in ihm vor Allen, und so unbedeutend meine Stimme ist, so möchte ich trotz aller mir bewahrten Unabhängigkeit doch auch im Kleinsten nicht nur als ein Sandkorn des Anstoßes vor ihm erscheinen.

Aus diesem Grunde, und da mein eigenes Urtheil nicht hinreicht, bin ich so frei Euer Exzellenz zu bitten, mich aufrichtig belehren zu wollen, ob der erwähnte Artikel unbedenklich abgesandt werden kann, oder ob seine Publikation besser. unterbleibt. Meine wirkliche Gesinnung spricht er

allerdings aus, aber einmal irre ich mich vielleicht, und zwei=
tens ist selbst die Wahrheit nicht zu jeder Zeit nützlich. Also
salvo meliori, und jedenfalls Verzeihung für die naive Treu=
herzigkeit dieses Briefes, die Ihnen gegenüber nie depla=
cirt sein kann, denn wer so hoch steht in Geist und Werth,
ist auch gewiß immer mild gesinnt.

Mit ehrfurchtsvoller Anhänglichkeit

Euer Excellenz
treu ergebenster Diener

H. Pückler.

9.

Alexander von Humboldt an Pückler.

Berlin, den 19. April 1842.

Ew. Durchlaucht

haben mich mit sehr liebenswürdigen Zeichen des Wohl=
wollens und des Vertrauens erfreut. Ich habe in einer
kirchlich-orientalischen Angelegenheit, in der ich ehemals nicht
einmal ganz Ihre Ansicht theilte, so gehandelt, wie meine
Verehrung für ein edles und schönes Talent und meine An=
hänglichkeit an den geistreichen Menschen es mir geboten.
Ihre Lage ist so großartig frei, daß ich nicht sehe, wie die
Bemerkungen, welche Sie der „Augsburger Zeitung" mittheilen
wollen, „der guten Sache schaden" sollten. Der Leoparde
muß sich doch wohl daran gewöhnen, daß man bisweilen
seine Tatze fürchtet. Nach „allein geblieben sind"
(letzte Worte des Aufsatzes), könnte vielleicht stehen: „weil
wir durch Mitwirkung von England den Zweck zu erleichtern
glaubten." Ich lege diese flüchtigen Zeilen (wir sollen vor
morgen schon nach Potsdam trotz der scythischen Kälte über=

siedeln) in die Hände der mir theuren Fürstin, meiner Be=
schützerin.

Mit der freundschaftlichsten Verehrung

Ew. Durchlaucht

ganz gehorsamster

A. v. Humboldt.

10.

Pückler an Alexander von Humboldt.

Schloß Muskau, den 25. April 1842

Euer Excellenz

müssen sich schon noch einen Brief von mir gefallen lassen
Erstens, um Ihnen für die Freundlichkeit zu danken, mit der
Sie meine Zeitungsangelegenheit aufgenommen haben, wo=
nach denn auch mein Brief sogleich mit Ihrer sehr wesent=
lichen Verbesserung nach Augsburg abgegangen ist. Zweitens
aber um Ihnen eine Art von Supplik vorzutragen.

Es giebt nämlich noch Menschen die, mirabile dictu
durch einen Orden, selbst dritter Klasse (nur die vierte glaube
ich verführt niemanden mehr, er müßte denn in Ordenshinsicht
auf Avancement dienen) vollkommen beglückt werden können,
und die zugleich eine Auszeichnung dieser Art verdienen. Ein
solcher Mann nun ist der hiesige Superintendent, ein Geist=
licher, der ohne alle Frömmelei seinem Fach mit so verstän=
diger Würde vorsteht, daß er die allgemeinste Achtung ge=
nießt, und zugleich ohne Sklavensinn die vorherrschende Ten=
denz hat, sich überall möglichst dem Willen der Regierung
mit Eifer anzuschließen. Er war der erste zum Beispiel der
die neue Agende in der Lausitz einführte, als noch viele seiner
Kollegen unnütze Schwierigkeiten machten, (bei welcher Ge=
legenheit der hochselige König ihm als Gnadengeschenk sechs
nicht gebundene Exemplare der Agende zusenden ließ), und

auch hinsichtlich der Jerusalemer Kollekte den größten Eifer bewies. Nun weiß ich wohl, daß Euer Exzellenz mit Vertheilung der Orden offiziell nichts zu thun haben, allein Sie befinden sich an der Quelle, Ihr Wort muß in allen Dingen stets ein großes Gewicht haben — es kann sich also doch leicht ein Moment finden, wo ein solches Wort anzubringen wäre; Sie sind dabei nicht nur ein berühmter, sondern auch ein liebevoller und wohlwollender Mann, der nicht besorgt zu sein braucht, seinen Kredit bei einer Kleinigkeit abzunutzen, und dem man also ohne zu große Indiskretion eine Bitte dieser Art so gut wie eine andere vortragen mag. Was mich selbst betrifft, so interessire ich mich für die Sache einmal, weil ich sie zweckmäßig, ja nützlich finde, denn die Theilnahme würde allgemein sein, zweitens weil man so selten die Freude haben kann, irgend Jemanden beglücken zu helfen, und ich hier weiß, daß der Zweck erreicht würde.

Also entschuldigen Sie mich jedenfalls, und wollen oder können Euer Exzellenz aus Gründen, die ich von hieraus ja gar nicht beurtheilen kann, selbst in der Sache nichts thun, so sind Sie vielleicht so gut mir einen Rath zu geben, wie ich am Besten anfange meinen Wunsch zu erreichen.

Dann aber verspreche ich auch Sie nicht weiter zu behelligen, bereits beschämt genug so viel mich unterstanden zu haben.

Mit hoher Verehrung

Euer Exzellenz

treu ergebenster Diener

H. Pückler.

11.
Pückler an Alexander von Humboldt.

Dresden, den 5. Mai 1842.

Die Freude über ein zweites himmlisches, wenn auch nicht allzuchristliches Billet von Ihrer erlauchten Hand, wurde

nur etwas durch die allerdings nicht unbedeutende Schwierig=
keit verkümmert, es zu lesen. Es ist freilich wahr, daß da
die Gelehrten einmal das Vorrecht sprüchwörtlich schon
haben, unleserlich zu schreiben, dies bei Ihnen in analoger
Proportion so weit gehen mußte, daß man Sie gar nicht lesen
könnte — da aber auf der anderen Seite die Welt dadurch
zu viel verlieren würde, und unter den sprüchwörtlichen
Wahrheiten, auch die fest steht: que les entrêmes se
touchent — so sollten Sie eigentlich so schön wie Varnhagen
schreiben.

Doch ich fürchte in eine Art von Enthusiasmus zu ver=
fallen, wenn ich so fortfahre, und eile daher zu dem Haupt=
zwecke dieses Schreibens, der wieder eine Ordenssache betrifft,
nämlich Ihnen von ganzem Herzen, nicht bloß zu dem selbst
erhaltenen neuen Orden, sondern zu der ganzen Schöpfung
desselben zu gratuliren, weil ich glaube, daß Sie an dieser
Idee großen Theil haben, ich aber von derselben in jeder
Hinsicht enchantirt bin. Dies ist eine der deutlichsten De=
monstrationen des Uebergangs zur neueren Zeit vom Throne
aus, und dadurch, daß die Zahl der Mitglieder des Ordens
auf eine gewisse Zahl beschränkt bleibt, (gute Hosenband=
reminiszenz aus England), wird der Orden auch Ansehen
erhalten, und nicht so lächerlich werden, als diejenigen seines=
gleichen, welche bei jedem Zollverbindungstraktat, oder fried=
licher recixerzirlichen Truppenbesichtigung von einem Dutzend
Puissancen schockweise wie Kreuzfeuer abgeschossen werden.

Mein Superintendent bietet jedoch auch einem solchen
Schuß kühn die schwarze Brust, und da ich seinethalben ein=
mal an Euer Exzellenz appellirt habe, so bemerke ich hier
noch devotest, daß ich in optima forma bei Herrn Eichhorn
deshalb eingekommen bin, und ein gelegentlichst dort einge=
worfenes Wort gewiß den Ausschlag geben würde, wenn
selbiges von Ihnen ausgeht.

Sie sehen, daß ich für meine Portegés furios thätig
bin, und sogar fürchten muß, Euer Excellenz gegenüber fast
an Indiskretion zu streifen. Also schließe ich mit der auf=
richtigsten Bitte um gnädige Verzeihung.

P.

12.

Alexander von Humboldt an Pückler.

Potsdam, den 16. Mai 1842.

Ew. Durchlaucht

habe ich, wenn auch nur mit wenigen, unleserlichen Zeilen
meinen innigsten Dank für die Ueberzeugung darzubringen,
daß ich gewiß (in dem Dissent des Bisthums und den
prolifiken Bischöfen) gern unaufgefordert zu allem beitrage,
was in den Wünschen, des geistreichen und „nie verstorbenen"
Fürsten für Andere und Wohlverdiente liegt. Man sagt
boshaft meinem Bruder nach, er habe gemeint „vom Chri=
stenthum und der Musik nichts zu verstehen." Ich fürchte
sehr durch die Erbschaft der Verläumdung meinen Einfluß
in den Auguren = Sachen verscherzt zu haben: ich werde es
mir aber angelegen sein lassen, durch Empfehlung eines so
vortrefflichen und schon vom vorigen Monarchen geehrten,
hochgestellten Geistlichen bei denen zu wirken, welchen das
Verdienst des Herrn Superintendenten ohnedem nicht unbe=
kannt sein kann. Vierte Klasse und neu eingeführte Schleifen
erinnern an das „Reiten mit Hindernissen". Die Lebensreise
wird schwieriger.

Mit freundschaftlicher Verehrung
Ew. Durchlaucht
ganz gehorsamster
A. v. Humboldt.

13.

Alexander von Humboldt an Pückler.

Es wird mir eine große Freude sein, schon morgen früh von der Erlaubniß Gebrauch zu machen, Ew. Durchlaucht meine Verehrung zu bezeigen. Sollte die Frühstunde zu unbequem sein, so bitte ich dringend, mir eine andere zu bestimmen, aber vor Donnerstag, da ich in wenigen Tagen nach Potsdam und von da nach Paris gehe. Es ist ein hartes Geschick für mich, seit so vielen Jahren, nie Ihres allbelebenden Umganges haben genießen zu können. Die kleinsten Begebenheiten stören die größten und herrlichsten Genüsse. Ich habe nach dem Ob gelangen können, und Ihre Muskauer Schöpfungen sind mir unerreichbar geblieben.

Mit der innigsten Verehrung

Ew. Durchlaucht

ganz gehorsamster

A. v. Humboldt.

Montag Mittag.

14.

Alexander von Humboldt an Pückler.

Berlin, den 27. Dezember 1844.

Die letzten Worte sollen eine eigene Kraft haben. Ich trete endlich morgen die vom König so oft verschobene Reise nach Paris an, und ich kann es nicht über mich gewinnen abzureisen, ohne Ew. Durchlaucht die Bewunderung zu erneuern, welche Ihnen gebührt, wenn man Ihren zweiten Theil des Sittengemäldes, der Naturschilderung, der Erinnerung an eine in tiefes Dunkel gehüllte Vorzeit liest. Dieser zweite Theil hat noch Vorzüge vor dem ersten. Ich habe zwei Drittel davon dem König und der Königin wieder vorgelesen; beide sind entzückt gewesen von der Anmuth, der

Naturwahrheit, der schönen Harmonie der Sprache. Die Ge=
fahren solcher Vorzüge sind französische Uebersetzungen. Man
wünschte der Uebersetzung neue Illusionen zu erobern, Ur=
theile zu berichtigen, aber was würde aus der Anmuth der
Diktion werden! Ich habe die große, große Freude gehabt,
die edle Fürstin sehr gestärkt und erheitert zu finden. Die
Welt um uns her ist wenig heiter, minder aufgeregt, als sich
dehnend und gähnend.

Mit aller Verehrung

Ew. Durchlaucht

gehorsamster

A. v. Humboldt.

15.
Alexander von Humboldt an Pückler.

Neue Kammern, den 18. August 1847.

Ew. Durchlaucht

werden glauben, daß ich der Wachsame „mit dem Falkenorden"
aus der Grotte der vierzig Schläfer komme, da ich meinen
ehrerbietigen Dank für Ihr herrliches Geschenk Ihnen so
spät erst darbringe, so spät erst mit Ihnen in das von Ihnen
so anmuthig beschriebene Bad el Salem prüfend einziehe.
Die Schuld meiner Zögerung ist sehr abhängig von zwei
Zeitepochen gewesen: ich wollte Ihnen, theuerster Fürst, zu=
gleich den zweiten Theil des „Kosmos" senden, und Ihr
schönes Werk der „Rückkehr" dem König vorlesend, tiefer und
tiefer in dasselbe hineindringen. Nichts ist mir nach Wunsch
gegangen. Ein gewisser letzter Bogen, an dem ich viel geän=
dert (ich wünsche daß Sie dieselbe Krankheit haben), ist aus
Stuttgart nicht angelangt, und beim König hat der „Rück=
kehr" eine kleine sehr naive Reise des Tunesen nach Süden,

von dem Dr. Rosen in Konstantinopel übersetzt [1]), geschadet.
Ich habe mir aber während der letzten Abwesenheit des
Monarchen den Genuß selbst verschafft, Ihren letzten Band
theurer Fürst, mir anzueignen. Wem die Götter die Sprache
verliehen haben, wie den Sängern die Stimme, dem gelingt
alles mühelos, weil der Zauber der Diktion dem Naturge=
mälde Färbung und Anmuth und den Zauber des Wohl=
klangs giebt. Sie beleben die immer öde geschilderten Ufer
des todten Meeres, Sie beleben den Cedernwald, und er=
frischen den Mitfühlenden an dem Wasserreichthum von Da=
maskus. Dieser neue Band ist von dem Glänzendsten, was
Sie geschrieben, denn Sie schildern die Wunderfrau, zur
Königin von Palmyra auserkoren, wie die Lüfte die man
einathmet, wie den balsamischen Duft der — — —

A. v. Humboldt.

16.

Alexander von Humboldt an die Fürstin
von Pückler = Muskau.

Berlin, ce 5. septembre 1847.

Madame,

Une personne dont le moindre mérite est d'être
spirituelle, à daigné me donner l'aimable et flatteuse
nouvelle, que Votre Altesse, en feuilletant dans l'album
de Ses souvenirs et de Ses premières impressions de
la vie sociale, aime à prononcer mon nom. Ce nom
est celui du plus ancien de Vos admirateurs, d'un savant
du petit nombre des adeptes, auxquels la science phy-
sico-mathématique n'a pas desséché l'âme, qui vous est
devoué plus que vous ne pouvez le deviner, Vous, qui
à l'âge de 17ans saviez déjà deviner si bien. J'apprends

---

[1]) Das Buch des Sudan, oder Reisen des Scheich Zain el Abidin
in Nigritien. Aus dem Türkischen übersetzt, von Georg Rosen.
Leipzig 1847.

avec une vive douleur que vous n'avez pas le courage
de Vos forces, que lorsque le monde marche, vous
voulez rester immobile. C'est une faiblesse dont je
vous accuse. Faites-moi espérer, qu'en revenant de
cette grande Babel où les maris sont si féroces et les
Ministres si voleurs, je vous trouve établie en Dalmatie;
ayant foi en Vous-même, comme je l'ai en tout ce qui
doit Vous arriver de bénédictions du Très-Haut. Une
belle vie comme la Vôtre, vie d'intelligence et de sentiment, ne doit pas être troublée par de petits maux
physiques qui, nous l'espérons, ne sont que bien pas-
sagers. C'est mon coeur qui me l'a dit.

De V. A. le plus dévoué et le plus soumis de la
Race illisible

A. v. Humboldt.

Je vous dénonce le Prince. Il est allé conspirer
à Boitzenbourg. J'ai tâché de lui faire comprendre que
cela était plus qu'imprudent. On dit que mes principes,
la couleur de mes opinions m'ont empêché de me rendre
à une invitation très pressante. A la veille d'aller voir
M. Arago cela me fera du bien de ce côté du fleuve,
„qu'ils n'auront pas."

17.

Pückler an Alexander von Humboldt.

Berlin, den 28. Februar 1818.

Euer Exzellenz

sage ich meinen innigsten Dank für die freundliche Uebersendung des Kosmos, nicht nur die schönste Zierde meiner
Bibliothek, sondern auch ein sehr theures Zeichen Ihres mich
hochehrenden Wohlwollens. Eben so empfing ich den beglei-

tenden Brief wie immer mit ehrfurchtsvoller Freude, muß aber doch gegen den Ausdruck „heitre Rache" protestiren. Einen heitren Scherz, dessen Beziehung eigentlich nur Sie selbst verstehen konnten, glaubte ich mir auch gegen den großen und verehrten Mann erlauben zu dürfen, der selbst in heitern Scherzen der höchste Meister ist, und wenn er jetzt einen Herd feuriger Kohlen auf meinem schwachen Haupte zu sammeln die Großmuth hat, vielleicht auch nur sich einem ironischen Scherze lächelnd überläßt.

Was aber immer der treuste Ernst bleiben wird, ist die Verehrung und respektvolle Anhänglichkeit, mit der ich lebenslang sein werde

Euer Exzellenz

demüthiger Bewunderer

Hermann Pückler.

P. S.

Die Abdikation Louis Philipps ist ein erschütterndes Ereigniß, was Sie gewiß auch persönlich eben so tief berühren wird als mich. Es scheint ein wunderbares Verhängniß über den Regierungen zu walten, daß keine mehr, weder im entscheidenden Augenblick zu furcht- und rücksichtsloser Energie Kraft in sich findet, noch die rechte Zeit erkennt, wo Konzessionen nöthig, und noch mit Anstand zu geben sind.

Eben höre ich: daß auch die Republik proklamirt ist. Welche Folge der Schwäche!

———

18.

Alexander von Humboldt an Pückler.

Berlin, den 4. Januar 1857.

Sie haben, theuerste Durchlaucht, mir erlaubt, meinem jungen Freunde, dem Dr. und Privatdozenten an der Universität, Brugsch, die Ehre zu verschaffen, sich Ihnen nähern

zu dürfen; Sohn eines braven Wachtmeisters, frühe schon so
ausgebildet, daß er (vielleicht einzig in der Gelehrtengeschichte)
noch als Primarier die erste Ausgabe seiner erst lateinischen,
jetzt französischen demotischen Grammatik herausge=
geben, hat er noch den Vortheil gehabt von Lepsius neidisch
verfolgt, vom König persönlich freundlichst behandelt und
unterstützt zu werden. Angenehm von Sitten, in Frankreich
und England geachtet, besitzt er ein seltenes Talent „deutsch"
zu schreiben. Ihnen, Meister in dieser Kunst, darf
er von dieser Seite empfohlen werden. Die demotischen In=
schriften, die er mitgebracht und entziffert, haben über die
Apisperiode das erste Licht verbreitet, und mehr als 8000
geographische Namen (Sitze alt ägyptischer Helden) kennen
gelehrt.

Mit unerschütterlicher Freundschaft und Verehrung für
Talent, Geistesfrische, Geistesanmuth und Gesinnung

Ew. Durchlaucht

gehorsamster

A. v. Humboldt.

19.

Pückler an Alexander von Humboldt.

Berlin, den 29. Januar 1857.

Euer Excellenz

sage ich meinen ergebensten Dank für das mir gütigst über=
schickte Buch, was ich mit dem größten Interesse gelesen.
In unserer etwas schwachen und karakterlosen Zeit erwärmt
es das Herz, dem Leben eines so ganzen Mannes zu folgen
wie Col. Fremont ist. Demungeachtet glaube ich, daß bei
den jetzt bestehenden Verhältnissen in den Vereinigten Staaten
die Wahl Buchanan's dem Lande günstiger sein kann als
die Fremont's. Denn der rechte Mann muß auch zu voller
Wirkung in der rechten Zeit kommen. Wie viel ausgezeich=

2*

nete Menschen scheiterten, oder gingen ohne Erfolg unter, die
in einer passenderen Phase des Zeitgeistes den Gipfel des
Ruhms und die höchste Befriedigung ihres Strebens erreicht
hätten! Wenn ich mir zum Beispiel denke: welche Folgen
es in der Welt haben würde, wenn Kaiser Joseph der Zweite
heute den Thron Oesterreichs bestiegen hätte, während alles,
was sein edler und erlauchteter Wille damals zu schaffen ver=
suchte, jetzt spurlos in seinem Reiche verschwunden ist.

Da in unserer Zeit die Geschicke schneller rollen als je
zuvor, hoffe ich, daß in Amerika Fremont weniger Jahre zu
warten haben wird, um noch die große Rolle zu spielen, für
die ihn die Natur bestimmt zu haben scheint, und mit Erfolg
eine die Menschheit entwürdigende Barbarei zu bekämpfen.

Doch verzeihen Sie, Verehrtester, einem Laien in allen
Dingen, wie ich bin, solche vielleicht ganz unreife Urtheile
auszusprechen, und erhalten Sie mir immer quand-même
Ihr nachsichtiges und freundliches Wohlwollen.

Euer Exzellenz

gehorsamst ergebener H. Pückler.

P. S. Ist es nicht zu unbescheiden, so bittet ein armer
Kranker noch um mehr Geistesnahrung Ihrer Wahl.

Briefwechsel

zwischen

Pückler und Lady Hester Stanhope.

———⸎———

1.

Pückler an Lady Hester Stanhope.

Mylady!

Sachant que vous n'aimez guères les visites des étrangers, n'ayant souvent rencontrée qu'une vaine curiosité et quelquefois même de l'indiscrétion, je vous avoue franchement, Madame, que ce n'est qu'en tremblant que je vous demande à mon tour la permission de vous rendre mes devoirs. Cependant permettez-moi de vous dire que depuis de longues années mon imagination a anticipée le plaisir de vous connaître, et que ce serait un vrai acte de cruauté de votre part, si vous pouviez à présent, où ce moment tant désiré est enfin arrivé, me refuser le bonheur de présenter mes respects à la Reine de Palmyra et à la nièce du grand Pitt.

Au reste j'ose encore ajouter, que d'après ce que j'ai entendu dire de vous, Madame, il doit regner quelque affinité entre nos caractères, car comme vous, Mylady, je ne cherche notre salut futur que dans l'Orient, dont les populations encore plus près de Dieu et de la nature, peuvent seules raffraichir un jour cette civilisation pourrie de la vieille Europe, où tout est factice, et qui nous menace sous peu d'un nouveau genre de barbarie, non pas celle du commencement, mais celle de la fin — comme vous, Madame, je crois que l'astrologie n'est pas une vaine science, mais seulement une science perdue — comme vous Madame, je suis aristocrate de naissance et par principe, parceque je trouve partout dans la nature l'aristocratie la plus prononcée — comme vous, Madame, enfin j'aime à veiller la nuit et dormir le jour. —

Là je m'arrête, car pour le génie, la force de caractère, la vie grande et singulière que vous avez menée, ne ressemble pas à Lady Stanhope qui veut. Je finis cette lettre, qui doit vous paraître déjà trop longue, en priant instamment de ne pas prendre pour des phrases ce que m'a dicté un coeur encore naif et ingénu, quoique vieux! Je ne suis ni Français ni Anglais, je ne suis qu'uu bon et simple Allemand, qu'on peut peut-être taxer de trop d'enthousiasme, mais jamais de flatterie ni de mauvaise foi.

Le Prince de Pückler-Muskau.

P. S. Dans le cas que vous consentez à me recevoir, oserais-je vous prier encore de me faire accompagner par le Comte de Tattenbach, jeune homme à mon service, qui me verrait partir seul avec trop de regrets pour ne risquer encore cette demande. Quoique blessé assez sevèrement d'un coup de pistolet, il n'a pu être retenu à Akri, de peur de manquer l'occasion de vous présenter ses respects. Cependant que votre volonté soit faite en tout, et non pas la mienne.

2.

Lady Hester Stanhope an Pückler.

Djoun, le 20. mars 1838.

J'espère, mon Prince, que vous voulez bien croire, que je suis toute accablée de regrets de ce que ma santé ne me permet pas, dans ce moment, d'avoir l'honneur de faire la connaissance d'un philosophe et philantrope tel que vous. Vous pouvez demander à tout le monde, si personne m'a vue depuis cinq mois, excepté Mr. Guys une fois; et après son départ, quoique je ne l'ai vu que de temps en temps dans la journée, quand je me trouvais passablement bien, j'en ai eu une rechute pour quelques jours. J'achèterai, très volontiers, par une autre rechute le plaisir de vous voir; mais cela pourrait me mettre hors d'état, pendant quelques mois encore, de mener des affaires les plus désagréables, qui se sont survenues entre la Reine et le gouvernement anglais et moi, qui prétendent de se mêler de mes affaires, que sans doute, je ne permettrai pas.

L'énergie de mon caractère ne me permettant pas de vous parler tranquillement sur des choses sublimes et de la dernière importance, il faut l'abandonner pour le moment. Je me console cependant de l'idée que votre Altesse ne quittera pas la Syrie, avant que j'ai en l'occasion de juger un homme, dit-on, tout différent de tout autre; et de faire la connaissance de votre jeune Comte, qui doit être d'un caractère admirable — s'étant dévoué à vos principes et à votre service.

Hester Lucy Stanhope.

P. S. Si vous allez à Damas, n'oubliez pas de voir sur la route un village qui s'appelle Hamánah, qui fut visité par le Sultan Murad. Il y a une histoire très-extraordinaire et intéressante, qui tient à cette visite. N'oubliez-pas encore de voir l'endroit de Damas, où dorment les quarante dormeurs, Weled el Kaf, avec leurs chiens noirs, qui doivent s'éveiller dans le temps que nous attendons.

3.

Pückler an Lady Hester Stanhope.

Dearest Lady Hester Stanhope,

Vous m'avez écrite une lettre si aimable et d'un contenu si affligeant pour moi, qu'après l'avoir lue des larmes ont coulées de mes yeux.

Est-ce une défaite? je ne veux pas le croire, et cependant quel mal ma visite peut-elle faire à votre maladie? Ne pouvez-vous pas me recevoir dans votre lit à la française, enfin me voir de manière à ne vous causer la moindre gêne? J'espère que les ridicules préjugés anglais ne vous en empêchent pas. Oh Mylady ue me laissez pas partir comme cela, car l'avenir est toujours incertain.

Croyez-moi, je suis fait pour vous, je le sens, je le sais, car j'ai l'âme d'un enfant enfermée dans la tête d'un géant, et si l'on m'a trouvé de l'originalité (ce qui au reste avec la plupart des hommes est synonime avec folie) en voilà la cause. Mais c'est une organisation semblable qu'il faut pour vous, Lady Stanhope, pour vous comprendre, pour vous apprécier, pour estimer heureux d'être instruit par vous de choses à jamais au dessus du vulgaire, que l'esprit même dans toute sa perfection ne saurait atteindre, et que le genie inspiré seul peut saisir.

J'attends donc votre dernier mot. — Si vous restez inexorable, au moins permettez-moi de vous écrire, avec espoir de réponse, s'entend.

Je n'oublierai pas certainement Hamánah, puisque vous me le recommandez, mais quelle est cette histoire intéressante qui y a rapport? Quant aux quarante dormeurs et leurs chiens noirs, j'irais m'endormir avec eux, si vous persistez dans votre refus inhumain, et soyez sûr qu'à notre réveil je vous ferais plus mauvaise réception que le plus méchant des chiens noirs. Dieu sait même, si je ne morderais pas un peu la main blanche qui à signé mon arrêt d'exclusion de Daher Dschuhn.

Mille pardons, Madame, d'avoir dans ma confusion entamé le papier de travers, et d'avoir écrit sur les bords. C'est ma dernière feuille de papier décent. Respects et soumission.

Le Prince de Pückler-Muskau.

———————

4.

Lady Hefter Stanhope an Pückler.

Djoun, le 21. mars 1838.

Je trouve votre Altesse un grand philossophe, mais ependent un homme peu raisonnable. Venez vous ici pour vous moquer d'une personne, réduite par sa maladie à la peau et les os? qui a moitié perdu la vue, ainsi que les dents; ou venez vous pour écouter la vraie philosophie? Mais le malheur est, que dans ce moment, une toux terrible m'empêche de parler pour la plupart du jour. Cependant je ne veux pas être obstinée; et si vous voulez abandonner votre visite pour huit à dix jours, je vous recevrai — même si ma santé n'est pas ameliorée — afin que vous puissiez voir l'inutilité de votre visite. Mais j'espère qu'avec le beau temps et que je commence encore à dormir quelques heures dans les vingt quatre (ce que je n'ai pas fait pour quelques mois) que je pourrai supporter de vous entretenir pour quelques heures à la fois.

Il paraît que vous demandez à moitié l'histoire de Hamánah — elle est trop longue à écrire. Mais que

pensez vous du Sultan Murad? qui a demandé à une
fille de Hamânah d'ôter d'une petite boite un bijou,
qu'il avait achetée avec le cachet qu'il portait toujours
sur son doigt — que sa jument soit pleine du cheval
qu'il montait, sans sa permission — et qu'elle soit enceinte du Sultan sans sa connaissance — ce que la
fille a tout accompli. Il faut parsemer la philosophie
d'un peu de gaîté: ainsi, voilà une anecdote, qui amusera
bien les dames de Vienne et de Paris.

Si vous voulez me croire, c'est avec chagrin que
je suis obligée de vous contrarier. Mais je suis convaincue que vous seriez le premier d'avoir des regrets,
si par mon enthousiasme (qui serait augmenté en trouvant des sentiments analogues aux miens) je m'échauf-
fais: — ce qui me ferait retomber dans des souffrances,
que j'ai déjà subies pour bien des mois.

Dimanche, Lundi, Jeudi et Vendredi seraient les
jours les plus propices, pour que nous nous rencontrions
pour la première fois. Je donnerais la préférence au
Dimanche et au Jeudi, suivant le calcul que j'ai fait
de votre astre et de votre caractère. Ainsi, partez,
mon Prince, content.

Hester Lucy Stanhope.

P. S. Veuillez bien m'aviser de votre intention,
un jour avant votre arrivée.

5.

Pückler an Lady Hester Stanhope.

Jeudi soir.
Saida, le 12. avril 1838.

Mylady!

Me voilà de retour à Saida par un temps abominable
pour y attendre vos ordres. J'ai déjà appris par Mr.

Guyse (un de ceux qui vous sont sincèrement attachés .
Madame) que votre santé s'est un peu améliorée, et j'invoque toutes les étoiles du ciel, qui nous sont propices
de vous conserver dans cette bonne voie.

Veuillez, je vous prie, règler ma marche en tout
point, me dire le jour et l'heure quand je dois partir
de Saïde, quand je dois arriver à Notre Dame de
Daher Dschun, et à quelle heure j'aurai le bonheur de
baiser la main à l'orientale à l'aimable Reine des
Arabes. Car j'espère que vous m'accorderez cette grâce,
comme beaucoup d'autres que je suis sûr de vous demander, et je vous préviens d'avance que vous me
trouverez bien exigeant. En savez-vous la raison? C'est
que je suis tout le contraire de Mr. de Lamartine.
Quand je serai chez vous, Madame, je ne penserai qu'à
vous, et par conséquent je tâcherais de saisir de votre,
être autant que je pourrai, de m'enrichir de votre souvenir autant que vous me le permettrez — tandis que
ce pauvre Mr. de Lamartine, même en votre présence,
ne pensait jamais qu'à lui, à son joli pied bombé, à
l'effet qu'il produirait sur vous, et comment retentirait
après cela en France l'accueil gracieux que lui avait
fait la célèbre Lady Hester Stanhope.

J'ai relu hier le sot article qu'il a fait sur votre
compte dans un livre plus sot encore de quatre volumes,
à la fin desquels personne n'a encore pu arriver.

Je m'étonne qu'on qualifie un tel auteur du beau
nom de poëte, dont il n'a que le mensonge et encore
le mensonge ennuyeux, qui est, comme nous savons, le
pire de tous.

Mais je m'aperçois, Madame, que si je ne crains
pas de passer pour menteur moi-même, je pourrais bien
vous paraître également ennuyeux — je m'arrête donc
tout honteux de mon éternel bavardage, pour lequel je

n'ai guères d'autre excuse que le plaisir irrésistible que je ressens à m'entretenir avec vous.

Soyez donc bonne et indulgente. J'en ai tant besoin!

Hermann Pückler.

6.

Lady Hefter Stanhope an Pücfler.

Djoun, le 13. avril 1838.

Altesse,

Si vous n'étiez pas le grand homme que vous êtes, je ne vous recevrais pas — parceque les vrais grands hommes pensent et agissent d'une manière qui est particulière à eux seuls — et qui fait qu'il n'est plus nécessaire de faire des excuses sur le local, etc. parcequ'ils ne prennent jamais rien en mal. Comme vous avez des bontés et des égards pour moi! Ainsi je vous parle, tout sans cérémonie, parcequ'ainsi je suis convaincue que vous le voulez.

Ma santé est un peu améliorée; mais je suis beaucoup malade encore, comme vous le verrez. Par une conversation pour une ou deux heures à la fois, peut-être vous en douterez de mon état; mais alors il peut venir une attaque, que, si vous la voyiez, vous croiriez que je n'avais pas vingt-quatre heures à vivre!

A présent il faut que je vous dise que ma maison est fort délabrée, et que je n'ai point de ces comforts, auxquels les Anglais tiennent tant. C'est un tas de mauvaises batistes, dispersées par ci et par là. La cour des Étrangers, ou plutôt le petit jardin, à deux chambres — une le divan, qui a une petit tente hors de la porte, et l'autre une chambre à coucher: — voilà ce que vous habiterez avec Mr. le Comte.

Hors de la muraille, tout près, il y a une chambre
pour votre domestique ou pour votre drogueman: les
autres vont dans une chambre du côté de l'écurie.
Voilà donc ce que j'ai à vous offrir; et vous serez
dans votre petit jardin comme dans un hameau de vos
propres villages: et si je vous demande de ne pas
mener des gens de Mahomet Ali, qui sont très-exigeant
en tout, c'est que, dans un endroit comme ici, il n'y a
pas de quoi les arranger suivant leurs prétensions.

Nous avons fixé le Dimanche comme le jour de
préférence. Ainsi il faut, après avoir déjeuné à midi,
partir à votre plaisir; et vous vous trouverez ici une
ou deux heures avant le coucher du soleil.

Comme nous avons beaucoup à parler sur les
astres, je vous écris deux mots sur ce sujet, afin que
vous pouvez y réfléchir, et me mieux comprendre. Vous
me direz comment par la figure peut-on connaître le
monde à un point si exact? — Un jardinier, quand il
voit les vignons de différentes plantes, ne vous dira-t-il
pas que celle-ci restera tant de jours dans la terre? —
après qu'elle poussera peu à peu: qu'elle sera tel temps
à produire les fleurs, qui auront telle couleur, telle
odeur, et telles vertus; qu'après tant de jours elle
commencera à faner, et dans dix jours c'est sec. Une
autre (il vous dira) après d'être sortie de la terre, toutes
les 24 heures poussera $1\frac{1}{2}$ pouce; que ses fleurs seront
fort nombreuses et fort brillantes, mais qu'elle aura une
mauvaise odeur; qu'elle porte les fleurs pour longtemps,
mais que dans 24 heures tout cela disparaîtra.

Ces fleurs ont quelque rapport avec l'homme et
son destin. Je ne l'ai pas bien expliqué, mais votre
grand esprit suppléera à ce qui manque, et vous saurez
cueuillir quelque chose de cette allégorie.

Avec mille salutations, je prends congé de votre Altesse pour le moment

Hester Lucy Stanhope.

P. S. Si vous aimez d'envoyer un de vos propres gens Dimanche matin pour arranger votre chambre suivant ce qu'il vous conviendra le mieux, faites à votre plaisir.

7.

Püdler an Lady Hester Stanhope.

Mylady!

Vous êtes bonne, charmante, naturelle, sans affec tation comme sans prétentions, telle enfin que je savais que vous deviez être, malgré toutes les disparates que les voyageurs, et surtout l'abominable race des voya geurs auteurs, ont débité sur votre compte. Voilà le côté noir de la célébrité.

Je suis on ne peut plus reconnaissant de votre bonté, qui m'accorde enfin la certitude d'avoir le bon heur de vous voir — et ne soyez pas injuste pour vous-même.

Je suis désolé que vous êtes malade, que vous souffrez, mais n'y aurait il plus qu'un souffle de vous sur la terre, Lady Hester, croyez que je serais glorieux et bien heureux de pouvoir le recueuillir! Soyez bien sûre qu'un esprit comme le vôtre est bien plus intéres sant pour moi, que le Liban et toute la Terra Santa avec ses insipides miracles, son hypocrisie et ses folies, malheureusement trop sérieuses. Et puis je meurs d'en vie, je vous l'avoue, de vous entendre parler astrologie. Je n'y entends rien encore, parceque personne jusqu'ici n'a pu me l'enseigner, ou je n'ai pas senti de mon côté la confiance nécessaire, mais tout mon être et de tout temps s'est tourné naturellement vers ce côté, comme l'aiguille aimantée vers le Nord. Nous en causerons, mais commencez, je vous prie, si ce n'est pas trop prétendre de votre complaisante bonté — par vous informer un peu dans les cieux sur mon compte. Je suis né le 30 Octobre 1785 vers minuit, et c'était un Dimanche. Certes je veux vous voir la première fois un Dimanche, car c'est le seul jour, qui m'apparait toujours doré, tandis que le Lundi est brun comme un moine et le Vendredi noir comme un drap mortuaire. C'est décidément mon jour malheureux, et j'en ai eu plus de cent preuves. On m'appelle souvent pour tout cela superstitieux. Eh bien, qu'est-ce qu'ils en savent, pauvres ignorants, des enchaînements possibles dans la nature!

Cependant il existe une véritable superstition — par exemple la croyance des chrétiens qui imaginent un Dieu qui venge, qui ordonne le meurtre, qui se fait juif, et qui fait griller les pauvres mortels éternellement pour les misérables pecadilles, qu'ils ont pu commettre ici-bas. Voici des superstitions absurdes, parcequ'elles combattent la raison, la révélation divine, qui est l'essence de notre être —, mais rien de plus raisonnable que de croire que tout est en rapport dans la nature, grand ou petit, et quand je vois de mes yeux l'étonnant effet de la lune sur les somnambules naturelles et des métaux sur les somnambules magnetisées, n'est-ce pas, pour ainsi dire, un signum Dei, qu'il existe aussi entre tous les astres et les hommes un rapport mystérieux, capable d'être approfondi?

L'anecdote du Sultan est délicieuse, mais les philosophes demandent toujours le comment. Ainsi, de grâce, dites-moi comment la fille a tout accomplie si merveilleusement?

Mais vraiment c'est trop jaser. Ne vous impatientez pas pourtant, dearest Lady Hester; ayant passé en incrédule et hérétique la terra santa, j'ai trouvé ma sainte à Daher Dschuhn.

Qu'elle me pardonne donc mon culte.

H. P.

8.

Pückler an Lady Hester Stanhope.

Damas le 9 mai 1838.

Dearest Lady Stanhope!

Avant tout comment va votre santé? J'espère que mon bavardage et mes importunité de vous faire dicter de jolies histoires n'ont pas au moins empiré votre maladie. Si cela était, j'en serais désolé, car tout le plaisir aurait été pour moi et toute la peine pour vous.

J'ai passé depuis 6 jours au camp d'Ibrahim Pacha, où j'ai été reçu avec un peu de méfiance, et où Messieurs les Druses nous ont fait quelques petites visites. Mais ils sont aux abois. On leur a coupé l'eau et détruit toutes leurs citernes, de manière que je crois toute l'affaire sera finie en quelques jours, tout au plus en quelques semaines.

Revenu un peu indisposé à Damas, je n'ai pas vu encore la grotte des dormeurs et de leurs chiens noirs, ni le tombeau du Saint, que le cheval du Sultan Selim découvrit si étrangement. Au reste, votre Mr. Baudin ne se souvient plus de rien de tout cela. Il ne pense qu'à son commerce, et jouera un pauvre rôle à l'arrivée du Messie. Il n'a pas non plus été capable de me procurer un bon cheval, ce qui me chagrine beaucoup. Madame sa femme a fagoté Macbuba de la manière la plus grotesque, et j'ai fini par l'habiller en homme, c'est-à-dire en Mameluck, ce qui va fort drôlement à sa démarche de naufragée. Je ne vous demande pas des nouvelles de la petite, parceque sans doute elle est encore à l'école à Saide.

L'Emir Beschir m'a reçu très bien, mais son cuisinier est un scélérat, qui empoisonnerait les gens, si l'on pouvait manger ce qu'il vous présente. Mon empressement de me rendre au camp m'a fait manquer Balbek et les cèdres, mais je les verrai plus tard, avant de vous baiser les mains. Apropos, votre article est fait, et Mr. le Consul en perruque de Brutus relira bientôt sa sotte lettre dans les journaux. Serez vous assez généreuse pour m'écrire à Damas? J'y compte, parceque vous me l'avez promis, parceque cela me fera tant de plaisir, et vous coûtera si peu, et parceque je suis votre aide-de-camp le plus dévoué que jamais Général ait eu.

H. Pückler.

––––––––––

9.
Lady Hefter Stanhope an Pückler.

Djoun, le 30 mai 1838.
Altesse,

N'ayant point reçu de vos nouvelles, ni des lettres de Baudin, j'étais un peu inquiète; ne sachant pas si vous aviez été directement à Damas, ou en droiture au camp, dont la route doit être un peu dangereuse dans ce moment. Enfin, je reçois votre lettre, qui me fut expédiée par Mr. Guys, et lui était remise par Mr. Kilbre, qui (pauvre homme!) est dans le plus grand malheur, et se trouve tout-à-fait accablé par la mort de sa femme enceinte de jumeaux, dont elle ne pouvait pas être acchouchée.

La peste s'est manifestée à Beyrout, et le fils du Roi de Bavière est placé dans ses tentes près de Seyde, entouré d'un cordon de troupes. La porte de Beyrout est fermée, et les gardes se trouvent placés à chaque heure de distance en distance, et on ne peut pas bouger ni à droite ni à gauche. J'ai retardé quelques jours de plus à vous écrire, afin de vous donner quelques conseils sur ce que vous avez de mieux à faire. Parceque dans le cas que la peste s'étend dans d'autres villes, et que vous étiez sur le voyage, vous seriez peut-être obligé de vous arrêter dans quelque endroit désagréable, entouré d'un cordon de troupes, comme est le sort du pauvre Duc de Bavière. Pour le moment, je crois que cela sera mieux que vous rester tranquille à Damas : — dans une semaine ou dix jours je vous écrirai encore, pour vous faire savoir l'état véritable des choses. Mr. Guys, qui a été remplacé par Mr. Duval, a été obligé de remettre son voyage à Alep. Mais je trouve, pour moi, que la saison est trop avancée pour que la peste y prend, et nous en seront quitte à la fête de Mar Hanach ou de St. Jean, c'est-à-dire, si elle prend sa marche ordinaire.

Comme vous avez des bontés pour moi! Avec toutes les fatigues de voyage d'avoir sitôt fini les papiers. Dois-je donc comprendre qu'ils sont partis par le dernier Steam-Boat? S'ils étaient envoyés par la même occasion que votre lettre pour moi à Beyrout, ils étaient à temps pour l'attraper. J'espère que vous n'aurez pas encore quitté le pays, que vous aurez vu l'effet que cela aura produit.

Après avoir donné la jeune Reine à Lord Elphinstone, rappelé des Indes, et au Prince George de Cambridge, les dernières nouvelles du 24 mars furent

que le grand prétendant en chef est Mylord Melbourne
lui - même.

Je peux bien concevoir votre dégout pour l'habille-
ment de Macbuba, si c'était un échantillon de ceux que
portent dans ce temps - ci, les femmes de Damas. Je
trouve que vous avez très bien fait de l'habiller en
mameluk. Il n'y a qu'à la faire rester, comme les
recrues, contre la muraille tous les jours, et de la faire
marcher en haut et en bas, pour une demi-heure, avec
un pas ferme. Mais elles ont tant de préjugé sur la
beauté de cette démarche que nous trouvons horrible
(et qui semble comme un bateau en mer sans gouver-
nail) que je crois qu'il sera difficile à guérir.

La petite se porte bien, et elle est toujours à Seyde.
La femme du capitaine prend beaucoup de peine pour
lui enseigner tout ce qu'il faut.

A Damas il y a un marchant chrétien, de très
ancienne famille, dont les affaires ont été ruinées, qui
pouvait vous être utile à beaucoup de choses: et s'il
ne le serait pas lui - même précisément, il pourra vous
procurer d'autres chrétiens savants quelques détails de
Doumàr, fils de Melek Seif, qui apporta l'eau à Damas.
C'est une histoire fort intéressante. Il y a un village
près de Damas, qui porte encore son nom. Il avait
précisément le caractère de mon cousin, Mylord Camelford. Le nom de cet homme est Nicoula Sekezàn, et
il demeure au Bab Jouma.

Comme vous avez demandé l'état de ma santé, je
prends un peu de forces, mais la toux n'est pas encore
partie. Il faut me rendre compte de l'état de votre
santé, ainsi que de celle du Comte. Il faut prendre
bien garde de vous couvrir la nuit à Damas. Si vous
êtes malade, c'est le médecin Hanach Idjbâara, que je
vous recommanderai en préférence à d'autres: parceque

c'est un homme, je crois, qui a bon coeur, et de certaines connaissances de la médecine, ainsi que des astres.

Adieu, mon Prince, mon cher Aide-de-camp.

Hester Lucy Stanhope.

10.

Pückler an Lady Hester Stanhope.

Aleppo, the 25. July 1838.

Dearest Lady Hester Stanhope,

I am sorry to inform You that the insertion of Your letter to the queen in the „Allgemeine Zeitung" met with some unexpected difficulties, and I shall now make an attempt to have it appear in some french paper. Though very much vexed by this contretems at first, I am now rather glad of it, because the coronation ceremony occupying every ones mind and attention in Europe — where nothing of a more interesting nature is likely now to happen — that it would'nt have been the proper time for Your publication. If it appears after it, the effect on the contrary will be dubbled, like a heavy vain after a fine sunny day is felt the more acutely.

I found Your Ladys hips aimable letter at Aleppo, and would of consequence not avail myself of the hints concerning Damascus it contained. I regret it the more as honest Mr. Baudin could not or would not give me the least information about matters less interesting to himelf than to us.

I should have left Syria long ago if I had not been retained in this country by a ruling passion of mine, the love of fine horses. I bought already six very beautifull steeds, and intend to buy 3 or 4 more, which are all to be shipped without delay for Livorno, together with my human slaves. Meanwhile I am to take a trip to Smyrna and Contantinople with all possible dispatch, and only for conscience sake, not to have omitted two such celerated towns on my grand oriental tour. If You have any orders to give me in those quarters, adress Your letter to Messieurs van Lennep at Smyrna.

The difficulties of travelling through the mountains in these unsettled times have prevented me to my greatest regret of paying Your Ladyship a second visit at Your fairy castle in the desert, but I may find, I trust, an other opportunity for it at a later and perhaps more important period. The more I have seen of this country, the more I think: great changes are closely at hand for „coming events cast their shadow before!" May God preserve Your precious health, as he has maintained in You the high and juvenile spirit of Your noble race, and may You for ever kindly remember

Lour Ladyships
faithful aide-de-camp
Pr. Pückler-Muskau.

Allow me to trouble You with my compliments les plus empressés pour le bon et aimable Docteur.

Excuse my bad english, sometimes I dislike the french, and I was just in such a fit, when I took up my pen to write to Your Ladyship.

11.

Pückler an Lady Hester Stanhope.

Smyrne, le 1 Fevrier 1839.

Mylady!

J'avoue que je suis bien fâché contre vous, Madame, non pas par rapport à moi, mais par rapport à vous-même. — vous m'aviez confié des lettres importantes pour les publier. Ces lettres pouvaient être comparées à un plat excellent, mais trop fort et trop indigeste pour la plupart des estomacs, en le servant tout aussi crûment que vous l'aviez préparé. Il fallait donc, selon moi, de toute nécessité lui adapter une bonne sauce avant de le présenter au repas, et dans ma qualité de cuisinier littéraire, j'avais au soin de la composer de mon mieux, en y melant tous ces assaisonnements, que je jugeais indispensables, quand vous êtes entré furtivement dans la cuisine, pour enlever votre plat, me laissant seul et désesperé vis-à-vis de ma sauce.

Mais quittons les métaphores! Toutefois croyez-moi, Madame, que vous avez agi dans cette affaire avec bien de la précipitation, et sans me rendre la justice que je pouvais espérer de vous. Le fait est que je connais mieux que vous le monde et le public actuel de l'Europe, et que je sais mieux que beaucoup d'autres, comment il faut prendre ce dernier aujourd'hui, et qu'avec lui, quand on n'a pas le pouvoir et la force dans ses mains, tout dépend de la bonne manière et surtout du moment propice.

J'attendais seulement, pour publier vos lettres, qu'une circonstance favorable se présenta. Cette occasion se trouva à la fin, aussi avantageuse qu'on pouvait la désirer, et comme j'avais pensé à tout d'avance,

même jusqu'à désarmer les critiques à craindre, je
m'applaudissais avec l'assurance la plus parfaite d'un
effet, qui désormais ne me semblait plus douteux.
C'est dans ce moment que j'appris à mon plus grand
étonnement, que vous aviez déjà fait paraître toutes vos
lettres de la manière la plus intempestive et la plus
abrupte, vraiment comme un enfant qui ne peut pas
maîtriser son impatience. Vous verrez par la suite, et
vous devez le voir déjà, qu'au lieu de vous faire du
bien, vous n'avez fait par là qu'empirer vos affaires,
et même les rieurs ne seront pas de votre côté, comme
j'ose dire qu'ils auraient été infailliblement, si vous
m'aviez laissé agir librement. Et pourquoi, je vous prie,
ne m'avez-vous pas au moins averti de votre résolution,
pourquoi n'avez vous même pas répondue à la lettre,
que je vous ai écrite d'Alep par le canal de Mr. Guyse?
Ce silence étrange m'a empêché en grande partie de
vous écrire une seconde fois, ou de vous faire une seconde visite, quand des vents contraires me forcèrent
d'aborder pour quelques jours à Beyrouth. Mais d'ailleurs
je le croyais plus prudent de remplir auparavant tous
vos désirs, sachant bien qu'avec votre caractère de
Reine — qui veut avant tout une obéissance aveugle —
ni mes lettres, ni ma personne auraient trouvées chez vous
une bonne réception. Mais si vous êtes Reine dans
l'âme, moi aussi je suis un peu Roi dans la mienne,
et pour moi-même, comme pour mes amis, je dois faire
les choses à ma tête, ou ne pas les faire du tout.
Quant à vos intérêts, je peux cependant dire en bonne
conscience, que je les avais embrassés comme les miens
propres, et je regrette amèrement de m'avoir vu ainsi
désarmé par vous-même. Vous avez par votre publication irréfléchie éveillé simplement un peu de scandale,
mais cela ne suffit aucunement. Il fallait en même-

temps écraser vos antagonistes par le ridicule, les inti-
mider par la justesse de votre cause, et par l'un et
par l'autre vous faire un parti puissant dans le public,
et certes sans tomber au texte littéral de vos lettres, je
vous avais bien servi en cela par tout ce que j'y avais
ajouté dans la qualité de votre fidèle chevalier envers
et contre tous. Denuées de tout cet historique et des plai-
santeries assez mordantes qui l'accompagnaient, vos lettres
lancées tous crûs à la tête du public, ont à peine été
comprises, et ont éveilles un si faible intérêt, qu'à
l'heure ou je vous parle, elles sont déjà oubliées, sans
qu'aucun autre journal, que ceus auxquels vous les avez
adressées, a daigné les reproduire. On les a même à
peine critiquées, et on n'y a vu que beaucoup d'aigreur
et beaucoup d'indignation, sans pouvoir trop bien juger
qui des deux parties avait raison. Oh Madame, ne savez-
vous pas après une si longue expérience, que pour
captiver l'opinion, il ne faut pas seulement du coeur et
de l'esprit avec une juste cause, mais encore par dessus-
cela de l'art et de l'adresse? De la manière que vous
vous y êtes prise, ou vous souffrirez des suites de votre
publication, qui fournit des nouvelles armes à vos
ennemis, ou vous n'aurez frappé, dans le cas le plus
heureux, qu'un coup dans l'eau. Ma chère, bonne et bien
aimée Lady Hester, le ciel vous avait envoyé un bon
aide-de-camp, mais votre diable de mauvaise tête à la
Camelford ne veut écouter personne, et au lieu de me
savoir grè de ma franchise, je ne serai pas étonné de
vous voir prendre une direction toute contraire. Déjà
le Docteur Löw, qui a eu le bonheur de passer cinq
jours avec vous, m'a dit que your Ladyship ne faisait
que de se plaindre de moi. Hélas! avez-vous encore
cela de royal, d'être ingrats pour vos meilleurs amis?
Enfin, c'est égal — pour moi, je ne changerai jamais.

Maltraîtez-moi, soyez injuste autant que vous voudrez, je vous aimerai et je vous respecterai toujours comme une des meilleures âmes et un des esprits les plus distingués, que j'ai rencontré sur cette étoile que nous appelons le monde, mais à travers de tout ce blanc resplendissant il y a aussi des endroits qui ne brillent guères.

J'espère que vous m'écrirez sinon pour m'expliquer „the untoward event" qui a donné lieu à cette lettre, au moins pour me dire comment vous vous portez, et s'il y a quelque circonstance ou je puis encore vous être bon à quelque chose. Vous servir sera toujours ma gloire, non pas pour vous faire du mal par une obéissance aveugle, amis avec le zèle le plus éclairé dont je suis capable pour votre bien et votre honneur Croyez donc au moins à l'amitié et au dévouement le plus sincère de Votre ancien aide-de-camp réformé

le Prince de Pückler Muskau.

Briefwechsel

zwischen

Pückler und Heinrich Heine.

Zwei Geistesverwandte treten sich in Pückler und Heine gegenüber; beide sind durchaus dichterische Naturen, die mit der poetischen Auffassung leuchtende Phantasie, brillanten Witz und Ironie so wie Gefühlswärme vereinigen, und die beide jenen Stempel der Originalität tragen, der nur dem wahren Genie eigen ist. Es ist zu bedauern, daß die Beziehung zwischen Pückler und Heine nur eine so kurze war.

1.

Pückler an Heinrich Heine.

Den 10. Februar 1834.

Sie haben sich, mein hochgeehrter Meister, so gütig für mich gegen Mrs. Austin geäußert, und so freundlich beklagt, daß ich Ihnen den annoncirten Brief noch nicht geschrieben, daß ich jetzt getrost das Wagstück unternehme, Ihnen meine neueste literarische Sünde, das beiliegende Buch, als freundschaftliches Andenken zu übersenden.

Ohne alle affectirte Bescheidenheit bin ich seiner großen Dürftigkeit mir nur zu wohl bewußt. Es ist in jeder Hinsicht nichts als ein hors d'oeuvre — fänden Sie indessen, liebenswürdigster und witzigster unserer Humoristen, daß es mir bei Betretung der Bahn, welche Sie so glänzend eröffnet, auch nur einmal gelungen wäre, mit jener graziös originellen Natürlichkeit und Laune zu schreiben, die Ihre Schriften so unwiderstehlich anziehend macht, gleich Ihnen gelungen wäre, einer ernsten Wahrheit lachend Eingang zu verschaffen, oder mit Erfolg dumme Vorurtheile furchtlos bekämpft zu haben — ich würde mit Stolz und Freude mehr für mich gewonnen glauben, als ich bis jetzt noch zu hoffen wage.

Der dritte Theil der „Tutti Frutti" wird wahrscheinlich mehr direkt Politisches enthalten, was besonders auf das Vaterland Bezug hat, und zu sagen Noth thut, wenn ich auch dadurch der Ehre des Verbots, gleich Vielen die besser sind als ich, theilhaftig werden sollte. Gottlob! ich habe mich unabhängig genug gemacht, um jetzt leichter als mancher An=

dere in meiner Lage, sprechen zu dürfen wie mir der Schnabel gewachsen ist, wenngleich es wiederum auf der anderen Seite mein Beruf nicht sein kann, so weit darin zu gehen als — vous autres républicains.

Aber aufrichtig humaner Gesinnungen bin ich mir bewußt, und deshalb hat es mir wehe gethan, daß Börne mich so grundfalsch beurtheilen konnte. Wie schade überhaupt, daß ein so großes Talent einen muthwillig sich selbst und seine eigenen Zwecke zerstörenden Gang genommen hat! dergleichen übereilte Renner kommen nie zum Ziele.

Sie wissen vornehmer zu spotten, und mit Ausnahme Ihres Ausfalls gegen Platen (Sie sehen, ich schmeichle keineswegs) erscheinen Sie mir als ein unnachahmliches Muster, wie man abwechselnd, bald durch den schlagendsten Witz, die beißendste und zugleich überzeugendste Satyre den Verstand ergötzen, bald durch die tiefste Seelenanschauung das Gemüth mit süßem Schmerz erfüllen kann. Das kommt aber daher, weil Gefühl und Poesie in Ihnen eben so eminent sind als der Verstand, ein unschätzbarer Vorzug, den Sie vor Börne voraus haben.

In Berlin wird man mich ohne Zweifel sehr tadeln, Steffens etwas angegriffen zu haben. Abgerechnet aber, daß er ein Narr ist, hat er sich dort so frömmelnd boshaft über mich ausgesprochen, daß ich mich zu einer kleinen Vergeltung hinlänglich veranlaßt fühle, und: freundlich gegen den Freund, feindlich gegen den Feind — halte ich überdies, mit Confucius, für die nothwendigste Lebensregel.

Nun verzeihen Sie, hoher Stern an unserem litterarischen Firmament, wenn ein kleiner Meteorstein, der nur einen Augenblick leuchtet, und dann wieder düster zur Erde fällt, sich Ihnen so sans façon genähert, und lassen Sie deshalb nicht weniger großmüthig immer einige Ihrer funkelnden Strahlen herabglänzen auf den

Verstorbenen.

2.

Heinrich Heine an Pückler.

Monsieur, (1835.)

Dans ce moment j'apprends que vous êtes de retour à Paris (ich will lieber Deutsch schreiben), und ich eile nach Ihrem Hotel, um Sie zu sehen, — aber vergebens. Leider bin ich selber im Begriff wieder abzureisen, und ich muß Sie schriftlich grüßen. — Wahrlich, ich hätte gern gewünscht, Sie von Angesicht zu Angesicht zu sehen, leiblich, nicht bloß als Geist, als Verstorbenen! Für Ihr Buch und Ihren liebenswürdigen Brief danke ich noch nachträglich, letzterer war weder mit Namen, noch Adresse versehen. — — — Ich komme von Boulogne und Dieppe, wo ich Mad. Austin zu finden dachte, aber nicht fand. Können Sie mir nicht sagen wo sie jetzt ist, wann sie nach London zurückkehrt, und wie dort ihre Adresse ist?

Ich bin im Begriff nach Versailles zu gehen, wo ich meine Adresse noch nicht weiß. Meine Adresse in Paris ist: rue des petits Augustins No. 4, Hôtel d'Espagne. Lassen Sie doch da ein Lebenswörtchen von Ihnen zukommen. Sagen Sie mir, ob Sie nicht länger in Paris bleiben, und ob ich nicht Hoffnung habe Sie bald zu sehen. Ich bin Ihnen wahrlich recht herzlich zugethan, recht menschlich, nicht schriftstellerisch! Wenn man so schön wie Sie schreibt, und so liebenswürdig ist, sollte man gar kein Schriftsteller sein. Wenn ich es könnte, würde ich die Schriftstellerei je eher je lieber an den Nagel hängen. Ja welche schlechte Gesellschaft bringt sie den Menschen! Welchem Pöbel bringt sie uns nahe! Und trifft man mal unter den Kollegen einen ordentlichen Menschen — dann ist er nie zu Hause, und man muß abreisen — leben Sie wohl! — Wie Sie mit Ihren Federn

4*

so gut schreiben können, ist mir unbegreiflich! Ihre Feder
taugt nichts — ich kann nicht weiter schreiben. —

Ihr mitgefesselter
Heinrich Heine.

3.

Pückler an Heinrich Heine.

Paris, den 21. März 1854.

Mein Held und Märtyrer!

Viele Briefe habe ich Ihnen schon geschrieben, voll Be=
wunderung und freudiger Sympathie — sie aber immer, wie
Liebesbriefe, zerrissen und verbrannt, weil ich nicht hinlänglich
ausdrücken konnte, was ich wollte, und mich beschämt fühlte
zu unbedeutend vor Ihnen zu erscheinen; denn ich besitze allen
deutschen Enthusiasmus und alle deutsche Blödigkeit in glei=
chem Maße, wenn letztere vielleicht auch ein wenig aus deut=
scher Eitelkeit entspringt.

Heute hat mir Frau von Guaita, durch Mittheilung
Ihrer so freundlichen Aeußerungen über mich, etwas mehr
Muth gegeben, und zugleich die angenehme Hoffnung:
den Mann bald persönlich kennen zu lernen, der es eben so
gut vermag einem Fürsten Metternich Thränen der Rührung
in's Auge zu drängen, als Mephistopheles selbst zum Lachen
zu zwingen.

Sobald ich also von meiner epidemischen Grippe so weit
befreit sein werde, um ausgehen zu können, reklamire ich im
voraus die mir schon gütig zugesicherte Audienz, auf die ich
mich freue wie die lieben Kinder auf den heiligen Christ,
und doch mit Schmerz, wegen der schweren Leiden, die Sie

wahrlich mit antiker Größe tragen, was jener Alte mit Recht
ein Schauspiel für Götter nannte.

Ohne banale Phrase, Ihr aufrichtiger Verehrer

H. Pückler.

In meinem Bett
Dienstag früh.

4.

Heinrich Heine an Pückler.

Paris, den 1. April 1854.
(50, rue d'Amsterdam.)

Ew. Durchlaucht

haben mir einen Besuch versprochen, und jetzt sehe ich mit
einer empfindsamen Ungeduld, wie sie bei den Kranken gewöhn=
lich ist, der Erfüllung jenes Versprechens entgegen. Um ganz
sicher zu sein, daß Sie recht bald, und wenn es Ihnen mög=
lich ist, bereits morgen, Sonntag, zu mir kommen, beeile ich
mich Ihnen zu sagen, daß Sie mir durch Ihren Besuch nicht
bloß eine Freude bereiten, sondern auch einen Dienst erweisen.
Ich habe nämlich die Absicht, Sie wegen einer sehr wichtigen
Sache zu konsultiren; und wenn mir auch da Ihr Rath nicht
viel hülfe, so wäre die Besprechung mit einem Manne von
so viel Geist und Gemüth für mich wenigstens eine große
Herzenserleichterung in einem Augenblick, wo ich keinen ver=
nünftigen Menschen sehe, welcher der transrhenanischen Zu=
stände nur halbwegs kundig wäre. Ehrlich gesagt, ich darf
auch denjenigen Landsleuten, die sich am eifrigsten hier um
mich zu bekümmern scheinen, kein sonderliches Zutrauen schen=
ken. Sie finden mich zu jeder Tagesstunde bereit, Sie zu
empfangen. Ich bitte Sie, niemanden zu sagen, daß ich Sie
noch durch einen besonderen Beweggrund antreibe, Ihren
freundlichen Besuch nicht länger aufzuschieben. Ich setze vor=
aus, daß Sie von Ihrer Unpäßlichkeit wieder befreit sind.

Mit der Bewunderung, die ich immer Ihrem Genius zollte, und mit den Gefühlen der Dankbarkeit, welche ich Ihnen schulde für die große Theilnahme, die Sie mir er= wiesen, verharre ich

Ew. Durchlaucht
getreusam ergebenster
Heinrich Heine.

5.
Heinrich Heine an Pückler.

Paris, den 3. April 1854.

Ew. Durchlaucht

erhalten anbei die Bevollmächtigung für Campe. Ich glaube, daß es rathsam wäre, daß die Dame, welche das Manuskript abfordert, nicht sagt von Ihnen ersucht worden zu sein das Manuskript hierher nach Paris zu schicken. Es ist besser, ihn in der Meinung zu lassen, es bliebe gleich in Deutsch= land und werde gleich von einem anderen Buchhändler be= fördert.

Sie haben mir wahrhaftig, großfühlender und tiefden= kender Fürst, einen Alp von der Brust gewälzt! Sie kommen wahrhaftig wie ein Deus ex machina mir zu Hülfe. Ent= schuldigen Sie, daß ich mit Bleistift schreibe — jede Zeile, die ich mit Tinte schreiben muß, kostet mir unsägliche An= strengung. — Ich habe eine fatale, schlaflose Nacht ausge= standen, und befinde mich sehr schlecht. Ich hoffe, daß Ihnen der gestrige große Weg nicht geschadet. Ihr Besuch hat mich unendlich erquickt. Es ist mir nur leid, daß ich Ihnen uner= quickliche Aufträge aufladen muß, und Ihnen einige heitre Pariser Stunden dadurch raube.

Hoffentlich habe ich bald wieder die Ehre und die Freude Ihres Besuches. Unterdessen grüßt Sie mit wahlverwandter Hingabe und getreuer Geistesbrüderschaft

Ew. Durchlaucht
ergebener
Heinrich Heine.

6.

Heinrich Heine an Pückler.

Paris, den 8. April 1854.

Ew. Durchlaucht

danke ich von ganzer Seele für die edle und liebenswürdige Theilnahme und Bemühung, die Sie mir widmen. Das Wort Abreise in Ihrem Billette, schnitt mir durch's Herz, und es erschüttert mich der Gedanke, daß ich Sie so wenig hier sehen konnte und Sie doch gewiß in diesem Leben nicht wieder erblicke. Wenn es Ihnen nur irgend möglich, kommen Sie doch zweimal noch zu mir, statt einmal. — Von Campe habe ich noch immer keinen Brief. Ich glaube zwar nicht, daß er das Manuskript zurückgiebt, aber im Fall er es doch thäte, wird es unversiegelt geschehen, da wir ihm von ver= siegelter Rückgabe nichts gesagt. Für diesen Fall rechne ich ganz auf die Diskretion Ihrer Freundin. Haben Sie doch die Güte, wenn Sie es noch nicht gethan, diese Dame zu bitten, daß sie mir das Manuskript unverzüglich per Eisen= bahn hierher unter meiner Adresse: Henri Heine, rue d'Amster- dam 50, à Paris, zurückschicke, im Fall ihr Campe dasselbe zurückgegeben. Ich kenne nicht den Grad der freundschaft= lichen Bezüge, in welchem Sie zu der erwähnten Dame stehen; aber wenn es Ihnen möglich ist, die erwähnte Dame zu vermögen, mir ebenfalls direkt wissen zu lassen, ob Campe ihr bei der Rückgabe des Manuskriptes eine Kommuni=

kation in Betreff meiner gemacht, so wäre mir das außer=
ordentlich lieb. Da Sie nämlich, verehrter Herr Fürst, dem
Herrn Campe notifizirt, daß er Ihnen poste restante
nach Koblenz schreiben könne, und ich also während Ihrer
Abwesenheit auch nicht erfahre, was Ihnen die Frau Sena=
torin Jenisch geschrieben, so bleibe ich gar zu lange in
der Unwissenheit über das, was Campe eigentlich will, wenn
ich nicht direkt von Hamburg aus durch Ihre Freundin Nach=
richt darüber erhalte. Der deutsche Dichter würde der ge=
ehrten Dame für solche Güte unendlich verbunden sein.

Indem ich hoffe, Sie recht bald, wo möglich schon
morgen, bei mir zu sehen, verharre ich in wahrhafter Ver=
ehrung und Treue

Ew. Durchlaucht

ergebenster
Heinrich Heine.

––––––––

7.

Heinrich Heine an Pückler.

Paris, den 12. April 1854.

Mon prince!

Ich setze voraus, daß diese Zeilen Sie weit eher noch
in Paris, als in Koblenz antreffen, und wenn ersteres der
Fall ist, gebe ich der Hoffnung Raum, Sie noch auf einige
Augenblicke bei mir zu sehen. Erst gestern war ich im Stande,
alles innere Mißbehagen besiegend, an Campe nach Hamburg
zu schreiben; ich sagte ihm, daß ich in der That kein Recht
hatte, sein Stillschweigen, ehe ich die Gründe desselben kannte,
für eine Büberei zu halten, daß auch dieses nicht der Fall
gewesen, daß es mir leid sei, wenn er in meinen Worten
eine Ehrenkränkung ergrübelt, daß ich noch wie immer sein
Freund aber durchaus nicht gesonnen sei, die Honorarkondition,
wie er sie mir vorschlage, einzugehen, indem ich des Geldes

bedürftig und durch die generöse Verwendung des Fürsten
Pückler sicher sei, bei einem anderen Verleger meine gerechten
Ansprüche erfüllt zu sehen. Ich machte ihm noch einige,
für ihn sehr wichtige Privatkonzessionen, so daß ich von der
verlangten Summe höchstens tausend Francs einbüßen würde,
forderte ihn aber nun desto bestimmter auf, mir gleich seinen
Bescheid zu ertheilen, da ich Ihnen so bald als möglich wis=
sen lassen wollte, ob Sie Ihre Demarchen in meinem In=
teresse fortsetzen oder sistiren sollten. Sie sehen also, verehr=
ter Fürst, ich lasse das Schwert des Damocles noch über
Campe's Haupt hängen, und dieses allein gewährt mir die
Hoffnung, daß ich jetzt bald mit ihm in's Reine, und mit
einem blauen Auge davon komme. Sie haben daher die
Güte, noch immer in derselben Position zu bleiben, und keines=
wegs in irgend einer Weise in Hamburg merken zu lassen.
daß Sie von einer nahen Ausgleichung unterrichtet seien.
Er wird ja jetzt in keinem Falle das Manuskript heraus=
geben, und die Einrede gebrauchen, daß er mir eine accep=
table Offerte gemacht und eine neue Unterhandlung mit mir
begonnen sei. Entschuldigen Sie, daß ich Sie mit dieser
öden Affaire so sehr belästige.

Ich habe eben einen deutschen Reisenden gesprochen, der
mir Dinge erzählte, die keineswegs im Stande waren, meine
Nerven zu kalmiren. Ich versichere Sie, das ehrliche Deutsch=
land ist der fruchtbarste Boden für alle Bübereien, und dieser
Gedanke verstimmt mich sehr. Diese Halbcivilisation ist schlim=
mer als russische Barbarei und französisches Raffinement der
Unsittlichkeit. So viele herrliche Menschen leben dort, und
doch passiren dort so viele schändliche Dinge! — Ach, lassen Sie
sich doch vor Ihrer Abreise noch einige Momente in meiner
Zelle sehen; da ich doch dieses Frühjahr keinen grünen Baum
zu Gesicht bekomme, so gönnen Sie mir wenigstens den An=
blick eines Menschen.

Wissen Sie, daß der Graf Schlabrendorf während
dreißig Jahren alle Tage im Begriffe stand, den anderen
Morgen Paris zu verlassen?

Indem ich Ihnen recht viel Erheiterung, und zwar die
Gesundheit wenig anstrengende Erheiterung wünsche, ver=
harre ich

Ew. Durchlaucht

gehorsamst ergebenster
Heinrich Heine.

8.
Pückler an Heinrich Heine.

Paris, den 15. oder 16. April 1854.

Mein verehrter Gönner,

Als ich, gestern oder heute, um Mitternacht herum zu
Hause kam, fand ich Ihren allerliebsten Brief, der mich in
die heiterste Laune versetzte. Wissen Sie, worin unsere
Aehnlichkeit bei so großer Verschiedenheit des Genies besteht?
Darin, daß wir Beide hundert Jahre alt werden können,
und dennoch immer Kinder bleiben werden. Diese ewige
Kindlichkeit ist eine Größe, und vielleicht die beste Garantie
für eine Zukunft nach diesem Leben. Wir müssen wo anders
fertig werden, denn hier auf diesem Planeten verstehen wir
nicht unsere Sachen zu führen im Interesse des Tages und
des Marktes. Wir möchten es wohl zuweilen, aber eine
Seifenblase, eine Ironie, ein lächelnder Stolz kommt da=
zwischen, und nachdem wir mit Leichtigkeit drei Viertheile
des Erstrebten gewonnen, werfen wir mit noch größerem
Vergnügen das Ganze zum Fenster hinaus, wie die Kinder
ihr Spielwerk, um ein neues zu ergreifen.

Ich für meinen Theil bin mit dieser Natur zufrieden.
Nachdem ich ihr lange unwillkürlich gefolgt bin, nehme ich

sie nun mit Bewußtsein und Ueberzeugung an. Ohne mir die Wirklichkeit zu verschließen, giebt sie mir, jedesmal wenn ich es bedarf, zur behaglichsten Zuflucht das Reich der Phantasie.

Etwas Aehnliches, mit umfassenderem Geiste, macht Sie zum Helden im Leiden.

Es ist sehr hübsch und freundlich von Ihnen, daß Sie mir sagen: da ich nichts Grünes in diesem schönen Frühjahr sehen kann, lassen Sie mich wenigstens einen Menschen sehen — um so schmeichelhafter, da ich Ihnen gestanden, daß ich eigentlich die Thiere mehr liebe, als die Menschen, et pour cause hélas!

Morgen komme ich zu Ihnen zum letzten Abschied für dies= mal, nicht auf lange, hoffe ich; denn in drei Monaten spä= testens denke ich wieder hier zu sein — und dann folge ich vielleicht dem Beispiel des Grafen Schlabrendorf, dessen permanenten Schlafrock ich ohnedem sehr liebe. Diesmal steht force majeure entgegen.

Herzlich der Ihrige,

H. P.

9.

Pückler an Heinrich Heine.

Koblenz, den 26. April 1854.

Mein verehrter Dichter!

Durch einen erhaltenen Brief sah ich mich genöthigt einen bedeutenden Umweg zu nehmen, so daß ich erst gestern Abend hier angekommen bin.

Ich fand einen langen Brief von Hrn. Campe vor, der aber nur Lamentationen, Lob seines eigenen Benehmens und Klagen enthielt, aber nicht ein Wort über die von Ihnen und mir verlangte Rückgabe Ihres Manuscriptes. Ich bin

der Meinung, nicht weiter darauf zu antworten, wünschen
Sie dies aber dennoch, so bitte ich Sie mich wissen zu lassen,
was ich ihm schreiben soll.

Den „Faust", den Sie die Güte gehabt, mir zu schicken,
fand ich auch vor. Diesen aber kenne ich ja längst, und be=
sitze ihn seit seinem Erscheinen. Ich glaubte, als Sie mir
davon sprachen und vermutheten, Satanella sei daraus ent=
nommen, daß Sie von einer anderen mir noch unbekannten
Produktion sprächen. Satanella, die ich in Berlin gesehen,
hat nichts damit gemein, als daß der Teufel als verführerisches
Weib erscheint, was ja auch schon Cazotte in seiner Biondetta
und Lewis in seinem Mönch mit viel Erfolg versucht haben.

Von Herzen wünschend, daß es Ihnen wenigstens leid=
lich und möglichst schmerzlos mit Ihrem beklagenswerthen
Gesundheitszustand gehen möge, und die Campe'sche Ange=
legenheit zu Ihrer Zufriedenheit beendigt werde, empfehle ich
mich Ihrem freundlichen Andenken mit anhänglichster Hoch=
achtung als

Ihr

ergebenster
H. Pückler.

10.

Heinrich Heine an Pückler.

Paris, den 9. Mai 1854.
(50 rue d'Amsterdam.)

Viel verehrtester Fürst!

Ich danke Ihnen herzlich für die zwei freundlichen Zu=
schriften, womit Sie mich aus Koblenz beehrten, und in Be=
antwortung derselben beeile ich mich, Ihnen wissen zu lassen,
daß ich glaube mit Campe auf's Reine zu sein, und Sie
nicht mehr mit diesen fatalen Angelegenheiten zu behelligen
haben mag. Ich setze meine Worte mit Absicht ganz dubi=

tativ, da bis jetzt Campe den von ihm verlangten Kontrakt mir noch nicht eingeschickt hat, und entre la coupe et les lèvres immer ein mißlicher Spielraum für die Dämonen des Zufalls sich befindet. Da ich mit Campe nicht brechen wollte, und dennoch des verlangten Geldes nothwendig bedurfte, brachte ich dem lieben Hausfrieden das Opfer eines ganzen 20 Bogen starken Bandes, indem ich Campe jetzt, statt zwei Bänden, drei Bände vermischte Schriften liefere; die französischen Berichte werden jetzt ganze zwei Bände ausmachen was mir nicht wenig Plage und quälende Schreibereien kostet. Es wird dem großen Kind, welches Fürst Pückler heißt, manchmal im Leben nicht besser ergangen sein, daß er drei eine grade Zahl sein ließ, um nur ruhig im Sonnenschein sein harmloses Spiel forttreiben zu können.

Lassen Sie doch dann und wann einige Zeilen zu mir hinflattern, damit ich in meiner Einsamkeit immer weiß, wo Sie herumfahren und galoppiren, während ich auf meiner Matratze festgenagelt liege. Ich verharre

Ew. Durchlaucht
treu ergebenster und wahlverwandter
Heinrich Heine.

11.
Pückler an Heinrich Heine.

(Baden.)

In der That, es existirt eine Wahlverwandtschaft zwischen uns; denn wie oft habe auch ich in meinem Leben, um nur Ruhe zu haben, zu meinem großen Schaden drei grade sein lassen! Obgleich ich nun im vorliegenden Falle lieber Ihnen, als Ihrem Verleger den Vortheil gegönnt hätte, so gewinnen wir doch Alle zu viel dabei, drei Theile statt zwei von Ihnen zu erhalten, als daß ich über das Resultat Ihrer Nachgiebigkeit betrübt sein könnte; nach dem leidigen, aber praktischen Sprüchwort: charité bien entendue commence par soi-même.

Desto trauriger bin ich übrigens, als der innigste Verehrer des großen Friedrich, über das, was in Preußen jetzt geschieht, wenn ich auch sonst um Politik mich bisher wenig bekümmerte. Ich lese aber immer mit Schaudern in der Bibel, daß Jehovah, wenn er die Gewaltigen verderben will, damit anfängt, vorher ihre Sinne zu umnebeln, und leider sehen wir heute in Europa mehr als ein Beispiel dieser Art; après tout müssen wir mehr auf Gottes Gnade, als auf seine Gerechtigkeit hoffen, was freilich zwei verschiedene Dinge sind; Gerechtigkeit ist indeß nur ein menschlicher Begriff, Gnade ein göttlicher und ich halte es darin mit dem père André, dem Augustiner-Mönch, der seinen Zuhörern predigte: „Mes amis, ne craignez rien, répentez-vous, et vos péchés vous seront remis, car Dieu est au fond un bon diable."

Ich hätte jetzt fast Lust ein politischer Schriftsteller zu werden, und lachen würde ich die Leute wohl machen, aber was hülfe es mir — ich käme sofort nach Spandau, die einzige Erfahrung im Leben, die ich noch nicht gemacht habe. Adieu 2c.

H. P.

12.
Pückler an Heinrich Heine.

Stuttgart, den 24. September 1854.

Mein verehrter Dichter,

ich muß Ihnen wieder einige Zeilen zusenden, um dem alten Enthusiasmus für Sie freien Lauf zu lassen, den Ihre Bekenntnisse — die ich eben in der „Allgemeinen Zeitung" lese — mit neuster Frische belebt haben. Wahrlich, wie man Friedrich dem Großen unter allen Königen den Namen des Ein-

zigen beigelegt hat, so verdienen Sie ihn unter den Schrift-
stellern, und was gleichfalls sehr zu bewundern ist, daß ein
Genie Ihrer Art mit so unerschöpflich sprudelndem Witz, so
leichter graziöser Form, und so tief ergötzlichem Humor in
Deutschland — dem schwerfälligen, pedantischen Deutschland,
zur Welt kommen konnte! Und selbst die beklagenswerthen
Leiden Ihres Körpers scheinen Ihren Geist nur immer
klarer und milder zu machen, ohne ihm doch das geringste
von seinem reizenden Muthwillen zu nehmen. Was indeß
Ihre Bekehrung betrifft, so zweifle ich, daß irgendwo die
Theologen vom Fach sie als vollgültig aufnehmen, und vor
allem das vaterländische Nachtgeflügel dieser Art Ihnen die
Absolution ertheilen wird. Desto mehr spricht mich diese
Richtung bei Ihnen an, weil ich darin eine mir wohlthuende
sympathische Aehnlichkeit mit meinen eigenen Ansichten wiederfinde. Der Glaube an Gott ist gewiß zum menschlichen
Glück eine sehr wesentliche Bedingung, wozu es jedoch (worin
ich mit Ihnen wiederum ganz übereinstimme) durchaus keiner
blinden Unterwerfung unter irgend einen positiven Religions-
glauben oder Sekte bedarf, sondern nur — da wir mit
dem menschlichen Verstande die wahre Natur Gottes doch
nie ergründen werden — daß wir ganz einfach dem kindlichen
Gefühl des Herzens folgen, welches in der Ehrfurcht, Dankbarkeit und Liebe zu Gott, wie in der Resignation in dessen
höchsten Willen, im Glücke, wie im Unglücke seinen besten
Halt und seinen sichersten Trost zu finden vermag.

Doch bewundere auch ich, gleich Ihnen, das staunens-
werthe Kunstwerk des Katholizismus, und mit welcher Kon-
sequenz dessen Institutionen alle menschlichen Tugenden und
Schwächen, in den Bereich ihrer Herrschaft zu ziehen, ja
wie kein anderes christliches System, auch das poetische Element harmonisch damit zu vereinigen, und durch die Kunst
zu verschönern gewußt haben. Es ist gleichfalls bemerkens-
werth, daß selbst dem Liberalismus in der Organisation der

katholischen Kirche in mancher Hinsicht vorgearbeitet ist:
z. B. Wahl des Würdigsten zum Oberhaupt, kein Unterschied
der Geburt geltend, Möglichkeit für das geringste Mitglied
der Kirche, das Oberhaupt derselben werden zu können.

Demungeachtet fühle auch ich, gleich Ihnen, nicht die
mindeste Neigung katholisch zu werden, und erkenne vollstän=
dig die welthistorische Bestimmung des Protestantismus an, in
ihrer Nothwendigkeit zum Behuf des Fortschritts höherer Frei=
heit des Menschengeschlechts. Hierzu müssen, wie schon
St. Simon ausgesprochen, eben so gut negative, wie positive
Perioden beitragen, (nach seinem Ausdruck kritische Jahrhun=
derte mit organischen abwechseln). Die letztern sind nun frei=
lich die schaffenden, zu denen der Katholizismus gehört,
die ersteren die zerstörenden, wie der Protestantismus, doch
in der Wirkung gleichwohl thätig zuletzt, weil vor einer
neuen Geburt erst der Tod vorhergehen muß, aber wem
steht dennoch das frische Leben nicht höher, als der kalte
Tod? Eben weil der Protestantismus nur eine zerstörende
Mission hat, konnte er es weder zu einer wahren Kirche,
noch zur Kunst bringen, weil ihm alle Poesie und Schöpfungs=
kraft abgeht, er überhaupt seinem innersten Wesen nach keine
Religion des Gefühls und Glaubens, sondern des Verstan=
des sein will, daher er auch seine konsequente und vollendete
Spitze nur in unserer deutschen Philosophie, namentlich in
Feuerbach und Strauß findet. Von da an, glaube ich, wird
seine Bedeutung immer geringer werden, bis er in der nicht
mehr zu entfernten neuen Zeit, sich, wie der Rhein, im Sande
verlaufen wird, während der Katholizismus, wenn auch als
Ruine gewiß eine viel längere Periode zu überdauern sich
Rechnung machen darf. Lassen Sie mich nun bald wissen,
wie es Ihnen geht. Ich wanderte den ganzen Sommer in
der Schweiz umher, nur der schönen Natur lebend, und
erfahre erst jetzt wieder, wie es in der übrigen Welt aus=
sieht. Recht kläglich, wie mir scheint, fast so, als beginne

jetzt schon der Anfang vom Ende, noch ohne Ahnung, was eigentlich kommen wird. Bis jetzt haben zwar alle kreisenden Berge nur noch Mäuse geboren, aber die Luft ist schwül wie vor einem nahenden Erdbeben, und zwar meine ich damit nicht etwa das Bombardement von Sebastopol, sondern ein viel stärkeres Feuer, was unter der Asche glüht, und leicht fähig ist, den ganzen Welttheil in Brand zu stecken, weil leider die, welche es wenigstens noch lange hätten aufhalten können, zu ungeschickt, zu schwach und furchtsam waren. Gott gebe es gnädig, und mildre auch Ihre Leiden, mein theurer Dichter.

Ihr treu ergebener

H. P.

13.

Heinrich Heine an Pückler.

Paris, den 14. Oktober 1854.

Hochgeehrter Fürst!

Ich bin wirklich in Verlegenheit, wohin ich diesen Brief adressiren soll, da es schon eine geraume Zeit her ist, daß Sie mir ihre Koblenzer Postrestante-Adresse gaben, wozu noch kommt, daß mir jüngst gesagt wurde, Sie machten wieder eine Ausflucht nach dem Orient. Wie dem auch sei, ich lasse diese Zeilen wie eine Taube aus meiner Arche fliegen, und zwar zuerst nach Koblenz, von woher mir vielleicht bald ebenfalls eine Taube von Ihnen, mit einem Blatt im Munde, zukommt. Ich stecke momentan bis an den Hals in tausenderlei Fatalitäten, die zu meinem ebenfalls fatalen Gesundheitszustand nicht sonderlich passen, schreibe Ihnen daher eilfertigst, in Sturm und Drang nur das Wenigste. So bin ich z. B. genöthigt gewesen meine Behausung in der rue d'Amsterdam zu verlassen, und zu meinem Unglück ist

meine jetzige Wohnung, grande rue, 51, aux Batignolles.
so feucht und kalt, daß ich sie gegen Ende dieses Monats
wieder verlasse, und mir jetzt in den Champs-Elysées,
avenue Matignon, 3, eine neue Leidenstätte zubereiten lassen
mußte. Sie haben hier meine zwei Adressen, für den Fall,
daß Sie mir früh oder spät etwas zu melden hätten. Meine
3 Bände: „Vermischte Schriften", wovon Ihnen der 2. und
3. Theil, die besonders unter dem Namen „Lutezia" erscheinen,
gewidmet sind, haben bei Campe bereits die Presse verlassen:
ich habe zwar Campe dringendst beauftragt, Ihnen gleich
2 Bände unter Kreuzconvert nach Koblenz zuzuschicken, doch
bei seiner kleinsüchtigen Nergelmanier ist es möglich, daß er
meinen Auftrag etwas saumselig ausführt, und in diesem
Falle melden Sie es mir gefälligst, damit ich, wenn ich
Exemplare erhalte, Ihnen eine direkte Zusendung mache.
Unter Kreuzconvert schicke ich Ihnen den Dedikationsbrief,
der besser ausgefallen wäre, wenn ich ihn in ruhiger Muße
schreiben konnte, und die Korrectur selbst besorgt hätte;
zu meinem Schrecken sehe ich, daß sich zwei Sätze in
einander verlaufen, doch da das Publikum nicht weiß,
was es liest, so hat das nichts zu bedeuten. Aber was
sagen Sie zu der unbegreiflichen, unerhörten und unquali-
fizirbaren Niederträchtigkeit, welche die „Allgemeine Zeitung"
an mir begangen hat, indem sie einen Aufsatz der Revue
des deux Mondes, den ich als gleichzeitig in deutscher
Version erscheinend angekündigt hatte, und den Campe schon
seit 6 Wochen seinen Vertrauten mittheilte, — indem, sage
ich, die Allgemeine diesen Aufsatz aus dem schon verstümmelten
Französisch in das plumpste Bairisch übersetzte, mit neuen
Verstümmelungen und unter den Versicherungen der Treue,
während sie nach dieser Perfidie noch die Unverschämtheit
hat, mir die schnödesten Sottisen in den Kauf zu geben, die
ich zwar noch nicht selber gelesen habe, die aber nach deutschen
Berichten alle Pöbelhaftigkeit durch Schmutz und Gift über-

treffen sollen. Sogar über meine Krankheit sollen die infamsten Schmähungen vorkommen. Ich kann Ihnen versichern, daß mir wenig daran liegt, aber daß ich nicht begreife, wie die „Allgemeine Zeitung" erstens so tief sinken und zweitens so dumm - sein konnte, an mir ein solches zu verüben. Ich glaube noch immer, daß der Dr. Kolb ganz unschuldig ist, und seit dem Tode meines alten braven Mebold's, der die französischen Angelegenheiten besorgte, die letzteren in Hände geriethen, welche Kolb nicht überwachte oder nicht überwachen konnte. So bricht man selbst im schlimmsten Falle nicht mit Jemandem, mit welchem man fast fünfundzwanzig Jahre, ja noch länger, innig befreundet war. Durch ein Gutheißen solcher Missethat würde Kolb ja nicht blos die „Allgemeine Zeitung", sondern auch sich selbst an den Pranger stellen. Was Cotta betrifft, so ist dieser ein wahrer Edelmann von Loyalität und Ehrgefühl, und war immer so liebreich gegen mich, daß es Unrecht von mir wäre, ihn auch nur im entferntesten der Mitwissenschaft zu zeihen. Ich bin deshalb in der größten Verlegenheit, während ich unter anderen Umständen, wenn mir nämlich von anderer Seite solche Unbill passirt wäre, meine beste Klinge hervorziehen würde, und die ganze Welt würde beistimmen, daß ich im Rechte bin, was sehr viel werth ist. Ich versichere Sie, werther Fürst, erst während dem Schreiben kommt mir der Gedanke, daß ich am Besten thue, noch gar nichts Feindliches gegen die Allgemeine zu unternehmen, ehe ich von dem Baron Cotta erfahre, wie die Sachen zusammenhängen, und daß ich durch Sie vielleicht am Besten zu einer solchen Erkenntniß gelange; denn bei einer Anfrage von Ihnen wird Herr von Cotta sich noch unumwundener aussprechen können, als auf eine direkte Anfrage von mir, gegen den er keinen der Redaktoren bloßstellen möchte, wenn er dessen Handlungen auch noch so sehr mißbilligt und gerügt hat. Das Maul der „Allgemeine Zeitung" ist in Augsburg,

5*

aber die Nase kommt immer von Stuttgart, und ich sollte mich sehr irren, wenn nicht eine solche in Bezug auf mich längst dorthin abgegangen ist. Das sagt Jhnen aber Herr von Cotta in seiner offenen Weise, wenn Sie ihn ernstlich be= fragen, nämlich als Ehrenmann befragen, nicht als Zeitungs= eigenthümer, und erfahre ich, daß mein armer Kolb nur ein altes Weib war, und die Schandthat nur unbewußt hingehen ließ, so bekümmere ich mich gar nicht mehr um die Sache, und zucke nur mitleidig die Achsel. Jch wollte schon an Varnhagen dieser Sache wegen schreiben, da derselbe ebenfalls mit Hrn. von Cotta sehr befreundet, aber Sie, liebster Fürst, haben nun einmal das Privilegium, mir in meinen Nöthen beizustehen, ich vergesse sie fast schon, indem ich Jhnen davon Mittheilung mache, und meine einzige Sorge ist nur, daß mein Brief Sie richtig antreffe. Jch kann wegen Hals= entzündung nicht länger diktiren, und indem ich Sie mit Liebe und Heiterkeit grüße, verharre ich, liebster Fürst,

Jhr getreuster und ergebenster
Heinrich Heine.

14.
Pückler an Heinrich Heine.

Koblenz, den 20. Oktober 1854.

Verehrtester Meister!

Fast in demselben Augenblick erhalte ich soeben von Hamburg Jhre verspäteten, drei ergötzlichen Bücher und Jhren schneller gereisten Brief von Paris. Mit innigem Bedauern ersehe ich aus dem letzteren, daß Sie nicht nur häusliche, bei ihrem leidenden Zustande gewiß höchst lästige Ausziehungs= und Quartierwechsel=Fatalitäten haben, sondern auch schon Nachrichten erhielten von dem empörenden Artikel gegen Sie in der „Allgemeinen Zeitung", mit der ich Sie auf dem besten Fuße glaubte.

Da ich den ganzen Sommer über zu Pferd und zu
Fuß in der Schweiz, am Bodensee, und in der Nürnberger
Alp umherirrte, wo ich von Zeitungen wenig Gebrauch machte,
fand ich erst vor Kurzem hier in Koblenz und mit großer
Freude in der „Allgemeinen Zeitung" jenen Auszug aus der
Revue des deux mondes, zu dem ich gewissermaßen als
honorairer Pathe gestanden, zwar ohne ihm viel nützen zu
können, aber doch mit den besten Wünschen für seine glor=
reichste Laufbahn.

Sie mögen sich also mein Erstaunen denken, und meine
Indignation, als ich, im eifrigsten Lesen fortfahrend, nach
vielem herzlichen Lachen und großer Bewunderung der Frische
Ihres stets sich gleichbleibenden Humors — selbst im Stadium
der Bekehrung — plötzlich am Schluß auf das wüthende Pas=
quill stoße, das gegen Sie losgelassen wird. Auch mir bleibt
es unbegreiflich, wie Kolb, der sich immer als Ihr warmer
Freund äußerte, dies hat geschehen lassen können, und ich
war schon im Begriff, deshalb an ihn zu schreiben, als ich
Ihren Brief erhielt, und nun den meinigen, wie Sie es
wünschen, direkt an Hrn. v. Cotta richten werde, indem ich,
was ich für zweckmäßig halte, ihm zugleich einen discreten
Auszug Ihres Briefes an mich in Abschrift beilege.

Was Sie selbst betrifft, so haben Sie gewiß vollkommen
recht, sich sehr wenig um dies degoutante Machwerk und
seinen lumpigen Autor zu kümmern. Ce n'est qu'un chien
qui aboye à la lune! Ueberdies aber trägt das ekelhafte
Gift, welches jener Schmutzartikel enthält, sein Gegengift
selbst in sich, in dem gemeinen Stempel irgend einer wuth=
schnaubenden Rache, und wenn daher Jemand Bauchweh davon
bekommen kann, so wird dies nur der Autor selbst sein, und
seine feige Anonymität ihn persönlich der allgemeinen Ver=
achtung entziehen. In der That, eine Erniedrigung von
Ihrer Seite, würde ihm zu viele Ehre anthun.

Sobald ich Hrn. v. Cotta's Antwort erhalte, werde ich Ihnen wieder schreiben — nun aber noch meinen besten Dank für die Galanterie Ihrer Widmung, und all die sie begleitenden schmeichelhaften Worte, von denen ich nur besorge, daß der argwöhnische Theil des Publikums sie als in jeder Hinsicht zu wenig verdient, für eine halbversteckte Satyre halten wird.

Jetzt verlasse ich Sie, für Ihr Buch, das ich bereits zu verschlingen begann, bei welcher sybaritischen Mahlzeit ich bereits von der grosse pièce des colossalen Turbans der Frau von Stael und dem hors d'oeuvre ihres geschlechtslosen Adjutanten A. W. Schlegel, bis zu der frommen, mit Seeratten gefüllten Wallfischfamilie gelangt bin. Adieu und tausend beste Wünsche von

Ihrem sehr ergebenen

H. Pückler.

--- --- ---

15.

Pückler an Cotta.

Koblenz, den 31. Oktober 1854.

Euer Hochwohlgeboren

bitte ich mir zu verzeihen, wenn ich, Ihnen persönlich kaum bekannt, diese Zeilen an Sie richte, welche der hier beigelegte Auszug eines Briefes H. Heine's an mich erklären und entschuldigen mag.

Als einen der ältesten Abonnenten der „Allgemeinen Zeitung", zum Theil auch schwacher Mitarbeiter an derselben, und immer ein Verehrer des Taktes, der Ehrenhaftigkeit, der Mäßigung und allgemeinen Gerechtigkeit dieses ausgezeichneten Blattes, kann ich um so weniger mein Erstaunen verbergen, wie so ein empörender Artikel, als der gegen Heine in die Spalten der ersten unter den deutschen Zeitungen

aufgenommen werden konnte! Und was dieses Pasquill —
denn ein solches mag ich es mit Fug und Recht nennen —
auf einen unserer eminentesten Schriftsteller und Dichter,
zugleich moralisch doppelt unwürdig erscheinen läßt, ist, daß
es einen Unglücklichen betrifft, der fast bewegungslos in
fortwährend quälenden Schmerzen auf sein Krankenlager
hingestreckt, seit Jahren schon den befreienden Tod erwartet,
und oft sich nach ihm sehnend, dennoch in allen seinen Leiden
eine Frische des Geistes, eine Fülle übersprudelnden Witzes
und unvertilgbaren Humors sich zu erhalten gewußt hat, die,
wenn auch manchmal mehr als nöthig verletzend, und viele
leicht oft zu sorglos im Negligée erscheinend, doch edle
Gemüther, selbst da, wo sie sich persönlich hart getroffen
fühlen könnten, jetzt mehr mit Rührung und Bewunderung
als rücksichtslosem Haß erfüllen sollte. Denn wahrlich, es
liegt etwas Großartiges und Heldenmüthiges in der Weise,
wie Heine sein tragisches Schicksal trägt, und doch werden
in jenem ekelerregenden Artikel selbst diese Leiden zum
Gegenstand des Spottes gemacht!

Ich dächte Euer Hochwohlgeboren müßten dies wie ich
empfinden, und, sich unwillkürlich der Fabel des kranken
Löwen erinnernd, selbst erstaunt gewesen sein, daß jenes ihm den
letzten Streich versetzende Thier, statt aus einem Augiasstalle,
Ihnen unbewußt, aus Ihrem eigenen Palast entsprungen sei!

Kann daher meine Bitte irgend eine Berücksichtigung in
Ihren Augen verdienen, so richte ich Sie recht dringend an
Euer Hochwohlgeboren, irgend etwas zu veranlassen, was
Ihre Mißbilligung dieses widrig giftigen, persönliche Rache
der gemeinsten Art deutlich verrathenden Machwerks dem
Publikum kund giebt.

Nicht ich allein hege diesen Wunsch, Viele, und darunter
Personen von höherer Bedeutung als ich, theilen ihn mit
mir; denn es ist keine Ehre für Deutschland, wenn wir
unsere eignen (eben nicht allzuhäufigen) genialsten Geister,

anstatt ihre Mängel — und wer hat deren nicht — mit Milde zu rügen, so roh und schonungslos zu zerreißen suchen.

Genehmigen Euer Hochwohlgeboren schließlich die Ver=sicherung meiner ausgezeichnetesten Hochachtung.

H. Fürst Pückler.

P. S. Daß dieser Brief ganz confidentiell ist, versteht sich wohl von selbst. Ich schreibe an den Gentleman und Edelmann, nicht an den Geschäftsmann.

16.

Pückler an Heinrich Heine.

Koblenz, 30. Dezember 1854.

Hierbei erhalten Sie die Antwort des Hrn. v. Cotta, nebst meinem Brief an denselben, sowie den Auszug aus dem Ihrigen in Abschrift, wie ich ihn gemildert beigelegt.

Ich habe nun das meinige gethan, und hoffe daß Cotta auch bald das seinige thun wird.

Gott, zu dem Sie eben so rührend als ergötzlich zurückgekehrt sind — so daß Sie jetzt wie Ludwig der Vier=zehnte ausrufen können: Dieu ne peut oublier ce que j'ai fait pour lui — der liebe Gott, sage ich, möge dankbar alle Leiden von Ihnen nehmen, und seines neuen Dieners Körper wieder so kräftig und frisch machen, wie dessen liebens=würdiger Geist es immer geblieben ist. Adieu, und erfreuen Sie mich gelegentlich wieder mit ein paar freundlichen Zeilen, wenn Sie mit mir zufrieden sind.

Ganz der Ihrige
H. Pückler.

17.
Pückler an Heinrich Heine.*)

Mein bester Herr Heine!

Ich habe Ihnen schon ein paar Briefe geschrieben, aber sie nie abgeschickt, weil ich sie zu unbedeutend für Sie erachtete. Jetzt aber, wo das Schicksal Sie auf ein so hartes Krankenlager geworfen, und wo der nie versiegende Genuß, den mir Ihre Schriften von jeher gewährten, in ein wahres Erstaunen übergeht, wie im Romancero und Faust der unversiegliche Humor und der so eigenthümlich komische und doch so tiefschlagende Witz, den kein deutscher Schriftsteller vor Ihnen besessen (der aber freilich denen, die er trifft nicht sehr commode erscheinen mag) Ihrem heroischen Geiste, selbst bei den andauernsten, entmuthigendsten Leiden, immer in gleicher Frische aus der Quelle sprudelnd, zu Gebote steht — jetzt, sage ich, darf ich vielleicht hoffen, daß der Ausdruck inniger Theilnahme und großer Bewunderung Ihnen nicht unangenehm sein, und eine freundliche Aufnahme finden wird.

Wie herzlich habe ich, bei aller Wehmuth, über Ihre Romanzen lachen müssen, wie anziehend war mir der poetische Schwung und die originelle Auffassung im Faust, und wie freute mich der Anhang in Prosa zum Romancero! Denn so entfernt ich Ihnen auch stehe, habe ich aus eigenem Denken doch viele Ansichten mit Ihnen gemein, und so ist, was Sie in jenem Anhang über Gott, philosophische Systeme und Religionen sagen, mir ganz aus der Seele geschrieben. Auch ich finde im Pantheismus nur einen verschämten Atheismus, wie Sie es so witzig ausdrücken, denn ein Gott ohne Persönlichkeit ist gewiß keiner, und verschwimmt als Schattenbild in's Leere. Der Verstand begreift ihn nicht, und das Herz kann ihn nicht lieben. Wenn wir Gott brauchen — und wer kann ihn entbehren! — müssen wir ihn immer auf

*) Anmerkung der Herausgeberin. Dieser Brief ist ohne Datum, scheint aber dem Jahr 1851 anzugehören.

eine oder die andere Weise für uns vermenschlichen, was auch bei allen Religionen der Fall ist, indem Gott stets sie als allmächtiger Zauberer mit dem Superlativ aller voll= kommensten menschlichen Eigenschaften, ja oft auch Leiden= schaften, ausgestattet, unserer Anbetung hingestellt wird, früher in verschiedene Individualitäten als Götter vertheilt, die von Moses in Einem, zusammengeschmolzen und von Christus, oder vielmehr von den Christen nach ihm, in eine wunder= bare Dreieinheit abermals verwandelt wurden.

Wir sehen indeß, daß selbst ausgezeichnet begabte Menschen an dergleichen Bilder mit vollster Aufrichtigkeit geglaubt haben, und noch glauben. Ich habe mit dem heißesten Durst nach Wahrheit, nur als Kind mich solchem Glauben hingeben können, der später sich endlich auch auf die Zahl drei der Glaubensartikel hat beschränken müssen.

Ich glaube nämlich: erstens, daß ich selbst existire, zweitens, daß es eine erste intelligente Ursache aller Dinge geben muß, also Gott, über dessen Natur und Wesen, als für uns wohl denkbar, aber nicht begreiflich, ich aller weiteren Untersuchung entsage, drittens endlich, daß es für uns ein Recht und Unrecht giebt, über welches jedoch nur das eigene Bewußtsein richten, und keine allgemein erschöpfende Norm auf= zustellen ist. Zum Beispiel Sand's That — nach meiner Ansicht Narrheit, nach der der Obrigkeit Verbrechen, nach seiner eigenen gewiß Opfertod und Märtyrerthum für die Tugend.

Alle drei Ansichten sind berechtigt, nach ihren respektiven Individualitäten, und haben hiernach ihre relative Wahrheit. Ich verwerfe nichts, was auf einer solchen Wahrheit beruht, also auch nicht den Glauben an irgend eine positive Religion, erschiene sie mir individuell auch noch so absurd. Für mein Theil nehme ich mir das Beste für mich aus allen heraus, als Lehre für Geist und Herz, ohne meine Vernunft gefangen zu nehmen, was ich nicht kann, wenn ich es selbst wünschte. Dann aber bilde ich mir gern, um meine Gedanken gewisser=

maßen zu verkörpern, ihnen eine lebendige Form zu geben, allerlei Hypothesen, nicht Glaubensartikel mehr, aber mir zusagende Vermuthungen. Zum Beispiel da ich überall in der Natur keinen Sprung, sondern eine nirgends abbrechende Kette innigen Zusammenhangs gewahre, so stelle ich mir vor, daß wir Menschen allerdings, außer durch die uns sichtlichen Naturgesetze, noch speziell durch eine höhere unsichtbare Macht beherrscht und geführt werden, die ohne selbst vollkommen, noch ohne Irrthum zu sein, doch unsere Intelligenz weit überragt und mit viel höheren Schöpfungskräften begabt ist, die jedoch auch nicht immer sogleich ganz nach Wunsch gerathen mögen — wovon uns schon in der Menschheit Poesie und Kunst in ihrem Schaffen etwas Analoges darbieten Denn ist nicht die Schöpfungsgeschichte unserer Erde ganz ähnlich den Versuchen eines Künstlers, die mit genialen aber rohen Urformen beginnen, immer mehr sich veredeln, bis sie zuletzt im erkannten Ideal ihren Kulminationspunkt erreichen.

Ebenso die Erde:

Zuerst die Thier- und Pflanzen-Ungeheuer der Vorwelt, dann die veredelten Säugethiere, endlich der Mensch als Höchstes, wobei noch ungewiß bleibt, ob wirklich diese Schöpfungskraft, die vielleicht dem Geist der Erde selbst angehört, mit dem Menschen schon ihr Höchstes erreicht hat.

Ich gestehe ganz naiv, daß ein solcher Vicegott, der auch nicht infaillibel ist, mir näher steht, besser begreiflich ist, und mir auch denkbar erscheint, daß ein solcher sich um uns Staubwürmer mit spezieller Sorge und Theilnahme, wie ein Vater um seine Kinder, bekümmern könne, als jener unfaßbare Gott des Alls, dessen Wesen ergründen zu wollen an den Rand des Wahnsinns führt. So mag nach meiner Ansicht auch jeder andere Planet seinen eigenen Herrschergeist besitzen, die zusammen wiederum ein Höherer aus der Sonne regiert, und diese Gradation vielleicht in's Unendliche fortgehen, wie ja nach allen Richtungen wir überall in

der Natur dem Unendlichen nicht ohne einigen Schauder
begegnen.

Gehe ich zu der andern großen Frage, die persönliche
Fortdauer, über, so kann ich nicht sagen, daß ich an sie
glaube, d. h. davon als eine unumstößliche Gewißheit über=
zeugt bin, aber sie ist mir wahrscheinlich aus dem Gefühle,
mit dem Alle sie begehren, und weil man wohl annehmen
darf, daß kein Hunger existiren könnte, wenn es nicht etwas
zu essen gäbe. Daß aber die Erinnerung an die vergan=
genen Zustände bleibt, möchte ich fast bezweifeln, weil diese
alle Frische der neuen Existenz hinwegnehmen müßte, und
weil wir auch nichts von unserem Leben vor der letzten
Geburt wissen. Ob nicht im Fortleben vielleicht auch mehrere
Individualitäten sich in eine verschmelzen, ja ob dies viel=
leicht nicht schon bei unserer Menschwerdung der Fall gewesen
ist, oder ob nicht gar der Mensch, d. h. die ganze Mensch=
heit, das eigentliche fortlebende Individuum ist, wie das
Wasser, das in Dünsten aufsteigt, und wieder in Tropfen
niederfällt, und wir daher nach dem Tode immer wieder als
einzelne Personen in anderer Modifikation wieder im Menschen=
geschlecht auftauchen — qui en rabbe.

Ich überlasse dies alles in Ruhe dem lieben Gott, der,
wie Frau von Varnhagen zu sagen pflegte, es jedenfalls
besser weiß, als wir.

Aber beim Himmel, ich werde gewahr, daß ich an Sie,
verehrter Dichter, wie an einen Beichtvater schreibe, und in
der That! ich hätte mehr Glauben an Sie, der vielleicht
nur aus Verdruß die Wahrheit nirgends finden zu können,
zum Spötter über alles geworden, als an irgend einen
katholischen, protestantischen oder jüdischen Pfaffen, der von
der Wahrheit sagen kann, wie jener Wüstling von der Liebe·
Je ne fait pas l'amour, je l'achète tout fait.

H. P.

Briefe

von

Pückler an Lucie.

1817.

Puckler an Lucie.

Donnerstag um 11 Uhr früh.

Meine süße Schnucke!

Vor einer Viertelstunde stand ich erst, etwas unwohl,
auf. Mein erster Blick fiel auf Deinen Shwal, und es
ward mir schon ganz weichlich und wehmüthig zu Muthe.
— Jetzt kam mein Kammerdiener, um mir zu sagen, que
Mad. la Comtesse me priait de chercher moi-même
ma canne et mon chapeau, que j'avais laissé dans sa
chambre. Mit gleichen Füßen sprang ich aus dem Bett,
und fand gleich an der verschlossenen Thüre mein Stöckchen
mit lieblich duftendem Reseda umwunden, und das kleine
Paquet mit braunen Bonbons. Ach Schnucke! Du bist
geschaffen, um durch Dein liebevolles Gemüth Alle auf
ewig zu fesseln, denen Du wohlwillst. Niemand besitzt
die Grazie des Herzens, wenn ich mich so ausdrücken darf,
in dem Grade wie Du — und nichts in der Welt, glaube
mir, Schnucke, kann diesem himmlischen Reiz je gleichkommen! —
Kaum war ich etwas in meiner Toilette vorgeschritten,
so erhielt ich auch schon Deinen lieben Brief. Komme nur
bald nach, guter Engel. Dies ist mein sehnlicher Wunsch.
Es würde mir sehr lieb sein, wenn Du in der Kalesche nach
Berlin führest, und den Fourgon (wo Du Deine Sachen und
alles, was wir von Lampen, Leuchtern u. s. w. repariren

laſſen wollen, ſehr gut einpacken kannſt) mitbrächteſt, da ich beide Wagen in Berlin ändern laſſen will.

Ich muß ſchließen, und mich anziehen. Lebe wohl, meine Schnucke, und glaube, daß unſere Seelen nur eine ſind.

Der ehrliche Lou.

———————

2.

(Berlin.)
Um 12 Uhr Mittag.

Ich bin hier zu Martern beſtimmt. Der Zahnarzt kam heute, und erklärte nach Unterſuchung meines Zahnes, daß er ihn noch retten zu können glaubte, wenn er radikal mit Schwefelſäure ausgebrannt würde. Dieſe Pferdeoperation habe ich denn dreimal nacheinander ausſtehen müſſen, und ſo daran gelitten, daß ich ein heftiges Mundfieber habe.

Um 5 Uhr in meinem Bett.

Mir geht es erbärmlich hier. Für's erſte haben meine affreuſen Zahnſchmerzen noch nicht einen Augenblick aufgehört; und ich werde den Zahn nach allen Martern wahrſcheinlich doch noch ausnehmen laſſen müſſen. Aber eine doppelte Doſis derſelben, und dazu noch eine neue Migraine, habe ich einer Avantüre zu danken, die Du gewiß eine Thorheit ſchelten wirſt. Mit ſammt dem Mundfieber hatte ich nämlich, um mich mit Gewalt zu zerſtreuen, mich zu Pferde geſetzt, und war nach dem Thiergarten geritten, wo die Offiziere der Garniſon eine Jagd hielten. Graf Arnim ſtellte den Hirſch vor, andere die Jäger, Hunde u. ſ. w. Putbus und die Biel's begleiteten mich, und ich war ſo ſchwach, als wir ausritten, daß ich mich kaum auf dem Pferde halten konnte. Bald begegneten wir dem alten Blücher, Gneiſenau und allen Prinzen, nebſt einer Horde Offiziere. So kamen wir an den Kanal, und einige Offiziere thaten ſo, als wenn ſie hinüberſpringen wollten, ihre Pferde weigerten ſich aber.

Hier, dachte ich, darfst du nicht zurückbleiben, und nahm meinen Ansatz. Es ging aber nicht glücklich. Mein Pferd sprang zwar, aber zu kurz, und fiel mit mir bis an den Hals in's Wasser, dann aber, am jenseitigen Ufer sprang es kräftig hinaus. Aergerlich über dieses Mißlingen, versuchte ich siebenmal herüber und hinüber denselben Sprung, (der allerdings beinahe unmöglich war) immer mit demselben forcirten Bade. Hierauf wollte Graf Arnim und einige andere Offiziere denselben Sprung machen, fielen aber auch sämmtlich hinein. Der alte Blücher war sehr vergnügt über meine Efforts, und rief mir mehrere Bravo's zu, wollte mich auch gleich für die Kavallerie engagiren, wie aber meinem Fieber diese Parthie bekommen ist, kannst Du Dir denken. Demohngeachtet sprang ich noch naß wie eine Katze über den großen Schlagbaum an der Fasaneriebrücke, und über das Staket beim Jäger glücklich, aber leider ohne so viele Zuschauer als früher, galoppirte auch noch durch einen Sumpf, bekam aber dann mit einmal solche Stiche im Kopf, daß ich es nicht mehr aushalten konnte, und meine letzten Kräfte anwenden mußte, um zu Hause zu kommen, wo ich nun wieder auf dem Schmerzenslager liege, und mit Mühe meiner Schnucke diesen Brief voll Unglückserzählungen schreibe. Uebrigens haben mich die Prinzen sämmtlich sehr freund= schaftlich und wie einen alten Bekannten empfangen. Auch Wittgenstein hat mir heut früh während meiner Abwesenheit eine Visite en personne gemacht, und mich zu einer Parthie Whist auf heut Abend eingeladen, wohin ich indessen nun nicht gehen kann. Adieu, ich kann nicht mehr, Berlin bringt mir diesmal gewiß Unglück, es fängt alles zu schief an, und die Schmerzen, die ich erdulden muß, sind entsetzlich. Adieu.

Nachts 1 Uhr.

Die Migraine hat sich gelegt, die rage de dents dauert aber noch immer fort, und bringt mich fast zur Verzweiflung.

Verzeih mir nur meinen tollen Streich von heute, Dein Lou wird einmal nie ganz vernünftig, das wirst Du nun hoffentlich schon wissen, aber lieben wird er Dich immer wie sein Leben, nur mußt Du ihn nicht so sehr ausschmählen, wenn er sich manchmal mehr als Husarenlieutenant aufführt, als den Standesherrn von Muskau würdig repräsentirt. En vain on chasse le naturel, il revient toujours au gallop. Es geht Dir auch so, Schnucke, wenn Du wüthend wirst. Gute Nacht.

Den 2. Mittag.

Heute, gute Schnucke, geht es etwas besser, und ich bin sogleich ausgelaufen, und habe den Prinzen und großen Personagen Besuche gemacht. Die Post geht heute, wie ich höre, und ich schicke daher sogleich meinen Brief ab. Lebe wohl, meine einzige, gute Herzensschnucke.

Dein treuer Lou.

3.

Pückler an Lucie.

Berlin, den 3. früh 11 Uhr.

Ich wünschte, beste Schnucke, daß ich den verdammten Kerl, den Lehndorf, nie mit Augen gesehen hätte. Nicht genug, daß ich die entsetzlichste Marter ausgestanden habe, und einen Zahn doch heute herausnehmen lassen muß, so hat mir die Schwefelsäure auch die Vorderzähne angegriffen, und ich kann drei davon, den Augenzahn mitgerechnet, gar nicht mehr anrühren ohne den heftigsten Schmerz, so daß ich sie vielleicht auch verlieren kann. Geschieht dies, so hat die Freude mit den schönen Zähnen mit einemmal ein Ende. — Wie melancholisch mich dieses Unglück macht, kann ich Dir gar nicht sagen, gute Schnucke, komm nur bald her, um mich zu warten, denn ich bin ganz elend und ganz herunter. Gestern schleppte ich mich auf einen Ball beim Herzog Karl

von Mecklenburg, der sehr glänzend war. Der König war
schon da, weil ich zu spät kam, und tanzte gerade Polonaise
vor der Thür vorbei, als ich hineintrat. Ich war etwas
beschämt, der Letzte gewesen zu sein, und blieb nahe bei
der Thür stehen. Der Herzog Karl kam aber an mich heran,
sowie die Polonaise vorbei war, und sagte mir einiges Ver=
bindliche. Ihm auf dem Fuße folgte der König, war sehr
gnädig, frug nach Dir, ob ich von Muskau käme, was ich
bejahte, und kam endlich mit der Frage heraus, ob ich nicht
in Carolath gewesen wäre, und was sie da machten?
Hierauf erwiederte ich, daß ich nicht wüßte, ob ich mich unter=
stehen dürfte, den Auftrag auszurichten, den mir die Fürstin
gegeben hätte: sie ihrem lieben König vielmals zu empfehlen.
Darüber lachte er sehr vergnügt, meinte aber, es wäre nicht
hübsch, daß sie ihm nicht Wort gehalten habe, in Posen ver=
sprochen zu kommen, und dann vergebens auf sich warten
gelassen. Mit einemmal setzte er ganz schüchtern und halb=
laut hinzu: „Na, und was macht denn Fräulein Helmine?"
— Die arme Helmine, Ihre Majestät, sagte ich, ist immer
sehr leidend — (nach einer Pause) es muß wohl Nerven=
krankheit sein, da nichts ihr zu helfen scheint. — „Ach
Gott, noch immer krank", sagte der König, und wandte
sich von mir. Einen kleinen Stachel muß ich ihm im Herzen
zurückgelassen haben, denn er hat nur wenig mit Frau von
Martens, (die en parenthèse wie ein Stubenmädchen aus=
sieht, und sehr geringe Reize besitzt) gesprochen, war über=
haupt still, blieb nicht zum Souper, und was sich komisch
genug trifft, heut früh ist die große Parade abgesagt worden,
die seit lange angeordnet war, und der König ist krank.

Die Prinzen sind fortdauernd sehr artig mit mir,
und wollen mich bereden eine neue Jagd zu arrangiren,
und selbst den Hirsch zu machen. Ich will es wohl thun,
wenn meine Zähne besser werden. Uebrigens moquirt sich
Berlin etwas über meine Kanalaventüre, ich nehme aber

die Parthie, selbst die besten Bonmots darüber zu machen.
Auf dem Ball wollte der Herr von — ich kann auf seinen
Namen nicht kommen, es ist aber der privilegirte Wißling
der Gardes du Corps, mich entrepreniren, uebst noch einem
Anderen, und frug mich, ob ich den Kopf erkältet hätte?
Ach ja, sagte ich, ich hatte Wasser am Kopf und an den
Füßen, je me trouvai entre deux eaux. Schnell eilten
sie von dannen.

Den 4 früh im Bette.

Ich habe wieder zwölf Stunden in den schrecklichsten
Schmerzen zugebracht, und es ist noch nicht ganz vorüber.
Gleich nachdem ich gestern Dir aufhörte zu schreiben, ließ
ich Rust holen, der über die Operation mit der Schwefelsäure
sehr entrüstet war, es für einen Unsinn ausgab, und fand,
daß durch die außerordentlichen Schmerzen der Operation
vier Zähne inflammirt wären. Dabei war mein ganzes
Nervensystem so erschüttert, daß ich, seit der Operation,
abwechselnd stark, aber fast immerwährend, einen nervösen
Kopfschmerz fühlte. Wie Rust weg war, und mir einiges
verschrieben hatte, wollte ich an die Luft, und ein Bischen
ausreiten. Ich war aber noch nicht in den Thiergarten ge=
kommen, als ich plötzlich ein Gefühl hatte, als wenn mich
der Schlag rührte, und der Kopf auseinanderginge. Kaum
konnte ich noch vom Pferde herabsteigen, um mich, an einen
Baum gelehnt, etwas zu erholen, und mit unsäglicher Mühe
schleppte ich mich nach Hause, wo ich bis in die Nacht auf
einem Flecke gelegen habe, und so hideuse Kopfschmerzen
gehabt, daß Rust eine Hirnentzündung fürchtete. Opium und
Essigkräuterumschläge, die immerwährend gewechselt wurden,
linderten am Ende gegen 10 Uhr Abends den Schmerz,
worauf sich aber früh wieder der Zahnschmerz einstellte, denn
es scheint, daß ich hier keinen Augenblick ohne Leiden sein
kann. Wie sehr ich ausgestanden, kannst Du Dir denken,
da ich gestern Deinen Brief erhielt, und nicht im Stande

ar, ihn eher als um Mitternacht zu erbrechen und zu lesen.

Du machst Deine Geschäfte sehr gut; was den Zaun betrifft, so nimm Dich nur in Acht, daß, auf welche Art es sei, die Sache radikal abgemacht werde, damit nicht neue Streitigkeiten darüber verfallen können. Erhöhe das Schuß=geld, und thue überhaupt, was Dir gut dünkt. Wild schicke mir ja nicht mehr, denn die Rebhühner verfaulen hier.

Was Deine Abreise von Muskau betrifft, so wünsche ich zwar sehnlich, daß Du bald kommst, doch sollst Du nichts übereilen. Auf jeden Fall gehe ich selbst mit Dir wieder zurück, da mir Berlin durch die Schmerzen, die ich hier leide, unerträglich ist, ich auch an den hiesigen Vergnügen gar keinen Antheil nehme.

Mit Neumann und Seidel bitte ich gar nicht freundlich, und überhaupt so wenig als möglich zu sein.

Ich habe mit Fleiß die ennuyanten Geschäfte erst abge=than, um Dir nun herzlich und liebend zu danken für alle die zärtlichen und schönen Sachen, die Du Deinem Lou sagst, die er zwar, was das Lob betrifft, keineswegs verdient, aber gewiß mit so inniger Liebe aufnimmt, als die Quelle liebevoll ist, aus der sie entspringen.

Nun sei über meinen Zustand nicht etwa ängstlich. Kein bleibender Schade ist nicht geschehen, und seit der gestrigen Krise werde ich mit jeder Minute wohler, so daß ich heute noch glücklicherweise die Einladung beim Könige zu Tisch annehmen kann. Unglücklicherweise aber hat mich auch der Prinz August heute gebeten, dem ich nun wieder absagen muß. Adieu, mein süßes Leben, morgen mehr.

––––––––

4.

Pückler an Lucie, in Berlin.

Dresden, Sonntag A nd.

Heute früh um 10 Uhr habe ich Muskau verlassen, und Dank den Hardenbergern schon um 6 Uhr war ich hier, und stieg am Komödienhause ab, wo ein recht hübsches Stück gegeben wurde. Du siehst also, daß die Reise nach Dresden, wenn man will, nur eine ausgedehnte Spazierfahrt zwischen Frühstück und Mittagsessen ist.

Wittgenstein ist noch hier, da ich aber unter dem Namen eines Herrn von Gablenz einpassirt bin, so werde ich nicht zu ihm gehen, überhaupt auch nur so lange hier verweilen, als der Auktion wegen nöthig ist, das heißt Montag und Dienstag. Ich habe bereits durch Simon für 2 Friedrichs= d'or eine Emplette für Dich gemacht, die Dich gewiß freuen wird, eine große Seltenheit im untadelhaftesten Stande Mittwoch will ich nach Hubertsburg, um mir die dortigen Jagdeinrichtungen und Hundeställe zu besehen, dann nach Dessau, und über Wittenberg wieder zurück. Heute über acht Tage bin ich wieder in Muskau.

Der Tod der Prinzessin Charlotte von England hat mich frappirt. De quoi se melait-elle, qui aimait les femmes, de devenir mère? Der arme Prinz von Koburg hat die Freudenaussicht auf den englischen Thron nicht lange gehabt! Eine Nachricht des französischen Gesandten meldet, wie Simon sagt, auch den Tod Napoleons, mais je n'en crois rien.

Ich logire diesmal in der Stadt Naumburg, wo alles äußerst reinlich und gut, ganz der Gegensatz unseres letzten Gasthofs ist. Zwar logire ich, wegen Mangel an Platz, im dritten Stock, bin aber doch sehr zufrieden.

Adieu.

H. P. M.

––––––––

5.

Pückler an Lucie, in Berlin.

(Dresden) Mittwoch früh.

Im Theater sah ich gestern zum erstenmal die „Ahnfrau", ein Stück, dessen Verfasser viel Talent verräth, und das besonders durch Mad. Schirmer vortrefflich dargestellt wurde. Heute ist in der italiänischen Oper Il Barbiere di Seviglia, mit der neuen Musik von Morlacchi, weshalb ich heute noch hier bleibe. Die Dessauer Reise werde ich wohl wieder aufgeben, da sie mich auf zu lange entfernt, und auch das zum Kauf für die Hunde bestimmte Geld bereits zu dem bewußten, oder vielmehr Dir unbewußten Anderen verwendet worden ist, und ich, wie Dir sehr bewußt ist, ein zu guter Wirth bin, um eine bestimmte Summe zu verdoppeln.

Ich bin äußerst begierig auf Briefe von Dir, und dies ist eigentlich der Hauptgrund, warum ich morgen schon über Moritzburg meine Rückreise antreten werde.

Mittags.

Eben komme ich von dem berühmten Gelehrten Herrn Hofrath Bötticher, dem ich einen Besuch gemacht habe, um ihn kennen zu lernen. Er ist ein sehr interessanter Mann, und ist sehr gut zu einem künftigen Mitglied der in Muskau zu versammelnden Gesellschaft zu gebrauchen. Für ein gut Wort schreibt er flugs einen Artikel über Muskau. Dann habe ich mir die neue Reitbahn angesehen, um Ideen zu der meinigen zu sammeln. Auch fand ich etwas sehr Brauchbares, nämlich eine äußerst ingeniöse Vorrichtung zum Ringstechen beim Carousselreiten, die ich gewiß mit der Zeit nachahmen werde. Leider wird es freilich bis dahin noch eine gute Weile haben!

Donnerstag früh.

Es ist eine auffallende Sache für mich, wie wohl ich mich stets abwesend von Muskau befinde, wenn ich auch keineswegs Diät lebe, wie zum Beispiel hier, wo ich mich jeden Abend nach einem sehr starken Diner immediat zu Bette lege. Ich kann bald nicht mehr zweifeln, daß die Ursache, welche mich in Muskau krank macht, einzig und allein der Aerger und die viele Agitation ist, der ich dort nicht entgehen kann, während auf der Reise meine Tage so ruhig und sanft wie ein Frühlingstag vergehen. Nie fällt es mir ein, so gestrenger Herr ich auch in Muskau bin, hier meinen Jäger zu schmählen, und macht er ein Versehen, so bemerke ich es kaum, mit aller Welt bin ich zufrieden, und die größte Kleinigkeit amüsirt und freut mich.

In der Auktion, die noch fortgeht, habe ich gestern mehreres erstanden. Da die Post heut Mittag abgeht, so empfehle ich mich Dir. Meine Treue, hoffe ich, wirst Du loben. Abbio.

H. P. M.

Bei einer Wiederdurchlesung meines Briefes muß ich lachen über die außerordentliche Vertraulichkeit, mit der ich Dir schreibe. Verzeih, wenn es Dich, wie billig, langweilt.

6.
Pückler an Luce, in Carolath.

Muskau, den 24. November 1817.

Diesmal ist mir meine Reise außerordentlich bekommen. Magendrücken, Melancholie, alles hat sich ganz empfohlen. Wie leid muß es mir nun thun zu lesen, daß Du Dich nicht wohl befindest! Dies ist das einzige in Deinem lieben Brief, womit ich nicht zufrieden bin. Hoffentlich ist jetzt alles besser, ich vermuthe Du bist in Carolath, da ich seit dem 15. d. keine weitere Nachricht von Dir erhalten habe.

Meinen herzlichsten Dank für Dein Betragen als Agent, gewiß bin ich überzeugt, daß ich nie einen besseren und ge=schickteren finden kann.

Mit der Parforcejagd wird es wohl nichts werden, be=
sonders da meine Reise nach Dessau wieder verunglückt ist,
ich bin nämlich nicht weiter als bis Dresden gekommen.
Wie das letztemal regnete es fast unaufhörlich in Dresden.
Der erste Sonnenblick erwartete mich in Muskau. Dort
fand ich aber keine große Freude, denn die Arbeiter waren
wie gewöhnlich unaussprechlich faul gewesen. Ich salvire
mich im voraus, und bin unschuldig, wenn nichts bei Deiner
Ankunft fertig ist. Man hat bloß für Dich gearbeitet, oder
vielmehr gefaullenzt. Es ist aber mit den Menschen nichts
anzufangen. —

Du hast Unrecht Dich darüber zu beklagen, daß die
Menschen nur durch Interesse zum Handeln bewegt werden.
Das ist ja etwas ganz altes, und die Politik besteht nur
darin es so einzurichten, oder ihnen glauben zu machen, ihr
Interesse sei mit im Spiel, wenn sie das unsrige befördern,
nicht aber das Interesse des Nutzens, sondern hauptsächlich
der Leidenschaften, Eitelkeit, Liebe, Haß u. s. w. Sei gescheut,
Schnucke, und moralisire nicht.

Daß Dein Vater bezweifelt, daß Dein Glück daure, ist
zwar nicht groß, aber menschlich. Wenn uns die Welt
kennte, wie wir uns kennen, so würde sie nicht zweifeln, daß
wir ewig Freunde bleiben müssen.

Das gewisse Projekt und Deinen Vater betreffend, bleibe
ich der Meinung Wittgenstein's, doch magst Du an Ort und
Stelle das besser beurtheilen.

Wegen der Eifersucht beruhige Dich. Ich bin seit Deiner
Abwesenheit Dir treu geblieben.

Es ist mir nicht lieb, daß Du sagst, Dehn sei so sehr
mit der Beaumonde faufilirt, daß Du ihn nicht siehst. Fau=
filire Dich doch selbst mit der Beaumonde, und mache alle
Frais, die zu imaginiren sind, für Dehn. Il est notre salut. Je crois, que nous n'avons que lui pour nous.

Tout le res.e nous envie, nous déteste, ou nous est indifférent.

Die Anekdote von des Prinz August Jagd ist gut, und die Moral nicht zu verwerfen, wie Du sehr richtig bemerkst.

Ein Engländer mit Namen Dalrymple, Neffe des Lord Stair und dessen Erbe, ein kleiner Fat und Filou, aber von guter Gesellschaft, wird im Anfang Dezembers herkommen. Lade doch noch jemand ein, sonst müssen wir die heute an= gekommenen Trüffeln, Grosseilles de Bar u. s. w. allein mit Dehn verzehren. Bedenke, daß Du meine Stuben wieder zu Fremdenstuben einrichten kannst, vor der Hand also es an Platz nicht fehlt. Zu Anfang Dezember ist auch die große Jagd, wo das Wildpret in den Thiergarten getrieben wird. Die Komödie haben wir Dir auch noch aufgehoben.

Die Faulheit der Maurer ist völlig unglaublich. An= statt besser zu werden, wird sie immer ärger, und ein Architekt nebst einer Kolonie Maurer und Zimmerleute aus dem Reich ist uns ganz unentbehrlich, wenn wir fortfahren wollen zu bauen.

Adieu, ich umarme Dich zärtlichst.

Den 25. früh.

Eben erhalte ich Deine kurze Epistel aus Vorwürfen und einer Pferdebestellung zusammengesetzt. Was mich am meisten daran freut, ist daß Du wohl bist. Vergiß Glogau nicht. Es ist wichtig, sollten auch die Pferde einige Tage in Burau auf Dich warten müssen. Sans adieu, auf baldiges Wiedersehen.

Dein treuer Lou.

Viel Grüße an Adelheid und die liebliche Kleine, welche doch nun hoffentlich herkommt, damit ich alle Morgen statt dem Bilde den bewußten Kuß auf die Rosenlippen des Ori= ginals küssen kann.

1818.

Pückler an Lucie.

Sonntag früh.

Süße, gute Schnucke, Dein lieber Brief hat bei mir alles wieder in's Gleis gesetzt. Es bleibt mir wie ein psycho= logisches Räthsel, über dessen Entzifferung ich noch nicht im Reinen bin, wie Dein Brief einen solchen Eindruck auf mich gemacht hat, daß ich fast davon verwirrt wurde. Ich schwöre Dir, daß mein Blut ordentlich zu sieden anfing, und Dein und ihr Bild zu einem Ideal in mir zusammenfloß, zu welchem auf dieser Welt nie eine Wirklichkeit sich gesellen kann, da weder Helmine noch Du, meine gute Schnucke, noch irgend Eine an Körper und Geistesreiz dies phantastische Bild erreichen können.

Uebrigens schwöre ich Dir, daß ich mich auch jetzt wieder fest überzeugt habe, daß ich nichts auf der Welt mehr liebe als Dich, und ehe noch Dein Brief ankam, war das Rad schon ziemlich von selbst abgelaufen, doch ist es ganz Deine Art, den Ausdruck des Zertrümmerns herauszuheben, den ich so absichtlos nur in der Verfolgung des Beispiels ge= schrieben habe, und der gewiß nichts weiter bedeuten sollte, als daß ich in dem Augenblick, als ich jenen Brief schrieb, durchaus jeden Widerstand bei Seite geschoben haben würde, ohne jedoch im mindesten deshalb auf Dich erbittert worden zu sein, denn wenn man recht entschlossen ist, hat man nur das Ziel unverwandt im Auge, und alles andere reizt in dem Augenblick nicht mehr. Uebrigens, gute Schnucke, danke ich Dir innig für Deine Güte — Du hast in jeder Hinsicht wohl daran gethan, denn das vorher Erörterte hätte mir bestimmt einen ewig schmerzenden Stachel im Herzen gelassen, so werde ich wie mit einem Trunk aus Lethe's wohlthuender Quelle die Reise mit Dir antreten.

Ich habe mit Fleiß von Deiner Krankheit noch nichts gesagt, um Dir erst mein Herz ganz aufzuschließen, was Dir, gute, liebe Schnucke, doch das nächste ist, meinem Herzen traust Du aber auch zu, daß diese Nachricht Deines wieder= holten Unwohlseins gewiß von allem, was Dein Brief ent= hält, den stärksten Eindruck auf mich gemacht hat.

Ach Gott, meine arme Schnucke, es fällt mir nun recht schwer auf's Herz, daß Du meinen phantastischen Brief gerade in solcher Zeit erhalten mußtest, wo ich Dich froh und heiter glaubte. Schone nur Deine Gesundheit, alles andere was uns so bewegt, und auf dem Lebensmeer so stürmisch umhertreibt, sind nur selbstgeschaffene Mächte, schone Dich für mich, denn Dein Lou wird keine frohe Stunde mehr haben, wenn er sie nicht mehr mit Dir theilen kann. — Meine Helminomanie ist eine psychologische Merkwürdigkeit. —

Adieu, meine Schnucke, empfange mich liebevoll, ich küsse die schönen Hände.

2.
Pückler an Lucie.

Willst Du, gute Schnucke, mich vor Unruhe und vielleicht tiefstem Weh bewahren, so laß mich Helminen vor ihrer Heirath noch einmal einige Wochen frei und ungestört sehen. In der letzten Zeit habe ich sie um Deinetwillen, das heißt, aus Liebe zu Dir, wirklich sehr hart behandelt. Diesen

Eindruck der Härte und Unliebenswürdigkeit von meiner Seite möchte ich gern verwischen, mein gutes Herz, und meine Eitelkeit wünschen beide qu'elle puisse dans les bras d'un autre au moins regretter de temps en temps son aneien et son premier ami. Bin ich dessen gewiß, so werde ich mich über den Verlust gänzlich trösten, sonst aber, fühle ich, geht es nicht ohne viel Kummer und Schmerz.

Bring sie, gute, beste Schnucke, nach Teplitz, oder später gewiß nach Muskau. Ich beschwöre Dich darum.

3.
Pückler an Lucie.

Teplitz, Donnerstag Abend.

Bis jetzt bin ich noch nicht weiter, als in den hiesigen Schloßgarten gekommen, der sehr schön ist, denn obgleich seine Anlage nicht grade ausgezeichnet geschmackvoll genannt werden kann, so ist sie doch nicht übel, die Hauptsache aber ist ein vortrefflicher Boden, ein ganz ohne Sorgfalt doch schöner Rasen, und viele hundert der schönsten uralten ungeheuren Bäume, die ich je sah, besonders einige in ihrer Art einzige Weiden, auch viele seltene hohe Linden und Eichen. Ich weiß nicht, ob Du Teplitz kennst, da Du mir nie davon erzählt, glaube ich nicht. Von der Gesellschaft sprach ich noch Niemanden. Der größte Theil der Badegäste ist auch schon fort. Morgen will ich dem Herzog Albert von Sachsen-Teschen aufwarten, um ihm einen Gruß von Bianca zu bringen, die er anbetet, und mich auch dem Fürsten Clary vorstellen lassen, um doch einige Unterhaltung zu erlangen. Auch einem Grafen Pückler von Tannhausen, der mit seiner Frau hier ist, denke ich einen Besuch zu; Frau von Maltitz werde ich aber, wenn ich mein Herz bezwingen kann, unbesucht lassen. Gestern war ich eine halbe Stunde im Theater,

ein widerliches, schmutziges Loch, und eine Gesellschaft, wie
mir nie etwas Schlechteres vorkam. Den fürstlichen Stall
besah ich ebenfalls; er war in keiner Art dem Muskauer
zu vergleichen. Dagegen ist Schloß und Garten schöner,
beide aber werden in zwanzig Jahren, wenn wir leben
bleiben, in Muskau auch schöner sein. Die Stadtmusikanten,
die recht gut sind, brachten eben einem vornehmen Reisenden
auf der Straße ein Ständchen, ich rief den Kellner, und
lasse mir nun für drei Gulden, während ich an die Schnucke
schreibe, auch eines bringen.

Ehe Helmine heirathet, muß ich sie noch einmal sehen,
am liebsten in Muskau, aber natürlich ohne ihren Polaken,
der mir doch ein wenig durch den Kopf geht. Nimm's nicht
übel, gute Schnucke, ich bin durch Dich so häuslich geworden,
daß ich vergebens die Flatterhaftigkeit meiner Jugend zurück=
rufe, und erstaune die Beständigkeit eines wahren Philisters
an mir wahrzunehmen.

Dein treuester Lou.

4.

Pückler an Lucie.

Teplitz, den 21.

Mein Logis habe ich verändert, und jetzt so viel Zimmer,
daß wenn Du kommst, für Dich und Madeline, auch für
Helmine Platz ist, wenn Du letztere mitbringst, doch thue
hierin ja nur das, was Dir selber gut dünkt, liebste Schnucke,
denn nur noch einige Wochen ungestört sie zu sehen wünsche ich,
wo, ist mir gleich. Nur, wenn es wegen des neuen Bräutigams
in Muskau nicht gehen sollte, schlug ich Teplitz vor. Sei
nur vor allem selbst vergnügt, gesund und froh, das ist mir
doch die Hauptsache, meine gute, treue Schnucke.

Nachmittags.

Um 1 Uhr habe ich mich dem alten Großherzog von Sachsen=Teschen vorstellen lassen, der ein merkwürdiger achtzigjähriger Greis ist, so heiter und lebensfroh noch immer, wie nicht viel junge Leute. Nach der Bianca erkundigte er sich emsig, und hörte auch verschiedene Pferdehistorien, die ich ihm auftischte, mit Vergnügen an.

5.
Pückler an Lucie.

Den 22.

Gestern Abend habe ich meinen Besuch bei Fürst Clary gemacht. Die Frau vom Hause hat mir am meisten gefallen; sie sieht vornehm in allen ihren Manieren aus. Das Ganze hat kein übles Ansehen, nur die Tracht der Bedienten ist schäbig. Ich fand viel Gesellschaft dort, polnische und eng= lische Damen, die von Karlsbad kamen, und Prinz Biron. Wenn Du herkommst müssen wir eine Exkursion nach der Herrschaft Ratiborschütz machen, die der Herzogin von Sagan gehört. Dort ist in diesem Augenblick ein englischer Gartenanleger, den sie von London hat kommen lassen, um ihren Park zu vergrößern, der schon jetzt wundervoll schön sein soll. Wahrscheinlich wirst Du dort zum erstenmal etwas in wahrhaft englischem Geschmack Angelegtes sehen, und ich bin im voraus auf Dein Urtheil begierig. Vielleicht kann man den Mann auch bewegen bei der Rückkehr für ein Billiges uns in Muskau zu besuchen, welches mich sehr beruhigen würde, da ich mir doch nicht verbergen kann, daß vieles in meinen Anlagen noch sehr steif und schülerhaft ist. — Laß uns nur bei den Anlagen fest an dem Grundsatze hängen, wenig aber Vortreffliches herzustellen, und nicht zu

platriren, sonst werden wir nur immer halben nie ganzen
Genuß finden. Wenigstens geht es mir so, und ist es eine
Schwäche, so mußt Du Mitleid mit derselben haben, denn
ich werde sie doch nie ablegen können.

6.
Pückler an Lucie.

Den 1. März.

Du hast mich durch Deinen Brief ganz außer mir ge=
bracht. Ich habe wahrlich mit der größten Aufopferung
Deinetwillen der Reise nach Carolath entsagt, und nun läßt
Du mich selbst dazu ein, da es zu spät ist! Helmine wohnte
mit Dir zusammen, wie gut wäre es da gegangen sie noch
einmal zu sehen! Ich kenne mich gar nicht mehr, und
schwöre Dir durch diese gewaltsame Trennung, dann wieder
durch die Betrachtung, daß sie unnöthig war, und gerade
zu der Zeit, wo Helmine eigentlich erst mir gut zu werden
anfing — es ist unerträglich, und wahrlich, alles dies, Dein
Brief, macht mich hundertmal verliebter als ich es je war.
Ich habe ein solches Gefühl, daß es mir jetzt ganz unmöglich
ist Deutschland zu verlassen, ohne Helmine noch einmal ge=
sehen zu haben. Ich kenne mich, wenn Du einen immer=
während Stachel in meinem Herzen zurücklassen willst, und
mich immerwährend übel gelaunt sehen, so schlage es mir
ab. Ohne Deinen Brief wäre es nicht nöthig gewesen, ich
hätte mir ohne viele Mühe eine raison gemacht. Jetzt hast
Du aber mit einer wahren Kunst alles so in mir aufgeregt,
daß ich beim Himmel Helmine noch einmal sehen muß, wenn
ich soll die Geistesruhe erlangen, die zur glücklichen Fortsetzung
unserer Reise nöthig ist. Ich beschwöre Dich also, sie nach
Dresden mitzunehmen, oder noch länger in Carolath zu
bleiben, und mich hinkommen zu lassen. Nur eine Nacht
oder Tag laß mich noch mit ihr allein sein, mehr verlange

ich wahrhaftig nicht, aber einen Ruhepunkt muß das auf=
geregte Meer meiner Gefühle finden, wenn es nicht immerfort
stürmen soll. Ich habe in meinem Leben keinen Brief erhalten,
der mich so gewaltsam aufgeregt hätte als der Deinige, und
meine Eifersucht erregst Du auch noch mit dem albernen
Musikus!

Ich weiß nicht ob Du mich wirklich kennst, aber das
glaube mir — nach allem diesem muß ich Helmine noch
einmal sehen. Mit der größten Kunst hast Du selbst ihr
die Wichtigkeit gegeben, die sie früher nicht für mich hatte.
Es wird auch wieder vorübergehen, aber die Wirklichkeit
kann jetzt nur meine entflammte Einbildungskraft heilen. Vor
allem stimme nicht etwa Helmine gegen mich, etwa durch
das Zeigen dieses Briefes. Wie die Sachen jetzt stehen
würde grade Widerstand oder Gleichgültigkeit von ihrer
Seite mich noch viel verwirrter machen. Hast Du im mensch=
lichen Herzen gelesen, so wirst Du mir jetzt keine Schwierigkeit
entgegensetzen. Laß das Rad von selbst ablaufen, und es
bleibt ruhig stehen. Greife mit der Hand ein, und es zer=
trümmert jeden Widerstand.

In meiner Imagination ist jetzt, ich möchte sagen,
Helminens Reiz mit Deiner Seele und Deinem Geist ver=
schmolzen, wunderbar durch jenen Brief, und nun kannst Du
denken, warum er mich so verändert hat, also beschwöre ich
Dich noch einmal mich durch die Wirklichkeit noch einmal
beides sondern zu lassen, dann weißt Du wohl, wohin bei
mir die Waage sinken muß. Du hast es in Deiner Hand
mich mehr noch zu gewinnen als jemals. Versäume es nicht
um unser beider Ruhe willen.

Dein ruheloser Lou.

Schicke mir einen Boten mit Deiner Antwort, ich erwarte
sie mit der größten Ungeduld.

7.

Pückler an Lucie.

(Berlin.)

Den Tag Deiner Abreise, um 8 Uhr früh.

Meine gute, süße, liebe Schnucke, kaum bist Du fort, und schon fühle ich tiefer als Du glaubst, meinen herben Verlust. Ich bin nicht wieder eingeschlafen, und hörte fast jedes Wort, das Du noch in Deiner Stube sprachst. Mit einer Art Freude sagte ich mir: „Sie ist noch da". Oft wollte ich aufstehen, und Dich bis an den Wagen begleiten; dann hielt mich immer der Gedanke zurück, Dir und mir das Herz nicht noch schwerer zu machen. Wie ich aber endlich den Lärm der Pferde und des hinausrollenden Wagens hörte, und wie er sich immer schwächer in der Ferne verlor — da war mir zu Muthe, als schnitte mir jemand durch's Herz. — Aller angewandten Mühe ungeachtet konnte ich nicht wieder einschlafen bis ungefähr gegen 7 Uhr, wo ich noch ein wenig unruhig schlummerte, in dem Schlummer aber von einer der schönsten Musiken träumte, die mein Ohr je vernommen hat, welches ich für ein sehr gutes Zeichen annehme. Beim Erwachen fielen meine Augen sogleich auf den kleinen herzigen Blumenstrauß, den Du zarte, liebevolle Seele auf meinem Tische zurückgelassen hast, und da kam mir das Weinen nahe; jetzt eben aber, als ich Blumenstrauß schrieb und das Sandschächtelchen aufmachte, um die vollgeschriebene Seite zu bestreuen, fiel bei dem Anblicke der kleinen Schnucke das erste Thränchen auf's Papier. Aus dem rechten Auge kam's, und sieht jetzt oben mit einem Zirkel umgeben, wie Mondschein auf meinen Brief herunter. Schnuckchen habe ich eben daraufgestellt, und zu verschiedenenmalen die Thräne küssen lassen, und das kleine Ding dann selber herzlich geküßt. Noch weiß ich nicht, welchen Platz ich ihm zur bestimmten Residenz anweisen werde. Vor der Hand verberge ich es wieder in Silber und Rosa.

Um 11 Uhr.

Arme Schnucke, was hast Du für schlechtes Wetter! Es regnet in einem fort, so daß ich noch nicht habe ausgehen können, um meine Geschäfte zu machen. Eben schickt mir Rothschild wirklich einen Kredit auf 50,000 Fr. ohne Dehn's Wissen. Ich werde aber keinen Gebrauch davon machen, als bloß zur Parade. Ein Pariser Friseur hat heute meine Haare so schön geschnitten, daß ich um 10 Jahre jünger und so hübsch aussehe, daß es mir leid thut mich nicht von Dir bewundern lassen zu können. Mit dem größten Schrecken sehe ich eben, gute Schnucke, daß man vergessen hat, Dir die Flasche Champagner einzupacken. Es thut mir herzlich leid, nun werde ich sie auf Deine Gesundheit austrinken!

Um 2½ Uhr.

Trotz Regen und Wetter bin ich endlich ausgegangen, um meine Kommissionen vollends zu machen. Dann habe ich meine Papageien besucht, die sich bei dem Liebhaber Glasermeister sehr wohl befinden, und beide immerwährend sprechen. Sie sind sehr zahm und nicht mehr so ruppicht als zuvor. Von hier ging ich zur Goltz, die mich über meine Wittwerschaft plaisantirte, und nicht ganz à son aise war, als ich so zärtlich von Dir sprach, wie Du es verdienst. Sie hat mich zu Tisch gebeten, und ich habe es, um den Leuten mehr Zeit zum Packen zu lassen, angenommen. Dabei habe ich ihr weiß gemacht, daß ich in vier Wochen mit einem französischen Koch hieher zurückkäme, und während zwei Monaten ein großes Haus machen würde, worauf Augustine mir die zärtlichsten Blicke zuwarf, und die beiden alten Goltz sehr freundlich schmunzelten. Mit Dehn, welchen ich nachher besuchte, wurde Dein Lob gesungen, wobei er mir umständlich erzählte, warum Du Schnucke heißt. Dein Stammbaum ist nämlich wie ich hörte:

Lucie

Luzige,   Ziege

Schnucke

Reichsgräfin von Pückler-Muskau, geborene ordinaire Fräulein von Hardenberg, jetzt aber Standesherrin und Gemahlin des Erlauchten

Lou.

4½ Uhr vorbei.

Post scriptum. Ich komme eben vom Diner der Goltz, wo die Unterhaltung besser war wie das Essen, und möchte Dir noch allerlei erzählen, wenn die Post nicht präcise um 5 Uhr wegginge, und ich wünsche, daß dieser Brief mit Dir zugleich reist, und mit Dir zugleich in Dresden ankömmt. Ich küsse Dich tausendmal, morgen ein Mehreres.

Dein treuer, Dich sehr liebender
Hermann.

8.

Pückler an Lucie.

Nassau, den 8. früh 8 Uhr. (1818)

Es braucht Dich nicht zu reuen, liebe Schnucke, den Stein'schen Thurm nicht gesehen zu haben. Es ist ein Gemengsel, das nicht einmal zu einer Gartenspielerei tauglich sein würde. Von bunten Gläsern ist bis jetzt sehr wenig da, und dieses Wenige nicht außerordentlich. In der Bibliothek sind einige schöne altdeutsche Portraits von Karl dem Fünften, Luther, Herzog Alba u. s. w., neben denen sich Gneisenau und Scharnhorst eben nicht zum Besten ausnehmen. Die Gegend um Nassau finde ich weit interessanter, als dieses seinsollende deutsche Denkmal; leider erlaubt das schlechte Wetter sie nur wenig zu genießen. Der Weg ist sehr schlecht, und ich bin diese Nacht mehreremale nahe daran gewesen, umgeworfen zu werden. Ich habe viel und mit Sehnsucht Deiner gedacht, und als ich einmal recht betrübt aufblickte, leuchtete mir der Abendstern allein aus zerrissenen Wolken so hell und blendend entgegen, daß ich Deiner Weisung gedachte, und mich überzeugt hielt, Du seiest in diesem Augenblicke auch innig und lebhaft mit Deinem armen Freunde beschäftigt.

Andernach, um 4 Uhr Nachmittag.

Du siehst, daß ich mich nicht länger in Koblenz auf= gehalten habe, als nöthig war. Es ist mir lieb über die Bäder gereist zu sein, wegen der mitunter sehr schönen Gegend, jedoch möchte ich es nicht wiederholen, da der Weg abscheulich ist, besonders von Ems nach Koblenz, wo auch leider eine Federlage an meinem Wagen brach, so daß ich nicht weiß, ob ich ihn ohne Reparatur bis Aachen bringen werde. Ich versichere Dir, gute Schnucke, daß ich mich ohne Dich gar nicht wohl befinde, und sehr froh bin meinen Mißmuth durch die anziehende Lecture der d'Epinay zu zerstreuen, in der ich fast den ganzen Tag gelesen habe. Je sors de mon diner, qui était excellent. Das einzige Ueberflüssige bei dem Diner war die Wirthin, die sich neben mir etablirte, und mir die ganze Zeit ihre ungebetene Unter= haltung schenkte, ja sogar zuletzt mich zwang, einige von ihrer schmutzigen Hand geschälte Nüsse zu essen. Wie schwebte mir da Deine schöne, kleine, weiße Hand vor, und wie bedauerte ich, sie so weit, so weit zu wissen! Trennung ist schon wegen ihrer Unabänderlichkeit eine Sache, die zur Verzweiflung bringen könnte! Die gute Frau erzählte mir, ihr Schwiegervater sei Président du Pöpel und membre lislatif gewesen; am Ende bat sie für ihn um Verwendung beim Staatskanzler, die ich ihr auch huldreich versicherte, und sie fortschickte, um Dir, bevor ich wieder einsteige, noch diese paar Worte zu schreiben. Adieu.

Aachen, den 9. um 2 Uhr Nachmittag.

Du siehst, daß ich mich unterwegs gelangweilt habe, denn ich bin immerfort gereist, ohne mich aufzuhalten. In Köln hatte ich einen Kollisionsfall, und weiß nicht, ob ich Dir werde recht gehandelt haben. Ich kam nämlich dort mitten in der Nacht um $1/_2 4$ Uhr bei gießendem Regen an, und erfuhr erst, als die Postpferde schon angespannt waren, und ich eben abfahren wollte, daß Dein Vater da sei. Mein erster Befehl war, nach seinem Gasthof zu fahren, und mein Plan, dort den Rest der Nacht zu verweilen, und ihn früh zu sprechen. Als ich aber dort kein Kämmerchen Platz mehr vorfand, so änderte ich meine Gedanken, und ließ ihm nebst vielen Empfehlungen einen Brief zurück, den Goltz mir zur schleunigsten Bestellung mitgegeben hatte. Den Deinigen behielt ich aber, weil es besser ist, ihm diesen in Aachen zu geben, damit er den Kongreß über in frischerem Andenken bei ihm bleibt. Ich glaube dadurch, daß ich nicht blieb, sondern meine Reise fortsetzte, uns beiden eine gêne erspart zu haben, und ihm zugleich ad oculos demonstrirt, daß ich nichts mehr zu suchen habe, et que je puis me passer de lui.

Mit der Epinay bin ich bald fertig. Je mehr sich ihr Karakter vor mir entwickelt, je mehr finde ich sie in vielen Stücken meiner Schnucke ähnlich. Sehr interessirt hat mich die Stelle über Freundschaft. Rousseau's Definition ist brillant, aber eigentlich seicht; Frau von Epinay kommt wohl der Sache viel näher, wenn sie sagt: que les fondements nécessaires de l'amitié sont l'indulgence et la confiance; mais elle a tort, il me semble, de les exiger des deux côtés pour former l'amitié. Ceci ne me parait pas du tout nécessaire, pourvu que ces qualités existent entiêrement et dans la perfection chez une des personnes, qui se lient d'amitié. Vous en êtes la preuve avec moi, ma chère amie. Personne est moins indulgent et moins confiant que moi au fond, mais vous possédez l'une et l'autre vertu à un degré si éminent, qu'il y a pour vous une satisfaction constante de les exercer, et pour moi d'en être l'objet. Pour rendre l'amitié stable, il faut donc plutôt des qualités très différentes, mais tellement partagées entre les deux personnes, que l'une puisse continuellement suppléer l'autre, et c'est le naturel même, qui doit agir ainsi en elles, car avec la bonne volonté seule, on n'aime point, tout au plus on estime

Mais pour en revenir à mon journal, j'ai un petit malheur à vous communiquer. Figurez-vous que mon meilleur cheval, le beau Forester a choisi le moment de mon absence pour me dire un éternel adieu. Il est mort et enterré depuis huit jours. Je regarde cela comme einen Fingerzeig des Himmels d'acheter un autre attelage de chevaux, et de me défaire des trois qui me restent, ou le renvoyer à Muskau. Je dois maintenant renoncer à la petite gloriole de conduire quatre chevaux du siège, Sprightly étant trop petit pour être attelé avec les trois géants, qui sont encore vivants. En revanche mon nouveau cheval a fort bien réussi et se porte à merveille.

Adieu, bonne et excellente Schnucke. Morgen ein Mehreres.

Dein treuer
Hermann.

Votre frère est encore ici, et je n'ai point de logement.

𝔓ü�𝔩er an 𝔏ucie.

(𝔄a𝔠𝔥en.) Les 10 à 7 heures du matin 1818.

Me voilà bien matinal, n'est-ce pas? C'est que
j'ai eu la migraine, et que je me suis couché de très
bonne heure. Je souhaite très tendrement le bon jour
à ma chèrissime Schnucke, et je recommence à écrire
mon journal.

A peine arrivé à Aix-la-Chapelle, Mr. votre frère
est venu me voir, et s'est beaucoup informé de vous.
Je l'ai ensuite accompagné chez sa femme, qui m'a
reçu comme un chat fâcheux qui flatte. Après les
compliments d'usage, elle m'a demandé, comment je
m'étais amusé à Francfort; et la Goltz, dit — elle, qu'est-
ce qu'elle pense de la nomination de Bernstorff pour
les affaires étrangères? — Ah ma foi, lui ai-je répondu,
elle en est très fâchée, et ce qui plus est, elle croit
en être redevable à votre mari. Là-dessus le Comte
s'en est beaucoup défendu, et m'a assuré, que cette
idée venait uniquement de son père, qui lui avait lu
la lettre, qu'il avait écrit à ce sujet au Roi, l'anniver-
saire de son jour de naissance, et que lui en avait
reçu la première nouvelle par son père à Spaa.

J'ai feint de le croire en ajoutant, que pour mon
compte j'en étais charmé, puisque j'espérais qu'un homme
aussi essentiellement gentilhomme que Mr. de Bernstorff saurait empêcher les Jacobins de se rendre maître
partout. Voilà ce que c'est, m'a répondu votre frère,
j'en augure tout le bien possible pour la Prusse, d'autant plus que Bernstorff est un homme fait pour plaire
au Roi, und der in nichts durchgreift, sondern überall behut=
sam auftritt. Concevez-vous quelque chose à cette lou-
ange? Selon moi, c'est tant pis!

En continuant la conversation, j'ai dit à votre frère
tout bêtement, que nous nous flattions, qu'il suivrait
bientôt Mr. de Bernstorff, et qu'étant le premier Seigneur en Prusse après la mort de son père, personne
n'était plus propre à le remplacer. Vous auriez dû
voire, comme il s'est rengorgé après ce propos, et
comme son nez avait l'air d'être braqué contre la
lune. Cependant il jeta l'idée loin de lui, en protes-
tant qu'il était beaucoup trop bon Danois, pour quitter
jamais ce pays, qu'il regardait comme sa patrie. Je
lui ai conté ensuite que Mad. de Goltz, m'ayant ques-
tionnée, comment il se faisait, qu'on n'avait pas choisi
son mari pour un poste, qui lui appartenait de droit,
je lui avais répondu : C'est que le chancelier a peur
de vous. Cette réplique fit rire ma belle-soeur, qui
sans doute se souvenait avec plaisir, qu'elle sait aussi
fort bien manier la pantouffle dans son intérieur. J'appris par votre frère, que toute la société du Chancelier
est avec lui, de manière que je serai entièrement libre
ici. Si je trouve aujourd'hui à me loger, je partirai
demain pour Spaa, pour acheter le cheval que vous
avez vu et qui me devient doublement nécessaire
après la perte de Forester. De là j'irai peut-être à
Bruxelles.

Ich habe Dir, glaube ich, noch nicht erzählt, daß ich
in Frankfurt, als ich eben an Dich schrieb, mit einemmal
durch das Aufreißen meiner Thür und ein Gepolter auf-
geschreckt wurde, als wenn der jüngste Renommist von Jena
zu mir hereinstürmte. Als ich mich umsehe, wen erblicke ich?
Den alten Heim, der auf seiner Durchreise erfährt, daß ich
hier bin, und sogleich zu mir läuft, denn, sagte er: Sie
haben mich auch immer interessirt, aber hauptsächlich komme
ich Ihrer Maschine wegen, die mir als Arzt noch viel interessanter ist. Der Ruft war ein Glück für Sie. Wir

hätten Sie Alle auf den Kirchhof gebracht. Na, wie geht's?
Gar nichts mehr von der alten Krankheit? Na, Sie sehen
auch wohl aus, wahrhaftig viel besser, als wie wir das letzte=
mal Champagner getrunken haben, u. s. w., u. s. w.

Hierauf ging ich zur Goltz zu Tisch, und Du kannst
denken, daß ich nichts Pressanteres hatte, als Heim's Ankunft
dort zu erzählen, und daß er mich bloß besucht hätte, um
meine Maschine zu sehen, die ihn, wie er behauptete, am
meisten an mir interessirte. Après cette plaisanterie, je
puis dire que les éclats de rire de Mad. de Goltz, l'air
benin de Mad. de Malzahn, l'air bête de Mr. de Goltz
et l'épouvantable grimasse de Mr. de Küpfer formaient
pour moi un spectacle charmant.

Adieu, en voilà bien assez pour le moment.

A 1 heure après midi.

J'ai trouvé ici la concession du Roi de porter
l'ordre de Bavière et une lettre de Sehring, que je vous
envoie pour en faire votre profit comme vous l'en
tendrez.

(Aachen.) Um 10 Uhr.

Man lebt hier sehr gut in Aachen. Zum Frühstück habe
ich ganz vortreffliche Butter und Rahm, besonders aber eine
Art Brot, wie ich nie etwas ähnlich Vortreffliches gegessen
habe. Ich wohne bis jetzt im dragon d'or, einem sehr
guten und reinlichen Gasthof. Ich bin sogar nicht ganz ab=
geneigt vielleicht hier den ganzen Kongreß über zu bleiben.

2 Uhr.

Meine Promenade zu Pferde habe ich heute mit Deinem
Bruder gemacht, der ein sehr furchtsamer Reiter ist. Dann
besah ich ein Wachsfigurenkabinet, wo der Mord von Fualdez
ziemlich natürlich dargestellt worden ist, und eine junge Al=
bina, das heißt, eine junge Dame von recht hübschen Zügen,
deren Haare schlohweiß und Augen schön blaßviolett sind.

Sie ist achtzehn Jahr alt, in London geboren, und seit zwei Monaten verheirathet. Noch immer kann ich kein Logis finden, welches mir konvenirt.

A 11 heures du soir.

Nach dem Spazierritt besah ich mit Hardenberg's und Mecklenburg eine sehr schöne Gemäldesammlung, die zum Verkauf hiehergebracht worden ist. Die Sachen sind vortrefflich, die Preise aber auch sehr hoch. Um 2 Uhr habe ich tête à tête mit Mecklenburg ein sehr gutes Diner gemacht, wozu er den Champagner geliefert hat. Dann gingen wir in den Affisenhof, und hörten das Todesurtheil über zwei Personen sprechen, die eine alte Frau umgebracht haben. Dieses ganze Schauspiel war widerlich genug. Den Abend brachte ich wieder bei der Schwägerin zu, wo gewaltig politisch gekannegießert wurde. Ich weiß nicht ob das, oder Mecklenburg's Champagner daran Schuld ist, genug ich bekam wieder Migraine, und kann deßhalb nicht so ausführlich schreiben, als ich sonst wohl gethan hätte. Erlaube mir also Dir gute Nacht zu sagen, und zu Bette zu gehen. Noch habe ich kein Logis, aber viel Hoffnung morgen eines zu bekommen. Felice notte. Ich finde das Leben recht langweilig ohne Dich!

Den 11. 8 Uhr früh.

Herzensschmucke, guten Morgen, ich bin nicht recht wohl, und auch ganz traurig, denn seitdem Du mir das Frühstück nicht mehr bereitest, hat es gar keine Annehmlichkeit für mich. Die einzige Freude, die ich noch hier haben könnte, nämlich an meiner Pferdepassion, ist nun auch noch zu Wasser geworden, und ich sehne mich daher von hier weg. Ich habe einen neuen Plan, nämlich so bald unsere Geschäfte am Jahresschluß mit Dehn abgemacht sind, nach dem mittäglichen Frankreich und Valencia zu reisen, das Paradies der Erde, wie ich von Jemand höre, der dorther kommt. Dies wäre für Januar, Februar, März, April; im Mai kämen wir über

Paris zurück, und nähmen den Le Conte gleich mit. Ich aber ginge über England, und kaufte dort die nöthigen Pferde. Im August oder September käme ich dann mit allem nach Muskau, wo ich schon vieles fertig fände, und einmal den größten Theil meiner Wünsche erreicht sehen würde. Qu'en ditez-vous de ce plan, qui me paraît fort raisonnable? Adieu, gute, dicke Alte!

6 Uhr.

Endlich habe ich gerade der jungen Albinos gegenüber ein Logis gefunden, welches sehr ruhig, und sehr hübsch meublirt ist. Ich bezahle für zwei Monat 1500 fr., welches im Vergleich der übrigen Preise billig ist, und mir von der Regierung, die es bereits für einen Königlichen Adjutanten gemiethet hatte, abgelassen wurde. Heute bin ich zum erstenmal im Curricle ausgefahren, und zwar mit den beiden lahmen Pferden, die in diesem Augenblicke ganz gut gehen, so lange es dauern wird.

Den 12., 9 Uhr früh.

Die gestrige Komödie „Salomo's Urtheil", deutsch aufgeführt, hat mich sehr amüsirt. Es war fast wie die Vorstellung in Fürstenwalde, wo sich der Hauptacteur an einer Wolke das Loch in den Kopf stieß. Wenn es während des Kongresses nicht besser wird, so muß es sehr unschicklich ausfallen, denn das Theater ist kaum hoch genug, daß ein großer Mensch aufrecht stehen kann.

Dein Bruder erklärt nun endlich, nachdem er mich im Anfang stets ungefragt versicherte, er ginge in acht Tagen zu Haus, daß er auf Bitten seines Vaters den Kongreß über hier bleibe, seine Frau Gemahlin aber nach Heidelberg schicke. Es scheint, daß Frau von Alopäus nicht hier bleibt, doch ist es wohl auch noch ungewiß.

Um mein neues Logis habe ich noch einen Streit gehabt. Ich sagte Dir, daß die Regierung, bei welcher zufällig ein alter Schulkamerad von mir, Herr von Görschen aus

Deſſau, Regierungsrath iſt, mir ein Quartier cedirt hatte,
welches von ihm für einen Königlichen Adjutanten gemiethet
war. Als ich jetzt hinkam, um meine vorläufigen Einrich=
tungen zu treffen, erklärte die Eigenthümerin, eine recht
hübſche junge Frau, ſie habe ihr Quartier der Regierung
vermiethet und nicht mir, das Haus ſei ihr Eigenthum, und
ſie würde mich nicht einziehen laſſen. Ganz ungewohnt,
liebe Schnucke, bloß wegen meiner Perſönlichkeit ſo imper=
tinent zurückgewieſen zu werden, echauffirte ich mich auch,
ſagte ihr qu'elle était une sotte, quo je me moquais
d'elle et de son logement, mais que pour la contrarier
je voulais à présent y e n t r e r malgré elle et que j'y
e n t r e r a i s. A peine revenu chez moi, on m'annonce
Mr. de Görschen, qui arrive tout essouflé pour me dire,
qu'il avait trouvé Mad. Schulz étendue sur son sopha,
sanglottante, se déménante comme une désespérée à ce
qu'on l'avait appellée une sotte, et que, dût elle périr,
elle ne souffrirait pas qu'un Anglais logea chez elle!
Avouez, chère Schnucke, que par le coup ma mine
anglaise ne m'a pas profité. Dès que Mr. de Görschen
lui a certifié, que je n'étais pas Anglais, elle s'est ra-
doucie, et m'a expédié le Regierungsrath pour me ram/
mener et faire notre paix. Je la trouvais encore dans
les pleurs et vraiment assez intéressante. Après l'avoir
flattée de mon mieux, je lui ai dit, que les liaisons
étaient toujours les plus intimes, qui commençaient par
une brouillerie, et je l'ai plaisanté sur des dangers d'un
tout autre genre, auquels nous serions désormais ex-
posés. Enfin nous voilà au p l u s m i e u x, comme dit
Mad. d'Alopäus, quand elle se moque de M.

A propos de Mad. d'Alopäus, elle est attendue ici
après-demain, et nous allons caramboler en route, car
je vais le même jour à Spaa pour y rester une huitaine
de jours. Le Prince et la Princesse d'Orange y sont,

et on dit, qu'on s'y amuse fort bien. Quant à moi, je ne m'amuserai nulle part avant de retourner à Muskau.

Chère et bonne Schnucke, j'ai l'honneur de vous embrasser. Je suis fâché de ne vous écrire que des balivernes, mais au moins trouverez-vous, que je ne suis pas paresseux.

Den 13., früh.

Aus reiner Langerweile legte ich mich gestern schon um 9 Uhr zu Bett, und bin heute erst um 10 Uhr wieder aufgestanden. Ausreiten ist die einzig mögliche Rekreation, und noch während Wind und Regen, die halten mich aber nicht ab. Deinetwegen, gute Schnucke, bin ich heute nicht über einen Schlagbaum gesprungen, der mir den Weg versperrte, und bin geduldig umgekehrt, was ich sonst nicht leicht thue, car en toutes choses, il n'y a rien de si détestable que de revenir sur ses pas. Cependant cela nous arrive presque tous les jours.

Nun bist Du wohl schon im lieben Muskau angekommen. Dem Park wird der Regen gut bekommen sein, und gewiß ist der Rasen schön. Wenn nach der großen Sehnsucht nach Muskau, und dem beispiellosen Ennui in Aachen mein Heimweh zu arg wird, so komme ich unversehens nach Muskau, darauf mache Dich gefaßt; auf jeden Fall lasse ich Dich es voraus wissen, und Du empfängst mich dann auf dem Jagdschloß. Seit gestern besitze ich einige neue Almanachs, deren Lectüre mir die Zeit vertreibt. Wenn ich sie gelesen habe, werde ich sie Dir schicken, damit wir, obgleich hundert Meilen aus einander, doch in denselben Büchern lesen.

Den 14., früh.

Ich fange an mich zu wundern, liebe Schnucke, noch immer keine Briefe von Dir zu erhalten; alle Tage schicke ich deshalb vergebens auf die Post.

Gestern kam Frau von Alopäus und Putbus her.
Die erstere habe ich noch nicht gesehen, da bei mir selbst
großer Thee war, der Frau Gräfin von Hardenberg zu Ehren.
Die Gäste bestanden in dieser Dame, ihrer Gesellschaftsfräu=
lein Illa, Herrn Grafen von Hardenberg, Mecklenburg, Put=
bus und Herrn von Fuhrmann, russischem Legationssekretair.
Mein Logis ist nun sehr niedlich, mit schönen Blumen ge=
schmückt, und einem neuen Teppich aus der Tournayer
Fabrik, den ich mit 300 fr. erkauft habe, weil er, orange
und grün, gerade in Dein Muskauer Schlafzimmer passen
wird. Meine vier Papagaien tummeln sich unter den Blumen
in einem großen Bauer umher. Le papier me manque.
Adieu für diesmal.

Dein treuer Lou.

11.

(Aachen.) Den 15., früh.

Gestern haben wir en piquenique zusammen gegessen,
Dein Bruder mit seiner Frau, Illa, die Familie Alopäus,
Putbus u. s. w. Die Dame ist ein wenig pikirt über meine
unbefangene Lustigkeit, die mir sehr natürlich ist, und die sie
vielleicht noch für Verstellung hält. Nach Tisch fuhr ich mit
den beaux restes meiner armen Pferde spazieren, und ging
dann in's Theater, wo ein sehr spaßhaftes Ritter= und
Schlachtstück aufgeführt wurde. Den Abend brachte ich bei
Hardenberg's zu. Das Wetter ist wieder schön, und die
Gegend um Aachen herrlich. Auf meinem gestrigen Frühritt
kam ich in einen unabsehbaren Buchwald, wo auf dem schönsten
Wiesengrund die herrlichsten alten Bäume und die lieblichsten
Gebüsche auf das malerischste mit einander abwechselten.
Uebrigens bin ich gar nicht recht aufgelegt, und die Empfäng=
lichkeit für das Vergnügen irgend einer Stimmung will sich
nicht einfinden! Ich sehne mich nach Dir, und wenn Du es

mir zu sagen erlaubst, auch noch ein wenig nach einer Anderen, a b e r n u r n e b e n b e i.

Wie ich höre, geht der Prinz von Oranien morgen von Spaa weg. Ich werde also wohl schwerlich noch hingehen, da die Badezeit nun dort zu Ende geht, dafür aber denke ich morgen oder übermorgen nach Brüssel zu reisen, um wo möglich ein Pferd wieder zu dem meinigen zu finden, was mir wirklich nöthig thut, da Reiten und Fahren meine einzige Unterhaltung hier sind. Putbus geht in acht Tagen nach Berlin, und ich glaube, daß Frau von Alopäus auch dahin geht. Mad. Recamier bleibt aber hier, und wird wahrscheinlich, da sie die Einzige ist, täglich die Souverains in ihrem Hause sehen.

Den 16., früh.

Mein Leben hier ist so einförmig und langweilig, daß ich, um nicht eine lästige Kronik zu schreiben, nicht weiß, was ich Dir sagen soll. Ich gebe Dir also einen herzlichen Kuß zum Morgengruß. Um 9 Uhr war ich gestern schon wieder im Bette, vorher mit Frau von A. in der Komödie, die sich sehr viel Mühe giebt mich wieder in die alten Fesseln zu schmieden. Mais ils sont passés, ces jours de fêtes.

3 Uhr.

Endlich, süße Seele, erhalte ich einen Brief von Dir aus Gotha. Arme, gute Schnucke! Wie leid thun mir Deine unglücklichen Reiseabentheuer, und wie schmerzt es mich, daß Du so viel Ungemach hast ausstehen müssen, obgleich Du eine so lustige und komische Beschreibung davon machst, daß ich mich, Gott verzeih mir, des Lachens nicht enthalten konnte, besonders wie ich an die Stelle kam, wo der Postillon Dir und Madeline gerathen hat bis auf's nächste Dorf zu reiten.

Für alles Liebevolle und Gute, was Du mir sagst, danke ich Dir herzlich, es thut mir immer so wohl, wenn

Du mir von neuem bestätigst, was ich so gern höre, und was ich so tief und dankbar erkenne und herzlich erwiedere. Schone nur Deine Gesundheit, und gebrauche nun in Muskau die Kur, welche Dir Gall vorgeschrieben hat.

Die junge Breakfastkiste läßt sich Dir empfehlen; sie hat sich in der That verjüngt, seitdem das Leder frisch geschwärzt worden ist, und das Theezeug, durch den neuen Jäger besser gepußt, von neuem wie Silber glänzt. Du wirst mit diesem Jäger sehr zufrieden sein.

Ich soll heute mit Hardenberg's und Mecklenburg auf dem Lande essen, wo ich die Stelle aus Deinem Briefe, die Dein Reiseunglück enthält, vorlesen werde, denn sie ist gar zu drollig. Dein Bruder, der sich mehrmals nach Dir erkundigt hat, verliert, unter uns gesagt, bei näherer Bekanntschaft sehr in geistiger Hinsicht. Uebrigens ist sein air doucereux mit fremden Damen äußerst komisch. Seinen Karakter halte ich aber für gutmüthiger, als ich erst glaubte. Indessen ist Gutmüthigkeit mit so viel Schwäche vereinigt unzuverläßiger als die decidirteste Schlechtheit.

Abieu, meine kluge, gute, liebenswürdige und nie genug zu verehrende Schnucke.

Dein treuer Lou.

12.

(Aachen.) Le 17. septembre.

N'est-ce pas, chère Schnucke, je dois être vrai? Car dès que je devrais redouter de vous parler avec la dernière franchise, votre souvenir me donnerait de la gêne, au lieu qu'il me transporte à-présent comme un refuge dans tous les malheurs, dans tout ce qui peut m'arriver de désagréable. Ce n'est pas seulement, que je ne veux pas vous mentir, je ne veux même vous rien taire de ce qui se passe dans mon âme, car, après

tout, vous devez me connaître continuellement tel que
je suis, et si vous m'aimez véritablement pour moi-
même, rien ne doit vous importer davantage. D'ailleurs
je connais toute la bonté de ma chère Schnucke, qui
préfère toujours ma satisfaction à la sienne. Ainsi je
veux jaser avec vous tout à mon aise, même dans le
cas que quelquefois ce que je dis ne vous fût pas
agréable.

J'ai fait hier soir un peu tard une visite à Mad.
d'A., et sans le vouloir je l'ai trouvée seule. — D'abord
nous avons parlé de choses indifférentes, j'étais parfaitement tranquille, enfin cependant la conversation n'a pu
manquer de tomber sur le passé. Vous auriez été contente de moi. Je lui ai serré affectueusement la main,
et en lui montrant la plus sincère, mais la plus froide
amitié, je lui ai conté avec tous les embellissements de
l'imagination comment je l'avais aimé, et combien je
me réjouissais d'avoir été capable d'un pareil sentiment,
que j'avais fait d'elle un idéal, dont l'image embellissait
ma vie, mais qui n'existait plus pour moi que dans
l'imagination etc., etc. Elle m'a répondu entre autre
qu'elle se félicitait de n'avoir jamais cru à la vérité de
mes sentiments, car, dit-elle, j'aurais été peut-être trop
faible pour mon bonheur. Elle m'a serrée la main
plusieurs fois, espérant, disait-elle, que nous serions
toujours de véritables amis. Ensuite elle m'a fait beaucoup d'éloges sur ma personne, en ajoutant: „Ich habe
immer gesagt, wie schade um solch einen Menschen!" Als
ich darauf lächelnd erwiederte: „Wenn ich Sie geheirathet
hätte, wie Ihr Herz noch frei war, wäre ich mit der gränzen-
losen Liebe, die ich für Sie fühlte, gewiß vollkommen geworden" —, antwortete sie sehr lieblich und übereilt: „Ja gewiß,
denn ich . . ." Das andere verstand ich nicht, und da ich
sie darnach fragte, erwiederte sie mit dem Aufwand ihrer

ganzen Kofetterie: „Ich habe nichts gesagt." Bald darauf
kam Alopäus von der Recamier, und ich empfahl mich. Eh
bien, ma chère, je vous assure, je suis resté aussi froid
qu'une glace, je n'ai pas eu la moindre émotion, et certainement de nous deux j'étais le moins troublé. Von
dieser Seite ist also auch nicht das geringste mehr für mein
Herz zu fürchten, obgleich sie mich sehr dringend nach Berlin
eingeladen, und viel von unserem Reiten gesprochen, und
wiederholte, nur mit mir ausreiten würde sie nicht — näm=
lich eine Anspielung, daß ich sie sonst, wie sie behauptet, verführt habe Carrière zu reiten, bis sie die Sinne verloren
habe. Hier also ist Ruhe, aber, beste Schnucke, gegen Hel=
minchen bin ich nicht so gleichgültig. Diese Nacht habe ich
so viel und so verführerisch von ihr geträumt, que j'en étais
au désespoir. Je vous jure que c'est vrai, et c'est vraiment une folie. Jamais il n'a existé, je crois une si
drôle de passion, qui ne vient que tous les trois, mois,
et qui ne dure que quinze jours, quand elle est satis-
faite. Cependant je vous jure, bonne Schnucke, qu'elle
est bien nécessaire à mon bonheur. Also sei menschlich
und liebevoll, Engelsschnucke, und entziehe sie mir nie ganz.
— Du weißt ja, daß ich Dich deshalb nicht weniger liebe
und anbete, ja im Gegentheil immer noch mehr, weil ich jede
Freude, die mir jenes Verhältniß darbietet, Dir verdanke [1]).

---

[1]) Anmerkung von Lucie. Du bist gut! sehr gut, aber weil
Dir noch nie etwas weh that, so kannst Du Dich in Anderer Schmerz
nicht versetzen.

Dies war der vierte Posttag, wo Du mir schriebst, seit unserer
Trennung, die mir über das Leiden, was Du hier vorfinden wirst,
so schwer wurde.

Ich bin recht gleichgültig für Deine Liebe für Andere, — denn
Dein Gefühl für mich ist nicht zart.

Herz, wie Du Dich hierüber schon gequält hast. Bedenke nur
mein traurig unvollkommenes Leben!

13.

Ich hoffe, gute Schnucke, daß Du mich loben wirst, daß ich nicht spiele, obgleich hier die Langeweile leicht dazu verführen könnte. Uebrigens habe ich doch auch mehr Karakter wie andere sogenannte solide Männer. Mecklenburg, der neulich 100 Napoleonsd'or verloren hatte, erklärte uns Allen, er gebe sein Wort, nie wieder gegen die Bank zu spielen, und heute ging er wieder heimlich hin, wie ich von Putbus erfuhr, der (soit dit en parenthèse), heute abreist. Frau von Alopäus geht auch heute ab, auch in dem schlechten Wagen, während ihr Herr Gemahl den guten behält. O ihr egoistischen Männer!!!

Da ich nun allein ohne die Aufsicht der würdigen Schnucke bin, so mache ich auch wieder Geniestreiche. Ich habe mir einen Paß als Herr Westheim geben lassen, und einen Kreditbrief auf denselben Namen nach Brüssel, womit ich morgen früh auf der Diligence, ohne Bedienten, nebst dem Mantelsack meines Kammerdieners, der meine wenigen Sachen enthält, abreise, um zu versuchen, ob ich noch wie sonst ohne die vielen künstlichen Bedürfnisse wohlgemuth leben kann, und vielleicht Stoff zu interessanteren Briefen für Dich finde, als die bisherigen gewesen sind. Meine vier Papagaien scherzen so, daß ich kaum schreiben kann, wahrscheinlich wollen sie mir Grüße an Dich auftragen. Die kleine Perruche tyrannisirt die anderen auf das empörendste, und frißt alles allein weg, wird aber deshalb nicht größer.

Dein Bruder giebt heute ein Diner zur Feier des Tauftags seines Enkels. Es ist ein sehr guter französischer Koch hier, der diese Diners ausrichtet, und den ich vielleicht mitbringe, wenn ich ihn nach öfterer Prüfung würdig finde. Er hat ein sehr vortheilhaftes und anständiges Aeußere.

14.

Liebste Herzensschnucke, da bin ich nun in Brüssel, und habe die sechzehn Posten hieher, drei Mahlzeiten mit einge=rechnet, alles für zweiunddreißig Franken gemacht. Du siehst wie wohlfeil man durch die Welt kommt, wenn man die erkünstelten Bedürfnisse bei Seite setzt; freilich habe ich die Nacht in dem alten Rumpelkasten nicht viel schlafen können, wo der steinharte Sitz sehr unbequem war. Meine Stiefeln und Kleider sind auch nicht zum Besten geputzt, gesund bin ich aber voll=kommen, und froh nur deswegen nicht, weil ich mich zu sehr nach der kleinen Thörin sehne, und der sehnsüchtige Zustand für mich der allerunerträglichste ist. Doch jetzt zur regel=mäßigen Erzählung der mir zugestoßenen Begebenheiten.

Ich schrieb Dir also vorgestern, wie Du mit einem Blick auf die andere Seite lesen kannst, daß Dein Bruder uns, das heißt, seine Familie, Mecklenburg und mich zu einem Diner eingeladen hatte. Der Koch zeichnete sich aus, und gab mir große Lust ihn zu engagiren.

Es hätte früh um acht Uhr, wo ich aufstehen mußte, nicht viel daran gefehlt, daß ich dem warmen Bett zu Liebe, die ganze sentimentale Reise aufgegeben hätte. Da ich aber mich eben dadurch überzeugen will, ob ich schon so verwöhnt bin, daß mich der Mangel bequemer Lebensart unglücklich macht, so zwang ich mich. Noch skeptischer wurde mir zu Muthe, als ich im Diligencehof ankam, und den schmutzigen, schon vollgepfropften Kasten erblickte, in dem bereits dicke Tabakswolken eine künstliche Nacht hervorgebracht hatten, und in dessen düsteren Tiefen ich nun selbst mich verlieren sollte. Mit zugemachten Augen drängte ich mich auf den gekauften Platz, der kaum eine Viertelelle breit war, als mich jemand auf Englisch fragte, ob er das Vergnügen hätte einen Lands=mann in mir zu begrüßen. Ich blickte auf, und sah einen sehr hübschen jungen Menschen mit einer preußischen Mütze

und keineswegs englischem Kostüm neben mir. Dies erklärte
sich, da er mir erzählte, er studire in Göttingen, und sei
in Folge des bekannten Skandals genöthigt gewesen diesen
Ort zu verlassen, und reise jetzt nach Cambrai, um einen
dortigen englischen Obersten, der sein Schwager sei, zu be=
suchen. Von nun an hielt ich mich an diesen artigen jungen
Menschen, und theilte bei jeder Gelegenheit, wie die Araber
ihr Salz, meinen guten Wein mit ihm. Die Figuren in
der Diligence änderten sich wie im Guckkasten. Zuerst bestand
die Gesellschaft, außer uns beiden aus einem dicken Franzosen,
der mir ein ehemaliger employé des droits réunis zu sein
schien, und dem das Herz aufging, wenn ich das Gespräch
auf Napoleon brachte. Ferner ein Genfer Handlungsdiener,
den der Franzose und ein unerträglich schmutziger, halb be=
trunkener aber nicht dummer Holländer mit einer Nachtmütze
auf dem Kopf weidlich mit seiner Nation neckten. Man ist
in Holland nämlich sehr darüber aufgebracht, daß der König
zwei Schweizer = Regimenter sehr theuer bezahlt. Man fing
also damit an, sich über diese Regimenter zu moquiren. Ja,
sagte der schmutzige Holländer, c'est tout naturel, point
d'argent, point de Suisses. — Oui, reprit le français, on
peut faire le calcul suivant. Un Suisse pris sur place coûte
36 florins, rendu à sa destination
48 florins, nourriture en route
16 florins

100 fl. total. On a donc raison de compter parmi les
calamités publiques, qui affligent la Belgique, les douanes,
la peste parmi les bêtes, et les Suisses. — En causant
ainsi nous arrivâmes nous-même aux douanes, qui sont
en vérité impitoyables dans ce pays. Je fus obligé
d'ouvrir ma petite valise et de retourner chaque chemise
au milieu de la cour. Du würdest gelacht haben, wenn
Du mich auf dem Steinpflaster knieend gesehen hättest, mein
Köfferchen auf= und zumachen, und mit den Douaniers

kämpfend, um meine beiden Bouteillen Wein zu erhalten, den sie mir nehmen wollten, nachdem die dritte im Wagen durch die Ungeschicklichkeit unseres sechsten Reisegefährten, eines übersichtigen Irländers, zerbrochen worden, und ihren Inhalt auf den alten Holländer ausgeschüttet hatte, der dadurch in sehr zänkische Laune versetzt wurde. In Lüttich bestürmten uns sogleich beim Umladen des Wagens, denn von hier fährt eine andere Diligence nach Brüssel, mehrere Jungen mit Offerten, uns Mädchen von 12 bis 30 Jahren zu verschaffen. Wir eilten aber, mein Engländer und ich, in einen Gasthof, wo wir, die bescheiden zu Fuß ankamen, für 2 Francs à Person ein recht gutes Diner machten. Als wir zurückkamen, war die ganze Diligence geändert. Ich als der Einzige, der seinen Platz bis Brüssel schon in Aix bezahlt hatte, behielt den meinigen, der Engländer mußte Gott danken, auf dem Bock neben dem Konducteur unterzukommen, im Wagen saß dagegen neben mir ein Professor aus Löwen, der sehr bescheiden war, und sich so eng machte als möglich. Neben ihm ein Tuchfabrikant, der nie ein Wort gesprochen hat, mir gegenüber aber ein charmantes, lustiges Mädchen von höchstens achtzehn Jahren mit ihrer bejahrten Mutter und einem anderen alten Herrn. Der schmutzige Holländer hatte ebenfalls einen Platz auf dem Bock gefunden.

In Löwen frühstückten wir, die ganze Gesellschaft von unserer und noch zwei anderer Diligencen, mit einem ungeheuren Kaffeetopf und eben so großer Milchkanne, wie Soldaten um den Tisch gelagert. Bald darauf erreichten wir Brüssel sehr harassirt und müde. Hier verließ uns die andere Gesellschaft, und der junge Engländer und ich bezogen zwei kleine Zimmer nebeneinander im Hofe des hôtel de Flandre, von wo ich, von Wirth und Kellner sehr en bagatelle behandelt, jetzt eben meiner Schnucke bogenweis schreibe, und sie herzlich küsse, nun aber mich anziehen muß, und ihr daher Lebewohl sage.

Pour ne pas retarder la lettre, je la ferme tout de suite.

Ganz Dein Lou.

Abends 8 Uhr.

Ich fange noch einmal an, um Dir zu erzählen. In der hiesigen Kathedrale sind herrliche Glasgemälde, aber weniger merkwürdig durch den Glanz der Farben, als durch die Vorzüglichkeit der Gemälde selbst. Ueberhaupt ist Brüssel eine schöne Stadt, aber mit dem Pferdekauf wird es leider nichts. Kein Mensch hat, was ich suche, und mit meinem Incognito ist es auch aus, da heute an der Table d'hôte mehrere Bekannte von Spaa waren, deren ich mich zwar nicht mehr erinnerte, die aber mich desto besser kannten, und unter meinem Namen anredeten. Das ist mir sehr fatal, da ich in so schlechtem Aufzuge hier bin, und überhaupt kann ich nicht läugnen, daß ich der Häuslichkeit und Ruhe bedarf. Bald siehst Du mich also wieder, schwerlich werde ich länger als bis zum 15. Oktober in Aachen aushalten. Verzeihe mein unleserliches Geschreibe. J'ai relu ma lettre, et je la trouve épouvantable. Aber Du willst ja, daß ich mit Dir wie mit mir selbst schwatze. Adieu, adieu, meine beste Freundin, meine treue Schnucke. Ich bin erstaunend neu=gierig auf Deinen ersten Brief von Muskau.

———

15.

Brüssel, den 22. September.

Es geht mir wie in Paris, gute Schnucke, und noch viel schlimmer, denn meine Sehnsucht ist doppelt. — Gute Schnucke, wirf nur nicht gleich das Blatt verdrießlich weg — aber es ist wahrhaftig und wahr, ich werde nimmer ruhig

und zufrieden sein können, wenn die Thörin einem Anderen
zu Theil wird, als höchstens einem alten und recht wider=
wärtigen, der ihr bloß dégout einflößen kann. Sei also,
Herzensschnucke, nicht leichtsinnig damit, wenn Dir meine
Ruhe und mein Glück am Herzen liegt, et ne faites pas
de mariage sans mon consentement et à man insçû.
Ich würde es nie überwinden, et puisque, chère Schnucke,
vous êtes mon âme damnée, il ne faut ni raisonniren,
ni reflechiren, mais faire ce qui me plait. Oui, Schnucke,
telle est votre destination, telle est votre vertu, tel est
votre devoir.

Dafür, süße Schnucke, bin auch ich Dir mit Leib und
Seele eigen, und möchte ohne Dich nicht einen Augenblick
länger leben, denn meine beßere Hälfte wäre dann verloren!
Glaube mir dies, gute Schnucke, denn ich bin aufrichtig im
Guten wie im Schlimmen.

Weil wir einmal bei diesem Kapitel sind, so erlaube
mir noch eins zu sagen, und dann verspreche ich Dir, soll
nicht wieder die Rede von der Thörin sein. Du siehst
nämlich gewiß ein, daß es auffallend sein würde, wenn man
sie nur dann erst kommen ließe, wenn ich nach Muskau
komme, ich bitte also, beste Schnucke, wenn Du von mir die
Nachricht meiner Abreise erhältst, sie sogleich nach Muskau
kommen zu lassen. Damit sie uns aber nicht stört, wenn ich
zurückkomme, wo ich mich der Freude, meine Schnucke wieder=
zusehen, ganz ungestört überlassen will, so sollst Du mich
auf dem Jagdhaus empfangen, und dort einige Tage allein
mit mir zubringen. Ach, wie freue ich mich schon im voraus
darauf, und wie centnerschwer lastet die Zeit auf mir, die
ich bis dahin noch vertrauern soll!

Gestern habe ich den ganzen Tag auf einem Miethpferde
gesessen, um das Schlachtfeld von Waterloo in genauestem
Detail zu besehen. Es ist wahrhaftig nicht so schwer eine
Schlacht zu kommandiren, als man glaubt. Ruhige Faßung

und richtiger Blick mögen ohne große Kenntnisse hinreichen. Es ist das erstemal, daß ich mir mit der größten Mühe, Plan und Terrain vergleichend, ein Schlachtfeld besehen habe, und die ganze Schlacht ist mir jetzt so klar und gegenwärtig, als wenn ich dabei gewesen wäre. Kommen wir einmal zusammen her, so werde ich Dir als Cicerone dienen. Der unserige (ich war mit meinem Engländer zusammen), war Lacoste, der Führer Napoleons in der Schlacht. Er erzählte uns, der Kaiser habe mit der größten Ruhe, und die Tapferkeit der Engländer lobend, seine ersten zwei Hauptangriffe, erst auf den rechten und dann auf den linken Flügel des Feindes mißlingen sehen. Gegen fünf Uhr gelang es den Franzosen den Schlüssel der Position des Centrums, das Vorwerk, haie sainte, zu erstürmen, und der Kaiser schien an den glücklichen Erfolgen der Schlacht nicht mehr zu zweifeln. Da erhielt er die Nachricht, man erblicke am Horizont die preußischen Fahnen. Sehr gelassen erwiederte der Kaiser, man irre sich, dies sei die Avantgarde Grouchy's. Als darauf Bertrand die Lorgnette dahin richtete, bestätigte er erblassend dem Kaiser, daß es wirklich die Preußen wären, und reichte ihm das Perspektiv. Napoleon sah lange darauf hin, und von diesem Augenblicke, behauptete Lacoste, sei er unruhig geworden und habe immerwährend, starr vor sich hinsehend, mit dem Kopfe geschüttelt. Er gab nun, da keine Zeit mehr zu verlieren war, und er durchaus alles gewinnen oder alles aufopfern wollte, den Befehl zu dem letzten ver=zweifelten Angriff, selbst keinen Büchsenschuß von dem Baume entfernt, unter dem Wellington hielt. So wie er aber seine alten Garden, auf die er alles gebaut hatte, weichen, und nun die ganze Linie der Engländer, welche sich bis jetzt begnügt hatte, nur defensiv agirend, die wüthendsten Angriffe zurückzuweisen, auf allen Punkten im Sturmschritt auf sich anrücken sah, wandte er sein Pferd, ohne einen Laut von sich zu geben, und floh im Galopp davon, während seine Seite,

Lacoste an der Spitze, mit verstörten Gesichtern, blaß und
stillschweigend, ihm auf dem Fuße folgte. Erst nachdem man
7 Stunden Wegs zurückgelegt hatte, wurde Halt gemacht,
und der vor kurzem noch so mächtige Kaiser labte sich mit
seinem Gefolge an vier Bouteillen elenden Weins und etwas
Brod, während den Pferden, die Lacoste an den Zügeln hielt,
ein Sack Hafer auf dem Erdboden hingeschüttet wurde, den
sie mit dem Gebiß im Maule ungekaut zu verschlingen suchten.
Sic transit gloria mundi! Mit einem tiefen Seufzer
reichte nach einer Viertelstunde Ruhe der General Bertrand
dem Führer Lacoste einen Napoleon, und seitdem sah dieser
keinen von ihnen mehr wieder.

Man hat drei Monumente auf dem Schlachtfelde errichtet,
eines den Engländern, eines den Hannoveranern und eines
den Preußen. Alle drei geschmacklos wie die Zeit, deren
Andenken sie erhalten sollen.

Da ich hier wohl schwerlich Pferde finden werde, so
gehe ich heute Abend wieder mit der Diligence nach Aix
zurück, sehr zufrieden, daß es mir fast gar keine Ueberwindung
kostet, wie ein armer Mann zu leben.

Den 23.

Man wird nicht nachsichtiger gestimmt gegen seine Leute,
als wenn man sich selbst eine Zeit lang bedient. Wenn es
aber eine Weile gedauert hat, wird man wieder strenger als
je, denn man lernt bald sich selbst besser bedienen, als es
Andere im Stande sind.

Ich habe gestern zum erstenmal das Theater besucht,
welches ich auffallend gut und fast besser als ein einzelnes
Theater in Paris gefunden habe. Man gab eine vortrefflich
gespielte Komödie, und eine sehr gut gesungene Operette aus
der Zeit Ludwigs des Vierzehnten: Lully et Quinault, ou
le déjeuner impossible, musique de Nicolo, eine aller-
liebste kleine Oper.

Nachmittags.

Vier Stunden lang habe ich englische Pferde probirt, und werde wohl eines davon kaufen. Wagenpferde bekomme ich nicht, habe aber welche bestellt, ohne mich jedoch verbindlich zu machen, sie zu behalten, wenn sie mir nicht gefallen.

Während ich gestern bei einem hiesigen Restaurateur sehr gut gegessen habe, dachte ich nach, wie wir es am Besten machen könnten für die Zukunft und habe folgendes be= schlossen. Ende Oktober komme ich nach Muskau zurück und bleibe dort bis Ende November. Dann gehe ich allein auf vier Wochen nach Berlin, komme mit Dehn in den ersten Tagen des Januars nach Muskau zurück. Dort schließen wir unsere Rechnung ab, und er nimmt definitiv die Dia= manten für den Kaufpreis zurück, so daß wir ihm nichts schuldig sind. So wie dies geschehen ist, und die Zahlungen für das nächste Jahr bestimmt, reisen wir sogleich ab, und gehen entweder nach Brüssel, welches diesen Winter sehr angenehm sein wird, oder nach Italien, denn ein Jahr wünsche ich noch Muskau ruhen zu lassen aus vielerlei Gründen. Schreibe mir, ob dieser Plan Deinen Beifall hat, disputire aber nicht dagegen, denn das kann ich nicht leiden. Adieu, gute Alaunschnucke.

Dein liebenswürdiger Lou.

Den 23. Abends.

Eben komme ich aus einer sehr schönen Darstellung der „Alceste" von Gluck. Während der Aufführung habe ich einige= mal recht innig meiner Schnucke gedacht, die für mich auch sterben könnte, und die ich ebensowenig überleben möchte, als Admet seine Alceste. Gute, liebe Hausfrau, alte Alaunschnucke, ich küsse Dich.

Heute las ich in der Zeitung, dem „Vrai libéral": „On prétend, que Mr. de Humboldt va définitivement quitter la diplomatie. Il sera remplacé par Mr. de Krusemarck, ou par le gen re du prince de Hardenberg".

Den 24. früh.

Eine sehr gute Acquisition, die ich hier gemacht habe, ist ein exzellenter englischer Groom, der auch nicht zu theuer ist. Er bekommt die Kost, ober 3 Francs tägliche Auslösung, Livree und jährlich 35 Napoleons, also gerade nur halb so viel als mein alter Child. Er heißt mit einem sonderbaren Namen Goodfellow, was im Deutschen so viel heißen würde, als Guterkerl, und das scheint er auch in der That vollkommen zu sein. Dies beruhigt mich sehr, da Pferde jetzt ganz meine Lieblingspassion sind. Eben bin ich im Begriff auszugehen, um eines zu kaufen, das mir sehr gefallen hat, und wie ein Vogel läuft und springt. Gute Schnucke, diese Passion wäre lange nicht so kostspielig, als bauen und Anlagen machen! Aber es muß alles sein —, Gott gebe uns Kröfus' Schätze.

3 Uhr Nachmittags.

Ich habe ein Pferd für 100 Napoleons gekauft, das sehr hübsch und sehr gut ist. Außerdem habe ich noch sechs andere probirt. Seit langer Zeit habe ich nicht so viel geritten als hier. Um 9 Uhr stehe ich auf, frühstücke um 11 und probire Pferde bis um 4 Uhr. Dann ruhe ich mich etwas aus, und um 5 Uhr esse ich bei einem exzellenten Restaurateur, der früher Koch beim Grafen Caraman in Berlin war, und wo ich meine Gourmandise früh schon bestelle. Nach Tische gehe ich in die Komödie, die sehr gut ist, dann zu Bett, wo ich noch eine Stunde lese, bis ich einschlafe. Voilà mon train de vie à Bruxelles. Auf diese Art habe ich mich ganz hier eingewohnt, morgen reise ich aber bestimmt von hier weg, denn ich werde der uneleganten Tracht und der ungeputzten Stiefel doch etwas überdrüssig, sonst geht mir nichts ab, ausgenommen die Hauptsache, die mir hier und überall abgehen wird: die Schnucke!

Aachen, den 29., früh.

In einem fürchterlichen Karren, der mich die Nacht durch so beispiellos zerschlagen hat, daß ich am ganzen Leibe voll blauer Flecke bin, kam ich so eben wieder hier an, in einer von den fatalen, bekümmerten und zugleich ängstlichen Stimmungen, die wie Vorahnungen eines großen Unglücks aussehen, aber wie ich aus Erfahrung weiß, meistentheils ohne reelle Folgen bleiben. Mein erster Blick fiel auf Deinen Brief, aus dem ich mit Schmerz gesehen habe, daß Du meinen Brief, den Du, meinem Calcül nach, gewiß in Dresden schon vorfinden solltest, dort nicht erhalten hast. Mit meinem Fleiße im Schreiben wirst Du nun wohl zufrieden sein. Du glaubst übrigens nicht, wie ich mich nach Dir und der Heimath ängstlich sehne, und welche Gewalt ich mir anthun muß, um nicht heute schon nach dem geliebten Muskau wieder abzureisen.

Etwas Interessantes ist mir auf der Rückreise von Brüssel nicht aufgestoßen. Ein Bekannter hatte mir einen abscheulichen zweiräderigen Karren verschafft, in dem ich mit Extrapost ohne irgend einen Aufenthalt hierher gejagt bin, weil auf der Diligence alle Plätze besetzt waren. Uebrigens war ich auch das Schlechtbehelfen satt, und will nun wieder einmal Andere für mich sorgen lassen. Als ich über den Markt fuhr, glaube ich den König gesehen zu haben, noch weiß ich aber nichts, da mein Kammerdiener über nichts Auskunft zu geben weiß. Ich habe nun sehr nöthig meine Toilette von Grund aus zu machen, und heute Abend erfährst Du, wie es hier steht. Hoffentlich werden Deine Briefe wieder froher und weniger ungerecht gegen mich werden, wenn Du erst einige zwanzig Seiten der meinigen gelesen haben wirst. Adieu für diesen Augenblick, gute, liebe, alte Dicke.

Zwei Schreiben des Ministers von Altenstein an Dich und an mich, benachrichtigen uns dans un style un peu

ampoulé, daß Se. Majestät den Superintendenten mit einem
allerhöchst eigenhändigen Schreiben beehrt haben! Was kann
der Mann mehr wünschen?

Abends, 8 Uhr.

Selten ist bei mir eine Dissonanz (die üble Stimmung) in
einen so schönen Accord aufgelöst worden als diesmal meine
Traurigkeit durch Deinen herrlichen Brief von Muskau.
Alles ist so vollgerecht, so klar gesagt, so richtig gesehen, so
vortrefflich beurtheilt, daß ich ganz stolz darauf bin, eine so
gescheute und so liebevolle Frau zu besitzen. Es mir sehr lieb,
daß alles so ist, und was den Thiergarten betrifft, so zweifle
nicht, daß ich hierüber ganz getröstet bin, und nach meiner
Art, so bald ich erst von der Nothwendigkeit einer Sache
wirklich überzeugt bin, bald sie in jeder Hinsicht zu meinem
Vortheile sich gestalte. Aber Aix-la-Chapelle brennt mir
nun ganz unter den Füßen, auch bin ich noch immer zu jung
für die Welt, und kann in der Hitze des Gesprächs es nicht
lassen, die Leute immerwährend vor den Kopf zu stoßen, be=
sonders seit Du nicht mehr da bist, Du liebe Schnucke, die
meinen Karakter mildert.

Die Souverains sind noch nicht da; auf der Straße
habe ich heute die Bekanntschaft des Grafen von Bernstorff
gemacht, und eine Konversation mit dem Fürsten von Haß=
feldt gehabt, in Folge deren er mir versichert hat, sein Koch
sei außerordentlich für große Diners, aber sehr schlecht für
das Alltägliche gewesen, weshalb er ihn, auch wegen entsetz=
lichen Depensirens, weggeschickt habe.

Bleibst Du bei längerem Aufenthalt bei Deiner Ansicht
über Dehn's Geschäftsführung, so bin ich der Meinung,
daß ich zwar in Muskau eine Apparition mache, um meiner
Anlagen wegen, daß ich aber durchaus keinen langen séjour
dort mache, weil ich mich zu gut kenne, um nicht überzeugt
zu sein, daß es dann nicht gut gehen würde, indem die ge=
wisse Abhängigkeit von Dehn, die nicht zu vermeiden und

nothwendig ist, mir auf die Länge unerträglich werden würde, besonders in seiner Gegenwart. Auch Du, gute Schnucke, darfst nicht zu viel da sein, jedoch öfter wie ich. Unsere Sindbadreisen wollen wir zusammen machen.

Deine Ermahnungen, zu sparen, werde ich zwar befolgen, da aber eines meiner Wagenpferde krepirt ist, und die Deinigen schlecht aussehen, so ist es ganz nöthig, daß wir einen neuen Zug von fünf Stück kaufen, und ich bitte Dich daher, Dehn zu sagen, daß ich dazu mir 300 Napoleons mehr als die bewilligten 15,000 Francs auf den Kreditbrief nehmen müßte. Dies ist in der That eine nöthige Aufgabe, die eben sowohl mein Vergnügen als der Anstand erfordert. Antworte mir hierüber. Jetzt werde ich Deinen lieben Brief noch einmal durchlesen. Morgen mehr, gute Nacht.

5 Minuten später, während dem Lesen Deines Briefes

Gute Schnucke, Deine Unglücksfälle mit Deinem alten Wagen sind wirklich eine wahre Hiobsprobe für Dich ge= wesen, und beweisen Dir, daß alles, was aus Deiner früheren Periode herstammt, ohne Verlaß und Sicherheit für Dich ist, und Du nur auf die Pücklerischen Dinge rechnen sollst!

Adieu zum zweiten und letzten Mal.

16.

Pückler an Lucie.

Den 27. Abends.

Ich bin so faul, gute Schnucke, und habe so interessante Bücher und ein so freundliches Logis, daß ich seit den zwei Tagen, die ich wieder hier bin, mich noch nicht zum Anziehen und in Gesellschaft Gehen habe entschließen können.

Dein Vater behandelt mich so übel, daß ich nur noch etwas mehr abwarte, pour lui montrer les dents. Er ist gestern Nacht angekommen, heute früh machte ich ihm meine Aufwartung; da er aber sich in Konferenz mit Bernstorff und Wittgenstein befand, so hinterließ ich an den Jäger, ich sei dagewesen, um ihm aufzuwarten, wolle aber seine Geschäfte jetzt nicht unterbrechen, ersuche ihn jedoch mir eine Stunde zu geben, wo ich wiederkommen dürfe. Dasselbe trug ich Koreff auf zu sagen, den ich nachher eine halbe Stunde besuchte. Das war heute früh um 11 Uhr. Seitdem habe ich nichts weiter gehört, die Fürstin hat mich ebenfalls nicht angenommen.

Si cela continue, je lui écrirai une bonne lettre, et je m'en irai à Muskau. Malheureusement on a encore mis dans les journaux anglais, que probablement le gendre du prince de Hardenberg allait en Angleterre, et tous ces animaux vont croire, que c'est moi, qui y ait fait insérer cet article. Ils me connaissent bien mal; si vraiment je désirais être employé et de servir, ce serait bien à autre chose!! Cependant je saisirais l'occasion pour déclarer à votre père, qui craint toujours mes sollicitations sans que je lui en ai présenté de ma vie: que si jamais il m'appelait à servir en Prusse, je m'empresserais certainement à répondre à son attente de mon mieux, mais que je regarderai toujours plutôt comme un devoir à remplir, que comme une faveur qu'on m'accorde. Et c'est bien la vérité, car mon ambition est de nature à ne pas beaucoup se soucier de plans secondaires. Si jamais il se présentait une chance pour obtenir la première, je deviendrais infatigable, et ma vie et mon bien seraient logés à la pointe de mon sabre — mais pour être un vil esclave qu'est-ce que c'est qu'un grade de plus on de moins! Voilà du pathétique et du ridicule, mais comme l'a dit le héros du siècle, le ridicule et le sublime n'est souvent séparé que d'un pas. Tout dépend des circonstances et du bonheur.

Adieu, Schmucke, je me tiens à vos prédictions et je ne désespère pas de finir par les grandes aventures.

En attendant Muskau me suffira entièrement, et en cas de besoin, je suis assez philosophe pour me passer de tout, excepté de votre amour et de votre amitié. Adieu, mon ange, que Dieu vous bénisse, et qu'en tout la volonté de Dieu soit faite! Amen.

Dein submisser Lou

17.

Pückler an Lucie.

Den 29.

Liebe Seele, ich bin so melancholisch, daß ich, außer zu Pferde, mein Haus gar nicht mehr verlasse. Die Gesell= schaft ekelt mich an, und ich kann mich nicht entschließen, irgend wohin zu gehen. Dem Fürsten Wittgenstein habe ich Deinen Brief gegeben, und ihm in Deinem und meinem Namen für die uns bewiesene Freundschaft gedankt. Er war wie gewöhnlich sehr freundlich, that aber sehr pressirt, und mochte wohl mich lieber gehen als kommen sehen. Auf= drängen kann ich mich nicht, et puisque je suis mal vu de tous les gens, principalement par votre père, qui ne me donne aucun signe de vie, j'aime mieux les laisser tranquilles. Je me ferais présenter aux Rois, aux Princes et aux Souverains étrangers, et puis je quitterais la partie.

Ich lebe nach dem Spruche des persischen Dichters: Ruhen ist besser als gehen, schlafen ist besser als wachen, und sterben besser als schlafen. Bis zur letzten Gradation werde ich es nun hoffentlich nicht bringen, aber schlafen so viel als möglich. Fast jeden Tag bin ich schon um 9 Uhr im Bett, und vor 10 Uhr stehe ich nicht wieder auf. Dabei bin ich krank, und es fehlt mir, wie immer, wenn meine Melancholie überhand nimmt, leider an allem Appetit, wie

Du weißt, ein sehr wichtiger Punkt für einen Gourmand wie ich.

Mich. hat mir heute geschrieben, daß die Fenster abge=
nommen und verpackt worden sind, ohne neuen Schaden.
Waschen hat er sie noch nicht lassen, da man gefürchtet hat,
sie würden aus dem Blei fallen, sondern bloß abgebürstet.
Demungeachtet sollen sie sehr schön geworden sein. Wenn
in Muskau das Blei untersucht und neu gelöthet worden ist,
so kann man die Wäsche beginnen.

Abends.

Ich bin so herunter, so traurig und so krank, daß ich,
um nur die schwarze Stimmung los zu werden, mehrere
Gläser Champagner in meiner Einsamkeit getrunken habe,
aber ohne vielen Erfolg. Doch kann ich mir nun recht wohl
erklären, wie man sich aus Melancholie das Trinken ange=
wöhnen kann.

Ein vortreffliches englisches Pferd, zu dem ich die größte
Lust hatte, habe ich par raison nicht gekauft, die Wagen=
pferde sind aber nöthig, und ich bitte Dich, nicht zu vergessen,
Dehn ein Wort darüber zu sagen. Da wir auch einen Koch und
einen Bedienten, der das Lampendepartement und das Frot=
tiren versteht, nöthig haben, so werde ich wohl am Besten thun
nach Brüssel zu gehen, dort diese Leute zu engagiren, meine
Wagen, die in Paris ganz verdorben worden sind, durch
einen dortigen sehr vorzüglichen Sattler wieder in Stand
bringen zu lassen; die neuen Wagenpferde von England ab=
zuwarten, und mit allem diesen nach Muskau zu kommen,
wenn auch erst Mitte November. In diesem Falle ginge ich
nicht nach Berlin. Enfin comme il plaira au bon Dieu!
Si je ne suivais que mon penchant, j'irais tout droit à
Muskau, mais je sais par expérience. qu'il faut que je
m'y prépare un séjour agréable sous tous les rapports
pour être content. Ainsi il faut me laisser faire, et ne

9*

disputer sur rien, chère Schnucke. Je ne ferai point d'excès, mais je ne négligerai rien de ce que je juge nécessaire.

Daß ich keine Briefe mehr von Dir bekomme, ist mir sehr unangenehm. Ich wünschte alle Tage etwas von Muskau zu hören, und wie mir scheint, bin ich ein weit fleißigerer Korrespondent als Du. Ja, Schnucke, Du bist faul.

Meinen letzten Brief habe ich mit Fleiß mit der Post, und nicht durch Rothschild geschickt, weil es mich sehr amüsiren sollte, wenn er auf der Polizei gelesen worden wäre. Der Horcher an der Wand hört seine eigene Schand, sagt das altdeutsche Sprüchwort. Uebrigens ist der Prinz Wittgenstein wirklich liebenswürdig, und wäre er an Deines Vaters Stelle, er würde ganz anders für uns sorgen! Die Leute wissen gar nicht, was sie an mir haben würden, wenn sie mich brauchten, car vous savez, chère Schnucke, que personne n'est plus enthousiaste, plus reconnaissant, j'ose dire, plus noble dans ses sentiments que moi, et sous de certaines données aussi passablement adroit. Ich werde diesen Brief auch durch die Post schicken, vielleicht wird er ebenfalls gelesen, und macht so d'une manière détournée une déclaration d'amour au prince Wittgenstein.

Vous voyez, bonne Schnucke, que le vin de Champagne, opère un peu sur le contenu de ma correspondance, et tant mieux, car je me sens moins triste, que lorsque j'ai commencé cette lettre. Adieu, der Bogen ist zu Ende, und ich wünsche Dir eine herzliche gute Nacht. Meine Empfehlung an Cocotte, und wenn sie da ist — an Coquette.

Dein armer Lou.

18.

Pückler an Lucie.

Den 30. September.

Eben erhalte ich Deinen Brief von Carolath, deffen
Anblick mir mehr Freude machte, als fein Inhalt gewährte.
Doch über geschehene Dinge muß man fich zu tröften wiffen.
Ich erwiedere blos auf alles, was Du mir fchreibft, daß ich
ebenfalls der Meinung bin, Michaelis walten zu laffen, nur
will ich durchaus nicht zugeben, daß Einfprüche der Kreditoren
durch ihn veranlaßt werden.

Dein Vater affichirt mich nicht fehen zu wollen, giebt
große Diners, ohne mich zu bitten, und wenn ich ihn be=
fuchen will, ift er ftets in Konferenz. Du kannft denken,
daß diefes Betragen fogleich von dem ganzen Haufen der
Uebrigen imitirt wird, und felbft die Bedienten mich mit ver=
drießlichen Gefichtern empfangen. Alles dies macht den
Aufenthalt für mich etwas penibel, leider werden mir die
Rieman'fchen Stabfchläger nun auch Muskau verleiden.
Kann vielleicht Dehn, der jetzt in Berlin fein muß, Rieman
auf eine andere Art zum Vergleich zwingen, fo wäre das
das befte Mittel.

Vergiß über diefen Prozeß die Frankfurter Sache nicht,
die mir beinahe noch mehr am Herzen liegt, da der Ver=
luft von Geld und Gut fich leichter verfchmerzt, als einer
ewigen Chikane über jede Kleinigkeit ausgefetzt zu fein.

Der Verluft des Prozeffes ift im Ganzen vielleicht mehr
für meine Nachkommen, als für mich empfindlich, und in den
erften Jahren rentirt uns der Kontrakt mehr Revenüen, als
wir fonft haben würden. Wie gefagt, beruhige Dich darüber,
laß Dehn und Michaelis forgen, die Sache fo wenig als
möglich fchädlich zu machen, und betreibe die Frankfurter
Affaire nach Möglichkeit.

Ueber den Prozeß will ich hier noch versuchen mit Koreff zu sprechen, der Einzige, der sich vielleicht dafür interessiren könnte.

Lebe wohl, ich muß jetzt ausreiten, was meine Gesund= heit sehr erfordert, die wie meine Stimmung seit meiner Rückkunft von Brüssel gar nichts taugt. Adieu.

Dein sehr ennuyirter Lou.

Den 30. September, Abends im Bett.

Der heutige Tag scheint besonders unglücklich. Ich bin beim Setzen über einen Schlagbaum so gestürzt, daß mir Hören und Sehen vergangen ist. Demungeachtet bin ich unter abscheulichen Schmerzen noch gezwungen gewesen, wie= der zu Haus zu reiten, nachdem mich ein paar alte Weiber, an den beschädigten Stellen mit Branntwein gewaschen hatten. Jetzt liege ich unter Koreff's Obhut im Bett und habe nur ein wenig Wundfieber, mit sehr häßlichem Kopfweh von dem Choc, denn es war auf dem Pflaster. Gefahr ist nicht, also beruhige Dich ganz. Sobald ich kann, werde ich abreisen, um nach Muskau zu kommen, und den Verlust des Prozesses zum Vorwand nehmen.

Ich kann nicht läugnen, daß ich nach dem Fall heute dachte: Warum nicht auf den Kopf, da wäre aller Noth ein Ende —, denn es geht doch alles gar zu traurig. Adieu für heute. Wie kommt es, daß Du mir von Carolath aus gar nicht ein Wort von Deinen Töchtern schreibst, um mich ein bischen auf andere Gedanken zu bringen?

Am meisten ärgert mich, daß ich mich vor Deinem Vater und allen diesen Leuten so sehr gedemüthigt habe, et le tout en pure perte. Ma tête me fait horriblement mal, adieu.

Den 1. Oktober.

Ich habe die ganze Nacht im Fieber gelegen und viele Schmerzen gelitten. Häufige Kompressen und calmirender Trank haben aber mein Befinden sehr verbessert und ich hoffe

heute schon wieder auszugehen. Wenn ich nur die Melan=
cholie auch so mit Kampferwasser wegwaschen könnte, als die
Geschwulst!

Koreff hatte mir gestern, schon früher von meinem Ac=
cident unterrichtet, Medizin und ein spaßhaftes Billet zurück=
gelassen, das ich Dir nebst meiner heutigen Antwort auf der
Rückseite mitschicke. Spaßen kann ich wohl noch, aber froh
sein nicht. Der Himmel weiß, woher das kommt, und was
das bedeutet; vielleicht bessert sich alles in Muskau.

Abends.

Dein Vater hat mich endlich zu einem Diner eingeladen,
bei dem ich der einzige Gast war. Nach Tische kam Fürst
Wittgenstein, der sehr fremd gegen mich that. Wahrscheinlich
wird er auch durch Deinen Vater influirt, oder er hat meinen
Brief an Dich gelesen, wo ich kein Blatt vor den Mund
nehme. Als ich Deinem Vater den Verlust unseres Pro=
zesses erzählte, wußte er gar nichts von der Sache. Du
siehst also, wie sehr ihm unser Wohl und Wehe am Herzen
liegt. Eichhorn versicherte, wenn es vom Tribunal von Ber=
lin entschieden sei, wäre keine Appellation mehr möglich.
Enfin, man zuckt die Achseln, aber gewiß rührt keiner den
Finger unsertwegen. Jordan, Eichhorn und Rother waren
übrigens vollkommen artig gegen mich, besonders finde ich,
daß Jordan gagne à être connu, indessen einen Freund=
schaftsdienst wird uns gewiß keiner leisten. Am ehesten von
Allen Koreff, der bei weitem der Gemüthlichste und auch der
Genialischste ist.

Um 11 Uhr.

Von Deinem Vater ging ich zur Gräfin Schuwaloff,
wo ich mit einigen gescheuten Russen den ersten Abend hier
angenehm zugebracht habe. Die Gräfin hat hier einen Affen
gekauft, halb so groß wie eine Ratte, das niedlichste Thier,
was man sich auf der Erde nur denken kann, und anstatt

andere Affen übel riechen, duftet dieser nach Ambra, fühlt
sich an wie Flaumfedern, und ist außerordentlich graziös und
possirlich. Wäre ich nur gestern erst zu dem Bijoutier gekommen, von dem ihn der Graf gekauft hat, so wäre er unserer Menagerie einverleibt worden.

Mit meiner Gesundheit geht es wieder gut, und obgleich
mich noch alle Glieder schmerzen, so kann ich doch gehen und
stehen. Noch eine Nacht Schlaf, und alles, hoffe ich, wird
überstanden sein. Gute Nacht, meine gute Alte, sei nicht besorgt um mich, und behalte mich immer lieb, auch wenn ich
grämlich und mißmüthig bin.

Dein treuer und wahrster Freund

19.
Pückler an Lucie.
Den 2. Oktober. Abends.

Heute ist der erste Tag, liebe Schnucke, den ich auf eine
weniger insipide Art als gewöhnlich zugebracht habe. Ich machte
zufällig in einer Gemäldegallerie die Bekanntschaft der Mad.
Gay, Verfasserin des „Anatole", et j'y ai passé toute la
soirée très agréablement. C'est une femme de beaucoup
d'esprit, de beaucoup de savoire faire, et qui, sans être
de la première jeunesse, est encore très-capable de
plaire. Je la préfère à Mad. Récamier, qui n'a plus
que quelques restes de beauté, sans expression et sans
esprit.

Den 3. Abends.

Ich war heute früh bei Wittgenstein, der wieder sehr
freundschaftlich und verbindlich war, und mir auf morgen
früh eine Audienz zum König, der sonst niemand sieht, verschafft hat. Ich frug ihn wegen der Landwehr um Rath,
und zeigte ihm einen Brief an den König, den ich deshalb

aufgeſetzt hatte. Er rieth mir aber, dieſe Sache durch Greuhm betreiben zu laſſen, und ſelbſt ſo wenig als möglich darin aufzutreten, „denn“, ſagte er, „die Jakobiner wollen alles nivelliren, und wollen gar keine Vorrechte geſtatten, die auf Geburt gegründet ſind. Wenn Sie alſo Ihre Verhältniſſe erwähnen, ſo würde das nur ein Grund für Sie ſein, dem König die Sache ſo unvortheilhaft für Sie wie möglich vor= zutragen. Ich darf, wie Sie denken können, über militairiſche Gegenſtände dem König nicht ein Wort ſagen, ꝛc.“ Dies ſchien mir wirklich ſehr aufrichtig und freundſchaftlich zu ſein. Er frug mich dann, ob ich mit meinem Schwiegervater nicht davon geſprochen hätte. Da benutzte ich nun die Gelegenheit, ihm zu ſagen, daß ich die größte Abneigung fühlte, mit dem Kanzler von irgend etwas dergleichen zu ſprechen, da der Mann immer in der größten Angſt zu ſein ſchiene, daß ich die Abſicht habe, bei ihm einen diplomatiſchen Poſten zu ſollizitiren, eine Sache, die ſo entfernt von meinen Geſinnungen wäre, daß ich es für ein Unglück anſehen würde, dazu ge= nöthigt zu ſein, u. ſ. w.

Von Wittgenſtein ging ich zu Mad. Gay, wo ich den Grafen Golofkin kennen lernte, eine Bekanntſchaft, die viel Intereſſe für mich hatte, und die ich ſo viel als möglich zu kultiviren denke. Der Zögling des alten Röder iſt leicht in ihm zu erkennen, denn er hat ganz ſeine Manier. Mittags ſaß ich mit Haßfeld, Zichy und dem General Maiſon, (der mich, ehemals von Bruges verjagte, worüber ich eine ſcherzhafte Konverſation mit ihm hatte,) beim Baron Delmar zu Mit= tag. Das Diner war ſehr gut, und die Unterhaltung recht intereſſant. Delmar ſoll viele Millionen bei den letzten Be= gebenheiten gewonnen, und jetzt 400,000 Francs Revenuen haben.

Nach Tiſch ging ich zu Deinem Vater, der mich vor ſeiner Stubenthür abweiſen ließ, obgleich ich ihn darin ſitzen ſah. Es iſt in der That niemand hier, der ſich nicht freund=

ſchaftlicher gegen mich erweiſt, als der, welcher als mein
Schwiegervater es am meiſten ſein ſollte. Da ich ihn nie
mit Bitten inkommodirt habe, und nie irgend eine Gelegen=
heit zur Unzufriedenheit gegeben, ſo iſt ein ſolches Betragen
wirklich unbegreiflich, und, wie Du denken kannſt, gegen alle
anderen Perſonen ſehr kompromittirend.

Den 4. früh.

Nachdem ich Dir geſtern Abend geſchrieben hatte, bin ich
noch einmal ausgegangen, und habe den Reſt des Tages bei
der Gräfin Schuwaloff und bei der neu verheiratheten Frau
von Rothſchild zugebracht. Heute Morgen iſt es abſcheuliches
melancholiſches Wetter, und gießt wie mit Kannen.

Du machſt Dir keinen Begriff davon, wie ennüyant
dieſer Kongreß iſt. Nicht allein ich, ſondern Alle klagen
darüber. Für das Theater iſt nichts gethan worden, und es
iſt noch immer ſo elend als möglich. Die Redoute kann
man gar nicht beſuchen, da nichts wie Plebs und Schlimmeres
ſich daſelbſt einfindet, und Geſellſchaft exiſtirt nicht. Es giebt
nur Mad. Gay, die Gräfin Schuwaloff, Gräfin Neſſelrode
zuweilen, und Lady Caſtlereagh, die empfangen, und bei Allen
findet man es leer, wenn man hinkommt. Große Fêten ſind
bis jetzt nicht geweſen, und keiner der Miniſter, ſelbſt Dein
Vater nicht, macht, was man ein Haus nennen könnte. Heute
iſt der erſte große Ball, den die Stadt den Souverainen
giebt, von dem man ſich aber wenig Glanz verſpricht. Ich
muß mich jetzt anziehen, um zum König zu fahren, denn
ſchon iſt die Uhr ſo weit vorgerückt, daß Du gewiß in großen
Aengſten ſtehen würdeſt, mich nicht fertig zu ſehen. Einen
Augenblick iſt aber noch Zeit. Seit meinem Sturz mit dem
Pferde hat ſich meine Melancholie ſehr vermindert, was dem
Nervenchoc zuzuſchreiben iſt, den meine ganze Maſchine er=
litten hat. Nach Euch und Muskau bleibt aber meine Sehn=
ſucht ſchmerzlich groß!

Mittags.

Der König war ganz freundlich, da aber noch ein Dutzend anderer Herren da waren, konnte ich ihm nicht viel sagen, und nur kurz einige Fragen, die er an mich richtete, beantworten. Der Regen läßt einen Augenblick nach, und ich will die Pause benutzen, um etwas auszureiten. Adieu, gute Schnucke. Heute Abend mehr.

Dein treuer Hermann.

Nachmittags.

Eben erhalte ich Dein Packet. Wie bedaure ich, daß Du Dich mit so dummen Dienern behelfen mußt. Ich habe keine Lust mich in allen Dingen mißvergnügt und unbefriedigt zu sehen. Ich werde daher von Brüssel, wohin ich in wenig Tagen zu gehen gedenke, alles mitbringen, was wir brauchen, d. h. gute Wagenpferde, einen Koch, einen couvreur de table, und einen Bedienten, der Frotteur und Lampenputzer ist. Dies wird mit meinem Jäger und Collin, der uns gewiß die besten Dienste leisten wird, einen noyau de maison abgeben, mit dem wir zufrieden sein können.

Ich bin aber recht traurig und recht niedergeschlagen, liebe Schnucke, und ich kann Dir nicht läugnen, daß der Gedanke, eine Gewisse ganz zu verlieren, mir unerträglich ist, und schon eine lange Trennung mir viel Schmerz macht. Diese Schwäche ist stärker wie ich, und wenn Du, gute, beste Schnucke, nicht Mitleid mit mir hast, wo soll ich es finden! Im Tode, den ich mir oft wünsche, denn wenn ich recht genau das Leben anschaue, so steht dieser Prozeß fast eben so schlecht wie der verlorene! Von allen Seiten fängt es an sich dichter zu umhüllen, und die eigene Jugendkraft, die sonst alles zu verspotten fähig war, sinkt immer tiefer unter dem Kampf kleiner und großer, wichtiger und unwichtiger Ver= hältnisse. Du, liebe Schnucke, mußt die Rolle dessen spielen, der mich tröstet und aufrichtet, wenn Du mir Heil bringen

willst, aber wie ein liebender Engel, sanft und ohne Leiden=
schaft, nie eingreifend in des armen Sünders Wünsche, mit
Unmuth oder Eifersucht. Gute Schnucke, sonst werde ich Dir
unter den Händen verwelken! Das fühle ich tief. — Versteh'
mich deshalb nicht falsch, Du weißt, wie viel höher Du stets
bei mir stehen wirst als jede Andere.

Es ist recht hohe Zeit, daß ich von hier wegkomme,
denn ich fühle mich ganz wie in Paris, und noch zehnmal
unglücklicher, in jeder Hinsicht. Selbst die Kinderspiele, die
ich sonst so sehr liebe, Pferde und das Gefolge des Luxus
reizen mich jetzt nur in sofern, als ich es widrig finde, in
Muskau mit Dir so bettelhaft aufzutreten, gerade in dem
Moment eines verlorenen Prozesses. Die Anschaffung aller
dieser Dinge macht mir Pein, und am liebsten flöge ich mit
den Fittigen des Sturmes, der über die Stoppeln hinjagt,
allein nach dem heimathlichen Heerd. In der Fremde blüht
mir allein kein Heil, das bin ich nun gewiß, darum verlaß'
ich sie je eher, je lieber. Verlaß' Dich darauf, daß ich meinen
Geburtstag an Deinem freundlichen Herzen, meine gute
Schnucke, feiern werde, wenn ich lebe.

Es ist mir widerwärtig, von alltäglichen Dingen jetzt
zu reden, darum trenne ich mich von Dir. Abends will ich
das Uebrige Deiner Briefe beantworten. Adieu, meine beste,
meine einzige Freundin.

Abends.

Da Du sehr begierig bist zu wissen, wie ich mit Deinem
Vater und seiner Umgebung stehe, so werden Dich meine
Nachrichten nicht sehr erfreut haben. Ermüden thue ich nicht,
aber aufdringen kann ich mich nicht. Daß man im Publico
es nicht bemerke, thue ich mein Möglichstes, aber widerwärtig
ist mir diese manège im höchsten Grade.

Nachts 11 Uhr.

Ich komme eben vom Ball, auf dem ich mich gut amü=
sirt habe. Ich lernte dort die ganze Umgebung des Kaisers

kennen, die sehr artig gegen mich war. Tschernitscheff läßt
sich Dir empfehlen, die Fürstin Taxis war außerordentlich
freundlich gegen mich, und frug viel nach Dir, mit der sie
sich, wie sie sagte, oft gehascht hätte. Du wärest ihre Jugend=
freundin u. s. w., wobei ich mich denn wohl erinnerte, was
Du mir erzählt hast. Ihre noch unverheirathete Tochter ist
recht hübsch. Die Mutter zog mich zum Tanz auf, dann
tanzte ich eine andere Polonaise mit der Tochter, eine mit
Lady Castlereagh, und eine mit der Generalin Benningsen.
Voilà tous mes exploits pour le bal. Votre père n'y
était pas heureusement, car il me porte malheur, partout, où je me trouve avec lui.

Es ist jammerschade, daß Du Dich immer so empfind=
lich dagegen gesträubt hast, mit Helmine hieher zu kommen.
Glaube mir, car je puis àprésent en juger sur les lieux,
unser Haus würde gestürmt worden sein, et nous aurions
peut-être obtenu ce que nous aurions voulu. Au moins
notre vanité aurait été flattée de toutes les manières, et
pour moi, je l'avoue, j'ai besoin d'être considéré, pour
vivre agréablement dans le monde, et n'ayant pas
eu ni le bonheur, ni l'occasion, ni peut-être la faculté
d'attirer les regards par de grandes actions, j'aime
encore mieux arriver à ce but par des moyens sub-
alternes.

Wenn Du mir wirklich ein Opfer bringen wolltest, gute
Schnucke, so weiß ich sehr wohl, was mir eigentlich frommte,
und was mich zufrieden stellen könnte, au moins vous de-
vriez me laisser essayer, car avec cette idée en tête,
je languirais toujours, si je ne peux pas la réaliser.
Ich habe es immer nicht Dir zu sagen gewagt, aber ich quäle
mich und Dich umsonst, wenn ich nicht ganz offen bin. Der
Aufenthalt in Muskau hat besonders seit dem Verlust des
Prozesses, und durch unser Verhältniß mit Dehn, für sich
allein fast gar keinen Reiz für mich, und habe ich erst meine

Anlagen wieder gesehen, so erwartet mich dort nichts mehr
wie Unannehmlichkeiten. Es wäre also unendlich angenehmer
für mich, wo anders zu leben, aber ohne Dich, süße Schnucke,
ist mir jeder Aufenthalt nicht mehr erfreulich, und Helmine
bedarf ich wahrlich zu meinem Glücke. — Laß uns nach
Italien, oder nach dem mittäglichen Frankreich gehen; viel
eher findet sie dort eine Versorgung als hier, wo sie sich
abarbeitet, ohne zum Zwecke zu kommen. Auch wird wahrlich
ein besseres Klima uns allen Dreien am zuträglichsten sein.
Ich beschwöre Dich, gute Schnucke, wenn Du mir Ruhe geben
willst, bewillige diese flehentliche Bitte. Ich würde in diesem
Falle gar nicht dieses Jahr nach Muskau kommen, sondern
Dich in Frankfurt erwarten, und von da mit Euch beiden,
die ich auf verschiedene Art, aber einzig in der Welt liebe
(Dich Schnucke, besonders wenn Du gut bist, wahrlich unend=
lich mehr!) nach einem heiterern Himmel eilen, und einmal
vielleicht glücklich sein!!

Ich erwarte Deine Antwort hier, und bitte Dich herzlich,
schnell zu schreiben. Bist Du gut, und thust, wie ich Dich
bitte, so segne ich Dich! Wo nicht, so bleibt Kummer und
Gram mein Loos, und Du bist es, die mich in's Unglück
stößt!

Willst Du lieber, daß ich selbst nach Muskau kommen
soll, das ist mir gleich. Mache alles mit Dehn ab, wie Du
willst, oder sage ihm auch gar nichts. Unsere Berechnung
am Jahresschluß kann eben so gut schriftlich gemacht werden
An Bauen können wir jetzt ohnehin nicht denken. Im Park
gebe ich Rehder plein pouvoir, so wie Dehn in der Herr=
schaft. Nichts hält mich also ab. Ich fühle es ganz bestimmt,
und nun, da es einmal ausgesprochen ist, ist es mir wie ein
Stein vom Herzen. Dies ist der einzige Plan für die Zukunft,
der mir Frohsinn und Ruhe wiedergeben kann. Ich verlange
wahrlich nicht zu viel, denn Du sollst nur mich mit einer
Anderen theilen, und ich soll nach Deinem Wunsch die An=

ere ganz entbehren. Das kann ich nicht, und es wäre unendlich hart von Dir es zu verlangen, darum noch einmal, Herzensschnucke, sei gut, gewähre, und klage nicht.

Wir können in Marseille, Bordeaux oder einer italienischen Stadt mit 12,000 jährlich vortrefflich leben, und ohne die ewige Sehnsucht nach dem Mädchen, die mich keine Freude genießen läßt, werde ich auch froh sein können, und Du wirst mich selbst viel liebenswürdiger und besser finden. Glaube mir, mit jedem Tage, den Du früher kommst, erhältst Du mir einen Monat meines Lebens, denn ich leide wahrlich Qual. Es ist vielleicht ein Spiel meiner Phantasie, aber darum eben gewinnst Du ja viel mehr dabei, daß die Wirklichkeit mich entzaubert, und das Original mir hundertmal gleichgültiger wird, als das Bild, das jetzt, alles in meinem Innern verdrängend, gewaltsam herrscht. Sonst war ich anders, jetzt bin ich aber so, und beim Himmel, es ist unmöglich mich zu ändern, ohne mein Herz zu brechen. Sieh einmal, gute Schnucke, Dir allein vertraue ich, von Dir, weiß ich, kann nur Segen für mich ausgehen, meine süße Schnucke; von jeder Liebe, die Du mir beweist, bleibt ein tiefes Merkmal in meiner Seele, und der beste Theil meines Herzens und meines Ichs gehört unabänderlich Dir an.

Eile in meine Arme, bringe Sie mit, und nie werde ich Dein edles Opfer vergessen. O Gott! Wäre der Augenblick nur schon da, und die wüste Zeit vorüber, die noch dazwischen liegt.

Du wirst hundert Wege finden, um Dehn vorzustellen, warum Du nach dem Verlust des Prozesses Muskau noch eine Zeitlang verlassen willst, um so mehr, da diese Wendung der Umstände die Baupläne auf lange Zeit unausführbar macht. Dazu kommt mein Wunsch, und wenn Du meinst, mein ausdrücklicher Wille, diesen Winter noch in einem südlichen Klima zuzubringen, und Muskau nicht eher wieder zu

ſehen, bis ſeine vortrefflichen Einrichtungen noch ſichtlichere
Früchte getragen haben, u. ſ. w.

Ich bin erſchöpft und traurig. Gute Nacht, treue
Schnucke, laß mich nicht ſinken, ſondern ſei eiferſüchtig
darauf, daß keine Freude, kein Glück mir lächelt, deſſen
Schöpferin nicht Du ſelber biſt. Gott ſegne Dich.

Hermann.

20.

Pückler an Lucie.

Den 5.

Mit der Adjutantur des Kaiſers habe ich mich heute
bekannt gemacht, und Tſchernitſcheff beſonders iſt ſehr freund=
ſchaftlich für mich. Man war erſt wie begraben hier, ſeit
den Bekanntſchaften des geſtrigen Balles fange ich an doch
zu wiſſen, wo aus und ein.

Mit Koreff glaube ich in der That gut zu ſtehen, we=
nigſtens ſind wir auf einem ſehr angenehmen Fuß zuſammen,
und ſehen uns oft; Dein Vater bleibt aber ſtets inviſibel;
die Fürſtin iſt, wenn ich ſie ſehe, ſo als wenn ſie gern mich
öfters ſehen möchte, aber nicht dürfte.

Ich habe auf dem geſtrigen Ball eine wohlthätige Be=
merkung gemacht, nämlich, daß der Große doch immer wieder
vor dem Größeren verſchwindet. Dort war Wellington vor
den Souverainen ziemlich eben ſo confondu dans la foule
comme tout le reste. Auch ſchien er mir weit freundlicher,
und war unendlich traitabler, als in Paris. Lord Caſtlereagh
ſah von Allen am beſten aus, wie ein Bild aus den Zeiten
Ludwigs des Vierzehnten in einem prachtvollen geſtickten
Sammetkleide, in dem die Blumen mit Edelſteinen, Rubinen.
Saphiren und Smaragden geſtickt waren. Dazu der Stern
des Hoſenbandes in großen Brillanten, und zwei Epauletten

von denselben Steinen. Auch viel Damenschmuck war da,
doch habe ich keine so großen Chatons gesehen, als die Dei=
nigen, die Du so gütig dem allgemeinen Besten geopfert hast.
Die Gräfin Schuwaloff hatte ungeheure Perlen, und ein
Diadem von Diamanten, die wie eine Rosenguirlande mit
Knospen und Blättern gefaßt waren. Nach meinem Ge=
schmack war das allerliebst. Dazu trug sie ein Bandeau von
Smaragden über der Stirn, und hatte ein großes diaman=
tenes Schloß wie das Deinige, nicht in der Mitte unter der
Brust, sondern auf einer Schleife an der Seite, was viel
hübscher und neuer aussah. Voilà, bonne Schnucke, toutes
mes observations de toilettes. Mais je vous quitte pour
faire la mienne, car je dîne chez le Duc de Richélieu,
et il ne me reste de plus qu'un quart d'heure pour
m'habiller. Adieu, chère et tendre Schnucke.

Abends.

Je viens de faire un excellent diner. J'ai été assis
entre Hatzfeldt et Jordan. La conversation entre nous
était fort animée et fort amusante; à la fin Jordan m'a
dit en particulier des détails sur votre père, qui m'ont
étonné. Je vous conterai cela un jour, quand nous
serons ensemble. Entre autre il me dit, qu'avec de la
modestie on ne faisait rien de lui, qu'il fallait le tourmenter, l'exaspérer, alors on obtenait tout.

Nachts 12 Uhr
Ich habe meinen Abend ziemlich angenehm zugebracht,
erst bei der Gräfin Nesselrode, dann bei Prinzeß Taxis, und
endlich bei Lady Castlereagh, wo der Herzog mich einer
Unterhaltung über Pferde würdigte. Von einem so großen
Mann schmeichelt jedes Wort, wenn es auch unbedeutend ist.

Du siehst, daß ich jetzt wenigstens Gelegenheit habe,
meine Zeit etwas besser auszufüllen. On sait au moins

que devenir le soir. Uebrigens habe ich nie in meinem
Leben so viel Visiten gemacht als hier, et, en effet, je fais
une énorme quantité de connaissances, das ist aber auch
der ganze Vortheil, den ich vom Kongreß haben werde. Ach,
gute Schnucke, ohne Dich ist mir doch alles fade, mit Dir
allein kann ich doch nur so sprechen, wie mit einem anderen
Selbst. — Liebe Schnucke, ich habe eine Bouteille Champagner
von Collin öffnen lassen, und trinke mit dem Schlage Eins
jetzt ein großes Glas auf Deine Gesundheit aus. Damit
sage ich Dir gute Nacht, und küsse Dich herzlich in Gedanken.

Dein ganz ergebener
Hermann, genannt Lou.

21.
Pückler an Lucie.

Den 6.

Ich habe heute früh dem Herzog von Wellington aufge-
wartet, et j'ai été reçu, ce qui est une distinction, parcequ'il ne reçoit aucune visite que pour affaires. Il
est certain, que tout le monde me traite mieux que
Mr. votre père.

An Dehn schreibe ich fleißig. Heute habe ich ihm unter
anderem über die Reise geschrieben. Das Uebrige findet sich
dann von selbst. Daß ich nicht nach Muskau kommen, sondern Dich in Frankfurt erwarten will, habe ich auch erwähnt.
Du nimmst dann, beste Schnucke, ohne viel zu reden, Helmina
mit, weil Du ohne weibliche Gesellschaft Dich nicht von neuem
auf die Reise begeben willst, u. s. w.

Ich werde übrigens alles so einrichten, daß Du zufrieden sein wirst. Das heißt, ich will mit möglichster
Schonung des Geldes dafür sorgen, daß wir 6 ganz gute
und brauchbare Pferde mit uns haben, davon zwei den neuen

Fourgon ziehen, der den größten Theil unserer Sachen enthalten muß, zwei das Curricle, und zwei Reitpferde. Wir
selbst reisen in meinem (dann weit weniger bepackten) Wagen
mit Collin und dem Jäger auf dem Bock. In der neuen
Chaise die Thörin und die nöthigen zwei Kammerjungfern.
In Marseille oder Bordeaux etabliren wir uns ruhig für
den Winter, und wenn mich nicht alles trügt, so werden wir
ihn froh und angenehm zubringen.

Hoffentlich werden die Sachen von Paris nun bald in
Muskau ankommen, wenigstens wäre es sehr schlimm, wenn
es nicht geschähe, denn, tritt der Winter ein, so müssen sie
bis zum nächsten Frühjahr liegen bleiben.

Das Wetter ist hier schändlich, demungeachtet bin ich
eine Stunde mit der Gräfin Schuwaloff spazieren geritten,
eine herzlich ennuyante Parthie. Mittags esse ich beim Baron
Delmar, Abends will ich zur Fürstin Salm, der Frau des
Berliner neu gefürsteten Salm, gehen, oder in die Komödie.
Du siehst, gute Schnucke, daß ich Dir von jedem meiner
Schritte Rechenschaft gebe, so langweilig ich Dir auch mit
meiner Kronik werden mag.

Abends.

A dîner le Général Maison nous a beaucoup parlé
du Roi de Suède. Il prétendait, que c'est un homme
qui entendait la guerre, mais qu'il n'avait qu'une conille.
Cette expression veut dire au moral point de caractère.
Il disait aussi, que l'Empereur, s'il avait eu la moindre
méchanceté dans le caractère, l'aurait fait fusiller vingt
fois, puisque du temps du Consulat il avait constamment
conspiré contre lui.

Nach Tisch war ich eine halbe Stunde bei Mad. Gay,
die mir viel Vorwürfe machte, daß ich sie vernachlässigte,
und nachher bei der Fürstin Salm, die mir ihre Gedichte
verehrt hat. Gute Nacht, liebe Schnucke, denn ich bin müde.

Den 7.

Vor einer Stunde erhielt ich Deinen Brief, und habe
alles durchgelesen, wie Du es wünschst. Ich werde noch ein=
mal mit Eichhorn reden, mit Koreff und auch mit Beyme,
wenn er hier ist, was ich bezweifle. Mit Deinem Vater
ist es unnütz; denn dies ist so gut, als wenn ich einem
Automaten die Sache vorstellte. Viel darf man sich aber
durchaus nicht von dem versprechen, was ich hier thun kann.
Vielleicht später in direkten Gesuchen, aber im Allgemeinen
ist den Leuten wenig Interesse einzuflößen.

Du bist ungerecht, mir über Erwähnung Helminens Vor=
würfe zu machen. Soll ich Dir nicht aufrichtig schreiben, so
kann ich gar nicht schreiben, denn hierin liegt die Essenz
unserer Korrespondenz und unseres ganzen Verhältnisses, und
eine Empfindlichkeit, die Du selbst als mal-à-propos an=
siehst, mußt Du auch besiegen, sonst untergräbst Du am Ende
dadurch unser kindlich aufrichtiges und harmloses Zusammen=
leben, so nahe wie entfernt. Ich habe heute Kopfweh, und
bin nicht wohl aufgelegt; auch ennüyiren mich die Prozeß=
geschichten.

Ueber den Thiergarten brauchst Du nicht zu fürchten,
daß ich anderen Sinnes werde, überhaupt bin ich ziemlich lau
über Muskau, besonders so lange Riemann Herr des Waldes
bleibt.

Adieu, Dein kranker und verdrießlicher Lou.

Noch eine Bemerkung: Es ist wahr, hättest Du auch
neben allen Deinen übrigen Vorzügen die Jugend und Schön=
heit in dem Grade, wie Du sie einst besaßest, so würde ich
Dich vielleicht in jeder Hinsicht mit Leidenschaft lieben, viel=
leicht auch nicht, vielleicht nur einseitig. Wer kennt des
Menschen Herz! Setze aber nun den Fall, wie er ist, und
wie er sein kann. Du bist mir fast alles in der Welt, nur
in Einem liebe ich eine Andere, Du wünscht mir alles Glück

uneigennützig, willst Du also nicht lieber mir das, was mir
noch fehlt, durch eine Andere geben, als mich dessen ganz
berauben? Sei also konsequent, das heißt ganz gut, und ich
werde für das, was mir die Andere giebt, und Du nicht
geben kannst, weil nichts auf der Welt vollkommen ist, doch
nur D i r dankbar sein. Liebe, Güte und Klugheit weisen
Dir alle denselben Weg. Adieu, meine Herzenshauptschnucke.

22.
Pückler an Lucie.

Den 7. Nachts.

Als ich meinen Brief an Dich zugesiegelt, und an Rothschild abgegeben hatte, fuhr ich zur Fürstin Taxis, où j'ai
fait l'aimable jusqu' à l'arrivée du Roi, qui nous a
chassé du salon pour le laisser coq en pâte avec toutes
ces dames. En particulier on prend quelquefois sa
revanche. — De là j'ai passé chez Mad. Gay, où il y
avait concert, Mad. Catalani etc., et j'ai achevé enfin
ma soirée en soupant chez Lady Castlereagh. On y
voyait par la première fois Mad. de Lieven, qui est
arrivée hier soir bien maigre, bien kupferig et bien laide
de Londres.

Je me suis informé de M. Beyme, et j'ai appris,
qu'il est ici depuis deux jours. J'irai lui parler demain,
mais tout cela ne nous mènera pas loin.

Je ne sais pas, si c'est une bonne politique de ne
rien demander. Si nous n'avions toujours rien demandé,
nous n'aurions jamais eu les décorations, que vous avez
obtenu pour moi, et je ne doute pas, que j'aurai fini
par emporter ici un poste de diplomatie, si je m'étais
mis sur les rangs. Reste à savoir, si c'est un avantage.
Il y a beaucoup à dire pour et contre. En tout cas je

vous conseille de demander après le Congrès et dès que
le Roi sera de retour à Berlin le titre d'Excellence pour
nous au Prince Wittgenstein, car pour l'ordre vous pouvez
être sûre, que le Roi ne me le donnera pas de long
temps. Je n'ai pas jugé à propos de le remercier ici
du corbeau de seconde classe. C'est une si ancienne
histoire et on y a mis si peu de bonne grâce, que je
l'aurais cru déplacé de rechauffer cette affaire. Au
reste puisque j'ai commencé à me mettre sur ce pied.
je ne demanderai rien pour moi durant le Congrès.
Je renonce même à la seconde classe de Wladimir, et
je me contente de la perte de mon procès.

Mad. Gay serait charmée, si je voulais nouer une
intrigue. Bien loin de rechercher les bonnes fortunes,
je puis dire avec vérité que rien ne m'embarrasserait
et me désespérerait davantage que d'en avoir.

Tschernitscheff m'a écrit aujourd'hui pour me prier
de lui prêter un cheval pour la parade de demain. Je
le lui donne avec plaisir, car c'est un bien bon garçon,
et puis on ne sait quel service, il peut me rendre à
son tour. Tout ce monde est bien aimable pour moi,
cependant je sens, que sur le continent on n'est rien.
quand on n'est pas employé. C'est le seul moyen d'avoir
de la considération, tous les autre sne sont que tolérés,
et la naissance surtout ne compte pour rien du tout.
C'est l'esprit du siècle, et on aurait bien tort de s'en
fâcher. Si mes affaires néanmoins ne vont pas trop
mal, je finirai pourtant probablement par me mettre
aussi sur les rangs, mais je n'y pense pas à présent.

Il paraît, que le cher officieux de Karlsruhe n'a
pas réussi à se faire appeler ici, car je n'en ai pas en
core entendu parler. Le Roi, à ce qu'on dit, donnera
un bal dimanche; j'espère, qu'il m'invitera, sinon, je
me ferai passer pour malade, pour ne pas en avoir le

démenti. Comme tout cela est plat et ridicule, et quels sots que les gens du grand mondes! Quelles petitesses et quelles bassesses!! Fuyons les cours et les grands, et goûtons dans un plus heureux climat les douceurs du repos et de l'indépendance. Bon soir, bonne Schnucke, j'ai franchi aujourd'hui avec Sprightly une porte de cinq pieds de hauteur. Addio.

Den 8.

Früh habe ich meine Aufwartung dem Fürsten Wol= tonsky gemacht, um ihn zu bitten, mich dem Kaiser vorzu= stellen, was er mir zu bewirken versprochen hat. An den Grafen Wrbna habe ich auch des österreichischen Kaisers halber geschrieben, car il faut pourtant pouvoir dire, qu'on s'est fait parler par les Souverains.

Ich habe lauter Unglück, mein neues Pferd hat einen solchen Husten, daß ich es schon seit 5 Tagen nicht mehr reiten kann, und es ist die Frage, ob es nicht ein alter Fehler und incurabel ist.

Unser Wagen ist so schändlich in Paris verdorben wor= den, daß der Lack überall bricht, und die neuen Räder schon entzwei sind, so daß ich mir nicht anders werde helfen können, als in Brüssel ihn ganz neu anstreichen und wieder neue Räder machen zu lassen. Dann hält er wieder zwei Jahre länger, denn die dortigen Sattler sind so gut wie die eng= lischen, aber freilich das Wappen geht verloren, denn das kann nur in England so schön gemacht werden.

Den Kanzler Beyme habe ich nicht getroffen, auch weiß ich nicht, wie ich ihn sehr für unsere Sache interessiren soll. Für's Erste ist gegen ein Revisionsurtheil nichts mehr zu machen, zweitens müßte ich die Akten alle hier haben, um dem Kanzler Beyme eine genaue Kenntniß der Sache zu geben, drittens müßte er Zeit und Lust haben sie zu lesen. Ich kann ihn also nur im Allgemeinen für mich zu interes=

firen fuchen. Zu Eichhorn will ich auch noch einmal gehen, obgleich es ebenfalls unnütz ist.

3 Uhr Nachmittag.

Dein Vater ist wirklich unglaublich. Heute ist es gewiß zum viertenmal, daß er, ganz allein, mich von seiner Thüre hat abweisen lassen, so daß ich mich vor den Bedienten schämen muß. Wie einem Offizianten ließ er mir sagen, er habe Geschäfte und könne mich nicht sprechen, ich möchte zum Essen kommen, sie wären ganz unter sich. Da ich beim Baron Delmar eingeladen bin, so habe ich diese Ehre abge= lehnt, und würde eine solche Einladung auch ohnehin nicht angenommen haben. Nun gehe ich aber bestimmt nicht mehr zu ihm.

Bei Eichhorn war ich, der mir sehr freundschaftlich sein Gutachten, welches mit Michaelis übereinstimmt, gegeben hat, und wenn er Gelegenheit hat, gern nützlich sein will. Uebri= gens scheint er völlig überzeugt, daß weder Bestechung noch Partheilichkeit hätte vorfallen können. Wegen Nell hat er mich ganz an Beyme gewiesen.

Abieu. Dein treuer Mann.

23.

Pückler an Lucie.

Den 8. Oktober, Abends.

Ich brauche, seit ich von Dir geschieden bin, gewiß schon ein Ries Papier für Briefe an Dich, und ich hoffe, que vous m'en savez gré, quoique je n'écris que des bêtises. Meine Briefe sind wahrhaft romantisch, nämlich sie geben Gelegenheit sich das beste hinzuzudenken, denn sie selbst ent= halten nicht viel Besonderes. Enfin c'est égal, ein Schelm giebt's besser als er's kann, et honny soit qui mal y pense.

Seitdem ich Dir Abieu gesagt habe, war ich bei Madame Catalani, die mit viel Bonhommie und Herzlichkeit sich freute mich wiederzusehen. Sie ist die einzige Fremde, welche ich gesehen habe, welche die Preußen liebt. Von da ging ich zum Diner zu Delmar, wo uns der General Maison, der fast immer dort ist, jedesmal viele interessante Erinnerungen aus Napoleons Zeit zum Besten giebt. Manches daraus werde ich Dir mündlich erzählen. Was mir aber am Besten an Maison gefällt, ist die Art, wie er, obwohl Pair de France et général des Bourbons, von Napoleon spricht und urtheilt. Nach Tisch habe ich dem Fürsten Metternich meine Aufwartung gemacht, der sich viel nach Dir erkundigte, und sich recht höflich entschuldigte, daß er mich in Frankfurt nicht hätte sprechen können. Du siehst, Schnucke, daß ich, da Dein Vater gar nichts für mich thut, die partie ergriffen habe, mich selbst überall zu präsentiren, und das mit recht leiblichem Erfolg.

Was mich wundert, ist, daß Dein Bruder noch nicht angekommen ist. Ich bin überzeugt, daß er uns bei Bern= storff etwas einzubrocken gesucht hat, denn überall wo ich ihm begegne, finde ich ihn höchst kalt gegen mich. Je lui ai fait visite, il m'a renvoyé une carte; je le salue le premier, quand je le rencontre, et c'est à quoi se borne notre commerce. Il ne m'a jamais demandé un mot sur votre compte, ce qui n'est pas poli. Jordan au contraire est très-aimable avec moi, et me parle souvent de ses pro- jets de retraite.

Nachts.

J'ai fait une visite au Général Bennigsen, qui m'a intéressé. Je le trouvai tout seul, et notre conversation étant tombé sur Napoléon; il m'a conté des détails bien surprenants sur la campagne de Russie, d'autant plus sincères, qu'il est en disgrâce, et qu'il ne se gêne pas. De là j'ai passé au concert de la Princesse Salm, qui avait réuni beaucoup de grands talents dans des petites personnes. Un enfant de sept ans jouait le violon, deux enfants de huit et neuf jouaient la comédie etc. Tout cela m'ennuyait si fort, que j'ai filé aussitôt que j'ai pu, pour regagner mon lit et pour dire la bonne nuit à mon excellente Schnucke, qui est bien plus amusante et plus spirituelle que tout ce qui se trouve au Congrès et partout ailleurs.

Den 9. Abends.

J'ai fait aujourd'hui une promenade charmante. Mad. Gay m'avait demandé hier de la promener en voiture. J'ai aussitôt essayé d'atteler le bon Sprightly avec les autres et apparemment qu'il a grandi depuis que je ne l'ai plus mis à la voiture, car l'attelage avait la plus belle mine du monde. Deux palefreniers nous suivaient sur deux chevaux également bais et fort brillants, de manière que le tout ne laissait presque rien à désirer.

Je conduisais moi-même (comme vous le pensez bien), le jeune M. Ouvrard était à côté de moi, et dans la voiture Mad. Gay, sa fille, une des plus jolies personnes d'ici, et Mad. Gayl, qui débarque tout fraîchement de Paris. Elle est compositeur des „deux jaloux", considérée comme une des femmes les plus spirituelles de France. Le but de notre promenade était la belle ruine du chateau de Charlemagne, où Emma traversa la neige portant Eginhard sur ses épaules. C'est un site délicieux, la ruine est entourée d'une superbe forêt de chênes et des plus belles prairies. Malheureusement le barbare, qui en est le propriétaire, a déjà commencé une coupe justement en face du château, ce qui fait le plus grand tort au paysage. Cependant ce qui reste est encore admirable. Il faut avouer que les Françaises ont une grâce, un abandon et une facilité d'esprit, qui rend leur société bien agréable. Nous avions passé trois heures dans les bois sans nous en douter. La gaieté, qui nous animaient, m'a même inspiré un calembourg, qui. quoique assez bête, fit rire la société. On trouva, qu'en franchissant les petits fossés, dont il se trouvaient plusieurs sur notre chemin, Mad. Gayl (on prononce Gay) était plus leste que Mad. Gay. „Mais, cela n'est pas étonnant", leur dis-je, „puisqu'elle a un l (aile) de plus." Il faut que je vous cite un propos bien plus spirituel de Mad. Gayl. Nous parlions d'Egin hard et d'Emma, et j'observais que les Princesses de nos temps n'étaient plus assez robustes, pour porter leurs amants sur leurs épaules. „Et cependant", dit Mad. Gayl, „les hommes sont devenus beaucoup plus légers".

Je n'ai pas besoin de vous dire qu'on a rendu justice à mes talents de cocher, et que toute la petite ville d'Aix a été en l'air pour admirer mon équipage.

Nachts 1 Uhr.

Je viens de Mad. de Nesselrode, où toute la société russe était réunie. J'y ai fait la connaisance de M. Capo d'Istria, qui ayant été incommodé depuis qu'il est ici, n'a pas été sorti. Il a une figure bien spirituelle et bien profonde en même temps. Mad. Catalani y était, et a chanté comme un violon. C'est la première fois que je lui ai entendu chanter ces fameuses variations de Rhode, et en vérité on ne conçoit pas, comment on peut parvenir à se servir de sa voix comme d'un instrument.

J'avais écrit hier matin au Comte Wrbna, pour avoir une audience de l'Empereur, et on me l'a déjà accordée pour demain à six heures du soir. Il ne me reste donc plus que l'Empereur de Russie, qui est malade depuis quelques jours. De ma vie, je n'ai rendu et reçu autant de visites qu'ici, et le but de faire des connaissances a été très bien rempli, mais c'est aussi le seul. Gute Nacht, liebe Schmucke.

24.
Pückler an Lucie.

Den 10., Nachts.

Du hast Recht, liebe Schnucke, qu'il ne faut pas se dégoûter trop tôt. Dein Vater hat heute ein Diner gege=
ben, zu dem er mich gebeten hat, und ist von einer zuvor=
kommenden Freundlichkeit gegen mich gewesen, die mich ganz
in Verwunderung gesetzt hat, mich einzuladen, wenn ich wollte,
bei ihm zu essen, und entschuldigt, daß er mich seiner gehäuf=
ten Geschäfte halber nicht hätte annehmen können. Bei Tische
setzte sich Jordan zu mir, und machte mir völlig die cour.
Ehe noch die Tafel vorbei war, mußte ich aufstehen, um zum
Kaiser zu gehen, worauf ich dann zum Kaffee in fiocchi wieder=
kam, wo Dein Lieblingsstern von Deinem Vater sehr bewun=
dert wurde. Der Kaiser gab mir ganz allein Audienz. Da
ich sah, daß er in Verlegenheit schien, was er mir sagen
sollte, so fing ich gegen die Regel die Konversation selbst an,
worauf sie eine gute Viertelstunde lang sich sehr coulamment
unterhielt. Du hättest Deine Freude daran gehabt, gute
Schnucke, car j'étais vraiment aimable, ne vous en dé-
plaise, und die Versicherung, daß wir Deutsche alle unsere
Kaiser immer noch wie seine Kinder liebten, wurde mit so
viel Schauspielertalent vorgebracht, que l'auguste monarque
en parut tout à fait touché. Nach einigen Visiten trank
ich Thee bei der Fürstin Taxis, die ich ganz allein fand, und
ging dann zu Mad. Gay, wo Konzert war, und während
ich zu ihren Füßen (sie lag kränklich auf dem Sopha), die
ein Shawl bedeckte, saß, schenkte sie mir ein niedliches kleines
Souvenir zu Visitenkarten.

Dann brachte ich zu guterletzt meinen Abend bei Lady
Castlereagh zu, wo der Graf Pozzo eine sehr interessante
Beschreibung vom Feste zu Konstantinopel, und der General
Bennigsen vom Kriege in Persien machte. Schließlich muß
ich Dir noch sagen, que votre Lou avait une toilette si

soignée, qu'il éclipsait même tous les Anglais chez Lady Castlereagh. Sur quoi je prie le bon Dieu, qu'il vous ait dans sa bonne et sainte garde.

Den 11., Morgens.

Alles ist abwechselnd in der Welt, Sonnenschein und Regen, Glück und Unglück. Seit einigen Tagen geht wieder alles gut, nachdem es hier so schlecht anfing. Eben erhalte ich Deinen Brief vom 28. September, der mir in vieler Hinsicht Freude macht. Erstens und hauptsächlich, daß Du meine Helminischen Schwärmereien richtig und vernünftig und auch gut und liebevoll aufnimmst. Seit ich Dir darüber ohne Zwang geschrieben habe, was ich dachte, ist ihr Andenken unendlich schwächer bei mir geworden. Es scheint, daß grade der Zwang, Dir nicht aufrichtig jedesmal mein Inneres aufdecken zu sollen, mich wieder mehr montirt hatte. Dazu geht es mir wie dem joueur de Regnard, qui lorsque il est heureux, ne pense pas à sa maîtresse, mais dès qu'il a perdu son argent, reprend des accès d'amour les plus violents. Der Brief von Pfeil ist sehr anmuthig, und man sieht daraus, was man einbüßt ohne Sachverständige. Schnucke bringt mir Glück! Von diesem Glauben gehe ich nicht ab, wenn auch manchmal trübe Stunden alles schwarz aussehen machen. In diesem Augenblicke steht alles wohl.

1) Schnucke liebt mich, und gönnt mir jedes Vergnügen.

2) Dein Vater und seine Umgebung sind sehr verbindlich.

3) Je suis bien vu dans la société, et quelques femmes me cajolent.

4) Mein englischer Groom ist wieder besser.

5) Alle meine Pferde sind gesund, und die brillante Equipage ist wieder im Gange.

6) Ich selbst befinde mich wohl, und habe wieder Hunger.

7) Sehr oft mache ich gute und sogar recherchirte Diners.

8) Mein Logis ist charmant.

9) Es fehlt mir weder an Geld noch Ansehen.

Mit diesen guten Auspizien schließe ich diesen Brief. Wer weiß, wie es morgen aussieht, denn der reizbare Himmel meines Inneren ist wie Sonne, Sturm und Wetter im April.

Adieu, süße Schnucke!

25.

Pückler an Lucie.

Den 11. Oktober, Nachts.

Nach einer Spazierfahrt sah ich meinen Ballon, den ich ehemals in Berlin bezahlte, mit Mad. Reichard aufsteigen. Le Roi se trouvait au milieu de la foule, et la plupart des personnes n'avaient pas même ôté leurs chapeaux! Zu Mittag aß ich mit einigen Hundert Millionen, M. Parish, Ouvrard, Sillm, Labouchère und Godefroy, den reichsten Banquiers in der Welt. Herr Ouvrard (derselbe welcher die Herzogin Bagration unterhält), ist ein interessanter Mann, der besonders über Napoleon und über die Schlacht von Waterloo, die er in der Suite des Kaisers mitgeritten hat, interessante Sachen erzählte. Abends war Ball bei der Fürstin Taxis, wo ich mit Verwunderung den pleutre Reibnitz antraf, que je n'ai reconnu qu'avec peine, mais qui m'avait d'abord frappé par son air gauche et commun. A 11 heures je me suis échappé après avoir dansé une polonaise avec la Princesse, et une avec sa fille, pour dire la bonne nuit à Mad. Gay.

Den 12. Abends.

Ich habe heute Morgen etwas für Dich angefangen, wovon Du später das Resultat ersehen wirst; dann bin ich

mit Koreff spazieren gefahren, und habe bei Delmar zu
Mittag gegessen. Herr Ouvrard war auch da, der uns
erzählte, wie ihn Napoleon sechs Jahre in Vincennes au
secret gefangen gehalten hat, wo er ganz allein, ohne Licht,
ohne ein Buch, und ohne schreiben zu dürfen, gesessen hat.
Denke Dir die schreckliche Lage. Um sich zu unterhalten,
hat er, wie er uns erzählte, einige tausend Stecknadeln sich
kaufen lassen, sie auf den Boden seines Cachots geworfen,
und sich damit beschäftigt sie alle im Dunkeln wiederzufinden.
Welche schreckliche Lage! Bei Waterloo hat derselbe Ouvrard
die Schlacht im Gefolge des Kaisers als Volontair mit=
gemacht, und nach derselben bat ihn Napoleon in Paris um
Rekommandationsschreiben nach Amerika.

Als er von Napoleon arretirt wurde, war er 27 Jahre
alt, und hatte 29 millions en caisse. Wenn wir es so
weit gebracht hätten, gute Schnucke, dann wäre es gut!
Ich ziehe mich jetzt an, um auf einen Ball bei Lady Cast=
lereagh zu gehen. Adieu, bis ich wiederkomme. Ich bin
zu müde, um mehr zu schreiben. Herzensgute Nacht.

Den 13. früh.

Mein Jäger hat mich heute früh um seinen Abschied
gebeten, weil ihm ein Engländer höhere Gage geboten hat.
Dies ist mir sehr unbequem, und impertinent von dem Kerl,
der weiß, daß ich für seine Kleidung eine Auslage von
250 Gulden gemacht habe. Indessen solche Leute muß man
nicht halten, doch habe ich ihm bis morgen Bedenkzeit gege=
ben; bleibt er dann dabei, so hole ihn der Teufel.

Dein Vater hat mir zwar gesagt, daß ich jedesmal,
wenn ich Lust hätte, bei ihm essen sollte, da ich aber in der
Natur nichts Widrigeres kenne als Zudringlichkeit, so habe
ich doch keinen Gebrauch davon machen wollen, da er gestern
und vorgestern große Diners gehabt hat, zu denen er mich
wohl besonders gebeten hätte, wenn er mich haben wollte.

Um indeſſen genau zu wiſſen, woran ich bin, habe ich
ihn durch Koreff geradezu fragen laſſen, wie ſeine Einladung
gemeint ſei, und erwarte die Antwort. — Uebrigens werde
ich doch bald von hier weg; denn mehr oder weniger iſt
doch ein Fremder, der in keinem Dienſte ſteht, ein hors
d'oeuvre, und wenn man den großen Perſonnagen Wellington,
Metternich ꝛc. begegnet, iſt man eine wahre Null.

Nachmittags.

Ich habe mir ſoeben von der Lenormand, die von
Paris hergekommen iſt, wahrſagen laſſen, und bin ſehr davon
frappirt. Meinen Karakter hat ſie mit einer Genauigkeit
detaillirt, die beiſpiellos iſt. Elle me dit:

„Personne n'est plus vif que vous; cependant vous
savez être bien calme et paraître fort doux, si vous
voulez. Vous n'étes pas exempt d'ambition, mais vous
débitez trop la gêne pour pouvoir vous y livrer avec
constance. On vous croit généralement très heureux et
très décidé. Cependant vous ne l'étes pas autant qu'on
l'imagine, et vous avez souvent une sorte de timidité
qui vous paralyse. Vous n'aimez pas beaucoup la sup-
plique, et pourtant vous en faites, parceque vous changez
bien souvent de projets, et que vous êtes si inégal, que
souvent qui vous voit le matin et qui vous revoit le
soir, ne croit pas avoir vu la même personne. Vous
êtes très léger, mais vous êtes quelquefois capable de
beaucoup de ténacité.- Vous avez été amoureux plusieurs fois, mais vous n'aimez pas les femmes à vous y
abandonner entièrement. Elles ne vous maîtrisent pas.
Vous allez dans le monde par air et par ton, mais vous
ne l'aimez guères, un petit cercle d'amis d'après votre
choix est ce que vous préférez. Vous ne manquez pas
de courage, et vous porterez encore deux fois les armes.
Vous servirez avec honneur, mais vous n'y ferez pas
une fortune brillante. Vous connaîtrez la diplomatie.

et si une certaine affaire tourne à votre avantage, ce qui est très vraisemblable, vous jouerez un rôle marquant dans le monde. A l'âge de trente-neuf ans votre sort va souffrir une crise. Une femme y aura beaucoup d'influence. Vous avez un ami très distingué, sur lequel vous pouvez compter, et une femme vous aime bien tendrement pour vous-même. Elle vous sauvera à l'âge de trente-sept ans environ la vie ou l'honneur dans une occasion remarquable. Vous courrerez quelques dangers, entre autres sur mer, et vous serez arrêté pendant quelque temps. Vous avez beaucoup d'ennemis, et il y en a de très-marquants, mais comme vous ne manquez ni de finesse, ni de fermeté, et que vous êtes fort défiant, il paraît, qu'ils ne vous feront pas beaucoup de mal, d'ailleurs vous aurez l'oreille d'un homme puissant. Vous irez en Asie (retenez bien cela, dit-elle) et vous trouverez une chose qui fera l'admiration de beaucoup de monde. Votre fortune peut s'améliorer sans devenir extraordinaire, vous mourirez âgé dans une habitation entourée d'eau". Nun kommt etwas, was mich am meisten frappirt hat. „Vous êtes bon physionomiste, tenez-vous toujours à la première impression, qu'une personne vous fera et vous ne vous tromperez jamais. Je vous recommande deux choses, dont vous aurez besoin, beaucoup de précaution et beaucoup de discrétion. Ne jouez pas, car les grands coups d'hazard ne vous sont pas favorables."

Was sagst Du dazu? Ich zweifle nicht, daß sie mich kennen mag, obgleich ich sie nicht prevenirt habe; aber meinen Karakter kann sie unmöglich kennen. Sie hat mir noch etwas Merkwürdiges gesagt: „Vous aurez d'ici au premier janvier la décision d'une chose, qui vous intéresse beaucoup dans ce moment." Diese Sache kann niemand wissen; Du mein anderes Selbst weißt sie nicht einmal. Wir wollen sehen, wie es eintrifft. Die Frau hat etwas sehr Freundliches und Gutes, und un regard si scrutateur, qu'on en est tout embarrassé. Ce n'est certainement pas une femme commune, quoiqu'il y ait naturellement du charlatanisme dans son état. Il est certain, qu'elle a prédit le règne des cent jours dans un ouvrage imprimé et saisi par la police avant l'arrivée de Bonaparte.

Vieles, was sie mir über mein vergangenes Leben gesagt hat, übergehe ich, weil sie es erfahren haben kann; das Ganze bleibt mir merkwürdig, um so mehr, da sie Herrn Parish, der mit mir da war, und dessen Karakter von dem meinigen eben so wie seine Lebensgeschichte und seine Verhältnisse ganz verschieden sind, gerade auch das gesagt hat, was auf ihn paßt, und wie er versichert, aus seinem vergangenen Leben höchst merkwürdige Dinge berührt hat. Enfin, nous voilà tous deux dans la superstition jusque par dessus les oreilles. Ich bin begierig Deine Meinung über alles das zu hören.

Abends.

Ich habe Dir ganz genau die Worte der Frau aufgeschrieben, und Herrn Parish noch einmal vorgelesen, um zu hören, ob ich richtig behalten habe, worauf er mich noch an die beiden Zusätze erinnert hat, die ich durch † und * markirt habe.

Du bemerkst, gute Schnucke, daß ich auf Papier von anderem Format schreibe, weil ich meinen Vorrath in Briefen an Dich konsumirt habe. In zwei oder drei Tagen denke ich nach Brüssel zu gehen, und von da nach Cambray, um die englische Revue zu sehen, der auch die Souverains beiwohnen, ausgenommen den österreichischen Kaiser, der, wie er mir bei meiner Audienz wörtlich sagte, es dem König der Niederlande nicht zu Leide thun will, daß er sich in seinem Lande zeige.

Ich verlasse Dich jetzt, Schnucke, um auf einen Ball zu gehen, den die Adjutanten des russischen Kaisers geben. Vor Tisch war ich bei Madame Catalani, die so gütig war mir eine Arie aus der Oper, die wir gesehen haben (in Paris, wie Du Dich erinnerst), ganz allein vorzusingen, und zwar himmlisch. On n'est pas plus complaisant.

Adieu, gute Schnucke, ich küsse Dich.

In diesem Augenblicke erhalte ich Deinen Brief vom 4. Oktober. Er ist etwas sec, et il y a un petit peu d'humeur. Ich werde ziemlich kurz abgefertigt. Du ängstigst mich schon wieder mit der dummen Heirath! Bitte, nichts mehr davon. Uebrigens erwarte ich Deine Antwort auf meine letzten Briefe, diesen Gegenstand betreffend, ehe ich weiter etwas darüber sage. Nach Muskau wünsche ich durchaus nicht zu gehen. Glaube mir, für meine Ruhe ist das Projekt den Winter in Marseille zuzubringen oder Italien das heilsamste. Ich bin auch überzeugt, daß meine gute Schnucke darin eingehen wird, aus Liebe zu mir! Denn wohl weiß ich es, daß kein solches Herz wie das Deinige mehr für mich schlägt, aber hoffentlich werde ich es nie vermissen, sondern mit ihm alt werden. Darüber habe ich eine sehr bestimmte Ahnung meine gute Herzensschnucke!

Nachts.

Der Ball der Russen war recht hübsch. So wie ich kam, frug mich die Prinzeß Taxis, ob ich noch am Spleen litte, und mehrere Damen frugen mich dasselbe, ein Beweis, daß ich einen sehr auffallend schlechten Humor bei Lady Castlereagh gehabt haben muß. Es war meine alte Anwandlung von Hypochondrie. Mit Mad. Gay, die mir in der That die cour en désespérée machte, hatte ich während dem Ball eine ganz drollige Unterredung. Mündlich werde ich Dir von dem Kongreß noch manches zu erzählen haben, was zu unbedeutend ist, geschrieben zu werden, oder sich nicht gut ausnimmt. Auf morgen bin ich schon wieder zu

einem Ball bei der Fürstin Salm eingeladen, und Donnerstag
zu einem großen Konzert bei Lord Wellington, wo Mad.
Catalani singen wird, und die Souverains hinkommen.
Dann geht es zur Revue nach Cambray über Brüssel.

Mad. Gay behauptet, ich sei viermal mehr coquet als
die coquetteste Frau, et à tout prendre un bien méchant
garnement. Ich hoffe, Du denkst nicht so abscheulich von
mir, süße Schnucke, und wünschest mir jetzt eine sanfte Ruhe
und einen angenehmen Traum von Muskau künftig und dem
Schnuckenthal.

Ich küsse Dich herzlich und bleibe ewig

Dein bester, treuester Lou.

26.
Pückler an Lucie.

Den 14. Abends.

Das Eis bei Deinem Vater scheint nun durch Koreff
gebrochen zu sein. Er hat mich heute zu Tisch gebeten, und
mir viel Vorwürfe gemacht, daß ich nicht täglich käme; er
würde nun nicht mehr zu mir schicken, sondern er bäte mich
zu schicken, wenn ich nicht kommen wolle. Die Fürstin war
nebst Mamsell Hähnel von großer Vertraulichkeit, und
wirklich recht herzlich. Glaube mir, ich habe ganz richtig
gesehen, wenn ich Koreff für den Gescheutesten aber auch für
den Gemüthlichsten und Besten im Hause gehalten habe.
Je n'ai qu'à m'en louer, et il a été constamment le
même pour moi. Alexander Humboldt war eben angekommen, und läßt sich Dir vielmals empfehlen. Mit Jordan, Rother und Eichhorn stehe ich sehr gut; auch Bernstorff
fängt an sich zu humanisiren. Die Fürstin gab mir heute
ein Billet in ihre Loge, wo ich das Paar Anatole eine
Weile tanzen gesehen habe. Jetzt gehe ich auf den Ball

bei der Salm, und empfehle mich Dir ergebenst. Mamsell Garnerin wollte heute mit dem Ballon steigen und im parachute sich herunterlassen. Es mißglückte aber.

Nachts.

Das Konzert bei der Fürstin Salm war sehr hübsch, besonders sang Herr Garat ein Liedchen, das anfängt: „J'aime Rosine à la folie", außerordentlich hübsch. Ich bin aber müde, und wünsche Dir eine gute Nacht. Ehe ich zur Salm ging, ist mir etwas geschehen, was ich noch nicht erlebt habe. Mad. Gay hat mir eine vollkommene Liebes= erklärung gemacht wie einer Frau. Mais j'en suis déjà dégoûté. Il faut vous dire ce que c'est Mad. Gay. Une femme de trente-six ans, qui est encore jolie. Elle est riche, et une des Elégantes de Paris. Il est impossible d'être mieux mise et de meilleur goût. C'est avec cela le plus bel esprit en vérité qu'on puisse trouver. Sa conversation n'est composée que de bons-mots, et sa politesse est parfaite. Elle a les plus beaux yeux du monde, et sa grande réputation d'auteur fait, qu'on est bien flatté de son approbation. Elle aurait pu me tourner un peu la tête (car elle a aussi de très belles mains, la gorge superbe, et un pied charmant), mais malheureusement il lui manque une chose physique très essentielle. Ce sont les dents. Cette partie est si mal organisée, que je ne serais pas bien tenté de lui donner un baiser, et voilà ma vertu expliquée, qui me fait résister à toutes ses avances. Cependant on ne peut passer son temps plus agréablement qu'avec ces deux femmes, Mad. Gay et Mad. Gayl, qui sont inséparables. Ce n'est que saillies, bons-mots, contes agréables et la plus aimable satyre, qui n'est jamais mordante. Wenn ich in's Schreiben mit Dir komme, vergesse ich Schlafen und alles. Adieu. Adieu.

Den 16. früh.

Bei Deinem Vater war gestern Mitteldiner, das heißt
20 Personen, zu welchem ich auf ein Haar zu spät gekommen
wäre, wenigstens war ich der Letzte. Die Fürstin war sehr
freundlich, und erzählte mir nach Tisch lange von Glienike.
Bei dieser Unterhaltung überzeugte ich mich, wie schwer es
ist, bei Leuten, die etwas bornirt und etwas gemein sind,
mit dem besten Willen nicht anzustoßen. „Wie freue ich
mich", sagte ich „Ihr kleines, freundliches Landhaus zu
sehen!" „Mein kleines Landhaus, o, das nennen Sie ein
kleines Landhaus! Freilich, wer ein so großes Schloß
hat", 2c. war die unwillige Antwort. Um meinen Fehler
wieder gut zu machen, erzählte ich, daß ich gerade für ein
Landhaus das Beschränkte und Ländliche am meisten vor=
zöge, wie in England der Prinz Regent selbst in einer
cottage wohne. „Cottage, was ist das?" „Das heißt, eine
Bauernhütte, die mit Stroh gedeckt ist". „Nein, Gottlob,
eine Bauernhütte ist doch unser Glienike nicht, nein, (mit
höhnischem Lächeln) ein bischen besser müssen Sie es sich
nun schon vorstellen". Ganz in Verzweiflung, es noch
immer nicht recht getroffen zu haben, sattelte ich nun ganz
um. „O, ich weiß", rief ich „Glienke ist prächtig, meine
Frau hat mir eine sehr reizende und glänzende Beschreibung
davon gemacht; aber werden Sie ihm nicht dadurch gerade
den ländlichen Reiz benehmen, wenn Sie es gar zu sehr im
großen Styl einrichten?" „Ach! Glauben Sie doch ja
nicht, Bester, daß wir uns über unseren Horizont versteigen.
Alles klein, wie es einmal einer armen Wittwe ziemen
wird, ich gehe gar nicht gern zu hoch hinaus, mein bester
Graf!" Ei, so laß die Närrin, dachte ich, zum Teufel
gehen. Indessen ravisirte ich mich, und unsere Unterhaltung
schloß doch am Ende noch freundlich.

Das Konzert bei Lord Wellington war die glänzendste
Versammlung, die ich noch gesehen habe. Die Souverains

und Alles von einiger Bedeutung waren zugegen. Mad. Catalani übertraf sich selbst, und auch Lafond gewann verdienten Beifall. Um 12 ging ich noch zur Gay, wo ich bis um 3 Uhr mit den beiden Damen und dem jungen Grafen Alfieri blieb, den Du in Paris gesehen hast, und welcher auf dieselbe Art wie ich, der Gay, der Gayl die Cour macht, das heißt ohne den Roman bis an's Ende spielen zu wollen. Die Unterhaltung war im höchsten Grade animirt, und wir erstickten fast vor Lachen.

Abends.

Wie ich aufgehört hatte, Dir zu schreiben, erhielt ich beiliegendes Billet von Mad. Gayl. Um es zu verstehen, mußt Du wissen, daß sie mir lange schon versprochen hatte, mir die Karten zu legen. Meine Antwort habe ich gleich dahinter geschrieben, zu deren Verständniß ich noch hinzufüge, daß ich einer Wachsfiguren-Bude gegenüber wohne, in der der Mord des Fualdez gezeigt wird.

Eine halbe Stunde später erhielt ich ein anderes billet-doux von der Verfasserin des „Anatole", die auch Sophie heißt, welches ich Dir gleichfalls als Trophäe zu Füßen lege. Das Bad ist hier eine wahre jouissance für mich, und das in Muskau muß eben so groß eingerichtet werden. Besonders ist die kleine Douche, die ich erfunden habe, sehr angenehm.

27.

Pückler an Mad. Sophie Gay[1]).

J'ai mille excuses à vous faire, ma chère amie, et mille grâces à vous rendre de la charmante lettre que vous m'avez adressé à Bruxelles. Votre bonté et votre

---

[1]) Anmerkung der Herausgeberin: Siehe den ersten Band S. 8.

amitié ont touché mon coeur, et les propos que vous
me répetez, et dont vous parlez avec une importance
si drôle m'ont fait rire jusqu' aux larmes. Eh bien,
ma chère Sophie, tout ce qu'on vous a dit est très vrai
dans le fond. Je n'ai pas tourmenté le Roi, je l'ai
simplement prié de m'accorder la permission de me
joindre à sa suite, et il me l'a accordé sans se faire
tourmenter par cela. Quand au grand point du logement demandé à Lord Wellington, c'est bien la plus
exacte vérité, et bien m'en a pris, car sans cela j'aurai
été dans l'alternative de coucher dans la rue ou de
rebrousser chemin. Ce m'était donc pas par Anglomanie,
mais par une précaution très-sage, que j'ai songé à me
procurer d'avance un logement d'autorité, prévoyance
qui a tourné à mon avantage sous plus d'un rapport,
entre autre pour vérifier une partie des prédictions de
votre Sybille à nous [1]), la même prédiction à laquelle
vous faites si joliment allusion à la fin de votre lettre.
J'ai eu aussi la faveur d'un Roi, mais d'un Roi absent,
c'est Bernadotte [2]), qui m'a fait l'honneur de me décorer
de la grande croix de son étoile polaire.

Pour le duel j'aurai pu en avoir, et j'ai cru un
moment que je l'aurai [3]). Je le désirais presque pour
la rareté du fait. Mais la prophetesse a oublié de me pré-

Anmerkungen von Pückler:
[1]) Mad. Gayl.
[2]) Du siehst, ich mache sogleich flèche de tout bois.
[3]) Ich ließ nämlich meinen Postillon einem ruffischen Offizier
vorfahren. Lange blieben die Wagen in carrière nebeneinander, bis
endlich mein Postillon den anderen croisirte, und ihn bei einem Haar
in den Chausseegraben warf. Aus meinem Rückfenster sah ich wie
der Offizier tobte, und nach meinem Wagen hin drohte. Ich ließ
also auf der nächsten Station halten, stieg aus, und ging auf und ab,
bis der Offizier ankam. Er fixirte mich einigemal, sagte aber kein
Wort, worauf ich wieder einstieg und abfuhr.

dire une chose, dont j'ai cruellement souffert. C'est l'ennui
le plus colossal dont je me souviens depuis que j'existe.
Ma manie des chevaux m'avait fait acheter six de ces
maudites bêtes, et ne pouvant trouver un homme auquel
j'osais les confier pour les conduire à Aix-la-Chapelle,
je fus obligé uniquement pour cette raison à me mor-
fondre cinq jours à Valenciennes, courant nuit et jour
les rues comm· Diogène la lanterne à la main pour
trouver un palefrenier. Enfin Dieu eut pitié de moi,
et me délivra de cet exécrable séjour.

Jugez combien je me réjouis d'être de retour dans
un endroit que vous habitez, et dont votre aimable
société fait tous les délices. Je vous demande la permission de vous présenter mes hommages quand le gros
de votre société sera parti, et vous prie de faire mes
soumissions à Mademoiselle Delphine et la petite, dont
je suis amoureux, mais dont j'ai oublié le nom.

Tout à vous etc.

Fortſetzung des Briefes an Lucie.

Das Boshafteſte meines Billets iſt aber das Siegel,
nämlich der Satyr, der mit der Ziege ſpielt. Elle est
femme à entendre tout de suite l'allusion, mais elle
est femme aussi à la pardonner avec plaisir. — ··

Noch eins. Ich habe immer vergeſſen Dir zu ſagen,
daß ich hier mit den Rothſchild's brouillirt bin, aus der
lächerlichſten Urſache von der Welt. Auf dem großen Ball,
den die Stadt den Souverainen gab, waren ſie auch. Unglück-
licherweiſe habe ich ſie nicht geſehen, folglich nicht gegrüßt.
Als ich darauf ſie wieder beſuche, werde ich mit der bemerk-
barſten Kälte und grotesfeſten Affektation empfangen. Vous
savez que j'aime aller droit au fait. Ich fragte ſie alſo
gradezu um die Urſache. Man wollte erſt nichts Wort haben,
und fuhr fort ſich zu zieren; als ich aber ziemlich crûement

darauf drang, nahm endlich die jüngst verheirathete Roth=
schild, der ich mehr Verstand zugetraut hätte, das Wort,
und mit dem lächerlichsten theatralischen Anstand, den Du
Dir denken kannst, sagte sie. „Sie wollen also, Herr Graf,
daß ich Sie öffentlich beschäme, nun wohlan: Sie waren
Dienstags auf dem Ball, und waren zu stolz uns zu grüßen.
Ich bin vor Alteration darüber krank geworden, ich habe
einen Augenblick Ihre Parthie nehmen wollen, aller Alle
haben gegen Sie gestimmt". Ich wußte wirklich nicht, ob
ich lachen oder weinen sollte. Endlich sagte ich ihr, sie sei
eine kleine, hübsche Närrin, und sie alle zusammen nicht gescheut, ich könnte ihnen auf Ehre versichern, daß ich sie
nicht gesehen hätte. Allein die Eitelkeit war zu sehr gekränkt,
ich sah, daß sie mir nicht glaubten, empfahl mich, und habe
sie seitdem laufen lassen. Man hat wirklich in der Welt
seine liebe Noth!   Dein Dich sehr liebender Lou.

Nachts 5 Uhr.

Der Ball bei der Fürstin Taxis war sehr brillant, sehr
heiß, sehr rege und ennuyant. Um 12 Uhr begab ich mich
wieder zu den beiden Sophieen. Nachdem um 1 Uhr die
Gesellschaft sich entfernt hatte, blieben wir vier wieder bis
um 5 Uhr zusammen. Erst wurde Musik gemacht. Beide
Weiber sind nämlich vollkommen im Klavierspiel, und
gelehrte Musiker singen auch sehr gut, Alfieri singt auch, und
so führten sie fast den ganzen Don Juan, Figaro's Hochzeit
und Matrimonio segreto durch, so daß ich mich nicht leicht
erinnere mehr Vergnügen an Musik gefunden zu haben.
Gute Nacht, meine Schnucke.

Den 17. Abends.

Es ist mir recht angenehm, täglich bei Deinem Vater
zu essen, da man jeden Mann von Bedeutung, der hier
ankömmt, dort zu sehen bekömmt. Altenstein habe ich in
Deinem Namen, wegen des Superintendenten, gedankt. Ich

fuhr heute wieder mit 4 Pferden spazieren, die hier eine große Bewunderung, selbst bei den Engländern, erregen, und seit dem englischen Groom geht alles unendlich besser. Ich bin sehr mit ihm zufrieden.

Nachts.

Da ich morgen nach Valenciennes zur Revue abreisen will, habe ich heute noch einige Visiten gemacht. Die Russen, die ich sämmtlich, nämlich die markantesten, bei der Gräfin Nesselrode fand, schienen mir zuvorkommender als im Anfang. Man lernt sich natürlich immer besser kennen. Im Konzert traf ich den Grafen Schönfeldt, der sich sehr verändert hat. Lady Greville, die ich bei Lady Castlereagh sah, erkundigt sich öfter mit viel Theilnahme nach Dir. Sie ist sehr angenehm, und hat eine charmante Tochter. Der König hat mir auf meine Anfrage erlaubt mich an seine Suite anzu= schließen, und der erste Adjutant des Herzogs Wellington hat mir auch ein Logisbillet und Pferde in Valenciennes verschafft. Gute Nacht, liebe Schnucke.

Den 18. Mittags.

Heute früh war ich lange bei Koreff, der mir viele wirklich vortreffliche seiner Gedichte vorlas, und sehr freund= schaftlich gegen mich ist. Es war große Parade 2c., denen ich aber nicht beiwohnte. Kaum aufgestanden, bekam ich wieder einen Liebesbrief von Mad. Gay, den ich Dir aber= mals zuschicke, und dem anderen beigeselle. Das Portrait, das ich hier einigen gezeigt habe (das schwarze, welches das Original ist), gefällt sehr. Jederman findet es ähnlich, und die Fürstin sagt: „Das wird ja Lucie ganz erstaunlich freuen!" Leider kann ich es nicht mit dem Briefe schicken, da es in Brettchen eingepackt werden muß. Es wird wohl später kommen, was mir leid thut, da ich Dich gern damit überrascht hätte. Adieu, es ist endlich Zeit diesen ewigen Brief zu schließen.

28.

Pückler an Lucie.

Namur, den 19. nach Tisch.

Nichts Hübscheres kann man sehen, als den Weg von Lüttich hieher den Ufern der Meuse entlang auf einer Straße wie eine Kegelbahn, und romantisch wie der schönste Park, ohne je eine leere Aussicht darzubieten. Namur selbst liegt herrlich, und ich möchte wohl hier einmal einen Sommer zubringen. Der Abschied von den beiden Sophien, mit denen ich allein soupirte und bis 1 Uhr zusammenblieb, war von ihrer Seite wirklich ganz herzlich und ordentlich rührend. Mich aber verfolgt die Kleine, nimm es nicht übel, gute beste Schnucke; aber so wie ich mir allein überlassen bin und mich nicht durch Gesellschaft und Geräusch betäube, macht mich ihre Abwesenheit unglücklich, und nichts, selbst die schöne Gegend, die ich heute durchfuhr, kann ich froh ge= nießen. Die Sehnsucht nach Dir und ihr sind aber immer in mir gemischt, und glücklich kann ich nur mit beiden sein. Mad. Gayl m'a dit la bonne aventure le dernier soir, et je vous jure que c'était bien plus étonnant en- core que Mad. Lenormand. Mais ses prédictions étaient extrêmement affligeantes. Je vous conterai cela de bouche. Mad. Gay a fait deux romances à mon sujet, que j'ai eu l'indignité d'oublier sur sa table. Si elle est encore à Aix-la-Chapelle à mon retour, je les lui demanderai, pour vous les envoyer. Je ne sais si je vous ait dit, que Mad. Gay est très liée avec Constant. Mad. de Stael est morte dans sa maison et dans son lit. C'est la raison, pourquoi elle a quitté Paris et loué sa maison. C'est sans contredit une des plus aimables femmes, que j'ai jamais rencontré, mais voilà tout, denn ich glaube wirklich, die Mimi hat mich behext. Aber Du weißt nicht, gute Schnucke, welche Erleichterung es für mich ift, Dir mein Leib zu klagen, und obgleich es Dir vielleicht empörend vorkömmt, so ift dies doch kein egoiftisches Gefühl. Ich muß fort, die Poftpferde, welche ich nur durch das Vor= geben erhalte, zu des Königs Suite zu gehören, warten, und ich darf keinen Augenblick verlieren, fonft kommen mir die Souverains auf den Hals. Adieu.

Mons, den 20.

Il est étonnant, combien peu souvent le bon est préféré au mauvais dans le mondes. Très peu de personnes connaissent cette routes depuis Liège par Namur et Mons, et tous vont par Bruxelles, quoique la première conduit par un paradis, et l'autre par le pays le plus monotone et le plus ennuyeux, que je connaisse. La situation de Namur est ravissante, la ville très propre et les fenêtres autant de glaces. Montagnes, rivière, forêts, prairies, rochers, rien ne manque dans les en virons. L'auberge, où j'ai diné, était excellente, et ce qui m'a donné à croire, que l'aisance règne en général dans cette ville, c'est qu'on allumait les réverbères, lorsqu'il faisait encore plein jour.

J'atteignis le sommet d'une montagne, qui borde la ville, au coucher du soleil. La vue était magnifique, un ciel d'airain pur et san aucun nuage reposait sur l'horizon. Röthlich schimmernd umgab er die Erde, wo unter den dunkeln Bergen, Wiesen und Wasser sich unter weißlichem Dufte verbargen. Sonderbar glänzten n u r z w e i Sterne erft am klaren Himmel, der Deinige und in geringerer Ent= fernung ein kleinerer. Unter ihnen brannte auf der Wiese emporflammend ein einfames Feuer, fein Licht schwer kämpfend mit dem eigenen Rauch und mit den Nebeln des Moorgrundes. Mein Bild, dacht' ich, und Deines, und ihrs. So' lange aber die beiden Sterne fo klar und licht herabschauten, schien mir das Feuer von ihnen seine Kraft zu leihen, und funkelnd in der stillen Nacht verband ihr Schein sich wunderbar und lieb= lich mit einander.

Von hier aus fing die Reise an sehr unglücklich zu gehen. Auf der nächsten Station waren durchaus keine Pferde zu erhalten. Endlich, nachdem ich zwei Stunden im Dorfe herumgerannt war, gelang es mir noch, von zwei russischen Kourieren, die schon vor mir angelangt waren, vier Bauernpferde zu miethen. Unglücklicherweise verirrte sich aber dieser vermaledeite Kerl, und wanderte mit mir umher, ohne Charleroi, die nächste Station, nicht eher als am Morgen zu finden. Unterdessen hatten hier die russischen Kouriere, die sich an jenem Ort auch endlich flott gemacht hatten, alles in Beschlag genommen, und nur mit unsäglicher Mühe, Zeit= und Geldverlust bin ich jetzt in Mons ange= kommen, von wo ich bis Valenciennes 12 Fr. par poste für das Pferd geben muß.

Ce voyage me coûtera très cher, mais comme une occasion pareille de voir l'armée anglaise manoeuvrer, commandée par Wellington devant les Souverains, n'ar- rivera à pas de sitôt une seconde fois, j'ai cru devoir en profiter.

Valenciennes, 4 Uhr.

Nachdem ich zwei Stunden auf der Straße gestanden habe, ohne ein Quartier finden zu können, bin ich endlich durch die Güte eines Adjutanten des Herzogs bei recht guten Leuten einquartiert worden. Wenn ich ein bischen gewaschen und humanisirt sein werde, schreibe ich mehr.

Abends.

Nach einem schlechten Diner an der Table d'hôte ging ich einen Augenblick in die Komödie. Das Haus war über meine Erwartung hübsch, die Truppe aber sehr schlecht. Ich bin schläfrig, und nicht ganz wohl.

Hier ist ein schrecklicher trouble. Ein Glück, daß ich mich zur Suite des Königs annoncirt habe, sonst bekäm' ich kein Unterkommen. Die Souverains sind Abends angekommen. Ich habe, um nur Pferde zur Revue zu haben, zwei kaufen müssen, an denen ich aber nichts zu verlieren denke.

Den 22.

Heute früh ließ ich mich beim König melden, der mich sehr gnädig aufnahm. Dann ritt ich in seiner Suite mit, und komme eben von der Revue der russischen Truppen, die wunderschön sind. Das Wetter war herrlich, und das ganze Schauspiel imposant. Die Suite der Souverains bestand gewiß aus 400 Offizieren aller Gattung. Da ich aber nur Eine Uniform und Einen weißen Pantalon mithabe, so wird jetzt, während ich Dir schreibe, auf's schrecklichste daran geputzt, um nur wieder einigermaßen reinlich beim Herzog zum Diner erscheinen zu können.

Abends.

Das Diner beim Herzog war völlig kalt und schlecht, die Gesellschaft aber glänzend. Am reichsten erschien der portugiesische Feldmarschall Beresford. Im Theater waren wir in des Herzogs Loge. Man gab Werther recht gut. Heute früh stand ich um 7 Uhr auf, morgen muß ich um 5 Uhr aus dem Bett. Also beurlaube ich mich gehorsamst, gnädige Schnucke.

Den 23. früh.

Denke Dir, beste Schnucke, Deinen Lou, der um 5 Uhr früh, wo es noch ganz finster ist, Dir bei Licht und Kaminfeuer schreibt. Hat man aber einmal den üblen Moment des Aufstehens überwunden, so ist es so früh am Feuer recht gemüthlich, besonders bei Kaffee und einer Pfeife Tabak, den ich mir deshalb nächstens angewöhnen werde. Adieu, ich habe keinen Augenblick zu verlieren.

Abends 11 Uhr.

Die Manoeuvres waren sehr schön, aber etwas lange, denn es dauerte von 7 Uhr früh bis Abends 7 Uhr. Ich habe ordentlich Adjutantendienste beim König gethan. Einige Stunden lang ritt er allein, nur von seinen drei Adjutanten und mir begleitet. Die Adjutanten waren nicht sehr orientirt; denn sie wußten nicht einmal, als der König darnach fragte, wo die Chaussee nach Raveux war, an der entlang die ganzen Manoeuvres gemacht werden sollten. Da ich dies sah, sprengte ich davon, und brachte ihm die Nachricht, welches die Anderen aber sichtlich verdroß. Der König hingegen nahm es gut auf. Nachher marschirten die Sachsen vorbei, über die er sich sehr bitter moquirte. Endlich sagte er, mich ansehend, er kenne die Sachsen gar nicht mehr; denn seit Jena habe er sie gar nicht mehr zu sehen bekommen. Ich antwortete ihm gleich: „Künftig, hoffe ich, sollen sie Ihro Majestät desto öfter sehen und so nahe Ihrer Person, als Sie es nur erlauben wollen." Die Antwort war eben nicht die gescheuteste, aber sie zeigte doch schnell meine guten Gesinnungen.

Auf dem Ball, den Wellington gab, ging ich dann noch einmal an ihn heran, und dankte unterthänig für die Erlaubniß, in seiner Suite haben mitreiten zu dürfen, worauf er mich ganz gnädig entließ. Ich bin zwar morgen vom General Woronzoff zum großen Diner in Meaubenge eingeladen worden; ich habe es aber, dieser Fêten und ewigen Toiletten und gêne überdrüssig, refüsirt. Schrecklich ist das Metier eines Adjutanten, das ist gewiß; und ich danke jetzt Gott wahrhaft, daß ich keiner sein muß. Denke Dir, daß Humboldt überall sich mitschleppt, und immerwährend Kammer-

herrndienste verrichtet, und warum? Das erräthst Du be=
stimmt nicht. Weil er Graf werden will! Dies tröstet mich
über meine Schwächen; denn schwächer kann nichts sein.

Den 24. Abends.

Ich habe heute den ganzen Tag Pferde probirt und
gekauft. Ich habe nun fünf schöne Reitpferde, die mich alle
fünf 400 Napoleons kosten. Gönne mir immer die Freude,
da ich so in der letzten Zeit gar wenig gehabt habe. Ich
habe noch eines im Handel, damit ich grade ein Dutzend be=
sitze. Dann fange ich wieder an zu verkaufen, und da meine
Pferde sehr gut sind, so hoffe ich mit Vortheil zu verkaufen.
Ich bitte nun vor allem mir keine Moral über das Dutzend
Pferde zu predigen, sondern Dich mit mir zu freuen, daß ich
nun einmal meine Lust am Reiten recht genießen kann.
Morgen bleibe ich noch hier, dann reise ich nach Brüssel, und
von da wieder nach Aachen, wohin ich mich hauptsächlich
Deiner Briefe wegen sehne, die ich dort vorzufinden hoffe.
Addio, carissima Schnucke.

Ich habe an Dehn geschrieben, daß ich zum Ankauf
neuer Wagenpferde 8000 Fr. mehr als meine bewilligten
15,000 gebraucht hätte. Adieu, meine beste Frau vom Hause.

Den 25.

Es ist mir eingefallen, daß Du wohl in Muskau die
Ankunft unserer Pariser Sachen erwarten mußt, dann aber
sehe ich es als ausgemacht an, daß Du mit der Thörin zu
mir kömmst. Wir können dann von Frankfurt aus jede be=
liebige Direktion nehmen. Unsere Wagenpferde sind in besserem
Stande, als Du sie je gesehen hast, und sehr gut nun fähig
noch ein Jahr mitzureisen. Von den Reitpferden behalte ich,
wenn ich sie ganz erprobt habe, die besten, und verkaufe die
anderen wieder. An die Stelle des krepirten Wagenpferdes

habe ich ein anderes gekauft. Unsere Einrichtung ist daher sehr komplet und prächtig.

Wenn Du in Muskau so wunderschönes Wetter gehabt hast, als wir hier seit 14 Tagen, so muß der Aufenthalt sehr angenehm gewesen sein. Wir können aber nur zufrieden sein, wenn wir alle drei beisammen sind, drum kann weder schönes Wetter, noch irgend etwas dies ersetzen. Coeur n'est pas content!

Schreibe mir nur, wenn Du glaubst in Frankfurt eintreffen zu können, damit ich mich darnach einrichten kann. In Aachen bleibe ich auf keinen Fall länger, als bis zum 14. November. Bis dahin könnte ich wohl Deine Antwort haben.

Ich will jetzt schließen, da der Kourier in einer Stunde abgeht, und meinen Brief selbst hintragen, damit ich erfahre, wie ich ihn besser schicke, ob über Berlin oder Leipzig.

Adieu, mein Theuerstes.

Dein Dir ganz ergebener Lou.

29.

Pückler an Lucie.

Valenciennes, den 26., Abends.

Ich bin, gute Schnucke, wieder sehr melancholisch, und es ist mir unleidlich hier. Doch kann ich nicht fort, da ich keinen ordentlichen Menschen finden kann, um meine Pferde nach Aachen zu bringen. Ich muß deshalb morgen nach Cambray reisen, und dieser Aufenthalt ist mir so peinlich, da ich äußerst sehnsüchtig bin, Deine Briefe in Aachen zu lesen, die dort für mich angekommen sein müssen. Lange kann ich es nicht mehr aushalten ohne Euch. — Dies Leben ist eine wahre Qual und ein Vorschmack der Hölle. Nimm mir die Hoffnung auf das baldige Wiedersehen von Dir und ihr, und ich vernichte mich noch heute. Ich bin nicht mehr, der ich sonst war, und ich glaube selbst, daß Rust mich auch moralisch neu geschaffen hat. Ich tauge viel weniger, und bin viel schwächer als sonst. Ich kann nicht mehr allein stehen, Ihr beide seid mir nöthig wie Wasser und Luft. Versuch es nur nie, mich von ihr zu trennen, und um Gottes= willen verheirathe sie nicht — glaube mir, es wäre um mich geschehen! Von Dir hängt alles ab, Glück und Ruhe oder hundertfaches Weh! Doch was red' ich! Kenne ich nicht Dein Herz und Deine Liebe? — In wessen Händen kann mein Glück und mein Schicksal besser liegen, als in den Deinigen, meine süße Schnucke. Wenn ich nur Nachricht von Dir hätte! Man kann nicht niedergeschlagener sein, als ich es bin. — Gute Nacht! Ich will versuchen zu schlafen, und meinen Gram in Vergessenheit zu begraben; wäre der Tod nur ge= wiß ein ewiges Schlafen, wie gern würde man sich an seiner Hand hinabsenken in das undurchdringliche Dunkel einer nie endenden Nacht! Der Himmel wende alles zum Besten! Mein Verhängniß scheint mir manchmal schwarz zu nahen. Wie es auch gehe, mein letzter Athemzug soll Dich segnen.

Den 27., Nachts.

Eben komme ich von Cambray zurück, wo ich hinreiten mußte, um einen Menschen zu finden, dem ich meine Pferde anvertrauen kann. Es ist, als wenn ich mit Ketten an dieses Nest gebunden wäre; denn da ich niemand gefunden habe, so weiß ich gar nicht, wie lange ich hier noch bleiben muß. Dabei kennst Du gute, alte Schnucke, mein zartes Gewissen, das mich entsetzlich peinigt, und mir vorwirft, mit dem Pferde= kauf eine Narrheit gemacht zu haben. Wenn ich aber nicht einmal zuweilen eine kleine Narrheit mehr machen darf, so will ich lieber sterben. Gute Schnucke, Dein Lou hat Dich sehr nöthig als Hofmeister; denn er ist entsetzlich melancholisch, und macht verschiedene dumme Streiche.

12*

Den 28. früh.

Noch sehe ich kein Licht, wie ich von hier fortkommen soll, und bald fängt diese Klemme, in der ich mich befinde, ohne herauskommen zu können, an lächerlich zu werden.

2 Uhr Nachmittags.

Endlich habe ich gefunden, was ich brauche, und wenn nicht der Teufel ganz los ist, hoffe ich heute Abends weg= zukommen. Könnte ich nur hoffen, anstatt fremder Menschen meine liebe Schnucke wiederzusehen.

Adieu für Valenciennes.

Dein herzlich Dich liebender Lou.

30.

Pückler an Lucie.

Valenciennes, den 28. Abends, 10 Uhr.

Ehe ich abfahre, schreibe ich Dir noch ein paar Worte beim Dessert. Du mußt nämlich wissen, daß ich selbst hier einen Ort ausfindig gemacht habe, wo ich sehr gut esse. Nur wenige Gerichte, einfach gekocht, aber äußerst schmackhaft, und von einer sehr hübschen und reinlichen Frau zubereitet. Hier habe ich heute zu einer sehr delikaten Waldschnepfe einen Salat gemacht, der alles übertrifft, was ich je in dieser Art geschmeckt habe. Elle réunissait toutes les qualités possibles, cette salade, ayant du moelleux (pommes de terre), du cro-quant (sellery), du piquant (des oignons), de l'air bête (persil et laitue), du confortant (des oeufs), douceur agréable (des pommes) du ton par le hareng et de la saveur par de l'excellente huile et vinaigre. L'hôtesse et toute sa famille a eu l'honneur de goûter de cette salade merveilleuse, et en a été enthusiasmée. J'espère, que l'eau vous en viendra à la bouche, et que vous me prierez de vous en faire une pareille le jour fortuné, où nous nous reverrons. Je bois mon dernier verre de Bordeaux à votre santé, bonne Schnucke. Adieu.

Brüssel den 29. Abends.

Sobald ich hier mehrere Kleinigkeiten besorgt habe, die ich brauche, namentlich einige Kleidungsstücke, auf die ich leider bis übermorgen warten muß, reise ich nach Aachen zurück, wo mich Deine Briefe erwarten. Nach Tisch ging ich (mit dem Lohnbedienten bei Sternenschein) spazieren, und erkundigte mich nach den Inhabern der verschiedenen Palais des Parks und ihrer Geschichte. Diese Erzählungen waren mitunter lustig genug. Unter anderem sagte er von einem Grafen, dessen Namen er nicht genau behalten habe, und der ein sehr schönes Haus besitzt, das ohne ein Licht im tiefen Dunkel wie ausgestorben dalag, er sei nicht recht gescheut, mit einemmal kaufe er eine Menge Pferde, nehme eine Menge Leute an, und fahre und reite den ganzen Tag umher, bald mit sechs Pferden, bald mit vier, bald mit einem. So treibe er es fort, bis das Geld ausginge, wo er dann auf einmal ver= schwinde, und wieder eine lange Zeit unsichtbar bleibe. Seit zwei Jahren habe ihn kein Mensch gesehen, und in seinem Palast sei kein Licht angesteckt worden. Die Pferdemanie wurde, on ne peut plus à propos vorgetragen, und ich fühlte lebhaft in diesem Augenblick meinen Theil folie, und dachte an Gall, daß wir eigentlich fast alle komplete Narren sind. Komisch wäre es, wenn unsere Erde das Bedlam des Universums wäre.

Adieu et bonne nuit, beste Frau vom Haus.

Den 30. Oktober, früh.

Ich wollte heute auf meine Träume als an meinem 33. Geburtstage Achtung geben, kann mich aber nichts als an Pferde erinnern, von denen ich viel träumte. Meinem heutigen Geburtstag zu Ehren bitte ich Dich aber das Loos

3033 in der Berliner Lotterie zu nehmen, auf welches ich viel Vertrauen habe, und durch Dehn laß es auch in der englischen nehmen; ich bitte Dich darum; dies sei mein Ge= burtstagsgeschenk.

Mein erstes Geschäft heute war, mich in meine Kinder= jahre zu versetzen, und mit vollem Vertrauen zu Gott zu beten, daß er mich vernünftig und gut sollte werden lassen, mir Leiden schicken, wenn es zu meinem Besten sei, aber mich doch immer lieb behalten sollte.

Heute werde ich auch ganz tugendhaft leben; einigen dummen Streichen kann ich aber schon deshalb nicht entgehen, weil ich gerade heute noch meine Empletten machen muß, und man immer ein Thor ist, quand on se crée des be- soins de choses, qui ne sont que des fantaisies.

Daß übrigens gerade mein 33., also der wichtigste Ge= burtstag auf einen Freitag fällt, ist nicht angenehm, da in meiner Ansicht der Tage, die sich von Kindheit an, ohne zu wissen wie, in meiner Phantasie gebildet hat, der Freitag allein eine schwarze Farbe trägt. Da aber schwarz die Farbe meines Wappenadlers und meiner Lieblingstracht ist, auch ich die Nacht dem Tage vorziehe, so fange ich an zu glauben, das bisher ganz falsch ausgelegt zu haben, und werde von heute an den Freitag als den mir günstigsten Tag der Woche ansehen, um so mehr, da sein Name frei so sehr mit meinem Wesen übereinstimmt. Du siehst, gute Schnucke, que, si j'ai de la superstition, je sais au moins très-bien l'adapter aux circonstances.

31.
Pückler an Lucie.

Den 30., 5 Uhr.

J'ai encore essayé des chevaux ce matin, mais cette fois-çi seulement dans l'intention de faire un tour

de promenade. J'ai dirigé ma course ver le châteaux
de Laecken, qui est superbe, et dont le parc bien planté
m'a donné des sensations, qui ressemblaient beaucoup
à la maladie du pays. En rentrant, j'ai trouvé un billet
fort obligeant de Mad. de Breyer, qui avait passée à
l'hôtel pour me voir. Je me suis aussitôt empressé de
lui rendre sa visite, mais ne l'ayant plus trouvé chez
elle, j'y ai laissé un billet très-poli et très-amical en
lui demandant ses ordres pour Schnucke, et la permission de revenir lui présenter mes respects et mes
amitiés après le spectacle. Après cela je me suis encore promené une heure à pied pour gagner de l'appétit,
et rencontrant une pauvre femme, qui me demandait la
charité, je lui ai donné cinq francs, puisque le jour est
un jour de fête pour moi plus que pour tout autre. Je
regarde la visite de Mad. Breyer comme étant certainement une amie bien zélée de vous et de moi, comme
de très-bon augure pour le fameux jour.

A 8 heures.

Mad. de Breyer et toute sa famille sortent de chez moi.
Elle m'a surpris à diner, accompagnée de deux petits
garçons et d'une jeune personne de treize ans, que je
trouve fort jolie. Elle vous supplie de venir passer cet
hiver à Bruxelles, et s'offre de vous trouver tout ce
qu'il vous faudra au meilleur compte.

Venez au congrès, ma chère, qui, à ce qui paraît,
se prolongera encore pour longtemps, et passons de là
à Bruxelles. Je suis un bon enfant, qui s'accomodera
de tout, et qui reviendra même à Muskau, si vous le
voulez, au moins pour quelque temps.

A votre recommandation j'ai acheté les mémoires
de St. Simon, qui m'amusent beaucoup. Quel beau
temps pour les gens de qualité! On ne peut pas se

dissimuler, qu'ils ne sont plus rien à présent, à moins qu'ils ne servent le maître, et le maître lui-même — quel chétif personnage en le comparant à un roi comme Louis XIV. Un Roi d'aujourd'hui ne vaut pas un grand seigneur d'autrefois, qui résidait dans ses terres.

Je suis affamé de vos lettres, chère Schnucke, j'espère de trouver un volume à Aix-la-Chapelle, j'espère aussi que le contenu en sera agréable, j'espère par-dessus tout que vous vous portez bien, et que vous m'aimez beaucoup. J'oubliais de vous dire, que cette pauvre Mad. de Breyer nous a envoyé à Spaa les dernières six bouteilles de son vieux vin de Xeres, que son mari avait rapporté d'Espagne, et que sans doute les douaniers ont bu à la santé de Louis XVIII; au moins c'est de quoi je la tourmente, très-fâché moi-même de l'aventure, car je suis sûr, que ce vin était excellent. Elle m'a conté, qu'immédiatement après notre départ, elle a eu un nouvelle accès du coléra morbus, dont elle a échappé avec peine. Pendant quinze jours encore elle n'a pu se nourrir que de glaces. Cependant cela n'y paraît pas, et je lui trouve un air de meilleur santé qu'à Paris. Sa fille, qui est charmante, ressemble singulièrement au Max, en beau, s'entend. Il est dommage, que ses dents ne soient pas belles.

Le 31.

Je viens de recevoir encore ici une lettre de Mad. Gay, que je vous envoie, puisqu'elle est curieuse sous plus d'un rapport. Pour vous l'expliquer, il faut que vous sachiez que pour me garantir de ses importunités, je lui ai toujours dit, que j'avais un grand sentiment malheureux, qui m'empêchait de me livrer à un nouvel amour. La bague, dont elle parle, est une de mes petites bagues (celle de Bianca) qu'elle m'a arraché du doigt en partant.

J'ai donné ce matin un beau déjeuner à Mad. de Breyer et sa jolie Matilde, et nous allons maintenant partir pour voir le château de Laeken en detail. Adieu, bonne Schnucke, demain je serai à Aix-la-Chapelle, et j'y trouverai vos lettres! — Rien ne m'intéresse que cela.

32.
Pückler an Lucie.

Aachen, den 1. November.

Du bist ein Engel, meine Schnucke! Deine Briefe sind ein wahrer Balsam für mich gewesen, und von Anfang bis zu Ende kann ich sie nur liebend bewundern. Bald hoffe ich Dir mündlich dafür danken zu können; denn ich komme sobald ich mich hier losmachen kann, nach Muskau. Freilich werde ich den Kongreß verlassen, ohne irgend etwas für mich erlangt zu haben, aber Erfahrungen, Erinnerungen und Be= kanntschaften die Menge.

Mündlich werde ich Dir hierüber noch vieles mittheilen.

Wegen meiner Mutter, die feurige Kohlen auf Dein Haupt sammelt, soll alles in Muskau bestimmt werden. Uebrigens schlägst Du nicht den rechten Weg mit ihrem Karakter ein. Plus vous serez soumise, et plus elle vous maltraitera.

Ich werde Muskau freilich nicht in seinem schönen Augenblicke wiederfinden; aber das thut nichts, nach so langer Abwesenheit interessirt es mich doch. Beiliegenden Brief gieb an den guten Dehn, den ich herzlich lieb habe.

Ich muß Dich jetzt verlassen, beste Schnucke; denn ich bin noch, wie ich nach durchreister Nacht aus dem Wagen gestiegen bin. Adieu einstweilen, und einen herzlichen Kuß.

Die Perroquets haben ein Geschrei gemacht wie toll und thöricht, als sie mich wiedersahen. Besonders machte Cato

die seltsamsten Manoeuvres, die ich als Freude mich wieder=
zusehen auslegte, und sie mit Zuckerbrot und Birnen belohnte.

Auf diesen Brief bitte ich Dich nach Frankfurt zu ant=
worten, und an Rothschild zu bemerken, daß er sie dort an
sich behält. Meine Pferde werde ich schon übermorgen weg=
schicken. Es ist nun recht gut für Muskau, daß ich deren
viel habe.

Eine Stunde später.

Während des Essens habe ich auch noch den Brief an
Mad. Gay, den Du gestern aus Brüssel empfangen hast,
beantwortet und abgeschickt. Da es Dich vielleicht amüsirt,
so will ich versuchen, Dir den Brief aus dem Kopf noch ein=
mal aufzuschreiben. Zu seinem Verständniß muß ich aber
noch wiederum hinzufügen, daß mir Mad. Gail vor meiner
Abreise in den Karten prophezeite, ich würde ein Duell haben,
und ein König würde mir eine Gnade erzeigen.

Ferner muß ich Dir noch sagen, daß Mad. Gay zwei
sehr hübsche Töchter hat, Delphine und Jsaure die jüngste,
welche von mir gesagt hat, que j'en étais amoureux, ein
propos, welches die Mutter zu ihrer großen Konfusion mir
wiederholt, und für welche suffisance ich sie seitdem necke,
wo ich kann. Unter anderen Umständen könnte indessen die
Kleine ganz recht bemerkt haben. Ach, ich habe Dir noch
nicht geschrieben, daß ich, ehe ich Brüssel verließ, mit der
kleinen, allerliebsten Mathilde und der Breyer eine sehr ange=
nehme Parthie nach dem Schlosse Laenken gemacht habe. In
dem Garten sind viele sehr schöne Pflanzungen, und der ein=
zige künstliche Felsen, den ich gesehen habe, der so täuschend
der Natur nachgebildet ist, daß ich, selbst als ich es wußte,
es kaum glauben konnte. Eine weite, fast unübersehbare
Wiese, die sich vom Fuß des Schlosses an ausdehnt, und in
der Ferne mit Heerden von schönem Vieh bedeckt ist, gewährt
einen reizenden Anblick.

33.
Pückler an Lucie.

Il faut que je vous prévienne, chère Schnucke, que je commence à entrer en faveur chez votre père. Protégé visiblement de Koreff, qui n'a cessé de me montrer une bienveillance véritable, tant en actions qu'en paroles, les femmes de la maison me traitent à présent comme de leur société, et la froideur de votre père s'est tout d'un coup fondue, si je peux m'exprimer ainsi. Je revins hier diner chez lui sans l'avoir vu depuis quinze jours. Il y avait grand diner, le salon rempli de ministres, cependant il vint aussitôt à moi et me fit un accueil fort cordial. Lorsqu'on passa dans la salle à manger, où, quand il y a de grands diners, je me place d'ordinaire modestement à côté de Jordan ou de Koreff, je sens, que quelqu'un me prend par le bras au moment que je veux m'asseoir, et je ne fus pas médiocrement étonné de reconnaître votre père, qui me dit de la manière la plus grâcieuse: „Heute will ich mich einmal zu Ihnen setzen." Et pendant tout le diner, il continua de me parler beaucoup, et avec beaucoup de familiarité, ce qui était fort remarqué de toute l'assemblée, puisque les malveillants ont sans doute répandu le bruit, que j'étais très peu en considération auprès de lui. Mais c'est tout à l'heure, ma bonne Schnucke, que vous serez bien étonnée, quand je vous dirai, que ce changement si total et si inattendu arrive immédiatement à la suite d'une lettre, que je lui ai fait remettre par Koreff, et dans laquelle je lui demande einen Gesandtschaftsposten. Cette lettre n'a été non seulement bien accueilli, mais il est même question de me donner un des premiers postes sitôt qu'on peut le rendre vacant. Ne vous effrayez pas trop en apprenant, que c'est celui de Constantinople. C'est l'idée de Koreff, auquel, je ne peux pas me dissimuler, que je dois tout auprès de votre père. On veut me donner quatre savants pour accompagner l'ambassade, et y réunir un but scientifique, dont les résultats pourraient vraiment servir à la gloire de notre pays, s'ils sont couronnés par le succès. Quel vaste champ, encore si peu exploité!

(Relisez ici les prédictions de Madame Lenormand.) Croyez-moi, qu'un poste aussi éloigné est justement ce qu'il me faut. J'y peux me former à de plus grandes choses, pendant qu'on oublie ici le passé, qui ne m'est point favorable, et illustrer en même temps mon nom par les travaux de mes savants, tandis que je laisserais auprès de votre père dans la personne de Koreff un ami, qui m'est sûr par le bien qu'il m'a fait lui-même, et qui fera ses calculs pour le temps à venir aussi loin que moi, et peut-être conjointement avec moi. — J'ai en même temps reçu deux réponses de votre père, concernant mes plaintes, dont le ton est bien poli, et que je vous prie de communiquer à la chambre basse.

A présent je vous conterai comment j'ai mené mon affaire, car je l'ai préparé de longue main sans y mêler Wittgenstein, qui ne prend aucun intérêt à moi, ni en bien, ni en mal.

Erſt aber, beſte Herzensſchnucke, muß ich Dir ſagen, daß dieſe Geſchichte ganz Waſſer auf meine Mühle iſt. Von jeher hatte ich eine Sehnſucht nach Konſtantinopel und ſeinen arabiſchen Pferden und türkiſchen Sitten. Welche Shawls wird meine Schnucke dort haben, und wie intereſſant iſt es von daher zurückzukommen! J'y vais comme Bonoparte en Egypte. On m'y envoie peut-être un peu pour se débarasser de nous, mais nous n'y perdons rien. Dabei haben wir alle Zeit, da die Sache ſich nicht ſo ſchnell ein=

richten kann, unsere Vorbereitungen zu machen, und Muskau
in sichern Händen zu lassen. Unseren guten Dehn mußt Du
nun für die Sache gewinnen, und zwar dafür zu enthusias=
miren suchen. Also je recommence. Sobald ich bemerkte,
daß Jordan mir wohlzuwollen schien, fing ich sourdement
in meinen Unterhaltungen mit ihm an darauf anzuspielen,
daß mir die Unthätigkeit, in der ich lebte, bei aller Freiheit
und äußeren Vortheilen lästig würde ꝛc. Als er hierauf nie
mißfällig antwortete, schrieb ich ihm beiliegenden Brief, No. I
und fügte nach einer Unterredung, die ich noch vor Abgabe
meines Briefes mit ihm hatte, das Billet No. II hinzu.
Hierauf antwortete er einige Tage später mündlich sehr herz=
lich und natürlich, erst ganz abweisend, „car," dit-il, „c'est
une chose impossible, premièrement il n'y a pas de
places à donner." — „Oh," dis-je, „vous faites comme la
députation de Nismes, qui s'excusant envers Louis XIV.
de ce qu'on ne tirait pas le canon à son arrivée, en
voulut alléguer vingt raisons, pourquoi la chose était
impossible. „D'abord" dit l'orateur, „nous n'avons pas
de canons" . . . . „Eh bien," dit le Roi, „je vous fais
grâce des autres." Cette plaisanterie le fit rire, et depuis nous n'appellons plus les postes diplomatiques que
des canons. „Eh bien," dit-il enfin, „parlez à votre
beau-père, mais ne perdez pas de temps; d'ailleurs je
ne peux vous être bon à rien, car ce n'est plus moi
qu'on consulte aujourd'hui, cependant je vous promets
de ne pas vous être contraire." Du kannst denken, daß
ich hierauf so antwortete, wie es ihm am schmeichelhaftesten
war, und den anderen Tag besuchte ich früh Koreff. Erst
war blos von Litteratur die Rede, und während einer halben
Stunde las er mir seine Gedichte vor, unter denen wirklich
ganz herrliche Sachen sind, die ich ohne alle Schmeichelei be=
wundern konnte. Hierauf leitete ich das Gespräch auf meinen
Punkt, und seine erste Antwort war, er habe sich gewundert,

daß ich nicht schon lange diese démarche gemacht habe; denn nichts passe sich besser für mich. Ich sollte dem Kanzler schreiben, und er chargire sich den Brief auf's beste zu besorgen.

Sogleich schrieb ich den Brief No. III, und schickte ihn Koreff zum Korrigiren mit einem scherzhaften und schmeichelhaften Billet, doch in der That herzlich, und wie ich dachte, car en ces sortes de choses je peux bien broder, mais je ne peux pas mentir. Das Resultat weißt Du; ob ich nun noch mit Wittgenstein und Bernstorff spreche, will ich erst überlegen. Meine Briefkopieen bitte ich Dich aufzuheben. Schreibe aber ja Deinem Vater einen kurzen und verbindlichen Brief darüber, daß er mich so freundschaftlich behandelte, ohne zu thun, als ob Du etwas wüßtest von der Gesandtschaftssache, bloß von meiner Dankbarkeit für seine Güte und von der Deinigen. Auch etwas recht Artiges an die Fürstin, die Hähnel und Koreff. Vor der Hand wünsche ich noch nicht, daß Du Dehn etwas sagst, weil es mir sonst hier als Indiskretion ausgelegt werden würde; ich habe in meinem Briefe an ihn die Sache schon so eingeleitet, daß er es nicht als einen manque de confiance ansehen kann, wenn ich es ihm verschwieg; nur darf er nicht wissen, daß Du darum wußtest. Je veux paraître également coupable envers vous deux, und daß ich es gegen Dich wirklich ein bischen bin, mußt Du mir verzeihen; denn ich fürchtete mich vor einer starken Predigt.

Wie ich Predigt schrieb, kommt ein Mann, ganz in Schwarz gekleidet, herein, den ich für einen Kandidaten theologiae halte, zu meinem Erstaunen aber höre, daß es der Ziegenbock des Orts ist, und der berühmteste seines Metiers, dem ich deshalb einen Pantalon zum ändern anvertrauen werde.

Adieu, mit der Perspektive auf Asien freue ich mich sehr auf Muskau, wo ich den Winter, abwechselnd mit Berlin,

ruf̧ig ʒubringen will. Wegen Deiner Hutfiſte ḩabe idʒ nadʒ
Franffurt geſdʒrieben, einen Kodʒ unb frotteur werde idʒ
mitbringen.

Lebe wof̧l, unb bef̧alte lieb

Deinen närriſdʒen Lou.

33.

Püdler au Jordan.

No. I.

M'étant présenté deux fois chez vous, Monsieur,
sans avoir eu le plaisir de vous trouver, je prends la
liberté de vous écrire, en vous priant de me donner
quelques moments d'attention.

J'ai des conseils à vous demander, et ce n'est pas
tant à la supériorité si connue de vos talents, que je
m'addresse, pour les obtenir, qu'à la loyauté et la franchise, qui à mes yeux distinguent votre caractère d'une
manière encore infiniment plus honorable. J'ose en
même temps espérer de votre bienveillance et de votre
discrétion, que ce que je vais vous dire, restera secret
entre nous, quelque réponse que vous jugiez à propos
d'y faire.

On a assez généralement répandu l'opinion dans
le public, qui malheureusement s'occupe souvent des
plus petites choses comme des grandes, que je n'étais
venu à Aix-la-Chapelle que pour solliciter le poste de
Londres. Si jamais vous avez entendu débiter cette
sottise, je suis sûr, que vous ne l'avez pas cru, puisque
vous me rendrez sans doute trop de justice, pour me
supposer l'arrogance de vouloir commencer ma carrière
diplomatique par être le successeur de Mr. de Humboldt,
et par emporter d'emblée une des premières places de
la diplomatie, au moins pour l'éclat, sinon pour l'im-

portance. Je sais bien qu'il faut en toute chose, comme
dit le bélier du comte Hamilton, commencer par le
commencement, mais je ne dissimule pas que je désire
commencer.

Le désoeuvrement complet, dans lequel je vis, me
pèse, je voudrais et je ne suis pas incapable de servir
ma patrie, la diplomatie me paraît l'état le plus convenable à ma situation, et quand je jette les regards
sur bien de personnes que j'y vois employé dans dif-
férents pays, vous ne me trouverez pas trop de vanité
si je m'écrie: „Anch'io son pittore!" Cependant quelques peu de prétentions que je fasse, ma position actuelle dans le monde est telle, que je ne pourrais pas
décemment entrer en carrière comme un attaché d'ambassade. C'est donc à votre bonté, Monsieur, que je
m'addresse, pour savoir, s'il y aurait quelque possibilité
pour moi, en m'offrant de servir sans appointements,
d'obtenir à la première ou à la seconde vacance une
des places inférieures dans notre corps diplomatique,
comme celle de Dresde, de Karlsruhe, Naples, ou enfin
celle qu'on jugera à propos de me donner.

Vous voyez, Monsieur, que je vous ai écrit avec
une entière franchise, je vous prie de me répondre de
même, et plutôt amicalement qu'officiellement. Vous
connaissez ma situation, un refus n'a rien de decoura-
geant pour moi, puisqu'en offrant mes services, je ne
recherche une faveur, je veux remplir le devoir d'un
sujet; mais avant de faire la moindre démarche, j'ai
désiré avoir votre approbation, et savoir votre opinion.
Si elle m'est contraire, prenez que je n'ai rien dit, ne
me répondez pas, et soyez persuadé que je n'y penserai plus.

Je ne suis pas si indifférent, il s'en faut, sur vos
sentiments personnels pour moi, et je vous prie sincère-

ment de croire que ce n'est pas une façon de parler,
si je me nomme

Votre tout dévoué serviteur
H. P. M.

35.
Pückler an Jordan.
Nr. II.

Beiliegender Brief war geschrieben, ehe ich das Ver=
gnügen hatte Sie selbst zu sprechen. Ich zögerte ihn abzu=
geben; aber seit der herzlichen, ja gemüthlichen Unterhaltung
von gestern, thue ich es mit vollem Vertrauen. Sie sind der
Mann, unter dem ich dienen möchte. Es ist unnöthig etwas
weiter hinzuzufügen; denn Sie kennen mich vielleicht besser
als ich selbst. Sicher ist es indessen, daß von jeher mich
nur anzog, was mir imponirte. Geburt und Geld thaten es
nie, denn ich hatte mehr oder weniger beides selbst, wohl
aber Genie, Karakter und Talent; und obgleich ich mir hoffent=
lich die beiden letzteren nicht ganz abzusprechen brauche, so
liegen sie doch zu vielem unentwickelt in mir, und bedürfen
fremder Hülfe zur Reife. Vielleicht finden Sie mich brauch=
barer als Sie glauben, und auch beständiger, am Beständigsten
aber gewiß in meiner Hochachtung, und wenn ich es sagen
darf, in meiner Anhänglichkeit für Sie, wie ich Sie aus Hrn.
Dehn's Beschreibung, und zum Theil nun auch aus eigener
Erfahrung kennen gelernt. Daß übrigens diese Versicherung
keine captatio benevolentiae, und von unserer augenblick=
lichen Unterhaltung ganz unabhängig ist, werden Sie mir
hoffentlich zutrauen. Im Gegentheil, eine ganz aufrichtige
Antwort von Ihrer Seite, wenn sie auch gar nicht vortheil=
haft wäre, wird mir die nützlichste und die angenehmste sein.

Ihr ganz ergebener H. P.

36.
Pückler an Hardenberg.
No. III.

Gnädigster Vater!

Um Sie nicht durch eine mündliche Unterhaltung in Ihren vielfachen Geschäften zu stören, ersuche ich Sie, gnädiger Vater, diesem Schreiben einige Aufmerksamkeit zu schenken.

Sie wissen, daß Herr Dehn übernommen hat, meine ökonomischen Geschäfte zu führen. Er thut dieses mit solchem Erfolge, daß die Resultate meine und meiner Frau Erwartung übersteigen. Da er aber grade in unserer beider Lieblings= neigung, dem Bauen und Verschönern unserer Besitzung, ein Hinderniß seiner Verbesserungspläne findet, auch zwei Auto= ritäten dieser Art nicht wohl neben einander bestehen können, so ist es nöthig, daß wir für einige Jahre einen anderen Aufenthalt wählen. Das Umherreisen und Leben in der Fremde ohne Zweck ist aber eben so zeittödtend als ermüdend. Ich fühle mich nicht unfähig auf eine zweckmäßigere Art mein Leben auszufüllen, indem ich dem Staate meine Dienste widme, und glaube zugleich die Pflicht des Unterthanen zu erfüllen, wenn ich eine Anstellung dieser Art nachsuche. Die Diplomatie ist meiner Lage, und wie ich glaube, den Fähig= keiten, die ich besitzen kann, am Angemessensten; und da mein Vermögen mir durchaus jeden Eigennutz fremd macht, so würde ich, wenn es angenommen wird, mit Vergnügen ganz ohne Gehalt dienen, oder doch mit dem geringsten mich be= gnügen, dagegen Sie es aber auch, gnädiger Vater, billig finden werden, wenn ich hinzufüge, daß meine Stellung in der Welt mir nicht erlaubt einen geringeren als einen Ge= sandtschaftsposten anzunehmen. Da ich Ihre edle Delikatesse kenne und ehre, die Sie verhindern würde für ein Mitglied Ihrer Familie mehr als für jeden Anderen zu thun, so würde ich mich an Se. Majestät den König selbst unmittelbar ge= wendet haben, wenn hierüber nicht ein ausdrückliches Verbot bestünde. Ich bitte Sie aber überzeugt zu sein, daß ich keineswegs bei dem Inhalt dieses Briefes berücksichtige, daß ich die Ehre habe Ihr Schwiegersohn zu sein, sondern nur als preußischer Vasall, den seine Geburt und sein Vermögen doppelt verbinden, seine Dienste anzubieten, wenn man sie brauchen kann, es Ihrem Ermessen habe anheimstellen wollen, ob ein solches Anerbieten Ihrer Aufmerksamkeit werth ist. Schließlich erlaube ich mir indeß auch zu bemerken, daß die Erfüllung meines Gesuchs den Sachsen, die in dem diploma= tischen Korps des preußischen Gouvernements noch keinen der ihrigen angestellt sehen, auf eine schmeichelhafte Art beweisen würde, wie sie auch hierin nicht weniger als die altpreußischen Provinzen das Vertrauen ihres Königs und Eurer Durch= laucht genößen.

Sollten Sie, gnädiger Vater, nach dem Gesagten dennoch abgeneigt sein, meinen Wunsch zu erfüllen, so bescheide ich mich gern, indem ich weniger diesen Schritt thue, um eine Gunst zu erlangen, als meiner Pflicht als Staatsbürger und Unterthan Genüge zu leisten, indem ich nur meinem Könige zu dienen, keineswegs dadurch persönlich zu gewinnen wünsche.

37.
Pückler an Lucie.

Den 3. Abends.

Da der Kronprinz und Prinz Wilhelm hier sind, so habe ich mich bei Allerhöchstihnen melden lassen und auf morgen früh Audienz erhalten. Du siehst, ich bin eine voll= kommene Hofschranze geworden. Bei Deinem Vater lernte ich heute Humboldt kennen, der zwar sehr klug ist, aber doch eigentlich eine Art bouffon macht. Uebrigens neigt sich auch dieser so wie Bernstorff und Alle vor Koreff. Ich war mit diesem letzteren und Mamsell Hähnel in der Komödie, wo Wurm sehr drollig spielte. Am Interessantesten war mir

die Bekanntschaft des Grafen Lusi, der die Tochter des Lands=
downe geheirathet hat. Ich habe mit ihm sehr aufrichtig
gesprochen, und er hat mich versichert, Lady Landsdowne
habe nie anders als im Guten von mir gesprochen, und die
ganze Familie, so wie auch seine Frau, seien mir immer noch
sehr attachirt. Er will uns im Frühjahr mit seiner Frau
besuchen. Ich ennuyire mich übrigens sehr, und sobald ich
mit Koreff alles abgeredet habe, was meine Zukunft betrifft,
gehe ich ab. An dem englischen Groom, den ich in Brüssel
annahm, habe ich einen goldenen Fund gethan. Meine Pferde
sind nicht wieder zu kennen, und das Doppelte werth, seitdem
sie unter seiner Wartung sind. Soll ich Dir noch wie ge=
wöhnlich meinen Tag sagen? Früh Visite an Altenstein ge=
macht, mit Schönfeldt ausgeritten, bei Deinem Vater mit
Humboldt en famille gegessen, Visite beim Fürst Metternich
gemacht, der von Pappenheim erzählte: er habe sich von einer
alten Frau durch's Wasser tragen lassen (bei welcher Ge=
legenheit überhörte ich) — eine alberne Geschichte! Von da
in die Komödie mit der Hähnel, Lady Castlereagh, und be=
schlossen mit Mad. Gay. Gute Nacht, liebe Schnucke, ich
habe Kopfweh.

Den 4. früh.

Wenn das Projekt mit Konstantinopel durchgeht, so wird
es uns gewiß viel Interesse gewähren. Wir gehen nach
England, um uns in einigen Dingen zu equipiren, und von
da zur See nach Konstantinopel, den griechischen Archipelagus
durchreisend, dessen Inseln das Paradies der Erde sind.
Wäre Schladen nicht eben erst hingekommen, sagt Koreff, so
könnte ich nächsten Monat abreisen. Dies erfordert aber
nun Präparation. Gestern fand ich bei Koreff den pladpied
Reibnitz, der nun den gemeinen Schmeichler bei mir macht,
und durch seine Zudringlichkeit Koreff so ennüyirt, daß er,
wie er sagt, es bereut, ihn bei einer gefährlichen Krankheit,

wo er sein Arzt war, nicht sterben haben zu lassen, und den
unausstehlichen Kerl sich vom Halse zu schaffen.

Glaube übrigens nicht, daß uns die Einrichtung viel
kostet. Wir haben ja alles, was wir brauchen; und da ich
n i c h t gratis dienen werde, wie man mir bereits gesagt hat,
so ist es bei u n s e r e r Lebensart, die überall so kostspielig
wie die eines Gesandten ist, eher eine Hülfe.

Eine Stunde später.

Der Kronprinz und Prinz Wilhelm waren sehr freund=
lich und gesprächig mit mir, was mir lieb ist, weil es mich
überzeugt, daß der Kronprinz gar nichts gegen mich hat, wie
man Dir einmal in Berlin zu verstehen gab. Ich zweifle
gar nicht, daß ich bei einem Aufenthalte in Berlin diesen
Winter mir die Prinzen alle geneigt mache. Der Prinz
Karl, mit dem ich die Revuetage in Valenciennes immer
zusammen war, hat mich ohnedem schon gern, und war sehr
zutraulich und unbefangen mit mir.

Enfin, grâce à vos conseils, je vais m'humaniser
avec tout le monde.

Den 5. früh.

Das Diner bei Metternich war recht lustig; ich saß
beim Fürst Hatzfeldt, und Metternich war sehr unterhaltend.
Als ich hinkam, war schon ein großer Theil der Gäste ver=
sammelt, und der Fürst lag mit seinen Ordensbändern auf
der Erde, um mit seinem Bedienten ein Gemälde zusammen=
zurollen. Diese Popularität schien mir doch ein wenig zu
stark. Den Abend brachte ich bei der Fürstin Taxis zu, wo
die Prinzen hinkamen, und auch mit mir sich zuweilen unter=
hielten, was ich nie zu suchen scheine, aber doch gern sehe,
denn ich bin hier ein ganz platter Courtisan geworden.

O Schmucke, eben erhalte ich Deinen Brief vom 25!
Du machst mir ein Paroli, und weil ich Dich mit meinem
accès von Schwermuth quäle, machst Du mich nun auch

durch die Schilderung der Deinigen betrübt. Bald komme ich, meine Schnucke, und zerstreue Eure Melancholie, ich sehne mich unbeschreiblich darnach. Ich danke Dir für die Er=haltung des Thiergartens, wiewohl ihm in Riemann ein größerer Feind droht, als er je gehabt hat. Können wir ihn retten, so wird er aber auch als einziges Ueberbleibsel der alten Prachtwaldungen, die unter Riemann's Schwerte fallen, unschätzbar sein. Hier gehen die Intriguen nun los. Bern=storff ist gegen mich, Humboldt ist sehr gespannt gegen mich, weil er sich vielleicht einbildet, ich habe wirklich seinen Posten in England gewünscht, auch Jordan, der einen Augenblick für mich penchirte, will seine alten protégés wieder anbringen, obgleich er sehr süß gegen mich ist. Nur Koreff ist ganz für mich. „Es sind alle Rackers", sagt er in seiner Sprache, „und keiner ist Ihnen grün, thun Sie, als wenn Sie nicht mehr daran dächten, ich werde die Sache leiten. Ehe Sie es sich versehen, ernennt Sie der Staatskanzler, und sie bleiben mit langer Nase stehen." Ein großer Vortheil für mich ist es, daß ich den Ausgang mit großer Ruhe und ohne Sorge in Muskau erwarten kann.

Mit der Fürstin bin ich sehr gut. Alle Tage kriege ich einen Möppel oder einen alten Kater zc. Heute Abend gebe ich Koreff ein Souper. Die Gäste sind von ihm selbst ge=wählt, Bartoldy, der Kaiserliche Leibarzt Rehmann, Schöll, der Humboldt's Werke herausgiebt, aus Paris, und ein alter Schulfreund von mir, Rittmeister Caesar. Bei der Gelegen=heit probire ich auch den neuen Koch, den ich Dir mitbringe. Einen Frotteur suche Dir in Berlin zu verschaffen; denn ich werde hier schwerlich einen finden. Vor 14 Tagen bis 3 Wochen siehst Du mich noch nicht in Muskau, dann aber gewiß; Deine Briefe adressire nur nach Frankfurt.

Ich habe jetzt in allen Dingen die beste Hoffnung, unser Papa Dehn muß aber für uns sorgen, das sage ihm. Für Nell habe ich mich hier nach Möglichkeit verwandt, und ich

hoffe, man wird etwas für ihn thun. Abieu, meine Herzens=
schnucke, guter Engel, den ich mehr als mein Leben liebe! —

Den 6. früh.

Das Souper gestern Abends war sehr lustig. Beson=
ders hat mich Koreff mit Lachen fast umgebracht, indem er
Alexander Humboldt nachmacht, und von der Wüste von Ara=
bambin und Popopeutiteculi 2c. erzählt auf die drolligste Art
von der Welt. Ich hatte erst Migraine, und empfing die
Herren im Bett; bann magnetisirte mich aber Koreff, und ich
ward besser. Ich stand auf, und machte den Wirth artig
und fleißig bis 3 Uhr Morgens, wo alles das Bett suchte.

Den 6. Abends.

Heute früh schickte die Fürstin Taxis zu mir, und bat
mich, ihrer Tochter und Hofdame (ein sehr schönes Mädchen)
Pferde zu borgen, und mit ihnen auszureiten. Dies geschah
denn von 12 Uhr bis 4 Uhr, ich mit den beiden Mädchen
ganz allein, eine Promenade, die, wenn sie öfters wiederholt
würde, sehr interessant werden könnte.

Den 7. Abends.

Ich komme eben vom Diner bei Deinem Vater, wo ich
eine ganz komische Szene gehabt habe. Schon früher sagte
ich Dir, daß Humboldt mir nicht grün ist und mir es schon
einigemal merken gelassen hat. Heute ist bei Tisch von Hirt
in Berlin die Rede, und ich erzähle ganz unbefangen, daß
Schlegel von ihm gesagt habe, er sei der Hirt und das Vieh
in einer Person. Hierüber skandalirt sich Humboldt gewaltig,
und fängt mit seiner maliziösen Miene an: „Das will mir
nicht recht gefallen, das gehört zu den etwas groben bonmots,
so was kann einem Schlegel wohl entfahren, aber wiederholen
thut er es gewiß nicht." Aller Augen waren auf mich ge=
richtet, denn ich erröthete vor Zorn. „Herr von Humboldt,"

sagte ich, „Ihre Autorität ist sehr zu respektiren; aber Sie
haben doch unrecht nicht erlauben zu wollen, daß man auch
Grobes wiederhole, wie dürfte man sonst unsere eben geführte
Konversation wiedererzählen?" Die Antwort war gewiß mehr
derb als witzig; aber sie kam à propos, und machte den
besten Effekt. Humboldt war wie auf's Maul geschlagen,
und erwiederte kein Wort. Jordan und Bernstorff, zwischen
denen ich saß, lachten laut, und als Beweis, wie sehr man
Humboldt haßt, sah ich es an, daß man mir nach Tisch von
allen Seiten Komplimente darüber machte, dem allgemein
Gefürchteten nichts schuldig geblieben zu sein. Mamsell
Hähnel nannte mich sogar nach Tische Exzellenz, und Meister
Altenstein entschuldigte sich, daß er mir noch nicht seine Auf=
wartung gemacht habe. Es ist wirklich mit den Menschen
erbärmlich beschaffen, und seitdem ich alle die großen Leute
so vom Nahen sehe, kommt mir alles wie Krähwinkel vor.

10 Uhr Abends.

Der alte Bennigsen hat mir heute so viel von Pferden
erzählt, daß er mir ganz Lust gemacht hat, wenn ich nicht
nach Konstantinopel kommen sollte, eine Reise nach Volhynien
und Bessarabien zu machen.

3 Uhr in der Nacht.

Du weißt, liebenswürdige Schnucke, daß mein Ver=
sprechen nicht mehr zu spielen eigentlich schon bei unserer
Rückkehr nach Frankfurt aufgehört hat; demohngeachtet spielte
ich nie. Jetzt aber ist eine Gelegenheit, die zu viel Vortheile
in anderer Hinsicht darbietet, um sie nicht zu benutzen.
Metternich liebt das Spiel sehr, und alle Abend um 12 Uhr
sieht er Gesellschaft, wo Maudoine gespielt wird. Jeder giebt
ein Spiel an, welches er will. Da er mich dazu einlud,
welches eine große faveur ist, mochte ich es nicht abschlagen,
und habe also heute gespielt. Ich saß zwischen dem Prinzen

Emil von Darmstadt und dem Prinzen von Hessen-Homburg;
mitspielten außer Metternich der Fürst von Bentheim, Haßfeldt, le prince d'Arenberg, Lord Gordon, General Steigen-
tesch und der Fürst von Windischgräß. Du siehst, daß man
wenigstens nicht in besserer Gesellschaft spielen kann. Ich
gewann 70 Napoleons. Nun gebe ich Dir aber folgende
Erklärung, die Dich beruhigen kann:

Ich Endesunterschriebener verspreche der Schnucke auf
mein ehiligstes Ehrenwort, von dem sie selbst mich zu entbinden unfähig sein soll, nie in meinem Leben auf Kredit
zu spielen, noch während des Spiels von irgend jemand
Geld zu borgen, sondern nie mehr zu verlieren, als was ich
bei mir in baarem Gelde habe.

Hermann Graf von Pückler-Muskau.

38.
Pückler an Lucie.

Den 8. früh.

Ich habe einen jungen Menschen angenommen, der gute
Zeugnisse hat, und mir sehr wohl gefällt. Er wird frottiren,
und die Aufsicht der Zimmer haben, die quinquets putzen,
und außerdem Tafeldecker sein, welches alles er auch bei der
Gräfin Woronzoff geleistet hat, und was ein fleißiger Mensch
auch recht gut machen kann. Du brauchst also keinen dieser
Art mehr anzunehmen. Wenn Du nur einen Bedienten in
Livree hast, und vielleicht einen in Civilkleidern, so ist unser
Haus mit Collin, meinem Jäger und diesem neuen Wilhelm
sehr gut bestellt. Ich hoffe, daß meine Antipathie, der alte
Jäger, nicht mehr da ist, damit ich durch seinen unangenehmen Anblick in Muskau nicht gestört werde. Ein Jäger
ist auch wirklich vollkommen hinlänglich.

Ehe ich gestern zu Metternich ging, war ich bei der
Fürstin Taxis. Der Kronprinz und Prinz Wilhelm kamen,

und alles stahl sich fort. Ich blieb diesmal allein mit den beiden Prinzen, der Fürstin, ihrer hübschen Hofdame und dem Prinzen von Mecklenburg. Die Unterhaltung war recht lebhaft, und der Kronprinz sprach nicht übel. Er war nicht so freundlich und gesprächig gegen mich als der Prinz Wilhelm, aber doch nur etwas fremd, und nicht feindlich. Si je les voyais plus souvent, je les apprivoiserais tous parfaitement.

Ich habe seit drei Tagen keinen Brief von Dir, was mich schon ganz ängstlich macht; so lieb habe ich meine Schnucke! Gute, gute Schnucke, nie trenne ich mich wieder auf so lange von Dir.

Eben schicke ich zu Rothschild, und es ist wieder kein Brief da. Hoffentlich bekomme ich morgen mehrere auf einmal.

Um 4 Uhr.

Obgleich es heute zum erstenmal nach langer Zeit regnete, so bin ich doch wie gewöhnlich einige Stunden ausgeritten, welches meine einzige Leidenschaft in Aachen bleibt. Dabei habe ich einen sehr ausgezeichneten saut gemacht, weshalb ich Dich um Verzeihung bitte, der aber sehr gut gelang.

Ich fange indessen wieder an traurig zu werden, und diesmal bloß und einzig allein aus Sehnsucht nach Dir, meine treue Schnucke. Es betrübt und ängstigt mich, Dich so allein in Muskau ein langweiliges und trauriges Leben führen zu lassen, und ich möchte gleich davonfliegen, während eine Menge erbärmlicher Kleinigkeiten mich zurückhalten.

Wegen des Wladimirordens habe ich hier keine démarche gethan, um mir mit einer solchen Kleinigkeit kein Dementi zu geben, und kein Kongreß dazu nöthig, auch vielleicht leichter einmal durch Dich zu machen, der ich am liebsten allen meinen Schmuck danke. Uebrigens sieht der russische Kaiser niemanden, und ich habe noch keine Audienz bei ihm erlangen können.

Am 9., Mittags.

Dein Bruder ist angekommen, und ich werde heute mit ihm essen. Dein Vater ißt zwar bei Hofe, aber die Fürstin hat mich extra einladen lassen. Der gestrige Abend war nicht sehr erbaulich. Ich ennuyirte mich gewaltig im Konzert, und verlor Abends bei der Gräfin Esterhazy, Tochter des Fürsten Metternich, 95 Napoleon. Dies bewegt mich, Dir noch eine Erklärung zu geben, die Dich ganz beruhigen muß.

Endesunterfertigter schwört bei seinem heiligsten Ehren= wort, von dem ihn niemand entbinden kann, keinen Tag mehr als 30 Louisd'or zu verlieren im Hazardspiel.

Hermann Graf von Pückler=Muskau.

Ich werde nun auch nie mehr zu mir stecken, und glaube, daß, so mitigirt, keine Gefahr mehr für mich vor= handen sein kann, ohne daß ich dem Zeitvertreib des Spielens zu entsagen brauche.

Liebe, gute Schnucke, warum bekomme ich keine Briefe mehr von Dir? Aengstige mich nicht so! Glaube mir Schnucke, in meiner jetzigen Sicherheit freuen und quälen mich Kleinigkeiten; wenn Du aber stürbest — so glaube ich fest, daß ich auch nicht länger leben würde; denn das In= teresse am Leben wäre für mich ausgestorben, und mein Gewissen, das mir um weltliches Unglück den Selbmord nicht erlauben würde, kann ihn aus ewiger, reiner Liebe nicht mißbilligen. Die schwache Hoffnung, meine Schnucke jenseits wieder zu finden, würde mich unwiderstehlicher an= ziehen, als alle Lockungen der Erde. Meine gute, liebe Herzensschnucke! —

Den 9. Nachmittags.

Ich komme eben von einem großen Diner bei Deinem
Vater. Humboldt, vergaß ich Dir zu sagen, ist nach unserer
kleinen Szene sehr freundlich gegen mich. Hier erscheint ein
Brief, o beste Schnucke, wie freue ich mich!!!

Eine halbe Stunde später.

Schnucke, ich freue mich nicht mehr so sehr. Welche
kalte, fast möcht' ich sagen, herzlose Briefe, der eine bloß
Geschäftsbrief, der andere d'une tendresse, qui ne bat plus
que d'une aile. Und das zu meinem Geburtstage! Wo
ich so viel Herzliches erwartete! Schnucke, Schnucke, Du
wirfst mir veränderte Gefühle vor; wenn es nur die Deinigen nicht sind. Die meinigen waren, das weiß Gott, vor
einer halben Stunde noch zärtlicher, liebender als je, jetzt
sind sie es aber nicht mehr. — Doch bedaure ich noch sehr
Deinen Fall, gewiß war meine Aengstlichkeit über Dein
langes Schweigen eine Ahnung davon. Noch bedauerns-
werther fast scheint mir Dein Raisonnement über die Freuden, denen ich mich hier überließe, und wie ich der Heimath
entfremdet sein würde, 2c., da ich doch hier an nichts wahren
Antheil nehmen kann, und keine reine Freude genieße, mich
nur nach Dir und Muskau sehnte, und an den Aufenthalt
hier wie an eine bittere Medizin voll Ekel denken werde.
Jetzt aber, da ich sehe, daß man mich nur wenig vermißt,
da Du ganz anders geworden bist, wie Du schreibst, so
will ich mir die thörichte Sehnsucht aus dem Kopfe schlagen,
und die Freude aufsuchen, so viel ich vermag.

Als Antwort auf den Geschäftsbrief sage ich Dir, daß
ich Deine Ansicht ganz theile, und nur finde, daß Dehn
schwach ist, die Kerls nicht alle wegzujagen. Ich habe jetzt
keine Zeit seinen Brief zu lesen, Abends soll es geschehen.
Der Kutscher Christian sollte auch längst weggejagt sein.

Heute früh habe ich eines von den neuen Pferden, Smallbere, mit 10 Napoleons Profit verkauft. Sie schlagen alle sehr gut ein, und Du wirst Dich über sie freuen. Dein Bruder war heute früh bei mir und ist sehr affectueus.

Bei einem nochmaligen Durchlesen Deiner Briefe scheint es mir dennoch, daß Du mich noch etwas lieb hast — und ich verzeihe Dir also, aber wehe Dir, wenn Du mich in Muskau nicht zärtlicher empfängst, als Deine Briefe sind, und nöthig hast, Dich erst wieder an mich zu gewöhnen. Diesen Ausdruck vergesse ich Dir nicht, niemals!!

Auf den Geschäftsbrief antworte ich Dir noch einmal, daß Du das Hauptgeschäft, unsere Uebergehung zu Frankfurt, ganz vergessen zu haben scheinst.

Eine Viertelstunde später.

Süße Schnucke, eben kommt noch ein Brief von Dir, und zwar ein früherer vom 29. Oktober, der mich ganz wieder mit Dir aussöhnt. So sollst Du sprechen; denn ich bin auf Deine sehr heiße Liebe viel eifersüchtiger, als Du glaubst.

Dein Vater hat mir sehr viel Schönes an Dich aufgetragen. Ich hoffe, daß meine letzten Briefe wieder Gnade vor Deinen Augen gefunden haben. Uebrigens bitte ich Dich zu bemerken, daß ich Dir jeden Tag geschrieben habe, welches Du keineswegs von Dir rühmen kannst. O schäme Dich von Deinem tugendhaften Lou so übertroffen worden zu sein!

Heute habe ich Pfuel kennen gelernt, und ihn übermorgen nebst Koreff zum Souper eingeladen. Uebermorgen gehen auch meine Pferde ab, und bald folgt ihnen Deine âme damnée.

Die Adresse an Dehn, die ich zweimal beizulegen vergessen habe, folgt endlich hiebei, nebst einer Vollmacht wegen meiner Mutter.

Jetzt leb' Sie wohl, Frau vom Hauſe, und ſeh' Sie ſich vor, daß Sie nicht eher wieder fällt als in die Arme

Ihres Lou.

Den Brief an meine Mutter kannſt Du leſen, zuſiegeln und abſchicken. Die Adreſſe habe ich in Dehn's Brief ge= legt. Abdio.

39.
Pückler an Lucie.

Den 9., 4 Uhr.

Ich habe zwar eben einen Brief an Dich an Rothſchild gegeben, ich muß aber noch ein paar Worte hinzufügen. Ja, gute Schnucke, wenn ich ernſtlich an den Tod denke, dann fühle ich, wie ſehr ich Dich liebe. Der Tod meiner Mutter, meiner Schweſtern, aller Menſchen iſt mir gleich= gültig bis auf eine, die ich ſehr bedauern würde, und doch — welche Flaumfeder von Schmerz würde auch der Tod dieſer einzigen ſein, gegen Deinen Verluſt, meine Schnucke, den ich nicht überleben würde. Auch mein Tod erſcheint mir am Schwerſten dadurch, daß ich Dich verlaſſen müßte, und auch mein Andenken vielleicht durch die Zeit in Dir verwiſcht werden könnte, ja vielleicht ohne den verſchönernden Zauber der Liebe geſehen, mein Bild mit allen ſeinen Flecken her= vortretend, Dich nicht mehr erfreuen, und keine Sehnſucht mehr in Dir erwecken würde. Könnteſt Du mir aber jetzt in's Herz ſehen, gute Schnucke, ſo würde es Dir wohlthun: denn Du füllſt es ſo ganz allein aus, und herrſcheſt ſo unbeſchränkt darin, als Du es wünſchen kannſt. Dein ſanftes, liebevolles Nachgeben hat ein anderes Gefühl ſo beruhigt, daß ich ſein Daſein kaum verſpüre, und Dein Bild dagegen mit Himmelsglanz umſtrahlt.

Nur einen Kummer habe ich, nämlich den, Dir welchen verurſacht zu haben; doch kann ich es nicht bereuen, da Deine süße Güte sich so schön daran entwickelt, und bei mir so wahres, unbegränztes Vertrauen doch nur aus innigster Liebe geboren werden konnte.

Gott erhalte Dich, meine Schnucke, sonst wehe über mich. Jetzt fielen einige Thränen auf's Papier, die ich Dir weihe. Vielleicht ist ihre Spur vergangen, wenn Du diesen Brief erhälst — aber das Herz, das sie weinte, schlägt fort für Dich bis an seinen letzten Schlag.

Abends 8 Uhr.

Ich komme von Deinem Vater, wo wir ganz en famille gegessen haben. Du würdest Dich wundern zu sehen, auf welchem guten Fuße ich jetzt mit ihm stehe, sichtlich besser bei Allen, als Dein Bruder, der ein verwundertes, zucker= süßes Gesicht dazu macht. Nach Tisch ging ich noch etwas zu Koreff hinunter, der wie gewöhnlich über ihn spöttelte, und diesmal noch hinzufügte: „Er ist wüthend, daß wir Sie alle so lieb haben". Dein Bruder war wirklich etwas albern. Er erzählte von Paris, wie die Kinder vom heiligen Christ, unter Anderen sogar vom fromage de gruyère, von dem er glaubte, daß er nur in Paris zu haben sei, und ganz ungläubig war, als ich ihm versicherte, daß dies ordinairer Schweizerkäse sei. Nachher erzählte er, er habe ein Quartier à jour (statt à tant par jour) gehabt, und versicherte, daß sein Diner nie über 20 Franken gekostet habe, da seine Frau und Illa keine Suppe äßen, und er allein Seefisch 2c., enfin bien ridicule. Wie sehr ist meine Schnucke der ganzen Familie an Liebenswürdigkeit, Geist und vor allem an Güte überlegen! Schreibe mir nur bald, sonst werde ich nicht froh.

Den 10. früh.

Wieder kein Brief von Dir mit der heutigen Post! Ich will nicht weiter daran denken; denn es macht mich tödtlich traurig, und peinvoll ängstlich. — Was in der Welt kann

Dich abhalten mir zu schreiben, wenn es nicht Krankheit, und bedeutende Krankheit ist! Meine einzige Hoffnung steht darauf, daß Du eine Reise nach Frankfurt gemacht hast, und deswegen keine Briefe kommen. Gott gebe es, ich bitte ihn flehentlich darum. — Nun wieder zu meinem Tagebuche, obgleich mit schwerem Herzen!

Es war gestern eine Soiree bei der Fürstin Salm, wo der König und die Prinzen hinkamen. Der König war freundlich gegen mich, grüßte, und sprach dann einiges mit mir, so auch der Prinz Wilhelm; der Kronprinz grüßte mich aber nicht. Ich halte es für gut, deshalb mit dem Grafen Röder, seinem Adjutanten, der ein hübscher Mann ist, geradezu zu sprechen, und dabei zu berühren, daß man mir schon in Berlin gesagt habe, der Prinz habe etwas wider mich. Diese Verfahrungsart hat zwar etwas Gemeines; aber ich finde, sie ist zweckmäßig, und schmeichelt von mir, der den Ruf hat, sich aus niemand etwas zu machen, dem Prinzen gewiß, weil er sich important dadurch fühlt.

Nach der Soiree soupirte ich bei Madame Catalani, und ging dann zeitig zu Bett.

Beiliegende Adresse bitte ich Dich an Dehn zu geben; ich habe vergessen sie in den Brief an ihn einzulegen. Adieu, meine gute, süße Schnucke.

Dein treuer, betrübter, Dich mehr als alles
liebender Lou.

Wittgenstein, dem ich gestern klagte, daß ich seit 8 Tagen keine Nachricht von Dir hätte, sagte mit seinem Lächeln: „Da steht es immer am Besten, wenn man keine Briefe erhält; schlechte Nachrichten werden einem immer am Schnellsten geschrieben". Auch Dein Bruder und die Fürstin lachen mich aus, und sagen: ich sei der zärtlichste Ehemann, den sie noch gesehen hätten. Die kalten Seelen! Ils n'aiment personne, et ils ne sont aimés de personne, comme Schnucke aime son   Lou.

40.
Pückler an Lucie.

Den 11. früh.

Mit der Gay hast Du Dich geirrt. Obgleich von ihrer Seite die Zärtlichkeit mit Billets und Agacirungen aller Art nicht aufhört, so daß sie mir neulich sogar einen herrlichen Shawl, den ich sehr bewunderte, durchaus schenken wollte, so habe ich doch so wenig Lust die Sachen zum Denouement kommen zu lassen, daß ich sie immer seltener sehe, und mich, so viel ich kann, von ihr zurückziehe. Sie hat mir einen hübschen Ring zum Andenken an den Kongreß geschenkt, oben mit der Inschrift Aix-la-Chapelle 1818, unten Sophie, que j'appelle mon sens dessus dessous.

41.
Pückler an Lucie.

Den 11. Abends.

Ich habe heute mit Hamlet schöne Sprünge gemacht, ein Pferd, das mich sehr kontentirt. Es war der letzte Ritt, denn morgen gehen meine Rosse ab. Bald, bald folge ich ihnen, und freue mich kindisch darauf. Ich aß heute bei Delmar mit Mad. Lafont, qui m'a entrepris d'une jolie manière. Ces femmes m'obsèdent, et je suis à leur voix aussi sourd qu'un rocher. Ni mon coeur, ni ma vanité, ni mes sens en sont touchés. Ich sehe, daß ich zur Häuslichkeit geboren bin. Morgen Abend habe ich noch einmal Koreff zum Souper mit Pfuel, Bartholdy, Cäsar und Schöll. Dann wird eingepackt.

Den 12., 12 Uhr.

Eben geht die Fürstin und Mamsell Hähnel von mir, die mir einen Morgenbesuch gemacht haben. Du siehst, wie gut ich mich einzuschmeicheln gewußt habe, Dein allerehr= lichster Lou.

Um 4 Uhr.

Ich habe heute eine Visite an Prinz Karl gemacht, der krank ist, und mich über eine halbe Stunde bei sich behalten hat. General Menu ist mein großer Gönner, und überhaupt werde ich in Berlin hoffentlich ganz anders aufgenommen werden, als bisher.

Wie sonderbar die Verhältnisse bei Deinem Vater sind, beweist unter anderen auch das. Ich besuchte heute früh Deinen Bruder. Er frug mich, ob ich bei seinem Vater heute zu Tische gebeten sei. Ich erwiederte, daß ich einmal für allemal gebeten sei, und absagen ließe, wenn ich nicht hinkäme. Darauf frug er, der Sohn vom Hause, mich um Rath, ob er wohl auch hingehen könne, da er nicht ge=beten sei. Ich erwiederte, daß sich dies wohl von selbst ver=stünde, und er entschloß sich dazu. Au reste, il est détesté chez votre père au point que Koreff m'a dit l'autre jour, que s'il n'était pas le fils du Chancelier, il se serait battu avec lui il y a long-temps. Aussi tout le monde l'y traite très froidement.

Nachts, 3 Uhr.

Unser Souper war recht sehr lustig, und die Gäste sind erst vor einigen Minuten fortgegangen.

Collin hat gekocht, und recht leidlich, alle Dessertsachen vorzüglich. On a bu à huit personnes 12 bouteilles de vin, et mangé 600 huitres, ce qui est assez raisonnable. Ich bin müde, gute Schnucke, und wünsche Dir eine gute Nacht; lustig bin ich manchmal hier, froh werde ich aber nicht eher sein, als in Muskau.

Den 13., Mittags.

Koreff hat mir heute früh unter dem Siegel des Ge=heimnisses erzählt, (also bitte ich auch um Verschwiegenheit), daß Christian um den Posten des dänischen Gesandten in

Berlin angehalten habe, derselbe ihm aber rein abgeschlagen worden ist.

Schladen hat aus Konstantinopel geschrieben, daß er nicht bleiben könne, wenn man ihm nicht das Doppelte gäbe. Dies wird eine Gelegenheit ihn los zu werden, und unser Projekt rückt seiner Erfüllung näher. Ich bin begierig zu erfahren, wie Du darüber denkst. Mittwoch, den 18. reise ich bestimmt ab. In Frankfurt muß ich mich einige Tage, der Wagen und anderer Kleinigkeiten wegen, aufhalten. Circa den 1. Dezember denke ich in dem lieben Muskau einzutreffen.

Abends.

Der Vater war heute wieder besonders gütig gegen mich, saß bei mir, und trank mir zu auf Lucies Gesundheit. Daß ich dafür herzlich dankte, und herzlich einstimmte, kannst Du Dir denken. Mit Jordan habe ich noch bei ihm eine Konferenz wegen Konstantinopel gehabt, und ihn ganz gut für mich gestimmt gefunden. Auch wegen des Wladimirordens habe ich eine kleine Intrigue angesponnen, und bin nicht ohne Hoffnung des Erfolges. Eigentlich ist mir aber alles eklich, und nur die Sehnsucht nach Euch und Muskau erfüllt mein Herz.

Adieu, bald sage ich Willkommen zu Hause.

Den 14., Abends.

Heute war ein sehr großes Galadiner bei Deinem Vater, wo die Fürstin zum erstenmal dem Kronprinzen vorgestellt wurde, der sie zu Tische führte. Ich kann nicht anders sagen, als daß sie sich sehr gut benahm, weder timide, noch arrogant, sehr natürlich und schicklich. Heute habe ich auch die erste Konversation mit Koreff über Dein Mißverhältniß mit ihm gehabt, und ich werde Dir mündlich darüber Rapport erstatten. Ich glaube wahrhaftig, gute Schnucke, daß er nicht so unrecht gehabt hat, als Du glaubst. Ich hoffe, Ihr sollt noch recht gute Freunde werden.

42.
Pückler an Lucie.

Den 15. früh.

Du quälst mich sehr mit Deinen kalten Briefen. Ich erhielt in diesem Augenblicke einen ganz kurzen vom 5. November, worin Du mir den Empfang meines Bildes accusirst, wie den einer Waare. Wenn Du wüßtest, wie ohne Vergleich Deine Briefe meine größte Freude hier sind, Du würdest sie mir nicht so verbittern. Mit dem Bilde ging auch ein langer Brief an Dich ab, solltest Du den nicht bekommen haben? Ueberhaupt schrieb ich Dir jeden Tag, fehlt also nur einer, so ist er verloren gegangen, und ich wünschte das zu wissen. Du bist sehr ungerecht gegen mich, und das thut mir weh, es erkältet a u ch mich. — Alle Freude an Muskau, nach dem ich mich so innig sehnte, verbleicht vor Deiner unlieb- lichen Stimmung, und ich finde Dich ganz anders, als ich Dich erwartete, Dich, auf deren unerschütterliche Zärtlichkeit ich wie auf Felsen baute, deren liebende Sanftmuth mich so tief rührte, deren nie aufhörende Sorgfalt mir einen Trost in jedem traurigen Augenblicke gewährte; Ist es nicht, als wenn ich Dich jetzt gar nichts mehr anginge, und kann die zärtlichste Freundschaft sich auch nur einen Moment über mein Betragen beklagen? War ein größeres Vertrauen, eine ununterbrochenere Beschäftigung mit Dir möglich? Ist Deine Vorzüglichkeit, die Güte Deines Karakters, der Reichthum von Liebe, und der Mangel an Eigennutz, den ich in Dir fand, auch nur ein Wahn gewesen, so fällt die letzte Stütze ein, die mich im Leben erhält. Schreibe mir lieber gar nicht, wenn es Dir nicht mehr darnach um's Herz ist. Viel lieber habe ich die Unruhe und Angst um Dich gehabt, wenn ich keine Briefe von Dir erhielt, als die Leere, die Wider- wärtigkeit, die ein solcher in mir erregt. Lebe wohl, ich rühre bestimmt keine Feder mehr an, bis ich nicht die alte Schnucke wiederfinde.

H. Pückler.

Eine Stunde später.

Obgleich Du es nicht verdienst, so bin ich doch schwach, und breche meinen Brief wieder auf — ich liebe Dich, Schnucke, und kann Dir doch im Ernste nicht zürnen, aber wohl für Kummer weinen, den Du mir machst. Wie ist es Dir nur möglich, so wenig herzlich zu schreiben. Nichts von den kleinen Details, die mich so freuen, wie Du lebst, was geschieht, Du vergißt, welchen Reiz es für mich hat. Welche allgemeine banale Sentenzen Dein Brief enthält, nein wahrlich, das ist nicht schön, und nur in dem Format eines Billets!!!! Während Du sonst mir kleine Bücher schickst, und von mir noch viel größere erhältst. Ich will nur aufhören, sonst werde ich wieder böse.

Adieu. —

Ich verzeihe Dir dennoch, schone nur Deine Gesundheit, und wenn Dir zum Glücke des Lebens meine Liebe nöthig ist, so wisse nur, daß ich ganz Dein bin und jetzt sogar in Dich verliebt; denn ich denke Tag und Nacht nur an Dich, und unser Wiedersehen.

Mein Schnuckchen, sei wieder vernünftig, und tummle Dich in Deinen Briefen, wie ein Schnuckchen auf der Wiese, wenn es im Frühjahrs-Sonnenschein umherbockt.

Dein s e h r gekränkter Lou.

13.
Pückler an Lucie.

Den 16., früh.

Meine Entschließung, nie mehr als 30 Louisd'or zu verlieren, ist schon belohnt worden. Hier ist meine Spielliste, seit ich in Aachen wieder zu spielen angefangen habe.

	Verlust		Gewinnst
7. Nov.	— — — —	. . . .	1400 Franken.
8. „	1900 Franken	. . . .	— „
11. „	600 „	. . . .	— „
13. „	600 „	. . . .	— „
15. „	— „	. . . .	5000 „

Verlust 3100   Gewinnst 6400 „

Abgezogen der Verlust 3100 „

Reiner Gewinnst 3300 Franken.

Wie ich die 1900 verlor, that ich das Gelübde nicht mehr als 30 Louisb'or zu verlieren, und verlor sie zweimal, wie Du siehst, dann belohnte mich der Himmel. Komisch ist es, daß bei dem ersten Zusammenzählen meines Spielbuches wieder eine 33 zum Vorschein kömmt. Gestern Abend wäre ich bald durch die Gay verführt worden. Sie war sehr hübsch angezogen, und in ihrem beau jour, als ich noch ganz spät zu ihr kam. Sie war allein, und im Verlaufe des Gespräches bat sie mich, sie zu magnetisiren. War es nun Verstellung oder wirklich, sie verfiel in einen solchen Todtenschlaf, daß selbst ein Nadelstich ihr gar keine Bewegung abnöthigen konnte, und sah während desselben in der That sehr reizend aus. Ich faßte mich aber, klingelte ihrer Kammerjungfer, der ich das Aufwecken überließ, und ging meiner Wege. Ich hatte gestern wieder ein kleines Diner, Jordan. Koreff, Bartholdy, Cäsar, Herr Parish und Graf Schönfeldt, um einen Koch zu probiren. Es ist aber schon der zweite, den ich nach angestellter Probe nicht gut genug finde, und ich fürchte, ich werde ohne Koch in Muskau ankommen, was sehr fatal wäre.

Nach Tisch.

Seitdem meine Pferde weg sind, ennuyire ich mich sehr hier, das heißt noch viel mehr als früher; denn froh war ich nie hier. In Deines Vaters Hause stehe ich besser als

Christian. Heute gab mir Dein Vater einen Brief an Dich mit, den ich beilege. Ueber das konstantinopolitanische Pro= jekt ist noch nichts Sicheres. Jordan ist nicht mehr wider mich, Bernstorff aber wahrscheinlich auf Christians Anstiften ganz. Mit Wittgenstein werde ich noch reden.

Den 17. früh.

Ich habe gestern wieder 500 Franken gewonnen, und werde nun wohl zum letztenmale gespielt haben. Es war die fête von Mad. Gay, und ein sehr lustiger Abend. Ich bin nur von Heimweh so preoccupirt, daß ich wie auf Nadeln sitze, und nicht eher beruhigt sein werde, bis ich in den Wagen steige.

Im Ganzen habe ich meinen Kongreß nicht übel benutzt. Für's Erste bin ich mit Deinem Vater und seiner Familie dadurch auf's beste bekannt geworden. Ferner habe ich viel interessante Bekanntschaften gemacht. Endlich habe ich drei Affairen in gutem Gange.

1) die Gesandtschaft nach Konstantinopel,

2) den Wlademir um den Hals, welches durch den General Schöler betrieben wird,

3) la croix de St. Louis, die durch den Geheimen Legations= rath Schöll in Paris versucht wird.

Nach der Lenormand, die ich gestern noch einmal be= fragt habe, wird meine Anstellung nicht vor 15 Monaten erfolgen. Sie hat wiederholt in den Karten gelesen, daß ich etwas Besonderes finden würde, und mir außerdem zwei= malige Blessuren, und manche Widerwärtigkeit prophezeit, und zwar so, daß ich erst 1822 ruhig und zufrieden sein würde. Dies beweist mir, daß meine gute Schnucke mir treu und liebend bleiben wird; denn wie wäre ohne diese Zu= friedenheit und Glück für mich möglich. Ich küsse Dich herz= lich, meine gute Schnucke, und bin Dein

treuester und zärtlichster Lou.

44.

Pückler an Lucie.

Andernach, den 22. früh, 10 Uhr.

Gottlob, me voilà a Andernach. Ich hatte gestern
Abend von der Post aus Collin hergeschickt, um zu fragen,
ob Platz im Hause sei. Als ich ankam, frug ich ihn, wo
ich logiren werde. „Dans la chambre de la Comtesse,"
war seine Antwort. Liebe Schnucke, wie freute mich dieses
Wort, und wie sanft schlief ich im Bett meiner Schnucke! —
Ich bin übrigens noch krank, und in Aachen legten es Alle
für eine Tollheit aus abzureisen. Ich hielt es aber nicht
länger aus, und in der That schadet einem, was man gern
thut, so selten, daß ich mich ohngeachtet der Fatigue der
Reise eher besser als übler befinde. Alles in Deines Vaters
Hause hat einen sehr herzlichen Abschied von mir genommen.
Mit Wittgenstein habe ich auch noch einmal gesprochen, der
außerordentlich gut schien, mir den Ueberrock mit Gewalt aus-
und anzog, und dabei seinen gewöhnlichen Refrain vorbrachte:
„Gern thue ich alles für Sie, bester Pückler, nur habe ich gar
keine Gelegenheit dazu. Bei Ihrem Herrn Schwiegervater
würde es gar nichts helfen, und der König spricht von solchen
Dingen gar nicht mit mir." Ich antwortete auf das drei-
malige gar wie sich's gehört, und hoffe doch, daß er nichts
gegen mich thun wird, wenn er nicht irgend einen anderen
protégé hat, der mir unbekannt ist. Von Bernstorff nahm
ich auch Abschied, ward vorgelassen, und freundlicher als bisher behandelt, sprach aber von dieser Sache nichts mit ihm,
um nicht empressirt zu erscheinen, sondern suchte ihm nur
einige persönliche Artigkeiten beizubringen. Im Ganzen (was
ich Dir mündlich weitläufiger auseinandersetzen werde), steht
die Sache so, daß wenn Du nicht eine unüberwindliche Abneigung dagegen hast, ich nicht mehr an dem Gelingen derselben zweifle; ist es nicht bei der ersten Vacanz, doch gewiß bei der zweiten.

Doch laß uns von den Plänen der rastlosen Ambition einen Blick auf die harmlose Ruhe des einfachen Bürgers werfen. Hier in dem Gasthofe, den ich bewohne, lebt des Wirthes Vater, ein munterer 82jähriger Greis, der sich gestern Abend, als ich ankam, den Schnupfen mit Punsch und Glüh=wein kurirte. Seit 82 Jahren lebt er in Andernach, seit 60 Jahren bewohnt er dieses Haus. Seit 56 Jahren trägt er Freud und Leid mit seiner Frau, einer eben so muntern Alten von 75 Jahren, die vor 4 Monaten sich den Staar operiren ließ, und zur Freude ihrer zahlreichen Kinder und Enkel nun wieder sieht, und emsig in der Hauswirthschaft ihnen gleich einer Jungen hilft.

Welches Loos ist nun wohl das glücklichere? Gewiß ist es, daß, wer die eine Bahn betreten hat, untauglich für die andere wird, und so umgekehrt. Wem aber von beiden bei der Geburt die Natur mehr wohlwollte, scheint keinem Zweifel mehr unterworfen, wenn man die Resultate sieht, zum Beispiel Deinen Vater und diese fröhlichen Alten.

Als vollkommene Hofschranze muß ich Dir noch zum Schluß erzählen, daß in Köln der Rex hinter mir dreinkam. Ich ließ sogleich meinen Wagen auf die Seite jagen und still halten, und setzte mich in respektvoller Stellung gegen das Wagenfenster, welches mir ein graziöses Lächeln und freundliches Nicken Se. Majestät zu Wege brachte, eine Gnädigkeit, die auf meine Moralität wirkt, wie ein Glas Schnaps in der Kälte auf den Magen eines Postillons.

Frankfurt, den 23. früh.

Mit vieler Mühe und vielen Lügen bin ich, mich bald zur Suite des Kaisers, bald des Königs gehörig ausgebend, mit lauter von anderen Leuten bestellten Postpferden glücklich hier angekommen, eine Sache, die wahrlich große Schwierig=keiten hat, wenn man reist, einen König von vorn und einen Kaiser von hinten.

Von Mainz bis Hattersheim verfiel ich in einen ganz
seltsamen Zustand. Ich habe noch immer etwas Fieber, und
da ich die ganze Nacht wegen des Herumzankens mit den
Postmeistern, auf jeder Station um Pferde, nicht hatte schlafen
können, so war ich sehr müde, und schlummerte endlich hinter
Mainz fest ein. Das Sonderbare war, daß ich zugleich wachte,
mich über meinen sanften wohlthuenden Schlaf freute, träumte,
während ich sehr wohl wußte, daß ich fuhr, und das Rasseln
des Wagens immerwährend vernahm, und nun den Träumen
förmlich gebot, wie sie sich gestalten sollten. Nie sah ich be=
zaubernde Gegenden, nie hörte ich eine himmlischere Musik.
Wie in einem Bilderkasten ließ ich die wundervollsten Bilder
und Gegenstände an mir vorübergehen, und beschaute sie mit
dem innigsten Vergnügen. Die Landschaften hatten einen
leisen Anflug prismatischer Farben, der sie gleichsam ver=
klärte Jedes Geräusch des Lebens darin war entzückende
Musik, mein Wohlbehagen die süßeste Empfindung, und doch
dachte ich immer dabei, das Rollen des Wagens hörend, schade,
daß Du bald in Hattersheim bist, wo alles ein Ende hat, und
ließ die Bilder sich immer schneller wiederholen, bis mit dem
Anblicke einer ungeheuren Stadt mit unzähligen goldnen
Kuppeln und waldgleich himmelanstrebenden Thürmen, um die
ein Riesenfluß seine breiten Arme schlang, die bunt belaubten
Hügel, von Schneegebirgen überragt, umkränzten — ein
widrig schmerzhaftes Gefühl mich anzufesseln schien, der Wagen
hielt, der Zauber schwand, und eine schmutzige, zerlumpte
Wirklichkeit in Hattersheim den Reisenden aus dem Feen=
lande höhnend angrinzte.

Kaum war ich in Frankfurt ausgestiegen, als schon
einer der Goltzischen Spürhunde, Malzahn der Gutmüthige,
zu mir kam, um Empfehlungen zu bringen, und mich zu
heute Abend zum Ball einzuladen.

Wegen der Kiste ängstige Dich nicht. Sie ist hier, und
ich bringe sie selbst wohlbehalten mit. Eben erhielt ich Deine

drei Briefe vom 12. und 13. Nov., den Geschäftsbrief, von welchem Du schreibst, erhielt ich nicht.

Deine Abwesenheit in Carolath gerade zu der Zeit, wo ich in Muskau einzutreffen gedachte, nämlich den 28. ist mir höchst unangenehm, und von keiner guten Vorbedeutung. Indessen läßt es sich nun nicht mehr abändern, aber verstimmen thut es mich ganz. Ich hätte auch in dieser Zeit Muskau vielleicht noch ohne Schnee gesehen, worauf ich mich sehr freute. Warum es gerade nothwendig ist, daß Du bei Adelheids Geburtstag zugegen sein mußt, wenn Du mich erwartest, sehe ich eigentlich auch nicht recht ein; nun aber als Fêtenstörer auftreten will ich auch nicht, und werde daher mich unterwegs bis zum 4. Dezember umherzutreiben suchen. Ich glaube etwas Widerwärtigeres wäre gar nicht für mich zu ersinnen gewesen. Der ekelhafte Aachener Aufenthalt, meine Sehnsucht, meine Ungeduld nach Muskau, und nun das vermaledeite Carolather Fest, das mir gerade wieder in den Weg kommen muß!

Was die Ermahnungen über den Gesandtschaftsposten betrifft, so werde ich das an Ort und Stelle weiter überlegen; da ich nicht umsonst dienen will, so ist es die Frage, ob ein Zuschuß von 10—12,000 Thalern jährlich nicht eher vortheilhaft ist, um so mehr, da man, einmal den Fuß im Bügel, auf manches Lucrative fortarbeiten kann.

Also auf Wiedersehen den 4. oder 5. Adieu.

Réflexion faite kann ich diese Reise gar nicht zulassen, wenigstens mich nicht verbindlich machen, in einem Gasthof unterwegs liegen zu bleiben, bis die Carolather Fête vorüber ist. Ich werde also spätestens den 1. Dezember, wahrscheinlich schon den 29. in Muskau eintreffen, garstige Schnucke Einen sehr guten Koch bringe ich mit, auch einen Frotteur, und bleibe den Winter (einen kleinen Abstecher nach Berlin

abgerechnet) in Muskau. Ich hoffe, Du wirst, wenn Du
selbst nicht gehst, Helminen nicht allein nach Carolath
schicken, später nach Burau, soviel Du willst. Verdirb mir
nur in Muskau keine Freude, sonst ist es gleich mit allem
Frohsinn vorbei. Ueberhaupt gäbe ich viel darum, Deinen
Brief nicht empfangen zu haben. Du zeigst darin eben nicht
viel Menschenkenntniß, car tout est pénible pour moi dans
cette lettre. Je eher ich Helminen sehe, je herzlicher und
unbefangener kehre ich zu Dir zurück; mit dem Phantasiebild
in der Seele würde ich mich an nichts ganz hingeben können.
Es ist sonderbar, ich dachte bei meiner herzinnigen Freude
auf Muskau viel mehr an Dich als sie, seitdem Du sie aber
schon wieder gleich zum Anfang entfernen willst, nachdem ich
Dich hierüber ganz besonnen glaubte, ist sie mir wieder un=
endlich lebhafter und interessanter vor meine Einbildungskraft
geführt. Ich bin ganz krank davon, und ganz verstimmt.
Es ist, als wenn alle meine so lang gehegte Freude in den
Brunnen gefallen wäre!

Konntest Du nicht der Adelheid sagen, da Du meine
Ankunft erwartetest, könntest Du vor einer bestimmten Nach=
richt von mir nichts Gewisses zusagen. Nichts war natür=
licher, jetzt wird das Weibergeschnatter kein Ende darüber
sein, daß ich Dein Kommen nach Carolath verhindere. Thue
was Du willst; den 1. bin ich in Muskau, aber so lachend
wie früher ist mir der Augenblick nicht mehr. — Genire Dich
deshalb auch nicht, wenn Du Lust hast nach Carolath zu
gehen; denn wenn Du auch bleibst, verdorben ist die Sache
doch einmal. Du und Helmine werden verdrießlich sein, die
wundervollen Feste Carolath's nicht gesehen zu haben, und
ich werde das mir gebrachte Opfer nicht zu schätzen wissen.
Also noch einmal:

Agissez comme vous l'entendrez, et moi de même.

Eine Stunde später.

Da ich meinen Brief mit einer Stafette wegschicke, und mich vielleicht darin zu hart ausgedrückt habe, liebe Schnucke, so bitte ich Dich deshalb um Verzeihung. Ich bin jetzt schon viel milder gestimmt; aber denke auch, wie unangenehm es ist, wenn man sich auf etwas so sehr gefreut hat, so unangenehm und unerwartet seine Freude zu Wasser werden zu sehen. Ich muß fort zu dem albernen Goltz, wo der König hinkommt, und man nicht spät erscheinen darf. Ich küsse Dich, Schnucke, und wenn Du mich erwartest, findest Du den alten und in Deinem Wiedersehen glücklichen

Lou.

45.
Pückler an Lucie.
(Ohne Datum). Sonnabend, den 28.

Da ich von Burau unbegreiflicherweise gar keine Antwort erhalten habe, so gehe ich morgen Sonntag, meinem ersten Plane getreu, von dannen. Dein lieber Brief von Sagan hat mich ordentlich zur Reise gestärkt, da ich im üblen Bewußtsein meiner Unartigkeit ganz betrübt war, und mich vor Deinem Ungehaltensein sehr fürchte. Je eher Du nach Dresden kommen wirst, je lieber wird es mir sein. Fast wäre ich nach Carolath gekommen, ich will Dir aber den Verdruß nicht machen.

Neumann hab' ich zum Abschiede 12 Flaschen Leistenwein geschenkt, die ihm wahrscheinlich einen derben Rausch kosten werden.

Sonntag, den 1.

Ich bin eben im Begriffe in den Wagen zu steigen, und habe leider dazu Migraine, die ich in Hoyerswerda abzuwarten gedenke. Verzeih daher, daß ich nicht mehr schreibe, und komme bald nach.

H. P. M.

46.

𝕻ü𝖈𝖋𝖑𝖊𝖗 𝖆𝖓 𝕷𝖚𝖈𝖎𝖊.

(Oⱨne Datum). Le 3 mars à minuit.

J'ai paru dans le monde aujourd'hui, et comme le
monde n'est pas extrêmement nombreux dans une ville
comme Dresde, j'ai retrouvé à la fois presque toutes
mes anciennes belles, qui ne méritent guères ce nom
actuellement. Il y avait

Mad. d'Oelsen,
La Comtesse de Stolberg,
Mad. de Gersdorff et
La Comtesse Glischinska.

Tout cela a bien vieilli, et ne se ressemble plus.
Sic transit gloria mundi. On m'a beaucoup parlé de
mon mariage, entr' autres Mr. de Friese, qui semblait
piqué de ce que j'ai oublié de le lui annoncer, et j'ai
dit à tout le monde, que je vous aimais comme un
autre moi-même, et si je n'avais pas l'honneur d'être
votre mari, je vous aurai loué encore bien d'avantage.
J'ai revû beaucoup d'anciennes connaissances, et on m'a
généralement très-bien accueilli. Je me suis amusé à
conter à qui voulait l'entendre, que nous allions en
Amérique, et que nous reviendrions par Constantinople.
J'espère que vous ne me donnerez pas le démenti,
quand vous arriverez ici. Vous n'avez qu'à dire, que
puisque une fois vous avez fait la folie de m'épouser,
il ne vous reste qu'à me suivre aveuglement partout
où je vous mène. Au reste, c'est beaucoup plus piquant
d'aller en Amérique par Coblence et Paris, que seulement par Coblence à Paris, et vous savez que j'aime
à me rendre intéressant.

J'aurais bien voulu étaler ici toute la magnificence
de notre équipage avant de quitter le pays, et au fond

ça ne nous aurait pas arrété beaucoup davantage. Maintenant c'est trop tard, et il ne faut plus y penser. Toutefois il est bien fâcheux qu'un si beau luxe n'ait été vû qu'à Muskau. Il semble que nous faisons toujours nos épargnes mal à propos, ainsi que nos dépenses. Il aurait été beaucoup plus raisonnable de paraître à Dresde comme les Seigneurs de Muskau que comme de simples voyageurs, et nous n'aurions eu qu'un domestique de plus à nourrir. Ceci me met de mauvaise humeur, et si Bertram était à Muskau, je lui ferais endosser la livrée de Jean pour figurer avec Hofmann, et je ferai venir par une voiture de Muskau tout ce qui nous manque. Enfin vous verrez comment Dresde vous convient, quand vous serez ici. Nous n'avons pas besoin de nous presser, et quand vous vous plaisez ici, et si vous trouvez que nous vivons à meilleur marché que nous ne l'avons cru d'abord — nous arrangerons tout ceci comme bon nous semblera. En attendant, je garderai les chevaux ici jusqu'à votre arrivée.

Au moins vous voyez que je n'ai pas cessé d'être bien enfant, et que je traite encore les bagatelles en affaires de conséquences. Bon soir.

Den 4.

Man läuft mir noch die Thüre ein, um mir Gott weiß was alles zum Verkauf anzubieten; heute wollte mir jemand gar 150 Schlangen aufbringen. Ich kaufe aber nichts, und lebe so sparsam, daß ich mich seit Muskau, also vier Tage lang, noch nicht einmal zu Tisch gesetzt habe, sondern nur bald eine Tasse Thee, bald eine Tasse Bouillon getrunken habe, bei welcher Diät ich mich aber sehr wohl befinde. Heute bin ich bei dem Engländer, welcher nach Muskau kommen wollte, zu Tische gebeten, morgen bei Oelsen, dem ich so viel Brocken über Preußenthum zu verschlucken gebe, daß er schwer daran zu würgen hat. Je suis né frondeur, et il faut que je le reste.

Abends.

Das Diner bei Dalrymple war ziemlich amüsant, und auch nicht ganz schlecht. Nach Tische wurde gespielt, man nöthigte auch mich. Ich erklärte indeß mein Gelübde, und sah ruhig eine Stunde zu, worauf ich mich empfahl. Da ich müde bin, so wünsche ich Dir eine gute Nacht.

H. P. M.

47.
Pückler an Lucie.
(Ohne Datum). Freitag Abends.

Der Branitzer Ofen sah im Vorzimmer so horribel aus, daß ich ihn wieder wegnehmen lassen mußte, und nun den aus dem gewölbten Zimmer genommen habe, über dessen Tournüre ich Dir morgen Auskunft geben werde.

So eben erhalte ich beifolgende Briefe von Carolath, die ich Deiner Erlaubniß gemäß geöffnet, aber anstatt der erwarteten Auskunft über unsere Unglückliche, die unangenehme Nachricht darin fand, daß Adelheid die Gelbsucht hat. Glücklicherweise hat jedoch diese Krankheit nichts Bedenkliches.

Gestern war ich in der Wuffina. Es wird so hübsch, daß es Jammerschade wäre, wenn Du den Herrn Beguelin nicht bewegen könntest, das bewußte Stück Haide zu verkaufen. Thue ja Dein Möglichstes, es muß aber etwas Bestimmtes ausgemacht werden, denn Versprechungen helfen nichts.

Seitdem Du weg bist, lebe ich sehr regelmäßig, das heißt, ich frühstücke nichts wie Kaffee auf meiner Stube, und esse dann Punkt 1 Uhr. Dies bekömmt mir auch weit besser. Ich werde dich daher bitten, es so in Zukunft zu lassen. Wenn Fremde da sind, wird zwar gefrühstückt, ich komme aber nur selten dazu herunter, und du, Verehrte, machst die Honneurs. Beim heutigen Frühstücke war ich so ungeschickt beim Ausblasen der Lampe mir an der Theemaschine die ganze Stirn zu verbrennen, et je me promène actuellement avec une bosse au front. Ich hoffe, daß dies keine üble Vorbedeutung hat.

Ich bitte täglich Damen zum Mittagessen, um ihnen einige Routine beizubringen. Heute ist die Reihe an der alten Clausewitz und der Frau Doktorin. Gestern war die Frau des Hofpredigers und Mad. Fritsch, vorgestern Frau von Maltitz und ihre Tochter, morgen die Frau des Forstmeisters und Mad. Seidel da.

Da in Dresden eine Auktion von sehr vielen Merkwürdigkeiten ist, so habe ich fast Lust einen kleinen Abstecher dahin zu machen, doch bin ich noch unschlüssig. Es sind sehr merkwürdige Sachen bei dieser Auktion, und Kommission zu geben, ohne die Dinge selbst gesehen zu haben, fast unmöglich.

Sonnabend früh.

Ich reise in der That mit meiner kleinen Chaise höchst einfach als Herr von Gablenz auf ein paar Tage nach Dresden und Dessau, und werde Dir einige schöne Raritäten mitbringen.

In drei Tagen wird der Schloßteich angelassen. Auf Deinem Holzhof stehen bereits 40 Klafter Holz. 200 Schock Bäume sind gepflanzt. Der Obstgarten ist, was die Pflanzung betrifft, ebenfalls fertig. Die Blumenzwiebeln und Orangen sind angekommen.

Adieu, geliebte Schnucke.

H. P. M.

48.

Pückler an Lucie.

(Ohne Datum). 6 Uhr Abends 1819.

Gute, süße Schnucke, wie einsam und traurig erscheint mir das verlassene Haus bei meiner Zurückkunft! Gute

Seele, wenn Dir meine Liebe werth ist, so glaube, daß ich zärtlich und h e f t i g Dich liebe, und Dein Bild, wie Du Abschied von mir nahmst, so lieblich in meiner Einbildungs= kraft dasteht, daß ich mit süßer Wehmuth und nassem Auge daran denke. — Gottlob, daß ich Dich bald wiedersehe, mein Liebstes auf Erden. —

Das Diner bei Deinem Vater war in mancher Hinsicht merkwürdig. Die Gäste bestanden aus der Familie, Wol= fart, Koreff und Fürst Wittgenstein. Ich führte die Tochter der Fürstin zu Tisch, und saß bei der Fürstin rechts, links der Fürst Wittgenstein, so daß ich alles hören konnte, was unter diesen beiden gesprochen wurde. Die Fürstin war sehr gütig und freundlich mit mir, und wie ich glaube aufrichtig; auch von Dir sprach sie mehreremal mit Antheil, und als ich ihr Deinen Wunsch sagte, Chocoladenbonbons zu haben, ließ sie gleich den Konditor kommen, um Dir eine Schachtel voll machen zu lassen. Dabei sagte sie, ich solle Dir schreiben, der 1. April schicke Dir dies. Alles das schien mir ganz aufrichtig. Fürst Wittgenstein machte der Fürstin auf seine Art mit allerlei Späßen nach Möglichkeit die Cour, und war auch, da er die Freundlichkeit der Fürstin gegen mich sah, sehr zuthulich mit mir. Dein Vater, der (alles trank ziemlich stark) ein Bischen munter war, trank mir die Ge= sundheit zu, die ich respektvoll erwiederte. Fürst Wittgenstein trank Koreff's Gesundheit. — Nach Tisch war alles so lustig, daß getanzt wurde. Ich führte Koreff als Dame, mit einem= male wurde aber die Lustigkeit unterbrochen, indem die Fürstin sich plötzlich lahm fühlte, und auf ein Sopha geführt werden mußte. Koreff entschied, sie habe sich eine Sehne zerrissen, und man brachte sie auf ihr Zimmer. Unterdessen hatte sich Dein Vater in der anderen Stube mit Wittgenstein an ein Fenster gestellt, und sprach, vom Weine animirt, so laut, daß ich jedes Wort vernahm. Denke Dir, daß er sich gegen Wittgenstein bitter beschwerte, Schuckmann respective keinen

seiner Befehle, und ein Rath aus Schuckmann's Mini=
sterium habe ihm gestern ein impertinentes Billet geschrieben,
worin er . . . . hier sprachen Andere dazwischen, und ich
konnte das Weitere nicht verstehen. Wittgenstein suchte zu
besänftigen, und meinte, es wäre gewiß aus Irrthum oder
Unvernunft, nicht aus Absicht geschehen, aber der Alte schmählte
fort, und beklagte sich, man achte auf nichts was er anordne.
Welche Schwäche! Und wie wird das enden! So braviren
die Minister den Staatskanzler, die Regierungen die Minister,
und die Unterthanen die Regierung. Alles muß endlich sich
auflösen, da keine Hand von Oben es mehr zusammenhält.

Eben erst bemerke ich Deine kleinen Kommissionen, ein
liebes Andenken, dessen Inhalt ich pünktlich erfüllen werde.
Am Leichtesten wird mir das Letzte werden, den Prediger
lieb zu behalten.

Abends 12 Uhr.

Ich habe eine Visite an Bonnet's gemacht, um ihr das
rechaud zurückzugeben, bei der ich auch über eine Stunde
angenehm verweilt habe, dann blieb ich den Rest des Abends
bei der alten Gräfin Hagen, wo ich Dein Loblied, gute
Schnucke, gesungen habe, in welches die Hagen und Tronchin
mit vieler Aufrichtigkeit einstimmten, und mir sehr viele Em=
pfehlungen an Dich auftrugen. Gute Nacht, süße Schnucke,
Dein treuer Lou umarmt Dich zärtlich. Du hast ihn mit
Deiner Abreise sehr garstig in den April geschickt.

Ich hatte meine Karikatur des Dandy mit zu Deinem
Vater gebracht. Wittgenstein emparirte sich derselben, und
ließ sich alles, was von meinem Kammerdiener darauf ge=
schrieben stand, erklären, um es dem Könige zu zeigen, und
ihn damit zu amüsiren.

15*

49.

Pückler an Lucie.

Der 10. März.

Seit seiner Zurückkunft aus Glienike scheint Dein Vater und seine Familie wieder zutraulicher und freundlicher mit mir zu sein. Vielleicht bilde ich es mir auch nur ein. Ich habe mit ihm allein gesprochen, und ihm die Patentgeschichte und Reibnitz'ens Sache an's Herz gelegt. Beides versprach er, wie es schien, auf das aufrichtigste zu besorgen. Bei Dehn habe ich gestern gegessen, mit Hatzfeldt, Koreff und Greuhm.

Mein Onkel Sylvius Pückler ist ein charmanter Junge geworden, und dem Portrait meines Großvaters in der That so ähnlich, daß ich wenigstens mit Gewißheit darauf rechne, er sei aus der Familie.

Berlin ist todter als je, nachdem der Karneval vorbei ist. Unendlich langweilig. Ich freue mich schon wieder auf Muskau. Apropos, in den „Originalien" las ich neulich zufällig eine Erwähnung Muskaus, die ich Dir beilege; Du wirst daraus sehen, wie gut es ist, gelehrte Bücher auf seinen Tischen liegen zu haben.

Den 11. Mittag.

Zwischen den gestern geschriebenen letzten Worten, und dem heutigen Anfang liegen wieder 24 Stunden des schrecklichsten Nervenkopfschmerzes, von denen ich ohne einen Augenblick Ruhe gemartert wurde.

Adieu, meine gute, treue Schnucke.

Dein leidender Lou.

50.

Pückler an Lucie.

Den 13. März Abends.

Gute, liebe Schnucke, schreibe mir nicht so traurig, ich bin es ohnedies schon genug, weil ich weder gesund bin, noch Geld habe, zwei sehr üble Punkte. Komm nur bald her, liebe Seele, wenn Du Dich in Muskau ennuyirst, das ist das Beste, was Du thun kannst. Geld werden wir auf jeden Fall aufnehmen müssen, denn von Dehn ist nicht mehr viel zu erwarten, auch wünsche ich durchaus nicht noch tiefer in seine Schuld zu kommen.

Gestern aß ich beim Prinz August mit Gräfin Luckner und Frau von Martens. Die Luckner fing malitieuserweise über Tische an von Bistram zu sprechen. Ich benutzte aber die Gelegenheit, ihr einiges zu versetzen. Sie wollte nämlich nach Tische erklären, worin das Eigenthümliche des Fandango bestünde, und verwickelte sich in der Beschreibung, endlich sagte sie, halb seitwärts gewandt: ça représente la coquetterie, on avance et on recule, mais je n'ose pas le faire devant Monseigneur. Dies relevirte ich gleich, und sagte laut zum Prinzen: Madame de Luckner, prétend que c'est un mouvement, où on avance et recule alternativement, mais elle n'ose pas le faire devant Monseigneur. Alles lachte, theils laut, theils heimlich, und die Luckner, qui l'aurait cru! erröthete. Die Anekdote werde ich Sorge tragen unter die Leute zu bringen, car il faut hurler avec les loups. Du weißt, daß Goltz seinen Abschied bekommen hat, weil er eine immense bévue begangen. Vielleicht weißt Du es schon, er hat nämlich ein Privatgutachten von Wolzogen, ohne sich im mindesten um dessen Inhalt zu kümmern, zum Ablesen in die Bundesversammlung geschickt, und dies ist gedruckt worden, enthält aber die gesammte Darlegung von Preußens geheimster Politik, Bemerkungen, warum man Rußlands wegen die große Armee halten müsse, daß Preußen dieses als seinen natürlichsten Gegner betrachten müsse, und dergleichen saubere Offenheiten mehr. Man ist hier wüthend auf Goltz, und die Sache ist in der That irreparable.

Uebrigens ist es hier schreckbar ennuyant, und ohne Putbus und die Biel's wäre ich vor Langerweile umge= kommen. Die Gesellschaft dieser ist mir aber äußerst ange= nehm. Gespielt habe ich nach dem Verlust meiner 60 Louis= d'or auf zwei Reprisen nicht wieder, weil ich kein Geld habe, und kein Pferd ist auch nicht los zu werden.

Wenn ich nicht krank bin, was gewöhnlich der Fall ist, so bringe ich mein Leben völlig gleichförmig hier zu. Früh ausreiten mit Putbus und den Biel's, Mittagessen bei Deinem Vater, Jagor oder sonst wo, Abends einige tödtlich lang= weilige Visiten, und eine angenehme Stunde bei der Alopäus, die sehr kokettirt, wiewohl g a n z vergeblich, aber auch recht krank ist, dann Billardspielen auf dem Casino um 8, und dann zu Bett. Ich erwarte Dich nächstens, gute Schnucke, um diese leere Eintönigkeit durch eine angenehme Häuslichkeit zu verdrängen.

Adieu, mein Engel, schicke mir Geld, wenn Du kannst. Es küßt Dich herzlich

Dein t r e u e r Lou.

51.

Pückler an Lucie.

(Berlin.) Nachts, den 2. April.

Der Gouverneur schickte heute früh seinen Kammerdiener zu mir, um mir sagen zu lassen, daß er zweimal bei mir gewesen sei, um mich zu sprechen; da er mich aber nicht ge= funden habe, werde er mich heut Nachmittag erwarten. Ich ging also nach Tisch hin, und obgleich ich keineswegs gut sprach, und hierin gar nicht mit mir zufrieden war, so war der Erfolg doch über meine Erwartungen, denn als ich ihn fragte, was ich nun in der Sache thun sollte, erwiederte er: der beste Rath, den ich Ihnen geben kann, ist mir die Sache zu überlassen, ich werde sie zu Ihrer Zufriedenheit einleiten. Als ich wegging, begleitete er mich durch zwei Stuben hindurch, bis an die Thür, und war überhaupt sehr freundlich und artig.

Beim Prinz Karl war ich besser aufgelegt, und habe bei Tisch die Unterhaltung am meisten selbst geführt. Die Gäste waren nur wenige: der Kriegsminister, Graf Hugo Hatzfeldt, der General Natzmer, der österreichische Oberst Scheibler und Oberst Block. Der Prinz war sehr gut für mich; bei Tisch erzählte Oberst Scheibler von einer Cirkassierin, die den persischen Gesandten begleitet habe, und äußerte sie sei schön gewesen, nur die Nase habe ihm nicht gefallen. Ich fragte also, ob sie eine Adlernase oder Stumpfnase gehabt hätte? Diese wie mir scheint ganz einfache Frage fand die Gesellschaft komisch, und Graf Hatzfeldt bemerkte halblaut, ich müsse ein Liebhaber von Nasen sein. O ja, erwiederte ich, das kommt daher, daß ich mehr gewohnt bin sie auszutheilen, als zu empfangen. Hätte ein junger Mann die Bemerkung gemacht, da würde ich geantwortet haben: Gewiß, Nasen lieb' ich sehr, nur keinen Naseweis. Ich habe übrigens nicht leicht ein prinzliches Diner gemacht, was so ungenirt und lustig war als dies, aber Essen und Trinken abscheulich. Dafür soupirte ich wo möglich noch schlechter bei Frau von Senden, nachdem ich eine endlose Parthie Boston mit der Marquise Bonnay und Frau von Jordan durchgearbeitet hatte. Frau von Senden amüsirte uns zwischendurch mit ihrer französischen Unterhaltung. Auf einen Spaß, den ich machte, antwortete sie: „Ach, allez à la promenade avec votre histoire, ce sont des racontations.

Den 3.

Zum Geburtstage, zu dem ich herzlich gratulire, schicke ich Dir den Teller, welcher Dir in der Porzellanfabrik so wohl gefiel. Ich hoffe Schnucke wird sich darüber freuen, und der Prediger keine Szene darüber machen. Die Lotterie bringt alles wieder ein.

Ich schicke den Brief gleich ab, die Geschenke kommen erst mit der fahrenden Post nach. Adieu, mein theures Schnückchen, ich muß mich anziehen, um zu Deinem Vater zu gehen. Die Fürstin liegt noch immer auf dem Sopha, und kann den Fuß nicht rühren. Adieu, tausend Küßchen par distance.

Dein treuer Lou.

52.
Pückler an Lucie.

Den 3. April Abends.

Schicke mir doch, liebe Schnucke, den kleinen Beutel mit Diamanten. Vielleicht bringt er mir Glück, wenn es auch nur beim Boston mit Damon ist, und in Muskau liegt er ganz ungebraucht. Du kannst ihn wohl mit der reitenden Post schicken.

Die Reise nach Glienike wird nun wohl vor vierzehn Tagen nicht statthaben, da die Fürstin sich nicht rühren kann, und überall hingetragen werden muß. Wir aßen heute ganz en famille, niemand wie er und sie, Hähnel, Koreff, Hermann und ich. Im Anfang war der Papa sehr verdrießlich, nachher wurde er etwas freundlicher.

In der Patentsache kann ich nun nichts weiter mehr thun, als vor meiner Abreise sie noch einmal den Beyme und Eichhorn empfehlen. In der Landwehrsache kann ich gleichmäßig nur noch einmal bei Gneisenau um Verhaltungsregeln bitten. Wegen der Kommissionsniedersetzung aber gehe ich heute noch zu Stägemann; ich habe bisher nicht ein Wort mehr davon gehört.

Den 4. früh.

Stägemann war nicht zu Hause, ich ging dann zu Dehn, wo ich einen neuen ganz impertinenten Bericht von der Kammer vorfand, auf den ihnen aber so geantwortet worden ist, daß sie es sich wohl hinter die Ohren schreiben werden.

Dehn sagt mir, ich soll allen Ministern die Cour machen, denn leider ist es jetzt hier so, daß man, um nur in der geringsten Sache Succeß zu haben, den ganzen Ministerconseil auf seiner Seite haben muß.

Ich kann diesmal nicht mehr schreiben, weil Dehn auf den Brief wartet, und die Post heute geht. Gestern Abend brachte ich bei der Agnes zu, wo eine Soirée war, und viele Gäste, unter anderen Herr von Heydebreck nebst seiner jungen Frau, die der Agnes so ähnlich sieht wie eine Schwester. Uebrigens war es etwas ennuyant, und ich ging schon um 10 Uhr zu Bette.

Adieu, mein Engel, die Sonne scheint jetzt gerade mit einem freundlichen Blick nach langem Regen in's Fenster hinein, so wünsche ich Dir es Dein Leben lang.

Dein treuer Lou.

53.

Pückler an Lucie.

Den 4. April.

Ich begegnete heute dem Kriegsminister beim Spazieren= reiten, und benutzte dies, um ihn so viel als möglich für mich zu gewinnen, da er in allen Dingen, die vorkommen, eine bedeutende Stimme hat. Auf die Landwehrverhältnisse deutete ich nur hin, und erhielt sehr schmeichelhafte Aeuße= rungen, so daß ich nicht zweifle, wenn die Sache zur Sprache kommt, daß ich passend und meiner bürgerlichen Lage gemäß angestellt werde.

Ich finde Deinen Vater sehr fremd gegen mich, daß ich fast besorge, er liest unsere Correspondenz. Im Grunde ist in dieser Hinsicht das viele vertrauliche Schreiben recht gefährlich.

Den 5.

Heute aß ich ganz allein wieder bei Deinem Vater, blieb lange nach Tisch, und fand ihn freundlicher als gewöhnlich. Sonst ist alles beim Alten, und meine Gesundheit leidlich. Den Abend habe ich bei Ruft soupirt, der seinen Geburtstag feierte, und dort mit drei Chirurgen Whist gespielt, denn es waren nichts als Doktoren und Chirurgen da zu finden.

Den 7.

Heute war wieder großes Diner von achtzig Personen bei Deinem Vater. Nach Tische ging ich zur Fürstin, die noch immer bettlägerig ist, und war bis 10 Uhr mit ihnen zusammen. Bei dieser Gelegenheit erinnerte ich Deinen Vater an das Dunennen, und er versprach es ganz freundlich. Abends soupirte ich bei Blücher, und verlor im L'Hombre 14 Louisd'or Das Glück wendet mir überall den Rücken.

Deine Briefe von Muskau, und das Buch von Guben erhielt ich heute auch miteinander. Du gute Seele schreibst so liebevoll, daß es mir das Herz erquickt; wenn nur sonst die Umstände freundlicher werden wollten!

Mit Dehn bin ich sehr gut, und viel besser als früher; er wird Dir morgen ohne Zweifel schreiben, aber das Geld geht einem unter den Händen weg, man weiß nicht wie. Heute verlangt der Graf Haak für eine alte Geschichte, die Fortjagung eines Kutschers von Dir betreffend, wieder fünf Louisd'or von mir. Ich sehne mich nach besseren Zeiten,

hoffe aber noch immer das Beste. Gott gebe Dir Gesundheit
und Frohsinn, bald kommt Dein Lou in Deine Arme zurück.

Hermann.

54.

Pückler an Lucie.

Den 5. Abends.

Es geht mir noch immer schlecht, die Zähne und der
Kopf schmerzen immerwährend. Dabei habe ich schon wieder,
als ich heute früh wieder auszureiten versuchte, ein Unglück
gehabt, indem das Pferd auf dem Rasen ausglischte, und
dann, als ich auf der Erde lag, über mich wegsetzte, und
mich am Kopfe streifte, ohne mir jedoch sehr weh zu thun.
Was mich am meisten ängstigt und verstimmt, sind meine
Zähne, die sonst immer so gut waren! Um in allem un=
glücklich zu sein, habe ich auch gestern Abend bei Blücher,
wo ich zum erstenmal war, 30 Friedrichsd'or verloren.
Heute gehe ich nicht hin, weil ich wieder zu leidend und miß=
muthig bin.

Das gestrige Diner bei Hofe war sehr zahlreich, und
der König hat nur sehr wenig mit mir gesprochen, der Kron=
prinz gar nicht, welcher, wie ich mich nun denn doch bestimmt
überzeuge, etwas wider mich haben muß, oder vielleicht bin
ich ihm auch bloß natürlicherweise zuwider. Bei Deinem Vater
und seiner Umgebung stehe ich nicht mehr so in Gunst als
in Aachen. Vielleicht hat er es auch übel genommen, daß ich
fast täglich ihm krankheitshalber absagen lassen mußte, denn als
ich gestern wieder absagen ließ, erhielt ich vom Tafeldecker zur
Antwort, der Fürst sei den Morgen nach Glienike gereist,
und habe mehrere Gäste dorthin mitgenommen. Ueberhaupt
bemerke ich überall einen Haß gegen mich, der mir auf=
fällt, da ich gar nichts thue, was die Leute beleidigen
könnte. Auch Dehn ist ziemlich kalt gegen mich, und scheint

immer an die 90,000 Thaler zu denken, die wir ihm leider schuldig sind.

Ein Logis unter den Linden habe ich gefunden, das nicht besonders schön, aber doch leidlich ist, und Platz nicht überflüssig, aber doch genug hat. D'ailleurs, nous ne sommes pas assez riches, pour prendre ce qu'il y a de mieux. Es kostet mit Stallung auf sechs Pferde monatlich 17 Friedrichsd'or, welche ich bereits bezahlt habe. Du hast für Dich zwei recht hübsche Zimmer vorn heraus, einen Salon und eine Schlafstube, in der ich jetzt provisorisch schlafe. Dann kommt meine Stube, hinter dieser die von Madeline, und dann der Kammerdiener. Anders war es nicht einzurichten. Für den Jäger ist noch ein Zimmer, und wenn Du ein Stubenmädchen mitbringst, auch noch eine Kammer. Dabei eine gute Küche und Keller. Es ist an der Friedrich=straßenecke diesseits Nr. 26. Seit gestern Abend bewohne ich es.

Den 6.

Immer noch krank, gute Schnucke, Kopf= und Zahnweh wechseln immerwährend miteinander ab. Ich aß beim General Gneisenau, der mich sehr zuvorkommend behandelte, und mir viel Schmeichelhaftes über mein kühnes Reiten sagte, dessen Zeuge er gewesen war. Abends machte ich Visiten, wo ich unter anderen bei Frau von Senden durch den würtembergischen Gesandten erzählen hörte, daß, als der selige König starb, sich in demselben Moment der ermüdete Leibarzt auf einen Sessel setzte, welcher als Atrappe das Lied spielte: „Der Vogelfänger bin ich ja," und der König gerade bei den Worten: „Stets lustig, heisa hopsasa" verschied.

Nachts 12 Uhr.

Meine Zahnschmerzen sind jetzt wieder so unerträglich, daß ich morgen früh bestimmt den Zahn ausnehmen lasse, es mag Rust sagen, was er will. Ich leide ganz entsetzlich.

Gute Nacht, meine Schnucke, ich wünsche Dir eine bessere, als mir bevorsteht. Gute Nacht.

Den 7. früh 9 Uhr.

Der Zahn ist nun heraus, und ich hoffe mein Nerven=system nach und nach zu erholen. Der Zahnarzt war mit meinem Stillhalten so zufrieden, daß er mir einen zärtlichen Kuß auf die Stirn drückte. Ich aber fand den Schmerz des Zahnausreißens so ganz unbedeutend, gegen die furchtbare Operation, die ich später damit ausstand, daß ich ihn kaum beachtet habe. Zur Belohnung erhielt ich auch gleich darauf Deinen Brief. Gute, treue Schnucke, wie fleißig bist Du und sorgsam

Dein treuer Lou.

55.

Pückler an Lucie

Den 7. Abends 11.

Deine Stafette, liebe Schnucke, hat mich sonderbar über=rascht. Aber vor allem nimm meinen innigen Dank für Deine Liebe und Sorge. Ausgestanden habe ich wirklich viel, und mehr als ich ordentlich auszuhalten im Stande war, nun ist es aber seit heute früh weit besser. Deine Stafette bekam ich bei Blücher, wo ich zum zweitenmal war, und leider wieder meine 30 Louisd'or verloren hatte, denn das Glück ist mir hier, wenigstens zum Anfang nicht hold. Man gab mir erst das Paket mit den Knöpfen, und da ich auf diese gar nicht fiel, so glaubte ich bestimmt, es wäre irgend ein Glücksfall, der die Stafette veranlaßte, und das Paket enthielte viel Gold, oder wenigstens den schwedischen Orden! Indem gab man mir aber den Brief, und ich be=richtigte meinen Irrthum. Ehe ich zu Blücher ging, war ich zur Soirée bei Bonnet eingeladen, die recht animirt war. Frau von Bonnet ist eine sehr liebenswürdige Frau, die ich vorher nicht so gekannt habe, und ihr Offizier vortrefflich. Ich werde sie wohl aber etwas indisponirt haben, da ich erst um 11 Uhr hinkam, ein alter Fehler, in den ich wider meinen Willen immer verfalle, wenn ich nicht unter der Auf= sicht der Schnucke bin.

Sobald Deine Geschäfte geendigt sind, bitte ich Dich sehr herzukommen, wo Deine Stuben bereit sind. Wenn Du aber meinem Rathe folgen willst, so gehe nicht in die große Welt, welches für einen Aufenthalt von vierzehn Tagen nutzlos wäre, sondern besuche nur kleinere Zirkel, und vor allen Dingen, trage den Schmuck, den Du Dehn zurückgeben willst, niemals, sonst denkt er, es ist nur Dein halber Ernst, und Du werdest Dich leicht bereden lassen, ihn wieder zu behalten, wie es schon einmal geschehen ist. Ist es Dir aber über= haupt unangenehm, Dich davon zu trennen, da wir doch nicht wissen, wann wir wieder einen kaufen können, so entrire die ganze Sache nicht. Mir ist es eigentlich ganz gleichgültig, und ich bitte Dich aufrichtig, darin ganz D e i n e n Gefühlen und Wünschen zu folgen, aber einmal decidirt, auch ganz be= stimmt zu handeln. Daß übrigens Dehn ein wahres Irrlicht für uns gewesen ist, davon bin ich täglich mehr überzeugt, et si quelqu'un nous peut perdre, c'est lui. Ueberhaupt sieht es elend mit uns aus, und ohne einen Deus ex ma- china sehe ich nicht wohl ein, wie wir uns wahrhaft helfen wollen, denn alle die sanguinischen Projekte für Muskau sind höchst wahrscheinlich glänzende Chimairen. Von dem Patent habe ich mit Deinem Herrn Vater noch nicht gesprochen, weil ich das Schreiben der Stände erwartete, welches aber nicht gekommen ist. Ich werde also auf meine eigene Hand davon anfangen, fürchte aber auch hier wenig auszurichten, da der Kanzler völlig gleichgültig, und Koreff nicht mehr so dienst= fertig ist, als er in Aachen war. Sehr höflich, aber einiger= maßen verlegen, und viel weniger herzlich. Glück in solchen Dingen scheint mir nun einmal nicht beschieden, auch habe

ich keineswegs Geschick dazu. Ruhe und Sicherheit des
Vermögens, nicht vieles Vermögen, wünsche ich mir am
meisten. Der Himmel gebe dazu seinen Segen.

Mit Rust habe ich sehr ausführlich über Deine Gesund=
heit gesprochen. Er meint Karlsbad sei gefährlich für Dich
und Deine Konstitution. Das Beste was er Dir rathen
könne, sei Marienbad und Muskau zu trinken. Der gute
Rust interessirt sich für uns wie für seine Kinder, und mein
Vertrauen zu ihm hat sich in seiner Gegenwart noch mehr
gestärkt.

Wenn ich nun nicht bald im Spiel gewinne, so hört
der combat auf, faute de combattents, denn leider bin ich
nie so ärmlich hier gewesen als diesmal, wo ich nur über
100 Friedrichsd'or zu disponiren habe, und selbst um diese
hat mir Dehn noch eine verdrießliche Miene gezogen!

Meine Pferde werden hier sehr bewundert, aber zum
Verkaufen ist keine sonderliche Aussicht. Dabei der Aufent=
halt sehr kostbar, so daß ich nicht weiß, wie wir durchkommen
werden, wenn wir nicht ein paar Louisdor extra erhalten.
Enfin, il faut voir! Das Leben kann einmal nicht immer
rosenfarb erscheinen. Es ist schon gut, daß ich vor der Hand
meiner Schmerzen ledig bin. Vielleicht findet sich alles übrige
auch noch. So lange ich gesund bin, und Du, Schnückchen,
mich liebst, bin ich reicher als Alle.

Dein treuer, etwas trauriger Murrkau.

56.
Pückler an Lucie.
Den 9. (April).

Schnucke, ich muß Dir Vorwürfe machen. Gestern bringt
mir ein Maler, oder vielmehr Schmierer, Dein Portrait,
welches er ganz verdorben hat. Hundertmal lieber hätte ich

es noch so sehr beschädigt gehabt, als so retouchirt. Die Arme sehen aus wie Hölzer, auf denen gelbes Leder aufgespannt ist, und die eine Seite des Gesichts gleicht einem Feuermaal. Schnucke, wie kannst Du in einer solchen Sache nicht Dehn oder mich um Rath fragen, und dem ersten besten Stümper einen solchen Auftrag geben. Dies ist der zweite Theil zu den Bestellungen bei Gerike. Der Kerl fordert übrigens für sein Machwerk 4 Friedrichsd'or, und um das Schnuckengesicht nicht in seinen Händen zu lassen, muß ich sie bezahlen. Schnucke, Schnucke, wann wirst Du vernünftig werden!!!

Den Dienstag findet meine Wette Statt, von Zehlendorf bis an's Thor in 30 Minuten mit Sprightly zu traben. Leider ist die Wette aber nur von 40 Louisd'or, 400 wären besser gewesen. Kein Mensch hat aber den Muth sie zu wagen, obgleich sie sich fest einbilden, daß sie gewinnen werden.

Den 10.

Das Unglück verfolgt mich noch immer. In einer Parthie L'Hombre, die ich gestern spielte, verlor ich 54 Louisd'or mit dem unerhörtesten Guignon.

Eben wird die Wäsche ausgepackt, und man bringt mir Dein Beutelchen mit den Münzen darin. Du gute, liebe Seele, ich erkenne dankbar Deinen guten Willen, werde aber die schönen Münzen intakt wieder zurückbringen.

Abends.

Deinen Brief an Dehn nebst übrigen Papieren habe ich besorgt. Uebrigens komme ich sehr verdrießlich nach Haus, denn ich habe im L'Hombre wieder 60 Friedrichsd'or verloren. Ist dieses rastlose Unglück nicht grausam? in so bedrängter Zeit! Indessen lasse ich mich nicht abweisen, einmal muß es sich doch wieder ändern.

So lange ich meine Schnucke habe, fürchte ich nichts, und bleibe immer noch Fortuna's großer Schuldner. Denn würden wir auch arm, so kocht mir Schnucke Eierkuchen, wir beziehen ein romantisches Bauernhaus in den Thälern des Brünig, und sind vielleicht glücklicher als jetzt.

Morgen Sonntag über acht Tage gehe ich von hier fort, erst nach Glogau, dann nach Muskau. Länger wie fünf bis sechs Tage halte ich mich nicht auf. Unser alter Koch bittet um Gotteswillen wieder angenommen zu werden, er will viel wohlfeiler dienen; soll ich ihn auf ein paar Monate noch einmal nehmen? Schreibe mir Deine Meinung mit umgehender Post. Ich muß jetzt fort.

Tausend zärtliche Küsse.

Dein treuester Lou.

57.
Pückler an Lucie.

Den 13.

Gute Schnucke, eben komme ich ganz harassirt von der Wette zurück, die ich ohngeachtet der größten Unglücksfälle brillant und unter dem Hurrahgeschrei einiger tausend Menschen in Gegenwart aller Prinzen ꝛc. gewonnen habe. Denke Dir, daß erstens eine Hitze wie im Juli seit gestern eingetreten ist, zweitens mein Pferd gleich nach den ersten hundert Schritt über einen Stein stolperte, und sich das Gelenk am rechten Hinterfuß vertrat. Es ging hierauf so lahm, daß ich schon im Begriff war, alles verloren zu geben und anzuhalten. Endlich entschloß ich mich aber doch noch alles zu wagen, und ich kann sagen, daß das brave Thier auf drei Beinen die Wette gewonnen hat. Ein anderer unglücklicher Zufall war, daß der schöne Biel von meinem Rappen, den ich ihm geborgt hatte, kurz vor der Barriere im Angesicht der ganzen Gesellschaft so heruntergeworfen wurde, daß er mir beinahe in den Wagen hineinflog, und ich hiedurch einige Sekunden verloren. Demohngeachtet legte ich den Weg von zwei Meilen anstatt in 30, in 27 1/2 Minuten zurück.

Im Spiel bin ich endlich auch einmal etwas besser von Fortuna behandelt worden, und habe beim letzten L'Hombre 70 Louisd'or gewonnen. In der Wette gewinne ich nur 50; bin ich noch einmal so glücklich, so bringe ich Dir vielleicht doch noch etwas mit. Die beste Nachricht ist aber, daß ich einen sehr guten Baudirektor gefunden habe, der ganz ist, was wir brauchen. Die übrigen Angelegenheiten stocken alle, und ich kann die Leute nicht heranbringen, ich mag machen was ich will.

Behalte sehr lieb Deinen

Lou.

58.
Pückler an Lucie.

Den 15.

Gute Schnucke, Deinen langen Geschäftsbrief habe ich erhalten, und ihn Dehn mitgetheilt, der durchaus seine Bon= mots an die Behörde abgegeben wissen will. Ich bin auch seiner Meinung, und sehe es recht gern, daß er die Kerls mit geschmackloser, aber empfindlicher Bürste striegelt, damit sie sich desto mehr nach meinem Szepter zurücksehnen. Uebrigens ist es ganz unmöglich diese Kerls im Konferenzkollegio zu schonen, die uns, ihre Herrschaft, nicht einmal schonen. Sollten wir behutsamer mit ihnen umgehen, als sie mit uns? Anders ist es mit Neumann, und ich bin zufrieden, daß Du meine Antwort an die Kanzlei vor der Hand noch zurückhältst.

Ich war gestern bei Radziwill's gebeten, wo ich eine sehr schöne Sammlung von chinesischen Sachen und Rubin= glas bewundert habe; besonders gefiel mir die Art der Auf= stellung der chinesischen Sachen, die ich auch, jedoch nicht flavifch, nachahmen will. Uebrigens war mir die Soirée unheilbringend, denn ich verlor wieder 60 Friedrichsd'or im L'Hombre.

Halte ja alle Bauten in Muskau so viel als möglich an, bis der neue Baumeister kommt, der mir und Dehn außerordentlich wohlgefällt. Der Zimmermeister wäre nun freilich ziemlich unnüß, und ein Polirer wäre hinreichend, indessen wird sich das einrichten. Für eine anständige Woh= nung für den Baumeister, der verheirathet ist, aber ohne Kinder, muß indeß gesorgt werden, und wünschenswerth ist es allerdings, daß er auf dem Bauhof wohne. Dieser und Pfeil werden uns gewiß große Dienste leisten. Der Mann, den ich als Alaunabnehmer ausfindig gemacht habe, hat schon wieder 100 Centner bestellt, und die Sache gewinnt das beste Ansehen, meine Gegenwart hier hat also doch einigen Nußen gehabt.

In dem väterlichen Hause ist alles beim Alten. Heute esse ich bei Bonnay; mit Frau von Alopäus habe ich mich ein wenig brouillirt, und gehe selten hin. Meistens bringe ich den Abend bei Wittgenstein oder Blücher zu, wo jetzt nur gute Gesellschaft zugelassen wird. Morgen Abend bin ich bei dem Minister, dessen Namen ich nicht behalten kann, und wo wir eine Visite in der Nacht machten, und Du Dich so fürchtetest angenommen zu werden, zum Ball eingeladen.

Adieu, bestes Schnückchen.

Dein Lou.

59.

Pückler an Lucie.

Den 15. Nachmittags.

Liebste Schnucke!

Ich habe heute bei der Prinzeß Ferdinand gegessen, die mir allerlei komisches Zeug gesagt hat. Ich danke Gott,

16*

meine Uniform los zu sein, und in meinem weißen Schlaf=
rock behaglich am Ofen sitzend mit Dir schwatzen zu können.
Prinzeß Radziwill aß auch mit bei ihrer Mutter. Sie hat
mir nicht ein Wort von Dir gesagt, sondern von unbedeu=
tenden Dingen mit mir gesprochen. Au bout du compte,
on ne nous aime pas à Berlin, mais le mal n'est pas
grand. Was Dich aber wundern wird, ist, daß ich bei der
alten Neale ganz in Gnaden stehe, die mir auch viele Em=
pfehlungen für Dich aufgetragen hat, und daß ich heute
früh bei Fräulein Zeunert mit Pauline Neale, ihren Eltern
und Gräfin Pappenheim das Geburtstagsfest der Fräulein
Zeunert als einziger Eingeladener mitgefeiert habe, und ich
in der That zwei recht angenehme Stunden zubrachte.

Mit der Gesundheit geht es jetzt so leiblich, aber mein
vorderer Augenzahn hat leider durch den abscheulichen Lehn=
dorff gelitten, und kann nicht wieder hergestellt werden, weil
die Emaille ab ist. Dies ist ein Unglück, da man aber meine
Zähne ohnedies nicht sieht, so tröste ich mich über die mir
bevorstehende Zahnlücke.

Mit Deinem Vater, der jetzt sehr gut ist, habe ich noch
eine Privatunterredung gehabt, worin er mir versprochen hat,
durch eine Kommission meine Rechte definitiv festsetzen zu
lassen. Ich habe deshalb beiliegenden Brief an Neumann
geschrieben, werde aber, wenn die Sache weiter fortschreitet,
Hempel'n gebrauchen, der dazu am Besten passen wird.

Gestern Abend las ich der armen Alopäus, der ein un=
geschickter Arzt die Kinnlade gebrochen hat, im „Faust" vor,
und brachte dann den Abend auf einer Soirée bei Bonnay zu.

Seidel hat wieder eine Perfidie ausgehen lassen, die ich
mündlich erzählen will. Das Verhältniß mit Dehn muß eine
Aenderung erleiden, denn es ist mir unmöglich, mir so viel
hineinreden zu lassen, und wenn ich selbst da bin, um die
Affairen zu führen, mir von einem Anderen Vorschriften
machen zu lassen. Er behalte das Finanzielle, und beküm=

mere sich nicht weiter um den Rest, als wenn ich ihn um Rath frage. Die Kammer werde ich, so bald ich nach Muskau komme, ganz aufheben, denn sie hat gar keinen reellen Nutzen, wohl aber den Schaden, daß zwei Kanzleimitglieder darin sitzen, Seidel und Jordan, die 200 Thaler kosten, ferner daß für 100 Thaler Papier umsonst dabei verschmiert wird, und drittens, daß alle meine Offizianten meine Confidente sind, die bis in's kleinste Detail meine Umstände so gut kennen als ich selbst.

Komme nur bald her, auf daß ich aus diesem Jammer= thale erlöst werde, und besorge mir die Antwort Neumann's sogleich mit umgehender Post. Ich freue mich recht auf die kleinen Ueberraschungen, die ich durch neue Arbeiten in Muskau finden werde. Das Wetter begünstigt dieses Jahr die Pflan= zungen außerordentlich. Adieu, meine gute Schnucke, ich muß schon wieder eine Toilette machen, um zu Bernstorff zu gehen. Lebe wohl, und sorge für Deine Gesundheit; sei auch heiter, denn wenn wir beide melancholisch sind, so ist es gar traurig. Dich erwarten hier auch zwei Ueberraschungen, wo= von die eine ein Präsent ist. Adieu, mein treues Schnückchen.

Mit der Fürstin und Koreff spiele ich jetzt alle Tage Billard, verliere aber par courtoisie, denn sonst sind die Gnädigste bitterböse.

60.

Pückler an Lucie.

Ueber meinen Spielverlust kannst Du Dich beruhigen, liebe Schnucke. Ich habe gestern Abend 200 Friedrichsd'or gewonnen, und bin nun noch mit etwas im Gewinnst. Uebrigens amüsire ich mich auch ganz leidlich, und an Ein= ladungen fehlt es nicht. Gestern war ich sogar an einem Tage auf zwei Diners bei Prinzessin Ferdinand und dem

Kronprinzen, und Abends auf zwei Bällen, bei Lottum und Rose, gebeten. Der Kronprinz war diesmal ganz freundlich mit mir, und meine Laune war so gut, daß ich bei Tisch ihn und die ganze Gesellschaft einigemal durch scherzhafte Anekdoten zu ausgelassenem Lachen brachte, so daß ich wirklich mit mir selbst zufrieden war, eine Sache, die mir seltener arrivirt als Du glaubst. Zum Beispiel bei Deinem Vater noch nie.

In der Hypothekensache hat mir Eichhorn nochmals das Bestmöglichste versprochen. Gleichfalls in der Feststellung meiner Rechte Stägemann betreffend seine Verwendung zugesagt. Den Freipaß von Dresden alte Sachen nach Muskau zu bringen, werden wir erhalten.

Mit Deines Vaters Familie bin ich im allerbesten Vernehmen. Mit Dehn ganz intim. Meine Pferde sind alle wohl, so wie ich selbst, aber ein Unglück hält mich hier zurück. Mein armer Stallmeister ist von Onix so vor den Kopf geschlagen worden, daß er darniederliegt, und nach Rust's Erklärung wahrscheinlich trepanirt werden muß. Von Gneisenau habe ich bisher noch nichts wieder gehört.

Den französischen Koch will ich wieder annehmen, und ihn Dir sogleich nach Muskau schicken. Er dient künftig für 20 Thaler monatlich, und ich habe ihm die Hölle heiß gemacht genug, bitte Dich aber, ihm nicht das Mindeste hingehen zu lassen.

Vor Ende dieses Monats werde ich des Stallmeisters wegen schwerlich nach Muskau kommen können, bitte Dich aber, liebe Schnucke, mich dort zu empfangen, und das Jagdhaus dann als eine Lustparthie zu sehen. Der neue Baumeister trifft auch zum 1. Mai ein. Besorge ihm ein gutes Logis. Er ist für 600 Thaler, freie Wohnung und Holz engagirt, und wird uns gewiß höchst nützlich sein.

Deinen Wunsch, nicht nach Glogau zu gehen, werde ich auch erfüllen, behalte mir dann aber auch eine kleine Bitte vor, gutes Schnückchen, car la petite Cendrillon me fait pourtant, un peu de peine de la savoir malade et si fort délaissée. Au reste, je n'y pense guères, et j'ai eu au contraire quelques petites aventures galantes. — — Gute Herzens=Alaune, ich umarme Sie, und freue mich sehr auf alle Ihre schönen Einrichtungen.

Dein Dich sehr liebender

Lou.

61.

Pückler an Lucie.

Den 18. April.

Liebe Schnucke,

Décidément gehe ich nun künftigen Sonntag den 25. von hier ab, komme also Montag Abend in Muskau an, wo ich um ein gutes Diner um 7 Uhr bitte. Ich würde Dir wieder schreiben was ich zu essen wünsche, wenn Du dies nicht bei meiner Rückkunft aus Aachen so übel genommen hättest. Der Koch Henri geht morgen mit der Post von hier ab, so daß ich ihn schon in Muskau etablirt vorfinden werde. Er hat mich um Gotteswillen gebeten, ihn wieder zu nehmen, weil man ihn bei Radziwill auch nicht behalten hat, und ich bitte Dich daher ihn sehr streng zu halten.

Ich freue mich sehr auf Muskau, und bedaure nur hier nicht mehr haben ausrichten zu können. Mein armer William ist bis jetzt noch ohne Trepaniren weggekommen, und ich hoffe, er wird nicht draufgehen. Es wäre ein großer Verlust für mich, denn einen Besseren bekomme ich schwerlich wieder. Morgen fange ich nun noch einmal meine Tournée bei den Ministern an, um mich ihrem Andenken zu empfehlen, und besorge alles was noch zu besorgen ist. Einen Bedienten habe ich angenommen, ob er genügen wird, muß erst die Folge lehren. Mit dem Lotteriegewinnst war es nichts, ich habe zwei Nieten. Im Spiele verliere ich nun aber während meines Aufenthalts hier nichts, sondern gewinne im Gegentheil noch einige Louisd'or, habe nur leider mein Geld noch nicht vom alten Blücher, der ein eben so schlechter Zahler ist, als Graf Isolani. Eines meiner Pferde habe ich vortheilhaft vertauscht gegen einen großen Braunen von Rother, der zu unseren Wagenpferden paßt. Ein anderes werde ich vielleicht noch verkaufen, um Dir etwas Geld zum Bauen mitbringen zu können. Pfeil's Anschlag für den Thiergarten enchantirt mich, und ich sehe schon im voraus den reizenden Aufenthalt, den es in einigen Jahren gewähren muß. Wären wir nur erst den Holzwurm Riemann los! Der Himmel füge es zum Besten, und führe uns aus dem Labyrinth, in dem wir bis jetzt noch herumtappen, ohne recht zu wissen, ob ein Ausweg da ist.

Ich schicke Dir die Shawlparfüms von Putbus, und zwei an Dich eingegangene Briefe mit. Wenn ich in Muskau eintreffe, hoffe ich alles grün zu finden. Adieu, gute Seele, der Koch will fort, mein neuer Bedienter frottirt bereits. Also auf baldiges Wiedersehen.

Dein treuer Lou.

Weil Du mich in Deinem Briefe so sehr ausschmählst, so muß ich noch ein eigenes Blatt zulegen, um Dir noch eine besondere Strafpredigt zum Rikompens zu lesen.

Für's erste habe ich keineswegs mich deshalb beklagt, daß 4 Louisd'or ausgegeben worden sind, um Dein Portrait zu verbessern, wohl aber um es de fond en comble zu ruiniren, weil Du vernachlässigt hast, Deinen Herrn Gemahl um Rath zu fragen. Uebrigens ist es sehr hart, Leuten, die das Unglück haben, im Spiel zu verlieren, anstatt sie zu trösten und zu bedauern, noch die bittersten Vorwürfe zu machen. Nun aber kommt mein stärkster Vorwurf. Wisse denn, daß ich Deinen vorletzten voluminösen und höchst

wichtigen Geschäftsbrief, mit dem preußischen Postsiegel zu=
gemacht erhalten habe, weil — Du ihn vom Jagdhause
offen auf die Post geschickt hast!! wie eine darauf
befindliche Aufschrift des Posthalters mir meldet. Diese Leute
sind nun völlig **au fait** unserer Verhältnisse mit Dehn, mit
unseren Offizianten, mit Deinem Vater, mit unserer Geld=
noth u. s. w. Dies ist höchst amüsant, und wird in Muskau
sehr angenehme Propos veranlassen. Ei, ei Schnucke!!! — —

C'est assez pour en dire davantage ce soir, bonne
et excellente Comtesse.

Votre Lou, né fils
de la Comtesse de Pückler,
née fille du Comte de Callenberg.

62.
Pückler an Lucie.

Den 20.

Ich habe im Schweiße meines Angesichts die Ernen=
nung Stägemann's zur Regulirung unserer Angelegenheit
errungen. Er kommt im Mai nach Muskau. Darauf richte
Dich ein. Wegen des schwedischen Ordens habe ich auch mit
Deinem Vater gesprochen. Er weiß nicht ein Wort davon.
Meine Pferde gehen Freitag ab, und kommen Montag früh
in Muskau an, etwas früher wie ich.

Die Patentgeschichte ist im Gange, und alles darin ge=
than, was möglich war. Ich hoffe ein baldiges Resultat.
Mit Gneisenau habe ich noch einmal gesprochen, und er be=
sorgt meine Angelegenheit. Bei allen Ministern habe ich
nach Möglichkeit mich zu insinuiren gesucht. Mein Aufent=
halt hat also seinen Zweck erreicht, folglich wohl die 1500
Thaler, die er extra kostet, wieder eingebracht. Mit Deines
Vaters Familie bin ich besser wie je, und im Grunde hier

jetzt mit jederman auf gutem Fuß. Geld wird der Himmel wohl auch schaffen, und Du mußt nicht gar zu ängstlich sein. Ich habe jetzt wieder die beste Hoffnung. Das Unangenehme von dem Verhältnisse mit Dehn fällt weg, so wie ich nach Muskau komme, indem von diesem Augenblick an alles durch mich, und nichts mehr direkt an Dehn geht. Uebrigens ist uns Dehn doch nützlich, besonders seitdem wir ihn genau kennen, und in keiner Art mehr seine dupe sein werden. Adieu.

Hermann.

63.
Pückler an Lucie.

Den 21.

Als Dein Bote mit dem Paket ankam, war gerade Dehn bei mir. Als ich es öffnete, sah er sogleich die zurückge= schickten Schmieralien, und seinen Brief, den er so schnell wie möglich wegrapste, damit ich ihn nicht lesen sollte. Ich ließ ihm auch denselben, während ich den Deinigen las, und that, als wenn ich weiter nicht darauf achtete, machte ihm einige Vorwürfe, daß er Dich ganz falsch beurtheile, und sich gar nicht das Unschickliche abgewöhnen könne, und frug ihn dann, pour l'amadouer wegen Pfeil um Rath.

Ich bleibe übrigens bei meinem Vorsatz, Sonntag nach Muskau zu reisen, da ich meine Schnucke zuerst sehen muß, dann aber gehe ich nach Carolath, und mache die Ge= schäfte ab. Den engagirten Baumeister laß Dir nicht leid sein, denn wenngleich durch Deine Bemühung das Bauwesen in Ordnung ist, so ist doch noch immer kein Bauverständiger da, der uns so noth thut wie das liebe Brot, um die Ver= schwendung beim Bau in Muskau, die niemand von uns be= urtheilen kann, endlich zu besiegen. Ja, wir haben ja noch nicht einmal eine ordentlich eingerichtete Ziegelei. Vom Bauen für Vergnügen ist ohnehin dieses Jahr nicht die Rede, daß aber das Wenige, was gebaut werden muß, ordentlich gebaut wird, daran liegt mir sehr viel. Dein Zimmermann wird deswegen nicht unbrauchbar.

Uebrigens begreife ich nicht, warum Du mir immer vorwirfst, mich der Muskauer Sachen nicht mehr anzunehmen. Ich habe hier anderes zu thun, warte, bis ich nach Muskau komme, und dann wirst Du sehen, daß mir nichts mehr am Herzen liegt.

Um den Boten nicht aufzuhalten, schreibe ich diesmal nichts weiter, da vieles was ich Dir zu sagen habe, man nun bald mündlich viel besser abspricht.

Also auf schnelles Wiedersehen, mein Schnückchen im Schnuckenthal, an dem hoffentlich gearbeitet wird. Wenn der alte Blücher mich bezahlt, so bringe ich Dir vielleicht 100 Louisd'or für die Baukasse mit. Adieu.

Dein treuer Freund.

1820.

64.
Pückler an Lucie.

Den 1. Januar 1820.

Ich aß gestern wieder bei Deinem Vater, der nie so freundlich gegen mich gewesen ist. Er nahm mich bei Tisch bei der Hand, als er der Gesellschaft zum neuen Jahr gratulirt hatte, und sagte mir: „Nun wollen wir beide noch unserer guten Lucie Gesundheit trinken," und setzte dann hinzu: „Schreiben Sie ihr dies," wofür ich ihm dann herzlich dankte.

Nach Tisch machte ich wieder einige Visiten und brachte dann die eine Hälfte des Abends bei der Fürstin Partanna zu, die jetzt am elegantesten in Berlin eingerichtet ist. Außerordentlich hübsche Meubles in einer liebenswürdigen, schein-

baren Unordnung, ganz unsymmetrisch hingestellt, Altes und
Neues untereinander, etwas bunt und viel, aber überaus
heiter und gemüthlich. Sie hat einen italienischen Kapell=
meister, liebt die Musik sehr, hat alle Abend Dilettanten=
Konzert, und das neapolitanische Eis, das man dort erhält,
ist vortrefflich. Frouchinette war auch da, und krähte zum
Ergötzen der Gesellschaft mehrere Arien ab. Hugo Hatzfeldt
behauptet die anderen hiesigen Sängerinnen chantaient faux
tout naturellement, tandis que Mad. Frouchin se battait
les flancs pour chanter faux avec expression, ce qui lui
déchirait les oreilles et les entrailles à la fois. Derselbe
sagt von der Schmalz, die reformirt werden soll, sie habe
sich als besondere Gnade ausgebeten, nur noch zuweilen die
Bestialin (Vestalin) zu singen. Die zweite Hälfte des Abends
war ich bei Haak's, wo man tanzte.

Apropos, Humboldt und Beyme haben nun auch das
Schicksal des Kriegsministers getheilt, und sind gestern Abends,
nachdem ersterer noch einen langen Vortrag beim Kanzler
gehabt, und sehr freundschaftlich entlassen worden war, ab=
gesetzt worden. Dein Vater räumt ordentlich auf.

Den 2. früh.

Gestern dinirte ich bei Mecklenburg, ritt vorher spazieren,
und stieg in den neuen Treibhäusern im Thiergarten, die
nichts besonderes darbieten, ab, wo ich Adelheid mit ihrem
Mann und Bianca fand. Vom Diner ging ich zu Schuck=
mann in die Assemblee, dann zu einer gebetenen Soirée bei
Stägemann, wo ich mich sehr gut mit Frau von Varnhagen
(welche mit ihrem Manne hier ist, und beide sich Dir unter=
thänigst empfehlen) und der Generalin Helwig hauptsächlich
recht angenehm unterhielt. Der General Helwig, der lange
in der Türkei war, und ein enthusiastischer Verehrer derselben
ist, hat meine Lust, dorthin zu gehen, wieder sehr angefacht,
und wenn unsere Affairen in Ordnung sind, bist Du nicht

sicher noch einmal Asiens Ufer mit Augen zu schauen. Als ich nach Hause kam, fand ich Deinen lieben, traurigen Brief. Du siehst jetzt, daß es mir in Hinsicht auf die täglichen désagréments besser geht als sonst, da ich in Deines Vaters Hause sehr gut behandelt werde, auch in der Gesellschaft keine üble Aufnahme finde. Wie es aber mit den Geschäften gehen wird, liegt noch im Dunkeln, da Lehnert von der Salz= direktion noch nicht zurück ist, und Stägemann mich gebeten hat, mit dem Uebrigen nur noch bis 8 Tage nach Neujahr zu warten.

65.
Pückler an Lucie.
Den 3. Januar 1820.

Gestern war großes Diner bei Deinem Vater. Ich weiß nicht recht, wie es kam; aber die allgemeine Scheu, mit der man bei Deinem Vater (besonders in der jetzigen Krise) kaum zu sprechen wagt, erbittert mich jedesmal, so daß ich diesmal mich nicht enthalten konnte über die unverantwort= liche Art, mit der man Sachsen behandelt, laut und vernehm= lich und so bitter als möglich zu reden. Der kleine Minister Klewitz schnitt ein wüthendes Gesicht, als ich ihm sagte: wenn das preußische Gouvernement die Absicht habe, uns methodisch zu verderben, so könne es keinen besseren Weg ausgesonnen haben. Ein Anderer fragt mich hierauf, ob die Sachsen sich denn immer noch nicht an die preußische Herrschaft gewöhnen könnten? „O, mein Herr," erwiederte ich, „Le Sage war der Meinung, daß die Seelen im höllischen Feuer sich am Ende darin befinden würden, wie die Fische im Wasser, also werden wir uns gewiß auch noch gewöhnen." Dies rief ich in innerlicher Wuth so laut, daß es wahrscheinlich Dein Vater, der mit Bülow und Altenstein daneben stand, hörte. Es thut mir aber gar nicht leid; denn es muß bekannt

werden, daß man uns mißhandelt, und meinen Karakter mag
ich auch gar nicht verbergen, der sich vor niemand beugen
kann und will. Uebrigens ist es jetzt ganz sonderbar in
Deines Vaters Hause. Mit der Fürstin ist er hell brouillirt.
Koreff hat viel, aber nicht alles von seinem Einfluß verloren.
Nagler war gestern zum erstenmal wieder da. Er läßt Dir
sehr viel Schönes sagen. Auch Jordan kommt auf zwei
Monate her. Abends ging ich zu Humboldt's. Man machte
dort große Augen, als ich eintrat, und war im Anfang kalt
gegen mich, nachher animirte sich doch die Konversation recht
angenehm. Er selbst war nicht zugegen. Von da ging ich
zu Bonnay, und spät noch zur Gräfin Haak. Heute bin ich
endlich beim König eingeladen.

Abends.

Ehe ich zum König fuhr, kam Carolath, freundlich wie
ein Ohrwürmchen, zu mir, um ein Ordensband zu borgen.
Wir fuhren dann zusammen. Der König war gnädig, sprach
gleich mit mir, fragte nach Dir, und lachte, als ich sagte,
Du administrirtest die Standesherrschaft Muskau besser als
alle Deine Vorgänger. Der Prinz Karl, der immer außer=
ordentlich freundschaftlich mit mir ist, meinte, der König würde
künftiges Jahr gewiß in die Lausitz kommen. Prinz Friedrich
kam auch an mich heran, und präsentirte mich seiner Ge=
mahlin; nur der Kronprinz schien wieder abgeneigt, da er
gar keine Notiz von mir nahm. Der König annoncirte
mir auch den Tod der guten Jeanette, und Wittgenstein bat
mich, den Kanzler darauf vorzubereiten. Ich kam bei diesem
gerade zurecht, um mich zum zweitenmal zu Tisch zu setzen,
und sprach dann mit Koreff, wie ich ihm die Nachricht bei=
bringen sollte. „Ach," erwiederte Koreff, „glauben Sie doch
nicht, daß ein alter, vornehmer Mann Herz hat. Das ist
ihm ganz einerlei". Dies war denn auch in einem Grade
der Fall, daß ich mich fast des Lachens nicht enthalten konnte,

wie cavalièrement er die Sache aufnahm. „Offiziell," sagt
Koreff, „wird aber morgen gewiß eine große Betrübniß er=
folgen." Der junge Hardenberg ist über diesen Todesfall
sehr in Schwulitäten, da er für eine neue Ehe des Grafen
Christian fürchtet. Bei der Annonce fand ich Gelegenheit
meine Schnucke zu loben, indem ich dem Papa von ihr sagte,
sie sei die beste Frau auf der Erde, das einzige menschliche
Wesen, das mir bisher noch ohne Egoismus vorgekommen
sei. Gute Schnucke! Den Abend war ich in der Assemblee
bei Bülow, und dann soupirte ich bei Putbus, wo ich
30 Louisd'or gewann.

Den 4. Abends.

Ich glaube meine Briefe sehen fast den Callenbergischen
Nachrichten von Dresden ähnlich, und werden unsere Enkel
nicht besser amüsiren, als die ihrigen uns. Ich habe aber
so viel zu thun, daß ich gar nicht die Zeit zum Schreiben
finden kann, und dabei nimmt mir allerdings das lange
Schlafen und ein zweistündiger Spazierritt, den ich täglich
mache, einige Zeit weg. Auch heute machte ich diese Prome=
nade, und aß dann bei dem Herzog von Cumberland. Die
Herzogin sprach ziemlich viel mit mir, er ist mir ohnehin
gewogen, und das Diner war vortrefflich, also amüsirte ich
mich ganz gut.

Nach dem Essen besuchte ich die Stägemann'sche Familie,
und bat mir bei ihm eine Konferenz auf morgen aus. Dann
ging ich in die Assemblee bei Rose, von da zu Wittgenstein,
wo Adelheid in der Trauer außerordentlich hübsch aussah,
und heute auch freundlich. Sie hatte dem Staatskanzler
etwas cavalièrement sagen lassen, daß sie heute bei ihm
essen würde, welches er abgelehnt, sie aber auf morgen gebeten
hatte. Nun wollte sie ihren dépit auch zeigen, und es kurz
vor Tisch absagen lassen. Dies habe ich indessen ihr und
ihrem Manne sehr ernstlich widerrathen, da dies ihr nur
großen Schaden thun würde, und sie hat sich nun entschlossen

hinzugehen. Ich selbst bin bei Putbus eingeladen, und werde also nicht dort sein. In den Zeitungen stand heute, Graf Pappenheim sei angekommen; es war aber nur sein Reitknecht, der hier ein Pferd abholt.

Wittgenstein verließ ich früh, um Dir zu schreiben

66.
Pückler an Lucie.

Bei Deinem Herrn Vater werde ich am Ende auch noch meinen kleinen Einfluß bekommen. Er frug mich heute nach meinem Vetter Lynar von Lübbenau, ob man ihn zum Jo= hanniter = Orden vorschlagen könne, ob es ein anständiger Mann sei u. s. w., und als ich ihn sehr herausstrich, so schien er sich dazu zu entschließen. Eben bekomme ich des= halb ein Billet von ihm, welches ich, obgleich höchst unbe= deutend, doch Dir beilege, damit Du siehst, mein Schnuckchen, daß wenigstens unser Verhältniß recht freundlich ist. Koreff sehe ich nie mehr beim Kanzler; und es ist wohl kein Zweifel, daß die Epoche seiner hohen Gunst vorüber ist.

Der Oberpräsident Bülow, den ich mir als guter Hof= mann schon sehr gewonnen habe, ist in diesem Augenblicke derjenige, welcher den meisten Einfluß hat, und auch en Chef die Umtriebsuntersuchungs=Kommission leitet. Er ist ein ge= scheuter Mann, und scheint mir viel Aplomb zu haben. Er allein ist täglicher Gast. Der kleine Tschoppe steigt sehr, und wird gewiß bald sehr bedeutend werden. Er ist der einzige, der bei der Umtriebs=Untersuchung den Mantel nach dem Winde hängt, und wahrscheinlich beide Partheien betrügt. Er dirigirt die Kommission bereits als Regierungsrath im= mediat unter Bülow, der täglich beim Kanzler seines Lobes voll ist. Bei der großen Kälte hat sich der Aermste aber die Nase erfroren. Il n'y a pas de roses sans épines.

Den 14., früh.

Ich machte gestern bei Bonnay ein exzellentes Diner, und brachte dann den Abend bei Stägemann zu. Dort erfuhr ich von sicherer Hand, daß man jetzt wieder die Briefe auf der Post aufmacht. Hat man unsere Korrespondenz gelesen, so ist es übel genug; doch kann ich dem Vergnügen nicht entsagen, mit Dir laut zu denken, meine gute Schnucke. Ein wahrer Menschenkenner würde an unseren Briefen auch eigentlich nichts Gefährliches und nichts Beleidigendes sehen, sondern nur, daß wir ein paar große Kinder sind.

67.
Pückler an Lucie.

Den 14., nach Tisch.

— Wenn Du das Kostüm der guten Miche heute gesehen hättest bei dem kleinen Diner von Prinz August, wo keine Dame als die Fouqué (welche höchst einfach angezogen war), und die natürliche Tochter des Prinzen sich befand — Du hättest Dich todt gelacht. Ein rosenrothes Kleid, das nicht tiefer als bis über den Knöchel ging, so dünn und durchsichtig bei 18 Grad Kälte, daß man fror beim Ansehen; dazu eine ganze Menge bunten Schmuck aufgeladen, und die Haare von der Stirn wie ein Fasan weggestrichen — kam sie vorwärtsgebogen hereingehüpft, verlegene Knixe rechts und links, einer Elster gleich, machend, bis die schwankende Attitüde endlich vor dem Prinzen das Gleichgewicht fand, und die Unterhaltung begann.

Heute früh war ich bei der alten Neale, mit der ich mich sehr gut vertrage, und die Dir tausend und abertausend schöne Sachen sagen läßt. Auch bin ich wieder ausgeritten, obgleich die Kälte enorm ist. Den alten Damen mache ich allen sehr fleißig die Cour, und die Goloffkin ist seitdem auch ganz zärtlich für mich gesinnt. Mit meiner Gesundheit geht es sehr abwechselnd.

Ich bin heute Abend zu einem Ball bei Senden ge=
beten, zu welchem die gute Miche wahrscheinlich schon beim
Prinz August angezogen war, ich weiß aber noch nicht, ob
ich hingehe.

Den 16., Mittags.

Herzlichen, innigen Dank für Deine unwandelbare, treue
Liebe. Auch Deine Predigten höre ich gern, und benutze sie;
denn sie sind voll Weisheit, nur hältst Du immer die tole=
rirende Gnade Deines Vaters für etwas ganz anderes, als
sie ist, und mein Ansehen in der Welt desgleichen, welches
kaum nur negativ geworden ist, und noch lange nicht positiv
gesteigert. Uebrigens hast Du sehr recht, daß Muskau und
ich vor der Hand in genauester Verbindung bleiben müssen,
und alles andere nachstehen. Zu lange schlafen thue ich aller=
dings; wegen der Biel's kannst Du aber außer Sorge sein,
da sie noch nicht hergekommen sind, und auch nicht herkommen
werden.

Sehr spaßhaft ist es, daß Du mich bittest nur noch wo
möglich ein Jahr vernünftig zu sein; Du mußt also den Effort
dazu von meiner Seite für verzweifelt schwer halten.

Du hast aber leider sehr recht!

68.

Pückler an Lucie.

Den 16. Januar, Abends.

Ich aß bei Deinem Vater, wo Wittgenstein etwas kalt
gegen mich zu sein schien.

Vielleicht hat er unsere Briefe gelesen. Abends war
Cour, die sehr zahlreich wurde. Der König hat mit mir ge=
sprochen, der Kronprinz nicht.

Den 17., Abends.

Ich aß heute bei der Prinzessin Ferdinand, mit der ganzen Ferdinand'schen Familie.

Man war sehr artig gegen mich und auch so höflich ein kleines Bonmot von mir mehr zu belachen, als es werth war. Prinzeß Radziwill erkundigte sich angelegentlichst nach Dir.

Den 18., Abends.

Heute war ein harter Tag für mich, da ich dem Ordens=feste beiwohnte, und mit in der Kirche und bei Tafel frieren mußte. Der König sprach ziemlich lange mit mir, und war recht freundlich. Abends besuchte ich Deinen Herrn Vater, der ziemlich verdrießlich war, und brachte dann den Abend bei Wittgenstein zu. Vorher besuchte ich Carolath, und fand die Fürstin in Mannskleidern. Sie ist übrigens ausgelassen lustig, und ihr Mann, der heute den Adler 2 bekommen hat, noch stupider als gewöhnlich, dabei aber so komplett unter dem Pantoffel, daß ich überzeugt bin, er hält, wenn es ver=langt wird, das Licht. Die Fürstin war im Begriff in diesem Aufzug mit Bianca auf die Redoute zu gehen, und ich verließ sie in high spirits einer Berauschten gleich.

Den 19. Abends, das heißt Nachts.

Ich komme eben von einem Ball bei Bülow, wo der König wieder mit mir sprach, auch zweimal freundlich grüßte. Es scheint daher, daß er ganz gut auf mich zu sprechen ist. Der Kanzler hingegen ist sehr verdrießlich, wahrscheinlich weil der König ihm alle, die er zum Orden vorgeschlagen hat, re=füsirt hat. Ich glaube am Ende, daß ich selbst mit darunter war; doch weiß ich es nicht gewiß.

Es war heute großes Diner bei ihm, und ich saß bei Ancillon, bei dem ich mich wie ein gutes Füchschen einzu=

17*

schmeicheln gesucht habe. Er spricht sehr gut, wie ein Buch.
Ich sagte ihm, daß ich ihn früher wegen seines imposanten
und grandiosen Aeußeren für einen fremden General gehalten
habe, was ihn sehr zu amüsiren schien, und sprach dann viel
mit ihm über seine Schriften, die ich nie gelesen habe, de
quoi il ne se doute certainement pas. Au reste, ma
chère amie, je suis bien inquiet de ce qui arrive à
notre correspondance, car je suis presque sûr, qu'on
lit nos lettres, et vous concevez, qu'elles sont trop sincères pour obliger ceux, qui les lisent. Koreff semble
dérechef assez bien avec votre père, mais cela n'ap-
proche plus de l'ancienne intimité.

Deinen Brief werde ich morgen beantworten. Du machst
Dir nach Deiner Art in demselben eine Menge Hoffnungen,
die immer gleich viel zu sanguinisch sind. Dies kann ich
Dir nicht genug wiederholen! Uebrigens glaube mir, daß ich
gar nicht der Mann dazu bin, um, was man nennt, seinen
Weg zu machen. Ich kann wohl listig sein, aber weder as-
sidu, noch ohne viele Unvorsichtigkeiten handeln.
Manchmal wandelt mich sogar die Laune an, das Kind mit
dem Bade auszuschütten, und dahin fliegt das arme Ding
— ich bin mit einem Worte zu romantisch, um irgend etwas
lange und mit Bestand gründlich zu sein.

Frau von Fouqué droht mir in ihrem nächsten Roman
mich abzukonterfeien, ohne Schonung, wie sie sagt. Darauf
bin ich sehr begierig.

Den 20., früh.

Antwort auf Deinen Brief: Ich werde alles thun, was
möglich ist, und sich mit meiner Individualität verträgt (denn
gehe ich gegen die an, so mißräth alles), um den Kanzler
gut gegen uns zu disponiren. Es ist sehr möglich, daß er
un retour für Dich bekömmt, mais il faut se faire désirer,

und sehr behutsam auftreten. So gern ich Dich hier sähe, gute Schnucke, so halte ich es doch für unendlich vortheil= hafter für Dich, ihn in Muskau zuerst wiederzusehen. Dort können wir ihn ganz für uns gewinnen, hier nicht. Wenn er nur nicht unsere Briefe gelesen hat, so habe ich die beste Hoffnung. Er fühlt sich verlassen, und sein Einfluß wankt.

Verließe er den Dienst, so würde er sich gewiß seiner Familie ganz wieder zuwenden, und in uns fände er dann gerade die besten — ehrlichen Narren, die in der Disgrace ihm mehr Liebe beweisen würden als jetzt; denn etwas Nobles hat der liebe Gott uns gegeben, Kluges wenig, ob= gleich die Welt es sich einbildet. Auch Dein Vater hat bei großer Verkältung des Herzens doch Anklänge von Güte, und eine Art des Seins, die ihn bei allen seinen Infirmitä= ten doch liebenswürdig machen, wenn er nur im geringsten sich Mühe geben will es zu sein, und er ist noch immer nicht ohne Gemüthlichkeit, ja ganz tief findet man noch, wenn man ihn öfter sieht, Anklänge der Schnuckennatur. Ich habe ihn wenigstens viel lieber als sonst, und in manchen Dingen dauert er mich recht von Herzen.

Mit Jordan bin ich sehr gut, und ganz so wie es sein muß.

Laß Helmine nur in Carolath. Meine Eifersucht plagt mich durchaus nicht.

Adieu, Engel.

69.
Pückler an Lucie.

Den 20., Abends.

Heute war wieder großes Ministerdiner bei Deinem Vater. Nach Tisch kam er zu Mamsel Hähnel, bei der ich war, und die mir sehr wohl will, und die auch wirklich eine recht ehrliche, gute Seele ist. Er setzte sich zu uns, und blieb eine

Viertelstunde, wo ich mich recht liebevoll gegen ihn zeigen konnte, und ihn unter anderen bat, mich immer ein für allemal an seine rechte Seite setzen zu dürfen, wenn nicht große Repräsentationsdiners wären, um seinen Dolmetscher abzugeben, was er auch recht gut aufnahm, und ich nicht versäumen werde. Eine merkwürdige Erscheinung war es mir aber, wie der Fürst Wittgenstein (der wieder wie sonst gegen mich ist) mit der Fürstin umging. Er kniff ihr in die Backen, küßte sie, hielt sie eine Minute lang bei den Ohren, drückte sie an sich, gerade wie bei der Bernhard, zur sichtlichen Verlegenheit der armen Fürstin. Nie habe ich das früher gesehen, und wenn er nicht zu viel getrunken hatte, so muß dies Betragen etwas anderes zu bedeuten haben.

Du kannst Dich darauf verlassen, daß künftiges Jahr sowohl der König als Dein Herr Vater nach Muskau kommen, und da man so viel von unserer Einrichtung dort gefabelt hat, so wäre es recht übel, wenn man sich überall in seiner Erwartung betrogen fände. Die Sachen für die Jäger kosten ein enormes Geld, werden aber wohl Deinen Beifall haben. Der Bediente, den ich angenommen habe, hat ein sehr gutes Ansehen und wird gewiß das seinige ordentlich machen.

70.
Pückler an Lucie.

Die Fouqué sagte also von mir, sie könnte mich recht gut beschreiben, denn sie hätte mich in drei Epochen beobachtet. In der ersten Epoche (als ich hier der Hardenberg, Oelsen 2c. die Cour machte) hätte sie mich für Weiber sehr gefährlich gehalten, weil ich mich so ruhig und ohne nachzulassen in ihrer Phantasie festzusetzen und sie unablässig zu beschäftigen gewußt hätte, bis ich ihnen unentbehrlich geworden wäre.

In der zweiten Epoche (als ich Dich kennen lernte) hätte sie mich ganz anders gesehen, mit einer Art dégôut und Ueberdruß der ganzen Welt, überall unbefriedigt alles aufgebend, und nur noch mit gelähmten Flügeln sinkend fliegen. Jetzt wieder weit liebenswürdiger, aber mit Mühe versuchend, nun die gebahnte Straße mit den anderen Leuten zu gehen, der Erfahrung und dem Aelterwerden im Leben nachgebend, auch nicht ohne Erfolg; jedoch sähe man bald, daß, wenn ich mich von dieser gêne einmal losmachen könne, ich erst dann à mon aise wäre, und mir gütlich thäte. Hier wurden wir in der Unterhaltung unterbrochen.

Nach Tisch.

Morgen fange ich an Lateinisch wieder zu erlernen mit Karl Hardenberg zusammen, um doch einen wesentlichen Nutzen von meinem Berliner Aufenthalte zu haben.

Ich aß beim Papa, wo es mir oft arrivirt zu spät zu kommen, was er mir aber nicht übel nimmt. Jordan ist heute gefährlich auf den Kopf gefallen, und man weiß noch nicht, ob er außer Gefahr ist. Wenn er stirbt, halte ich um den Posten in Dresden an. Ich hoffe aber, der Aermste wird leben bleiben; denn er ist sehr klug und aimable, obgleich er gegen mich nicht eben freundschaftlich gehandelt hat.

Ich war heute bei der Fouqué, die doch geistreich ist. Sie sagte: — Doch die Post geht ab, dies ein andermal. Abieu, meine süße, gute Schmucke.

Dein treu Dich liebender Lou.

71.

Pückler an Lucie.

Den 25., früh.

Gestern aß ich mit Clauren bei Putbus, war dann den Abend bei Frau v. Alopäus, die sich etwas zu bessern scheint; dann bei Humboldt, wo ich zwei sehr schöne Statuen von Thor-

waldjen jah, und den Reft des Abends in einer Komödien=
probe bei Gräfin Haagen.

Bianca, die ich früh besuchte, fand ich natürlich sehr
gefaßt über den Tod ihres Mannes, doch war sie nicht ohne
das Gefühl, welches ich ungern an ihr vermißt hätte bei der
Bahre eines Menschen, mit dem man so lange Freude und
Leid trug, wenn auch nur wenig der ersteren und viel des
letzteren.

Ich schicke Dir nun die Neujahrswünsche. Es würde
mich aber ernstlich ärgern, wenn das Vöglein für Helmina
nicht (und zwar als von mir) abgesendet würde. Ich möchte
sonst meinen Weg wohl auch allein finden, immer mit der
vollkommensten Vorsicht, aber Du weißt, ich kann es nicht er=
tragen, wenn man mir die Hände binden will. Also schicke
die beiden Wünsche der armen Helmina, und füge hinzu, ich
schriebe nicht, weil Du mich beschworen hättest, es nicht
zu thun.

Den 25.

Der Kriegsminister ist komplett a b g e s e ß t worden, und
die Landwehr wird definitiv so gut wie abgeschafft. Grol=
mann hat auch seinen Abschied genommen; man sagt sogar,
Gneisenau werde ein Gleiches thun. General Clausewiß geht
nach England mit 5000 Pfund Sterling Gehalt.

Morgen werde ich meine tournée bei den Prinzen
machen, und an Wittgenstein habe ich geschrieben, um beim
König eingeladen zu werden. Carolath ist als Militair so=
gleich zum König gegangen, und zum Essen dabehalten worden.

Den 26., früh.

Gestern war ich auf der Redoute, wo ich mich bis um
4 Uhr recht gut amüsirt habe und die Bekanntschaft einer

sehr lieben Bürgerfamilie mit einer reizenden Tochter machte, die ich weiter zu kultiviren Luft habe. Vorher war ich auf einer Assemblee bei Jagow.

72.
Pückler an Lucie.

Den 28., 3 Uhr Nachmittags.

36 Stunden habe ich an der ungeheuersten Migraine ge= litten, die man sich nur denken kann, meine gute, liebe Schnucke. Seit heute früh ist es nun überstanden. Ich bin denn auch recht thätig gewesen. Erstens habe ich meine tournée bei den Prinzen gemacht, Gneisenau gesprochen, der meine Sache, wie er sagte, mit dem Kriegsminister arrangirt hatte, als seine Demission dazwischen gekommen sei.

Er war sehr unzufrieden, und als ich ihn fragte, ob er einige Monate auf seinem schönen Landgute zubringen würde, so erwiederte er, er wünsche nichts mehr, als daß ihm der König erlaube, immer dazubleiben. Wittgenstein, der sich Dir viel= mals empfehlen läßt, hat den Brief meiner Mutter abzu= geben versprochen. Er machte mir persönlich Visite, so wie auch Schuckmann und Lottum. Ueberhaupt bin ich überall gut aufgenommen worden.

Mit der armen Alopäus ist es alle. Sie hat die Lungen= sucht, und wird schwerlich das Frühjahr erleben. Ich bin des Todes erschrocken, wie ich sie gesehen habe. Ein wan= delndes Skelett, hustend und Blut spuckend.

Ich logire hier so schlecht und eng, daß ich in meinem Vorzimmer schlafen muß. Denke Dir daher gestern bei der fürchterlichen Migraine meine Pein, wenn jeden Augenblick an meine Thüre gedonnert wurde, um eine Karte abzugeben, eine Visite zu machen, oder dgl. Ich habe wirklich schrecklich ausgestanden, und dabei gar viel an meine Schnucke gedacht, wie sie sich quälen würde, mich so leiden zu sehen.

Nachts, 1 Uhr.

Ich war heute Abends bei Wittgenstein, wo mir dieser eine Partie Schach mit Carolath arrangirt hatte, wahrschein= lich nur um den Spaß zu haben, alle Augenblicke an un= seren Tisch zu kommen, und zu fragen, ob der Herr Sohn oder der Papa die Parthie gewonnen habe? Mit der Fürstin habe ich kein Wort gesprochen. Sie war angezogen abso- lument comme une cuisinière, und spielte mit zwei Le- gationssekretairen und dem Herrn von Martens glaube ich Cassino. Puisqu'elle a peur de me parler en public, je l'évite autant que je puis pour lui faire plaisir. J'ai diné chez le baron de Meklenburg, qui tient grande maison, mais toujours en parvenu.

Dein treuer Lou.

73.
Pückler an Lucie.

Den 29., Mittags.

Hier sieht es am politischen Himmel wirklich sonderbar aus. Ich machte gestern dem Kriegsminister eine Visite, fand ihn aber nicht zu Hause, aus dem einfachen Grunde, weil ich ihn früher besuchte, und nichts Elenderes und Niedrigeres kenne, als sich um Leute in der Adversität gleich nicht mehr zu bekümmern. Denke Dir nur, daß ich heute schon an mehreren Orten hörte, wie man wisse, daß ich beim Kriegs= minister gewesen sei.

Unter anderem kam Rust zu mir, und sagte, man habe dies allgemein sehr hübsch von mir gefunden, es sei in der ganzen Stadt bekannt. Nun kann man sich vorstellen, welche Aufmerksamkeit auf alles Vorgehende herrscht, wenn der Be= such einer so ganz unbedeutenden Person, wie ich bin, be= merkt wird. Von Deinem Herrn Vater haben infame

Aeußerungen in dem englischen Kourier gestanden. „Der preußische Staatskanzler hat einen Juden zum Leibarzt, der ihn schon mehrmals magnetisirt hat. Es soll bedeutende Wirkung gehabt haben, zur Clairvoyance hat man ihn aber noch nicht bringen können". Seitdem scheint in der That eine Spannung zwischen ihm und Koreff eingetreten, der gar nicht mehr zu Tisch hinkömmt. Grade deshalb werde ich aber gewiß gegen Koreff freundlicher als je sein. Man hält es für gewiß, daß Dein Vater sich mit einemmal ganz in die Arme der Ultras geworfen hat.

Wenn er es nur durchführt! Ich glaube aber, es fehlt ihm jede Energie, und er wird noch unglücklich enden. Nie hat er wenigstens mehr Feinde gehabt, und Freunde sehe ich nirgends, da seine Lauheit kein lebhaftes Interesse an ihm nehmen läßt, und gewiß wirft auch die Art, wie er seine Familie behandelt, ein sehr ungünstiges Licht auf ihn. Wem Liebe fremd ist, der wird auch nie geliebt! Ich selbst habe nun seit 3 Tagen nichts von diesem Hause gesehen, weil ich theils krank, theils ausgebeten war.

Nachts, 3 Uhr.

Noch ein paar Wörtchen an Schnucke, ehe ich zu Bett gehe. Das Diner bei Gneisenau war groß, ich saß zwischen dem würtembergischen und sächsischen Gesandten, und amüsirte mich ganz gut. Nach Tische ging ich zu Deinem Vater, wo heute Koreff und Wolfart gegessen hatten. Koreff ist ganz zärtlich für mich, und gewiß aufrichtig. Auch Dein Vater war sehr freundlich, und läßt mich immer neben sich auf's Sopha setzen, wo er sich ganz ungezwungen mit mir unterhält. Die arme ganz lahme Hähnel besuchte ich dann noch, und ging nachher in die Assemblée zu Lottum.

Koreff sagte, Lottum sei der beste Finanzminister, da er im Ablativ Lotto heiße. Ein sehr gutes Bonmot! Dort erfuhr ich, daß der König für Adelheid etwas gethan hat,

was hier unerhört ist. Er hat sie nämlich zur Weihnachts=
bescherung, die heute statt hat, weil der Hof nach Charlotten=
burg oder Potsdam geht, einladen lassen. Der Neid der
Hardenberg, Luckner ꝛc. über diese Gunst, welche Spargel=
stiel nach Möglichkeit pronirte, war wirklich höchst komisch.
Diese Attention des Königs ist wirklich artig, und ich habe
mich sehr darüber gefreut. Dagegen ist es mir auffallend,
daß der König, obgleich ich bei ihm seit 4 Tagen gemeldet
bin, weggeht, ohne mich gebeten zu haben, was er sonst immer
gleich zu thun pflegte. Auch der Kronprinz hat mich nicht
angenommen.

Den 30., früh.

Ich habe wieder Kopfweh und Wallungen im Blute,
die mich entsetzlich beunruhigen. Deinen lieben Brief fand
ich beim Aufstehen, und werde ihn beantworten, sobald ich
mich etwas besser befinde. Ich bin heute beim Prinzen
August eingeladen, wo ich nicht mehr verhindern kann, mit
Adelheid zusammenzukommen, was mir bloß deswegen unan=
genehm ist, weil ich fürchte, daß ihr falsches Benehmen gegen
mich mich kompromittiren muß, was um so auffallender sein
wird, da der König sie so sehr ausgezeichnet hat, und aller
Augen auf sie gerichtet sind. Ob sie sich souteniren wird, ist
eine andere Frage; ich wünsche es aber Deinethalben, weil es
Dir Freude machen wird, bezweifle aber sehr, daß Adelheids
höchste Gunst beim König uns je einen Vortheil, wahrschein=
lich eher den größten Nachtheil bringen wird.

Abends.

Ich besuchte früh die alte Goloffkin, schenkte ihr ein
Reh, küßte ihre schöne Hand, und erbot mich zum Abend zu
einer Bostonparthie. Du kannst denken, daß ich so ihr ganzes
Herz gewann. Sie frug mich, ob ich glücklich mit Dir lebe,
und als ich ihr dies mit Enthusiasmus und meiner guten

Schnucke Lobes voll versicherte, freute sie sich ganz herzlich
darüber, und ließ Dir alles mögliche Schöne sagen. Bei
Prinz August war bloß Heinrich zugegen, und Adelheid nicht,
da es ein Männerdiner war. Abends machte ich einige Visiten, spielte dann die bewußte Parthie Boston bei Kircheisen,
und ging dann zu Bett. Dies mein Tagebuch, nun zur Be-
antwortung Deines Briefs.

Ich bedaure, daß es mit Adelheid nicht so ausgefallen
ist, wie Du es wünschtest, aber meine Schuld ist es nicht.
Der König hat ihr bloß Pfefferkuchen geschenkt. Es ärgert
mich, daß er nach Potsdam gereist ist, ohne mich einzuladen.

74.
Pückler an Lucie.
Den 31. Januar, früh, 1820.

Treibe Neumann von meinetwegen an, daß
er die Zusätze und Abänderungen im Erbrezeß, welche ich
mit Michaelis bereits durchgesprochen und gebilligt, schleunig
vornehme. Alles geht so schrecklich langsam, und wir
werden alt darüber in Kummer und Sorgen, ohne irgend
etwas vollendet zu sehen. Der Blick in die Zukunft ist doch
für uns wie der Blick des schmachtenden Wanderers in die
unabsehbare Wüste, an deren Ende seine Phantasie zwar
einen schönen Garten stellt, von dem aber sein Auge noch
nie die Wirklichkeit erblickte. Nur Mühe, Sorge und Noth
ist hier wahrhaft da, vom Glücke nur der täuschende Schat-
ten, dessen Gestalt vielleicht am riesenhaftesten sich ausdehnt,
wenn die Sonne des Lebens dem Sinken nahe ist; aber so
groß er auch scheine, doch bleibt er körperlos und Wahn!

Wohl dem Frommen, dessen Reich jenseits und nicht
von dieser Welt ist — nur dadurch wird er eben dieser Welt

Herr, so wie die erst der heißesten Liebe widerstehende Frau dem gleichgültig Gewordenen nun selbst entgegenkömmt. Mit Ruhe genießen kann also nur der, dem das Entbehren keinen Kummer macht. Wer bedarf, den flieht der Genuß, und das Glück findet nie, der nach ihm jagt! Hier aber jagt alles durcheinander, jede Kraft strebt nach außen, und keiner kennt die Ruhe, den Himmel! Wie rastlos treibt es uns fort, und wer möchte wohl sein elendes Leben wieder gerade so von neuem durchleben!

Tiefes Geheimniß, wo wirst Du gelöst! Nur in der Liebe löst sich aller Widerspruch, aber die heilige Flamme dieser Liebe, wie selten erleuchtet sie nur auf kurze Augenblicke die Nacht der Erde!!

Den 2. Februar.

Gestern Abend war eine große Gesellschaft und Konzert bei Stägemann, wo die Tochter vom Hause, Hedwig, und die Frau von Horn nicht abgeneigt sind Deinem Lou; auch die Alte ist mir recht gut.

Der Tod des Herzogs von Kent hat wieder alle Fêten zu nichte gemacht, wie früher der des Landgrafen von Homburg und der Kurfürstin von Hessen. Man sollte am Mardi gras den Basler Todtentanz aufführen, da so viel Tod in diesem Karneval ist. Ich für meine Person danke dem Himmel, daß ich weniger oft die Uniform anzuziehen brauche; aber die tanzlustigen Damen sind sehr ennuirt.

Ich bin seit 4 Tagen wieder ganz unwohl und bedürfte wieder einer zerstreuenden Veränderung. Diese scheint für meine Gesundheit ganz nothwendig. Die 6 Wochen, die ich noch hier bleiben muß, drücken mich entsetzlich. Uebrigens ist mein Ansehen hier sehr gesunken, seitdem man weiß, daß ich keine diplomatische Anstellung bekomme, da jeder sich steif und fest einbildet, ich habe sie gesucht, und sei abgewiesen worden, und dies durch viele absichtlich verbreitet wird. Wittgenstein ist uns nicht gewogen, wie ich glaube. Der König ist zwar gnädig gegen mich gewesen, wo er mich gesehen hat, hat mich aber doch nur einmal zur Tafel gebeten, und bis jetzt noch keiner von den Prinzen, die mich überhaupt bei den besten Gelegenheiten nie angeredet haben, selbst der Prinz Karl nicht, der es sonst immer thut. Es scheint mir daher, daß wieder irgend eine Klatscherei obwaltet. Vielleicht hält man mich für einen Demokraten. Die Leute sind so albern! Hätte ich nur Geld! Gern wollte ich mich dann auf Muskau reduziren.

Heute fange ich meine Singstunden an beim Kapellmeister der Fürstin Partanna, der mir versichert hat, daß meine Stimme sehr gut sei, und nur der Ausbildung bedürfe, und ich mit Fleiß binnen 6 Monaten vollständig singen können solle. Ich werde sehr fleißig sein; denn ein solches gesellschaftliches Talent fehlt mir gerade.

75.
Pückler an Lucie.

Berlin, den 4. März, 1820.

Gute, liebe Seele!

Hier bin ich wieder nach der abscheulichsten Reise, die man sich denken kann; denn der eisige Wind voriger Nacht hat mich so durchkältet, daß ich mich nie erinnere, mehr gefroren zu haben; er stand uns gerade in's Gesicht, und es war in dem offenen Wagen gar keine Rettung davor. Wie elend sticht hier alles, was ich hier vorfinde, gegen Muskau ab, und ganz Berlin kam mir diesmal proportion gardée klein gegen Muskau vor, wie es in meiner Imagination steht.

Dein Herr Vater und die Fürstin haben mich sehr gütig empfangen. Dein Herr Vater verspricht gewiß nach Muskau zu kommen. Im Mai kommt aber der österreichische Kaiser her. Wittgenstein hat mich auch sehr gütig empfangen. Stägemann habe ich gesprochen, und morgen werde ich Dir mehr über unsere Geschichte schreiben können. Meine Pferde sind wohl, Vivarais kömmt mit dem neuen nebst den Wagen zurück. Heute war große Parade und viele Avancements. Natzmer ist Divisionsgeneral geworden, und kömmt nach Breslau.

In Spanien erwartet man das Schlimmste, und auch für die Ruhe in Frankreich ist man besorgt. Den gestrigen Abend brachte ich beim Fürsten Putbus zu. Die Fürstin überhäufte mich mit Artigkeit, und zeigte mir eine Menge der hübschesten Sachen, die man sehen kann. Auch die Pläne von Putbus amüsirten mich sehr. Es ist gewiß schön, und in Hinsicht der Gegend am Meere Muskau weit vor= zuziehen; aber alles ist doch von weit geringerer Größe, und der Park, wie mir scheint, nicht viel größer als unser pleasure ground.

Du wirst gelesen haben, daß Kügelchen ermordet worden ist. Hast Du denn die Quittung über die 80 Louisd'or, die er mit Sünden bekommen hat, denn sein Bild ist nicht 20 Thaler werth?

In meinem nächsten Briefe mehr.

Dein treuer Lou.

76.
Pückler an Lucie.

Den 5.

Mit meinem Singen, jetzt die Hauptleidenschaft, geht es immer besser. Ich sang gestern zum erstenmal bei Frau von Alopäus, und erntete sehr viele Lobeserhebungen ein.

Sonst gehe ich wenig aus, und wünsche, das Singen ab=
gerechnet, Berlin zu allen Teufeln.

Verzeih' diesen kurzen Brief. Geschäfte und Singen
haben die Tage meine Zeit ganz hingenommen. Nächsten
Posttag ein Mehreres, gute, liebe, schöne Schnucke.

Dein ganz unterjochter, treuer
Lou Hermann.

77.
Pückler an Lucie.

Den 6. März.

Ich habe heute mit der Fürstin und Koreff allein ge=
gessen, da Dein Herr Vater bei Alopäus war, der mich dies=
mal, wahrscheinlich weil er nun weiß, daß ich keine diplo=
matische Person werde, nicht mitgebeten hat, ein kleines
crève-coeur für mich, was ich mir jedoch nicht merken lasse.

Morgen ist auch ein Ball bei Hofe, zu dem ich nicht
gebeten bin, wie noch zu keinem, die bis jetzt stattgefunden
haben. Das ist doch wirklich unhöflich, und ein Beweis,
daß mir Wittgenstein nicht wohlwill. Auch von den Prinzen
hat mich noch niemand zu Tisch gebeten als Prinz August
und Prinz Friedrich. Wir wären wahrlich rechte Thoren,
wenn wir nach Beendigung unserer Geschäfte hier unser Geld
verzehrten, es müßte denn eine Pairskammer errichtet werden,
dann ändern sich die Umstände.

Den 6., Abends.

Ich sollte heute bei der Prinzeß Ferdinand essen, habe
es aber absagen lassen, weil es mich gar zu sehr genirt
sonst kann ich nicht sagen, daß ich an Einladungen sehr
leide, da außer Alopäus noch keiner der fremden Gesandten
oder Minister mich zu Tische gebeten hat, obgleich viele große
Diners gewesen sind.

Von der Idee, hier ein Haus zu machen, bin ich ganz zurückgekommen. Es wäre eine reine duperie, und bald, hoffe ich, werden wir nichts mehr hier zu suchen haben, folglich nur von Zeit zu Zeit ein kurzer Aufenthalt nöthig sein, und da behilft man sich. Ein beständiges Quartier kostet immer viel Geld. Unter 600 Thalern jährlich ist auch ein höchst kleines, kaum zulängliches, nicht zu bekommen.

Adieu, beste Schnucke.

Dein ganz eigener Lou.

78.
Pückler an Lucie.

Den 9., früh.

Ich schicke Dir mit diesem Briefe die Bescheinigung, daß die Hypothekensache, was Berlin betrifft, beendigt ist. Voilà une chose qu'il faut faire sonner bien haut; denn ich kann wohl sagen, daß die ganze Provinz es mir zu verdanken haben wird, wenn nun bald das preußische Hypothekenwesen durchgängig eingeführt wird.

Mit Hedwig geht der kleine Roman sachte fort, sonst ist es herzlich ennuyant hier. Im Spiele habe ich einen kleinen échec erlitten, und 200 Dukaten, die mir Putbus schuldig geblieben war, an ihn zurückverloren. Prinzeß Ferdinand ist eben auch gestorben. Dieser Karneval ist wirklich sonderbar.

Dein treuer Lou.

Wenn ich Dir nichts mehr von meiner Lebensart hier schreibe, so geschieht es bloß wegen ihrer so überaus monotonen Einförmigkeit, so daß sie unter folgendes Schema ein für allemal gebracht werden kann.

Aufgestanden 11 Uhr. Gewaschen und geschrieben, auch gefrühstückt bis 1 Uhr. Singstunde. Angezogen. Promenade

zu Pferde oder zu Fuß. Gegessen bei Deinem Vater. 7 Uhr
zu Stägemann, Fouqué oder zu Haus. Thee getrunken.
Geschrieben, gelesen bis 1 Uhr oder 2, dann zu Bett. Alle
Woche einmal soupire ich bei Putbus. Sonst gehe ich zu
niemandem, weil mich alle Gesellschaft anekelt. Bei weitem
am Liebsten wäre ich in Muskau, und Du bist vor einer
Ueberraschung nicht sicher.

79.
Pückler an Lucie.

Den 11. März.

Heute habe ich endlich beim Kronprinzen gegessen, und
ihn diesmal ganz freundlich gefunden, wiewohl er mich keineswegs ausgezeichnet hat, was denn auch ganz natürlich ist.
Deine Briefe mit der fahrenden Post habe ich erhalten.

Den 12.

Gestern Abend spät fand ich Deine Briefe mit den Hiobs-
posten vor. Ich muß gestehen, daß sie einen sehr widerlichen
Eindruck auf mich machten, nicht sowohl der Sachen selbst
wegen, als wegen der höchst unästhetischen Angst und Hast,
mit der sie geschrieben waren. Die Steuersache hat gar
nichts Beunruhigendes, und gesetzt auch, es käme zu einer
augenblicklichen Execution, was ich durchaus bezweifle, so
wäre bei einer solchen Sache dieselbe auch lange nicht so
désagréable, als die welche wir schon einmal wegen schuldiger
Miethe hatten.

Die Alaunkatastrophe will ich an Ort und Stelle untersuchen. Schefer's Opus ist zwar recht gut geschrieben, scheint
mir aber oberflächlich; übrigens bewundere ich die Leichtigkeit,
mit der Du von einem Extrem auf das andere springst.
Dieser schreckliche Schefer, dessen Anblick Du früher kaum

18*

ertragen zu können glaubtest, ist nun wieder einmal die einzige Rettung. Und wie sind alle diese Mordgeschichten auf dem Alaunwerk vorgefallen, ohne daß Du etwas davon wußtest? Baute denn der Mann ganz ohne Kontrolle, daß erst jetzt Wimmel (der leider auch kein Orakel ist) sich über die großen Fehler bei einigem Genie ausläßt?

Ich werde nach Muskau kommen und alles selbst unter= suchen, Deinen Brief aber Deinem Vater zu zeigen dispensire mich, denn ich bezweifle, daß er einen sehr lieblichen Effekt auf ihn machen würde, da er diese Leidenschaftlichkeit eben nicht sonderlich an Dir liebt, und man überhaupt mit Jam= mern und Schreien wenig in der Welt ausrichtet.

Nachmittags.

Verzeih, lieber Engel, wenn ich Dir heute früh etwas hart meine Meinung gesagt habe; aber es ist auch ein ent= setzlicher Fehler, den Du hast, bei dem geringsten Uebelgehen gleich den Kopf gänzlich zu verlieren, und Dich dann jedem in die Arme zu werfen, der gerade da ist. So bist Du im Leben um alles gekommen, Glück, Ruhe und Vermögen. Mache mir also nicht auch den Kopf noch wirblich; denn ich bin Deine letzte Stütze, und meine es wirklich gut.

Den Verkauf des Bleis laß Dich doch gar nicht reuen, und am wenigsten bitte ich um Gotteswillen wo möglich es noch rückgängig zu machen, als wenn unsere ganze Wohlfahrt an den paar Zentnern Blei hinge, woran wir höchstens einige Hundert Thaler verlieren können.

Ich werde also, wie gesagt, nach Muskau kommen, die Alaunsache zu untersuchen. Ich bitte mir aber ernstlich aus, daß Du mich gar nicht darin störst, sondern mich handeln läßt, wie ich es für gut finde. Alles, was ich nach eigenem Antrieb ausführe, ist immer noch so leidlich gegangen, und ich bin überzeugt, daß hier der Berg eine Maus gebären wird.

In der Welt ist es noch unruhiger als in Muskau. Man sagt, der König von Schweden sei ermordet, und der König von Spanien aus dem Lande gejagt. Ich gehe jetzt zu Deinem Vater; sind die Nachrichten beide wahr, so mache ich ein † und eine O auf das Couvert; ist es nur die erste ein † und nur die letzte eine O. Adieu, fasse Dich, und werde, wo möglich, etwas vernünftiger.

Adieu, alberne Schnucke, bitte in Deiner Antwort fuß= fällig um Verzeihung.

Dein Tyrann

Lou.

80.

Pückler an Lucie.

Den 17. Mittags.

Da ich es für eindringlicher hielt an Wittgenstein zu schreiben, als mit ihm zu sprechen, so ging ich zu Stunden zu ihm, wo ich ihn nicht antreffen konnte, und schickte ihm nun eben folgenden Brief, den ich meiner Schnucke, so wie alles, was ich thue, auch mittheilen muß.

Euer Durchlaucht

erlauben mir, da ich zweimal vergeblich in Ihrem Hause war, um Ihnen aufzuwarten, mich jetzt schriftlich bei Ihnen zu beurlauben, und zugleich eine unterthänige Bitte hinzu= zufügen.

Obgleich ich mich persönlich in einer eben so unabhängigen als angenehmen Lage befinde, so habe ich es doch immer für eine Pflicht gehalten, wenn man mich brauchen könnte, meine Dienste dem König und dem Staate zu weihen. Ich glaubte früher meinen Schwiegervater meiner Anstellung abgeneigt.

Die Güte und Freundschaft, die er mir indeß neuerlich bewiesen hat, überzeugte mich, daß ich seine Gesinnungen gegen mich gemißdeutet hatte, und er hat in der That das

Anerbieten meiner Dienste im diplomatischen Fache günstig aufgenommen.

Euer Durchlaucht haben mir erlaubt, mich mit Vertrauen an Sie zu wenden. Ich kann ohne Schmeichelei sagen, daß ich niemanden in unserem Staate aufrichtiger anhänge, und mich mehr verpflichtet halte, als Euer Durchlaucht, wenn auch eine natürliche Timidität mich oft in Ihrer Gegenwart unfähig macht, es so an den Tag zu legen, als ich es fühle. Es wird daher, hoffe ich, von Ihnen nicht als Zudringlichkeit angesehen werden, wenn ich mich in der jetzigen Angelegenheit wieder an Euer Durchlaucht wende, um Sie zu bitten, wenn es die Gelegenheit erlaubt, mein Gesuch um einen diplomatischen Posten durch einige wohlwollende Worte zu unterstützen.

Ich wünsche Euer Durchlaucht nicht mit einer Antwort zu inkommodiren, und bitte im Gegentheil Ihr Stillschweigen nach der bekannten Regel auslegen zu dürfen: Qui ne dit mot, consent.

Euer Durchlaucht
dankbarer und ganz ergebener Diener
Hermann Graf von Pückler-Muskau

Abends.

Vielleicht ist dies der letzte Brief, den ich Dir schreibe; denn auf übermorgen um 5 Uhr Abends sind die Pferde bestellt. Du kannst nun ungefähr kalkuliren, wann ich in Muskau ankommen werde. Ich sage Dir aber im voraus, daß ich Dich überraschen will, und Dir meine Ankunft nicht vorher schreibe. Also mache Dich auf einen kleinen Schreck gefaßt. Einen Koch bringe ich leider nicht mit, und Heyne muß arbeiten, so gut er kann. Dem Prinz Karl brachte ich heute eine Romanze von Mad. Gay, die sie ihm dedizirt hat, und die er mit großem Vergnügen aufnahm. Er ließ mich wieder nicht vor einer halben Stunde fort, und ich bin überzeugt, daß dieser mich sehr gern hat. Wegen des Kronprinzen habe ich auch geradezu mit dem Grafen Röder, seinem Adjutanten, gesprochen, der mich mit vieler Aufrichtigkeit, wie es schien, versicherte, er sei überzeugt, der Kronprinz habe nicht das Mindeste gegen mich, da er nie eine unvortheilhafte Aeußerung von ihm über mich gehört habe. Den Prinzen Wilhelm habe ich noch öfter gesehen; und er hat jedesmal, wo er mich in Gesellschaft traf, lange mit mir gesprochen. In Hinsicht der Prinzen habe ich mich also, so viel ich konnte, zu humanisiren gesucht, und darin mich als dein gehorsamer Zögling bewiesen. Apropos Mlle. Lenormand hat mir noch etwas Komisches gesagt: Ich sei zwar schwer zu beherrschen, und dem Zwange abgeneigt, sie sehe aber aus meiner Karte, daß es mir sehr heilsam sei, d'être toujours un peu sous la tutelle d'une femme, sans quoi je ferai souvent des sottises. Was meinst Du dazu, Schnucke?

Dein gehorsamer Lou.

81.
Pückler an Lucie.

Den 18., Abends.

Ich habe heute eine Audienz bei Deinem Vater gehabt, worin er mir sehr viel Freundliches und Verbindliches gesagt hat, und mir ziemlich positiv den Posten in Spanien angeboten. Ehe sechs Wochen vergehen, sagt Koreff, soll ich bestimmt wissen, woran ich bin. Dein Vater sagte: Sowohl als Staatskanzler wie als Schwiegervater werde er sich bemühen, für mich zu handeln. **Enfin que voulez-vous de plus.**

Spanien und Konstantinopel, beide Posten sind sehr interessant. Nach Koreff's Idee soll ich Hofmann und Vartholby mitnehmen. Von Spanien aus wird ein Abstecher nach Marokko und zu den Barbaresken gemacht. Alles das aber, Schnucke, mit Dir oder gar nicht, das ist mein fester Entschluß. Mache nun, was Du willst, denn Du kömmst zuerst, alles andere ist für mich nur sekundair.

Ich habe einen fürchterlichen Schnupfen und bin recht krank; wenn ich aber nicht todt bin, so reise ich doch morgen.

Den 19. früh.

Diese Nacht, liebe Schnucke, bin ich so krank geworden, daß ich ein hitziges Fieber zu bekommen glaubte. Ich bin jetzt außer Stande abzureisen, und Gott weiß, ob ich vor zwei bis drei Tagen ausgehen kann. Quel contretemps fâcheux! Ich schicke Dir nun diesen Brief noch mit der Post, den ich selbst bis Frankfurt mitnehmen wollte. Wie gebrechlich sind doch des Menschen Vorsätze! Hoffentlich wird es mir doch nicht bestimmt sein, mit der Sehnsucht nach Muskau im Herzen begraben zu werden. Adieu, meine Schnucke, Dein Lou glüht und brennt wie Feuer. Koreff und kühlende Tränke löschen. Adieu.

82.

Pückler an Lucie.

Den 19.

Ist das der Brief einer sanften outragirten Schnucke, die, wenn man ihr auch Unrecht thun sollte, doch nur milde und mit Ergebung antworten darf?

Kannst Du von einem Mann, der Dir täglich Bogen schreibt, während ein anderer vielleicht alle vierzehn Tage einmal ein kurzes Lebenszeichen geben würde, nicht manchmal ein bischen Laune ertragen, und sie durch Sanftmuth, Liebe und Güte mildern und wandeln, so erfüllst Du nicht die weib=

liche Bestimmung, und Dein Schmerz kann mich, wenn er Trotz ist, nicht rühren.

Ich erwarte also erst einen anderen liebevollen Brief, bevor ich wieder mit der mir inwohnenden Liebenswürdigkeit mich zu schreiben entschließen kann. Meine gute Schnucke, Du verstehst Deinen Vortheil gar nicht, wenn Du zankst. Als ich Deinen einen guten Brief gelesen hatte, war ich fast bis zu Thränen gerührt, und wollte gleich mit voller Zärt= lichkeit antworten. Da las ich den anderen, und meine Stim= mung ward durch den patzigen, hochfahrenden Ton, der darin herrscht, gleich umgewandelt.

Ich bilde mir ein, daß Du, wie ich bin, sehr gut mit mir zufrieden sein kannst, wäre es aber auch nicht, so bedenke Schiller's Worte:

„Das harte Dulden ist des Weibes Loos auf Erden,
Durch schweren Dienst muß sie geläutert werden,
Die hier gedienet, wird dort oben groß". —

Drum keine Rebellion, kein Auflehnen mehr gegen die wohlbegründete Macht des Lou, der nur, wenn er Unrecht hat, durch Milde zur Raison zu bringen ist, durch un= weibliches Auffahren und Zanken aber sogleich entfremdet wird. Dixi.

Uebrigens hast Du in allen Deinen Spitzreden ganz unrecht.

Daß Du mir drohst, Dich mit der Bedientenerziehung nicht abzugeben, wird Dein eigener Schaden sein, und Du kömmst mir dabei vor, wie das Kind, das selbst hungert, um seine Eltern zu ärgern. Was Du mir über das Treibhaus am Schlosse schreibst, beweist mir, daß Du eine Chimaire im Kopfe hast, die gar nicht ausführbar sein wird ohne die größte Unreinlichkeit und Unbequemlichkeit; doch darüber werden wir noch viel sprechen, und, wie ich leider voraussehe, zanken. Daß die fahrende Post langsamer geht als die rei= tende, ist mir nicht unbekannt; ich wünschte jedoch, daß solche

Briefe wie der, den ich eben beantworte, mit einer Post ge=
schickt würden, die nie ankäme.

Nun mein gutes, liebes Schnückchen, soll aber aller
Zank vergessen sein, und meine Maus soll sich nicht ärgern!
Wäre ich doch nur bei Dir auf einige Tage; aber die fatalen
Geschäfte und des guten Stägemann's Faulheit verhindern
mich daran jetzt an Abwesenheit zu denken.

83.
Pückler an Lucie.

Den 21.

Ach, hätte ich doch nur nichts mehr hier zu sollizitiren!
Wie froh wollte ich sein! Auf der anderen Seite thut es
mir doch immer leid, die schöne in jeder Hinsicht vortheilhafte
Gelegenheit (wo auch Bernstorff, der mir nicht wohl will,
abwesend ist), nicht benutzt zu haben, um einen Gesandtschafts=
posten zu erhalten, was so leicht war. Was thäte es denn
meinen Geschäften, zum Beispiel, wenn wir in Kassel wären?
Wie oft könnten wir nach Muskau gehen, und alles dirigiren,
so gut wie von hier aus, und die 10,000 Thaler jährlichen
Zuschuß wären doch auch zu brauchen. Mehr Ansehen erhält
man doch auch dadurch in der Welt, da einmal die bloße
Geburt nichts mehr gilt. Ich fürchte, wir werden die gute
Zeit mit imaginairen Skrupeln hingehen lassen, und später
das leere Nachsehen haben. Du erfährst nun schon früher
durch die Zeitungen, daß der Herzog von Berry im Heraus=
kommen aus der Oper mit einer Sattlerpfrieme erstochen
worden ist. Die Zeit fängt an bedenklich zu werden! Männer
von Kraft und ohne Furcht werden erfordert werden, um die
Zügel schärfer zu halten, und mit eiserner Faust die mörde=
rischen Buben zu Boden zu schlagen. Da wäre ich an meinem
Platze! Das fühle ich.

Mit dem Singen geht es sehr gut, und Du wirst Dich
wundern, welche Fortschritte ich gemacht habe. Vielleicht
bringe ich den Lehrer mit nach Muskau auf einige Wochen.

Die Pläne für das Schloß sind nun in der schönsten
Ordnung, alle Wünsche erfüllt, und das Ganze etwas bezaubernd Romantisches, gewiß ohne seines Gleichen, wenn es
fertig ist. Gott gebe seinen Segen, darum flehe ich ihn an!

Es wäre wahrlich jammerschade, wenn so etwas Schönes
nicht sollte zur Ausführung kommen.

Adieu, meine Schnucke.

Dein treuer Merinos.

———————

84.

Pückler an Lucie.

Den 22., 4 Uhr.

Gute, liebe Schnucke!

Ich sage heute Deinem Vater ab, weil ich 5 Stunden
mit Schinkel hier bei mir gezeichnet habe, der meine Wünsche
für das Schloß so herrlich ausgeführt hat, daß ich ganz
vor Freude berauscht darüber bin, um so mehr, da ganz
außerordentlich wenig, im Vergleich mit früher, daran verändert wird.

Wenn Wimmel kommt, so soll er alle Pläne vom Amt-
haus, Komödienhaus 2c. mitbringen. Dann kann er sich auch
einen guten Maurergesellen aussuchen, der zum Abputzen höchst
nöthig werden wird; denn dies ist eine Hauptsache. Schreibe
mir mit umgehender Post Deine Meinung, habe mich lieb,
und freue Dich mit mir über die herrlichen Bilder der Zukunft, die gewiß keine Luftschlösser sein werden, das sagt mir
mein Inneres, und Schnucke wird Muskau fertig sehen, das
weiß ich ganz gewiß; denn auch ich habe richtige Ah-
nungen, Beweis, daß ich den Tod des Königs von England

und der Prinzeſſin Ferdinand während dieſes Karne=
vals vorhergeſagt habe.

85.
Pückler an Lucie.

Den 23., früh.

Wenn ich heiter bin, habe ich meine Schnucke immer
ſehr lieb; wenn ich verdrießlich bin, habe ich niemanden lieb,
und daher mußt Du Perioden von übler Laune nicht ſo hoch
aufnehmen, nicht Dich darüber kränken, und auch wo möglich
nicht wieder mit ſpitzen Worten entgegenſtreiten, dann kann
man ſchon mit dem armen Lou auskommen, der ſonſt freilich
nicht viel taugt, und grade nur mit einem ſolchen Engel wie
die Schnucke auf Erden auskommen kann. — Darum bitte
ich den lieben Gott von Herzen, daß er mir ſie erhält, ſo
lange ich lebe. Hier liegt Lou auf den Knieen, und bittet
um langes, langes Leben für ſeine Schnucke, ſeine ſüße, liebe
Maus. Lou iſt aber doch ein großer Egoiſt, denn er denkt
nur an ſich dabei. Nein, er wünſcht auch der Schnucke allein
tauſend Segen, und freut ſich auch bei dem Gedanken, ſie
allein in Muskau wandeln, und von Freude und Freunden
umgeben, glücklich zu ſehen, ihres Lou getreulich eingedenk,
und ſeinem Andenken eine ſanfte Thräne weihend. Dann
wird die gute Schnucke alle ſeine Fehler vergeſſen, und nur
ſeine wenigen guten Eigenſchaften werden ihrem Gedächtniſſe
vorſchweben. Jedes Unrecht wird unter dem kühlen Steine
ſchlafen, und nur die Blumen der Erinnerung mit ſüßem
Duft die inneren Sinne des Gemüths berühren. —

Meine Briefe werden ſehr accurat nach der Poſt
gebracht. Wahrſcheinlich hält man ſie nur auf, um ſie
zu leſen.

86.
Pückler an Lucie.

Den 25.

Indem ich mein neues Logis bezog, bekam ich Deinen Brief, dem man es ansieht, daß Deine Gäste Dich mehr inter= essiren als Dein entfernter Lou. Du kannst nun, wenn Du Dich mit einem Logis wie in Teplitz begnügen willst, bei mir wohnen.

Das Komödienspielen von Helmina gefällt mir eben nicht besonders; sie wird allein mit dem Hrn. von Schwarz= bach 2c. gelassen, am Ende noch verführt werden. Ueberhaupt kann ich es hier nicht mehr aushalten, und werde Dich nach Muskau zurückbegleiten. Dein Herr Vater geht ohnedies bald nach Glienike, und Stägemann ist nicht vom Flecke zu bringen. Ich opfere hier wahrlich meine Gesundheit, und Du weißt, wenn meine Geduld zu Ende ist, so muß es anders werden, oder ich vergehe.

Ich lege diesen Brief an Helminen ein, damit er, wenn Du schon fort wärest, nicht liegen bleibt. Réflexion faite schicke ich lieber jeden apart. Ich freue mich sehr darauf, meine gute Schnucke hier zu sehen, und von all den kalten Menschen wieder am Busen der Liebe auszuruhen! Welche Theilnahmlosigkeit herrscht in dieser Welt, und wie schrecklich leer und todt ist es eigentlich in ihr. —

87.
Pückler an Lucie.

Den 28.

Du mußt wissen, gute Seele, daß ich im Singen große Fortschritte mache, und schon in kleinen Gesellschaften mich hören lasse. Aber da ich mich nicht selbst accompagniren kann, so werde ich in Muskau, wenn ich den Meister nicht mitbringe, Dir keinen échantillon meiner Kunst geben können.

Ich führe jetzt ein ganz sonderbares Leben. Nur zwei Passionen beschäftigen mich ganz, die Pläne für Muskau und das Singen. Schon seit acht Tagen gehe ich nirgends mehr hin (selbst zu Deinem Herrn Papa selten), als nur zu singen, und für Muskau habe ich eine solche Wuth, daß mir gestern etwas geschehen ist, was wirklich einzig in seiner Art und beinahe unglaublich ist. Schinkel kam nämlich zu mir, und wir zeichneten und projektirten bis um 3 Uhr. Nur halb fertig mußte er fort, ich blieb sitzen und projektirte weiter, vertiefte mich immer mehr, und (Dank dem unnachahmlich vortrefflichen englischen Buche, das Dich ganz bezaubern wird) faßte die lumineusesten Ideen. So fort arbeitend wurde es dunkel, man brachte Licht, ich phantasirte fort, bis ich endlich einen Ruhepunkt machte (bei Deinem Vater hatte ich schon früher absagen lassen), um zu essen. Als ich nun dem Lohn=bedienten klingelte, um mein Essen zu holen, so fand es sich, daß es unmöglich war solches zu verschaffen, da es 2 Uhr nach Mitternacht war. Qu'en dites vous?

Uebrigens bin ich sehr betrübt, denn das Werk des be=rühmten englischen Architekten und Gartenprojektors lehrt mich zur Evidenz, daß ich einem Maler gleiche, wie ein Kind, das mit einem Farbenkasten spielt. Aber ein Licht ist mir doch aufgegangen, und wird Dir aufgehen, wenn Du Ende oder Mitte März, wo ich nach Muskau zu kommen hoffe, mit mir das sybillinische Buch lesen wirst.

Gestern habe ich zum erstenmal bei Stägemann in einer großen Gesellschaft gesungen, und obgleich ich sehr bange war im Anfang, ist es doch gut abgelaufen. Heute Abend singe ich mit dem schönen Martens ein Duo bei der Fürstin Partanna.

88.

Pückler an Lucie.

Den 3. Mai.

Ich bin sehr melancholisch, nicht aber wie Du vielleicht denkst, aus Sehnsucht nach Einbildungen, sondern weil ich fühle, daß der Besitz von Muskau unser Unglück und die Quelle unversiegbaren Elends ist. Der Karren ist durch Dehn und unsere Schuld zu weit in den Sumpf hineinge= schoben worden, um wieder herauszukommen, und jeder Succeß, den man erreicht, nur ein Schnappen nach Luft, dem die Angst zu ertrinken gleich wieder auf dem Fuße folgt. Ich gehe dort zu Grunde, materiell oder moralisch, das fühle ich, und bleibe im Dunkeln, während ich in einer unabhängigen Lage vielleicht eine nicht unbedeutende Rolle spielen würde. Uebrigens werde ich hier sehr geringschätzend behandelt. Der König hat mich nur einmal gebeten, während Andere öfter bei ihm speisen, und seitdem man mit Bestimmtheit weiß, daß ich keinen Posten erhalte, um den man meine Bewerbung vorausgesetzt, berücksichtigt man mich so wenig, daß Dein Herr Vater täglich beinahe in der Stadt speist, ohne daß man mich mitbittet, wohl aber Jordan und Bülow.

Mein Leben ist doch recht traurig, und ich bin es fast müde. — Wenigstens stürbe ich von Herzen gern, denn wo ich auch hinblicke, sehe ich nur Kummer und Noth, getäuschte Hoffnungen, versäumtes Glück, unabwendbare Uebel. Alles Folge einer unpassenden, verfehlten Bestimmung. Hätte ich nur nie fremdem Rath, und immer meinem Instinkt gefolgt, so stünde es doch noch viel besser um mich! — Wo ich mir selbst folgte, habe ich nie einen bedeutenden Nachtheil erfahren, wo ich Anderen folgte, die schrecklichsten. Dies kommt nicht immer daher, daß der fremde Rath schlecht war, aber fremde Ansichten, die nicht in das eigene Gemüth übergehen, werden schlecht ausgeführt, und gedeihen nicht. Darum ist Selbst= ständigkeit die höchste Eigenschaft, und daß Du, liebe

Schnucke, die jeden Tag eine andere Autorität anbeteſt, dieſe Tugend bei mir ſehr untergraben haſt, iſt nicht ganz zu läugnen.

Nachmittags.

Ein Spazierritt, den ich täglich von vier bis fünf Meilen mache, hat mich etwas heiterer geſtimmt. Allein und in der freien Natur iſt mir immer wohl, und ſelbſt die melancholiſche Stimmung nimmt einen ſanft wehmüthigen Karakter an, der alles mit Liebe umfaßt, und kein herbes Gefühl aufkommen läßt.

Muskau, glaube mir, iſt mein Tod, und ich bereue unendlich nicht früher Schritte gethan zu haben, es an den Staat zu verkaufen, wo es, wie man mir ſagt, viel eher möglich geweſen wäre als jetzt. Denke Dir, welches Vergnügen mit einer Million wohlplacirten Vermögens in der Welt umherzureiſen, überall fremd, und überall zu Hauſe. Nur dies kann meinem Gemüth genügen, das immer Neues bedarf. Dabei eine kleine, reizende Beſitzung, wenn man ſich zu Zeiten zurückziehen will, und alle Bequemlichkeiten und Phantaſieen des Lebens im Ueberfluß, ohne dieſe ewige unerträgliche Sorge eines ungewiſſen Vermögenszuſtandes, einer ſtets angegriffenen Autorität, und einem Schmachten nach Schönheit, die dort doch unerreichbar bleibt, wenn auch noch Millionen hineingeworfen werden.

Täuſche Dich nicht an der Oberfläche meiner Handlungsweiſe, blicke tiefer, und Du wirſt einſehen: der Beſitz Muskau's · iſt mein Verderben.

Herzlich ſich auf Deine baldige Ankunft freuend, unterſchreibt ſich zum letztenmale vor dieſer

Dein Dich innig liebender
Lou.

89.

Pückler an Lucie.

Stägemann verspricht nun noch vor dem 1. Juni meine
Sache dem Fürsten zu überreichen. Das wäre ein großer
Stein vom Herzen. Vielleicht kann ich aber dann doch noch
nicht zum 1. Juni fort, vielleicht erst den 4, 5. Gott gebe,
daß endlich dieser Kelch an mir vorüber gehe! Das Wieder=
kommen im Juli ist aber ganz unnütz, da zu dieser Zeit
weder Stägemann noch Dein Herr Vater hier sind. Eher
wieder im September.

Den 25., früh.

Deinen lieben Brief erhielt ich noch gestern Abend, wo
ich wieder sehr melancholisch war. Sonderbar genug ist jetzt
wie durch Zauber schon seit Deiner Abreise alle Sehnsucht
nach Helmina gänzlich aus meiner Seele verschwunden, also
auch diese freudige Hoffnung in naher Zukunft verloren!
Muskau interessirt mich dieses Jahr gar nicht, im Gegentheil
wird es mir qualvoll sein, nicht wegen unvollendeter Anlagen,
sondern wegen schlechter, die in voller Schönheit der Natur
bestehen, und doch wegmüssen. Dieser Anblick den ganzen
Sommer ist mir odios. Wäre es nicht möglich das Wasch=
haus schnell einzurichten, um den Stall abreißen zu können?
Dieser ist mir auch ein Dorn im Auge. Die Pferde finden
schon Platz auf dem Vorwerk, und der neue Stall kann nur
mit den Materialien des Alten aufgebaut werden. Die An=
sichten des Amthauses werde ich wohl noch hier bekommen,
damit ich sie Schinkel'n vorzeigen kann.

90.

Pückler an Lucie.

Den 25., Abends.

Dein Herr Vater ist wie die hübschen Mädchen, bald so,
bald so. Heute besuchte ich ihn Abends (denn Mittags war

ich bei Partanna eingeladen), fand ihn allein und sehr freund=
lich. Er empfahl Lüdike und seinen Schwager Siebmann
außerordentlich, und meinte, einen besseren Mann zur Orga=
nisirung meiner Affaire könne ich nie finden. Also blüht
uns hier vielleicht ein reeller Vortheil für die Zukunft. Dein
Vater ist aber noch recht schwach, und sieht gar nicht gut
aus. Ich fürchte sehr, daß er nur noch kurze Zeit zu
leben hat.

91.
Pückler an Lucie.

Glogau, den 17. Juni, Abends.

Meine gute Maus!

Ich bin gerade zur rechten Zeit hier angekommen, um
morgen bei einem großen Diner zur Feier der Schlacht bei
Belle=Alliance, zu welcher mich der Graf Dankelmann ein=
geladen hat, alle die Herrn von der Landschaft kennen zu
lernen, die ihre Hauptsitzung erst den 24 haben. Michaelis
ist nicht hier, und kömmt erst morgen von Rogau wieder,
wo er Rother's besucht hat. Meine Reise war nicht ange=
nehm, wie Du denken kannst. In Sagan habe ich mich
einige Stunden aufgehalten, um Schloß und Garten zu sehen,
und — Du kannst Dich freuen, Schnucke — der letzte ist
gar nicht mit dem Muskauer zu vergleichen, und das Schloß
zwar in der Anlage weit größer und fürstlicher als das
Muskauer, aber herzlich schlecht meublirt, und sehr delabrirt,
schmutzig, die Meubles schadhaft, und alle Fenster und Thüren
mit Leimfarbe angestrichen. Einige schöne Gemälde sind
Fideikommiß des alten Herzogs. Nur eine einzige sehr
hübsche Sache habe ich dort gesehen, nämlich einen Ofenschirm,
Geschenk von der alten Herzogin, wo auf Goldgrund allerlei
ausgeschnittene Sachen darauf geklebt, und das Ganze dann

wieder überlackirt ist. Dies nimmt sich allerliebst aus, und muß bei uns nachgeahmt werden.

Das Aeußere des Schlosses ist nicht viel größer und weniger romantisch als das unserige, das Theater nur halb so groß, und Bequemlichkeit, Anmuth und Reinlichkeit wird überall vermißt. Ich würde um keinen Preis tauschen.

In Glogau kam ich wohl durchstoßen erst um 8 Uhr an, und ging sogleich auf die Ressource, wo ich den Herrn Präsidenten und einige andere Gesellschaft fand, dann bald zu Bette.

Den 18.

Das große Diner ist vorbei, der Ball wird in einigen Stunden beginnen, alles hübsch kleinstädtisch, aber recht drollig. Je fais l'aimable autant que possible. Michaelis ist noch nicht hier; aber ich glaube, daß alles gut gehen wird. Eben höre ich, daß Adelheid hier zu Balle angekom=men ist, und eile zu ihr. Adieu. Ich herze und küsse meine Schnucke tausendmal. Viele Grüße an Helminchen.

Dein treuer Lou.

Die Post war schon fort, und ich erhielt meinen Brief wieder zurück. Unterdessen ist Adelheid angekommen, und wir haben die Versöhnung auf eine sehr anmuthige Art im Gasthof zum schwarzen Adler besiegelt.

———

92.
Pückler an Lucie.

Den 23. September.

Gute Schnucke!

Nun will ich aber auch etwas Vergnügen haben, und den neuen Flügel dieses Jahr zum Empfang Deines Herrn Vaters (der noch nicht wieder von Glienicke zurück ist) fertig machen. Die paar Tausend mehr oder weniger werden nun

19*

nichts austragen; denn, wie ich Dir immer sage, unsere Ver=
hältnisse entscheiden sich nur im Großen. Ist das Hypo=
thekenwesen in Ordnung, gelingt die Chassirung des H. G.,
so wird unsere Zukunft noch freundlich werden. Zwei Jahr
Kummer aber müssen wir noch tragen.

Den 24., Nachmittags.

Dein Herr Vater ist von Glienike zurückgekommen, hat
mir aber sagen lassen, daß er allein zu speisen wünsche.
Gott weiß, was ihn übel disponirt, aber seit den letzten
Tagen Deines Hierseins ist er wie umgewandelt. Viel wird
indessen nicht dabei verloren sein, wenn nur die déhors ge=
rettet werden.

──────

93.
Pückler an Lucie.
Den 30. September.

Dein Herr Vater hat mich (er ist seit gestern früh in
der Stadt) heute zu Tische bitten lassen, und sehr kalt
empfangen. Ich habe ihn nach Tisch allein zu bekommen
gesucht, um mich wegen der Ziervogel'schen Sache zu recht=
fertigen, was ich nach reiflicher Ueberlegung für möglich hielt.
Er hat sich dabei als Hofmann benommen, aber die alte
Freundlichkeit habe ich leider ganz vermißt; die Entschä=
digungssache war ihm ganz entfallen! und er verlangte,
Eichhorn solle ihm Vortrag darüber machen. Hiemit entließ
er mich, und hoffte noch öfter das Vergnügen zu haben,
mich vor seiner nahen Abreise nach Troppau zu sehen. ──
Dies klingt fast so, als wenn er die tägliche Einladung zu
Tische nicht mehr gelten lassen wollte; ich werde aber doch
so lange hingehen, bis mir die Thüre gewiesen wird.

Ich überzeuge mich immer mehr, direkt ist hier nichts
mehr zu erlangen, und in Privatsachen am wenigsten. Die

Ziervogel'sche und Bianca's Geschichte haben es auf immer verdorben.

Als ich sehr trübe gestimmt zurückkam, fand ich Deinen Brief vom 28., der auch nicht geeignet war, mich zu er= heitern. Ich sehne mich nach Ruhe, das weiß Gott! Folge ich meinem Sinne, so mache ich es Dir nicht recht; dem Deinen gefolgt zu haben, hat uns fast an den Bettelstab ge= bracht; dabei tritt uns der Staat mit Füßen, und Dein Vater ist weit entfernt uns zu helfen.

Am liebsten ginge ich in den Krieg, und überließe alles Dir und seinem Schicksale!

Den 12. Oktober denke ich von hier wieder abzugehen. Das Geld für Dehn werden wir wohl negoziren, mit den übrigen Dingen, Steuersachen, Hypothekenwesen und Entschä= digung muß Gott helfen.

Nützlich wird es auf jeden Fall sein, wenn gleich uner= träglich, den Winter hier Haus zu halten. Nur immer= während Gegenwart kann mit unermüdetem Fleiße hier etwas zu Ende bringen. So wie wir den Rücken wenden, bleibt alles liegen.

Ich bin seit meinem Sturze doch unwohl, und fühle recht fatale Schmerzen im Rückgrat.

Also auf baldiges Wiedersehen!

H. P. M.

94.

Pückler an Lucie.

Den 1. Oktober.

Liebe Schnucke!

Ich kam gestern sehr verstimmt von Deinem Vater, und wurde es durch Deinen Brief noch mehr, daher meine Antwort, die ich gestern Abend schon zusiegelte, wohl nicht sehr freundlich sein wird. Indeß als treues Abbild meiner

Stimmung mag sie abgehen. Heute bin ich nicht mehr
bös, aber sehr schwermüthig. Wenn ich all das vergebliche
Thun, Schmiegen und Leiden der letzten Jahre bedenke, und
nun mich überzeuge, daß gar kein Resultat da ist, so ist das
wirklich tief betrübend. Indessen will ich doch den Muth
nicht ganz verlieren, und Du sollst es auch nicht.

Adieu, mein Engel, ich liebe Dich von Herzen, obwohl
Du mir einen häßlichen Brief geschrieben hast.

Dein Lou.

Recht verbinden würdest Du mich, wenn Du die arme
Helmine, die so jammervolle Briefe schreibt, nach Muskau
kommen ließest, ehe Du hierher kömmst. Sie amüsirt sich
dort allein am Besten, und wir finden sie bei unserer
Rückkehr.

95.
Pückler an Lucie.

Den 2. Oktober.

Mit Hellwig habe ich heute eine lange Unterhaltung ge=
habt. Die Sache mit Ziervogel hat in der That auf die
lächerlichste Art alles in Allarm gesetzt. H. sagt, daß er in
12 Jahren Deinen Herrn Vater nie so wüthend gesehen
habe, er hätte geschimpft wie ein Rohrsperling, infam,
niederträchtig und ähnlicher Ausdrücke sich bedient.

Hellwig und Lüdecke haben sich schlagen wollen! (Hier
hatte ich wirklich Mühe mich des Lachens zu enthalten), jetzt
soll indessen alles vergessen sein. Ich habe mich gegen Hellwig
etwas stark über den Herrn Papa ausgelassen, auf seine in=
ständige Bitte werde ich aber nun nichts mehr davon gegen
Deinen Herrn Vater selbst erwähnen.

Gestern, als ich zu Tisch kam, empfing mich der Herr
Papa mit einer Miene, die mir deutlich zeigte, daß er mich gar
nicht erwartet hatte. Ich ließ mich aber nicht irre machen,

und that recht unbefangen und wie zu Hause, setzte mich bei
Tisch neben ihn, und unterhielt ihn so gut, daß er am Ende
wieder recht cordial wurde, und nun auf Deine Gesundheit
trank, indem er vorher sich nicht ein einzigesmal nach Dir
erkundigt hatte. Auch machte er einige Aeußerungen, die
mich vermuthen lassen, daß er doch noch bei seiner Rückkehr
von Troppau nach Muskau kommen könnte, weswegen Du
Dich doch darauf einrichten mußt.

Alle unsere Geschäfte betreibe ich nach Möglichkeit, und
lasse mich die Mühe nicht verdrießen. Das Wildpret hat
einen recht guten Effekt gemacht, und ich bitte Dich, nur
mehr zu schicken.

Den 4.

Ich betreibe meine Geschäfte fortwährend sehr fleißig,
und es geht diesmal ziemlich gut, besonders habe ich Hoff=
nung, das Hofgericht sehr bald los zu werden.

Mit dem Hypothekenwesen ist durchaus nichts mehr zu
machen; wir müssen warten bis zum 1. Januar 1822, von wo
an es in der ganzen Provinz in Ordnung sein wird. Dann
können auch erst die Negotiationen wegen der Pfandbriefe
wieder mit Erfolg angeknüpft werden. Das Edikt wegen
der Separation mit den Unterthanen wird bestimmt noch
dieses Jahr erwartet, und gestaltet sich sehr gut für uns, da
alle Prozesse mit den Bauern vom Oberlandsgerichte weg
zu der Kommission kommen, die hierzu expreß ernannt ist,
deren Chef der Präsident Sack, und die die Gutsbesitzer be=
günstigt.

Mit den Steuerresten wird sich die Sache auch nach
und nach machen so wie mit der Entschädigungssache, in der
fleißig gearbeitet wird. Geld bringe ich den 15., wenn Du
nicht früher herkömmst, zur Deckung der Michaelis=Aus=
gaben mit, und zu Weihnachten ist ein Kapital von 20,000
Thalern besprochen.

Also beruhige Dich gänzlich, gute Schnucke. Dein Herr Vater ist nun auch wieder der alte; ich esse heute mit ihm bei Bernstorff, der sich Dir vielmals empfehlen läßt.

Nun meine Seele wieder ein wenig beruhigt ist, habe ich auch das Singen wieder angefangen, woran mich bis jetzt theils die üble Stimmung, theils die Schmerzen am Rückgrat hinderten, die nun ziemlich vorüber sind.

Ich freue mich sehr auf der guten Schnucke Ankunft, wiewohl es am Ende eben so gescheut für unsere Finanzen wäre, wenn Du in Muskau bliebest, wo ich ja in 10 Tagen nun Gottlob auch wieder eintreffe.

Den 4., Abends.

Eben erhalte ich Deine Staffette.

Gute, beste Schnucke, verliere doch nicht gleich so gänzlich den Kopf über eine Anwandlung übler Laune von meiner Seite. Wenn Du solche Angst den Neumann sehen läßt, so benutzt er sie gewiß zu unserem Schaden. Wo Teufel nimmst Du es denn her, daß man uns von Seiten der Steuer auspfänden wird, wer hat Dir denn diesen Unsinn wieder in den Kopf gesetzt! Wirklich, guter Engel, zu Geschäften bist Du ganz untauglich, so lange nicht alles im alten Fahrgeleise bleibt. Die Sachen stehen alle recht gut, und kommt etwas Uebles dazwischen, so werden wir es schon abzuwenden suchen. Melire Dich nur in alle diese Dinge gar nicht, bester Engel, denn Du verwirrst sie nur, und nimm meine Mittheilungen als eine Confidence an, ohne weiter Dich zu beunruhigen oder darin mitwirken zu wollen.

Deine Herkunft wünschte ich eigentlich bloß, um Dich zu sehen, und damit Du ein Logis aussuchtest, weil Du dies besser verstehst als ich. Jetzt ist es aber zu spät, und besser, daß Du bleibst.

Meine Rückkunft werde ich so sehr als möglich beschleunigen.

Dein treuer Lou.

96.

Pückler an Lucie.

Den 10.

Ich benutzte den heutigen Tag, um die Fürstin in Glienike zu besuchen, der ich ein wenig die Cour machte, und die ich sehr heiter gestimmt, aber ganz allein fand, und dann die Pfaueninsel zu besehen, von der ich einige nützliche Notizen mitgebracht habe. Herr Findtelmann, der so viel von Muskau gehört zu haben vorgab, bat mich um die Erlaubniß, mich nächstes Frühjahr dort besuchen zu dürfen. Er ist ein recht denkender und im Detail sehr gescheuter Gärtner. Seine gefüllten Georginen, von denen ich mir so wie von den Immortellen ein Sortiment zum Frühjahr ausgebeten habe, sind einzig.

Den 11., früh.

Eben kommen Deine Briefe, aus denen ich mit herzlichem Vergnügen ersehe, daß Du Dich der Angst endlich entschlagen hast, die eine so äußerst unangenehme Wirkung auf mich hervorbringt, daß Du mir ordentlich fatal dadurch werden könntest. Also suche Deine weibliche Natur lieber dadurch hervortreten zu lassen, daß Du mich in kummervollen Angelegenheiten aufrichtest, mir die Lichtpunkte der Gegenwart und felsenfeste, ahnungsvolle Hoffnung auf die Zukunft zeigst, als das Uebel durch Aengstlichkeit und vieles Reden darüber zehnmal vermehrst. Nimm diese Mercuriale nicht übel, sie ist gut gemeint.

Verdrießlich bin ich, daß ich noch länger hier bleiben soll. Indessen es muß sein, wie so manches! Schicke mir also die Pferde auf die Art, wie ich es früher bestimmt habe am Dienstag, den 17. entgegen, damit ich den 18. mit ihnen nach Muskau kommen kann.

Gestern habe ich zum erstenmal in einem Konzert in optima forma mit Martens ein Duett gesungen, und es lief sehr gut ab. Ganz Berlin war gegenwärtig. Eben kömmt

Schinkel, und ich muß den Brief auf die Post schicken mit den Sachen. Morgen mehr.

Dein Lou.

Viele Grüße an Minchen.

97.

Pückler an Lucie.

Den 14.

Beste!

Ich bin sehr eilig, und kann nur ein paar Worte schreiben, da ich 2 Stunden umhergelaufen bin, um Deine so eben erst erhaltenen Kommissionen zu machen. Das gar zu große Jubeln Deines Briefes gefällt mir eben so wenig, als die völlige Muthlosigkeit, die kurz vorherging. Wir haben zu beiden Extremen keine Ursache. Mäßigkeit, Ruhe, Muth und Dulden schreibt uns das Schicksal vor, und es ist Gefahr, von diesem Wege nach irgend einer Seite auszuweichen. Du erhälst durch Lüdeke 300 Thaler. 3000 Thaler bringe ich mit, um alles Nöthige zu decken. Also vor der Hand wird keine Geldverlegenheit eintreten.

1821.

98.

Pückler an Lucie.

Neuhardenberg, den 9. Mai 1821.

Gute, liebe Schnucke,

Als ich unser liebes englisches Häuschen verließ, war ich in einer sehr trüben Stimmung. Feucht und kalt durch=

schauerte mich der Nachtthau in meinem leichten Anzug, als ich in den Wald kam, und schwere Gewitterwolken, aus denen zuweilen ein fahles Wetterleuchten niederflammte, sammelten sich immer drohender über meinem Haupte — ein Bild meines Lebens! und meiner düstern Stimmung angemessen. Eine Stunde vor Forsta ließ sich der erste Donner verneh= men, und mit Sturmesschnelle nahte das Gewitter auf eigen seltsame Art, denn mitten im schwarzumwölkten Himmel flog eine blasse Wolke, wie der Kriegswagen einer zürnenden Gott= heit, mit so furchtbarer Schnelligkeit hinter mir her, daß sie den angestrengtesten Lauf unserer Pferde zu überflügeln schien, Blitz auf Blitz aus ihrem Nebelschleier sprühend, als sei sie gesandt, Helminens milden Wunsch an mir in Er= füllung zu bringen. Wer weiß, dachte ich, was Dir am Heilsamsten ist, Gottes Wille geschehe! und hielt mein Pferd an. Aber von dem Augenblick an schien auch das Gewitter zu stehen, der Mond brach wieder freundlich aus den Wolken und kein Tropfen des gefürchteten Regens fiel auf den ein= samen nächtlichen Reiter.

Als ich den anderen Abend in Berlin ankam, erfuhr ich, daß Dein Herr Vater in Neuhardenberg sei, und über= morgen zurückerwartet würde. Dies war unbequem, aber doch eigentlich sehr erwünscht, um ihn ungestört allein sprechen zu können. Ich machte mich also, nachdem ich wohl aus= geschlafen hatte, am nächsten Morgen wieder auf den Weg, und kam Abends um 6 Uhr hier an, wo ich außer der Reisegesellschaft des Fürsten, Mamsell Hähnel mit ihrem Bräutigam, dem Herrn von Kimsky, antraf. Von Allen wurde ich sehr freundlich empfangen. Nach einer Promenade im Garten mußte ich zu Mittag essen, wobei mir der Fürst, Mamsell Hähnel, Schöll und Hellwig Gesellschaft leisteten, und einige Bouteillen Champagner ausgeleert wurden. Heute früh hatte ich die gewünschte Geschäftsunterredung mit Deinem Herrn Vater, und ich kann nicht anders sagen, als daß er

sich sehr gütig für uns zu interessiren schien, mir sehr ernstlich
versprach, die Entschädigungssache zu betreiben, und sich auch
nicht weigerte bei Negozirung einer Summe, wenn es nöthig
sei, für mich gut zu sagen. Ob es möglich sei, mit dem
Kurfürsten von Hessen=Kassel ein Arrangement auf unsere
ganze Schuld zu machen, will er versuchen, und mir später
darüber Nachricht geben.

99.
Pückler an Lucie.

Den 10. Mai, Abends.

Den 3. Juni ist die Hochzeit von Mamsell Hähnel in
Neuhardenberg. Ich habe mich dazu eingeladen, und der
Papa hat es sehr gut aufgenommen. Mit der Hähnel habe
ich aber abgeredet, daß Du auch mitkommen, und ihn über=
raschen sollst, car on désire votre réconciliation entière,
und wenn ich nicht irre, wird Papa selbst dazu geneigt sein.
Koreff ist gänzlich aus dem Sattel gehoben, und man hört
jetzt am Tische nur über Juden schmähen und witzeln.

Mit der Fürstin stehen ohngeachtet einer Versöhnungs=
szene die Sachen noch sehr zweifelhaft, und der Zeitpunkt
ist für Dich höchst günstig, Du darfst ihn also nicht versäumen.
Doch darüber mündlich das Weitere, so wie über Dein zu
nehmendes Betragen.

Eben erhalte ich Dein liebes Briefchen. Nun Gottlob,
diesmal hat der Himmel doch so ziemlich unsere Wünsche er=
füllt, und Deine Hypochondrie wird, denke ich, durch diesen
Brief etwas gemildert werden; wiewohl wir noch nicht ganz
in den Hafen der Ruhe eingelaufen sind, segeln wir doch we=
nigstens mit gutem Winde darauf zu.

100.
Pückler an Lucie.

Liebe Schnucke,

Ich befinde mich sehr unwohl, und meine Stimmung ist so grau wie das Wetter zu dem heutigen wahrlich nicht freudenreichen Tage. Ich habe daher Schützen und Offizianten abbestellt, einmal weil es mich bei meinem Uebelbefinden und meiner Migraine sehr angreifen würde, sie zu empfangen, andererseits weil es mir ein unbeschreiblich bitteres Gefühl verursacht, bei unserer höchst traurigen Lage Glückwünsche anzuhören, und innerlich weinend mit lächelndem und frohem Gesichte zu erwiedern. — Laß also alles im gewöhnlichen Gleise dem Tiktack der Uhr gleich gehen, wobei das Gemüth am besten einschläft, seit lange für mich der glücklichste Zustand.

Dir aber, herzliebe Schnucke, meinen innigsten Dank für Deine Liebe und Geduld, mit der Du ein Wesen voller Widersprüche, einen melancholisch sündhaften Thoren, Jahr aus Jahr ein unverdrossen erträgst und tröstest. Gott segne und erhalte Dich für Deinen

treuen Lou.

101.
Pückler an Lucie.

Den 26., Abends.

— Ueber die nöthigen Einschränkungen bin ich ganz Deiner Meinung. — Ich bin nun in der That so weit gekommen, daß der Luxus keinen Reiz mehr für mich hat. Eine leidlich elegante Toilette, und zwei gute Reitpferde begränzen meine Wünsche. Eigener Haushalt ist mir ganz fatal, und ich wünschte, wir könnten ihn ganz entbehren. Für die Zukunft überlasse ich Dir den Muskauer Haushalt einzig und allein, und sehe mich auch, wenn ich erst so lange da bin, nur als Deinen Gast an.

Ich las heute wieder Deinen Brief durch, und fand ihn so schön, so zart und liebevoll, daß ich ganz erstaunt war, dies gestern eigentlich ganz übersehen, und nur die beiden mir unangenehmen Punkte darin aufgefaßt zu haben, nämlich Adelheid und Sparen. — Dein Brief war zu hübsch, als daß ich ihn allein lesen sollte, darum habe ich ihn Papa gegeben, den er auch gerührt hat. Papa hat Dich doch wahrlich auch lieb, nur bedenke, daß bei einem alten Manne die Gefühle schwach sind, und die Kimsky zu viel absorbirt. Verbanne nur selbst alles Mißtrauen, bilde Dir fest ein, er liebe Dich zärtlich, und handle in dem Sinn. Ich wette, das Verhältniß gestaltet sich bald ganz anders.

Dein zärtlicher Lou.

102.
Pückler an Lucie.

Den 15. November.

— Wegen Helmine glaube doch nicht, daß ich etwas der Heirath in den Weg legen werde. Ich will deshalb lieber warten bis, sie wieder weg ist. Uebrigens entbehre ich meine Schnucke, — aber was will man machen. So lange wir der Sklave, und nicht der Herr unserer Affairen sind, muß man sich in das Schicksal finden lernen, wie es gerade paßt.

Den 19.

Deine Eifersucht darüber, daß ich mich hier wohler befinde, als in Muskau, hat mich sehr amüsirt. — Dieses Wohlbefinden ist bloß der Abwesenheit des Muskauer Aergers und Einerlei zu verdanken, welches letztere ich durchaus nicht ertragen kann.

103.

Pückler an Lucie.

Liebste Schnucke,

Es ist mir jetzt recht unheimlich hier zu Muthe, denn ich habe wahrlich nur einen Freund im Hause, und das ist Dein Vater. Glücklicherweise fürchtet man mich aber, und das thut zuweilen eben die Wirkung wie Liebe, zuweilen sogar eine noch bessere, hier aber nicht, da meine Macht zu schaden bloß in der Einbildung besteht. Der Vater fährt übrigens fort, sehr gut gegen mich zu sein.

Wir hatten heute eine sehr hübsche Jagd, wo ich zwei Hasen geschossen habe, und allerlei bonmots gemacht, die den Vater aufheiterten. Hellwig, der mit uns ist, nähert sich mir wieder, und hat doch etwas von seinem früheren arro=ganten Ton herabgestimmt. Deinen Herrn Bruder halte ich auch im Zaume, und bleibe ihm keine Antwort schuldig. Einmal war über Tisch von Dir die Rede, und Pappenheim meinte: Wittgenstein sage, Du regiertest in Muskau mit dem Regierlöffel. Ja, rief ich, wie Wittgenstein in Berlin mit der Puderquaste! So in diesem Genre suche ich sie ablaufen zu lassen. Ich hasse niemanden, aber ich betrachte jeden als meinen Feind. Doch hat mich der Vater, der mich wirklich vor Allen auszeichnet, versichert, daß keiner ein nachtheiliges Wort über mich gegen ihn geäußert habe.

Pappenheim wird wahrscheinlich in seinen Wünschen reüssiren. Der Vater hat alles selbst dem Könige übergeben und empfohlen. Du weißt, daß er 450,000 Thaler erhalten hat, und noch auf 300,000 Anspruch machte, die ihm nun auch so gut wie gewiß sind. Er bekommt also über eine Million, aber die Vergünstigung fand beim Kongreß statt, jetzt erlangt er bloß sein Recht. Wäre ich in jener Zeit in meinen jetzigen Verhältnissen gewesen, so wäre ich hoch ge=

gangen! — Jetzt ist die Zeit nicht mehr dazu, und ich muß mich trösten.

Dein treuester Lou.

104.
Pückler an Lucie.

Den 26. November 1821.

Liebe Schnucke,

Ich war schon ganz ängstlich den Sonntag keinen Brief von Dir zu haben, und machte mir allerhand Besorgnisse, dachte dabei sehr zärtlich meiner Schnucke, und fühlte innig, wie ich es doch gar nicht verwinden könnte, Dein ehrliches Gesicht einmal nicht mehr zu sehen! Wie einsam, wie verlassen, ohne Liebe und ohne Leben — aber entfernt muß grognard zuweilen werden, denn in Briefen flötet Schnucke viel zärtlicher als im Beisammensein, wo viele rauhe Seiten herausgekehrt werden, und man sich zuweilen an einer Ecke stößt. In Briefen ist der Schnucke Bild stets mild, liebevoll, vernünftig, und dabei von so liebenswürdiger Naivetät, daß man behaupten muß, Schnucke n'a pas plus de quinze ans.

Den 30. November 1821.

Gestern hörte Dein Vater bei Tische falsch, und antwortete verkehrt. Zichy, ein Fürst Hohenzollern, Wittgenstein und selbst Pappenheim lachten ihn heimlich aus, und winkten sich zu auf eine recht demüthigende Art für den alten Mann. Nach Tisch, als wir Kaffee tranken, und er weggegangen war, fing ich davon an, daß er heute so schlecht höre, und meine Stimme erhebend, sagte ich recht laut: C'est bien dommage, souvent il en arrivent des qui pro quo, et les sots s'en moquent sans comprendre qu'ils ne le surpassent que d'oreilles. Du hättest die freundlichen Gesichter sehen sollen, die Alle machten, es war zum Todtlachen! Ich glaube, Du mußt dies billigen, ich thue nun auch von selbst was Du mir früher anriethest, und führe recht oft das Wort bei Tische, doch glaube ich der größten Bescheidenheit ungereizt nie zu nahe zu treten.

105.
Pückler an Lucie.

Glienike, den 8. Dezember 1821.

— Wir amüsiren uns recht gut hier mit Essen, Lesen und Abends einer Parthie Whist. Papa hat mir endlich die Akten über die Konstitution mitgetheilt, die sehr wichtig sind. Er ist sehr gut und vertraulich mit mir, und ich verdiene es auch, da ich ihm sehr ergeben bin, und gewiß, wenn er mich fragen will, nicht so übel rathen werde. Dies klingt arrogant, ich bin aber überzeugt, daß es wahr ist.

Glienike, den 29. Dezember 1821.

Ich habe glücklicherweise bei meiner Rückkunft den Vater viel besser gefunden. Zur guten Stunde sei's gesagt! Wenn er krank ist, kann man am besten sehen, wie unentbehrlich ihm die gute Kimsky ist, welche in der That nur für den alten engelsguten Papa lebt [1]). Ueberhaupt kann wahrlich in keiner Hütte ein häuslicheres und friedlicheres, harmloseres Verhältniß stattfinden, als in unseren vier Mauern, die man vielleicht in manchem Gespräche der großen Welt für den Sitz der Intrigue, des Ehrgeizes, und der sie begleitenden Unruhe und Sorge hält.

Den 30.

Leider geht es heute wieder mit dem Vater schlechter, und Rust verbirgt nicht, daß er zwar diesmal noch keine Lebensgefahr befürchtet, daß aber auf eine lange Dauer seines Lebens nicht mehr zu rechnen sei. Er hat nämlich

[1]) Anmerkung der Herausgeberin. Später urtheilte Pückler ganz anders über diese Frau, und hatte die schlechteste Meinung von ihr.

wahrscheinlich die Brustwassersucht, mit der er, wie Rust sagt, eben so gut noch drei Jahre leben, aber auch in drei Stunden todt sein kann. Ein Stickfluß wird wahrscheinlich sein Leben enden, wenn es einmal dahin kommt. Dann wird man hier zu spät einsehen, was man an ihm verloren hat, den Mann, dessen unendliche Güte man erst in seiner näheren Umgebung bewundern lernt, und dessen großen Eigenschaften Preußen seine Wiederherstellung verdankt. Von allem dem habe ich mich erst jetzt so recht lebhaft überzeugt, nachdem ich in der Ferne auch mich vielen falschen Urtheilen überlassen hatte.

1822.

106.
Pückler an Lucie.

Den 1. Januar 1822.

Der Himmel ist mir wahrlich sehr gnädig gewesen, und ich habe auch die Hände nicht in den Schooß gelegt. Ich habe Dehn und Neumann überwunden, ich habe das Verhältniß mit Deinem Vater neu geschaffen, ich beinahe allein habe das Entschädigungsgeschäft so weit gebracht, und durch den mit der Salzdirektion eingeleiteten Verkehr uns zweimal vom unabwendbaren Ruin gerettet. Daß der Himmel und der gute Gott mich beschützt und durchgeführt haben, erkenne ich gewiß mit demüthigem und innigem Danke, aber mein Bewußtsein sagt mir auch, daß ich nicht das fünfte Rad am Wagen dabei war. Lasse mir also die Gerechtigkeit widerfahren, daß ich in den Hauptsachen nicht leichtsinnig war, auch die kolossalen Irrthümer eigentlich nicht von mir herrühren, obgleich es immer meine Schuld bleibt sie zugelassen zu haben.

Auf der anderen Seite ist es keinem Zweifel unterworfen, daß ich nur benutzt habe, was sich mir darbot, und die Tochter des Staatskanzlers eigentlich das Cannevas ist, auf dem ich meine Broderie gearbeitet habe. Du warst der Stoff, ich gab die Form, und hätte der Stoff keinen Werth gehabt, so taugte das ganze Werk nichts. Also jedem sein Theil! Nur muß der Stoff nie dem Bildner Gesetze vorschreiben wollen, sondern sie von ihm annehmen. Dies thue in jeder Hinsicht und es wird Dir wohlgehen. Wo nicht, nicht!

111.

Pückler an Lucie.

Glienike, den 5. Januar 1822.

Liebe Lucie,

Eben erhalte ich Deinen etwas unweiblichen Brief vom 4. Launen, wenn solche bei mir vorhanden waren, mit Launen und Empfindlichkeit, statt Sanftmuth zu erwiedern, kann nur Kälte hervorbringen. Der Grund meiner Verstimmung liegt in der Eröffnung meines Briefes an Helminen, da ich dergleichen gewaltsame Eingriffe in meine Handlungsweise schwer, und öfter wiederholt, gar nicht dulde; auch unklug finde, da sie mich nur reizen, ohne irgend etwas Reelles zu nutzen. Doch wollen wir die Sache jetzt fallen lassen, da sie mir höchst unangenehm ist, und ich sie nun schon vergessen habe, doch kann ich mit Wahrheit sagen, es war nicht nur Helminens willen, es war Deinetwegen, daß sie mich ärgerte.

Uebrigens wird es unseren Geschäften, die zu wichtig sind, um unter kindischen Brouillerien zu leiden, gewiß sehr nachtheilig sein, wenn Du wie ein erbostes Kind das Spielzeug zerbrechen willst, so bald Du auf den Mitspielenden ärgerlich wirst. Du willst mir dienen und mich lieben, und kannst doch nie ein herbes Wort vertragen!

20*

108.
Pückler an Lucie.

Den 7. Januar 1822.

Wie eine Satyre kam mir beinahe das beiliegende Blatt
vor, welches ich zufällig später las, als den gestern beant=
worteten Brief, der so vollständig und immediat hinterher
schon am nächsten Tage den scherzenden Gegensatz zu diesen
schönen Worten bildete. Liebe Lucie, große Opfer hast Du
nicht Gelegenheit mir zu bringen, und ich würde sie auch
nicht fordern, aber bringe mir kleine, das heißt, sei sanft und
weiblich, das wünsche ich wohl! Ich bringe auch Opfer, tag=
täglich, und mein Leben ist Entbehrung und Sorge.

109.
Pückler an Lucie.

Den 7. Februar, Abends.

Ich speiste heute mit Deinem Herrn Vater bei Alopäus.
Man muß im Publico glauben, daß ich sehr gut mit Deinem
Vater stehe, da man mich zu diesem Diner, das bloß aus
12 Personen bestand, eingeladen hat. Dein Vater zeigte sich
auch recht gütig gegen mich, und machte mir Vorwürfe, daß
ich ihm drei Tage lang untreu geworden wäre.

Gneisenau, der auch da war, sagte dem Kanzler etwas
Scharfes. Es war nämlich von der Prinzeß Elisabeth die
Rede und ihren Eigenheiten. „Wissen Sie," frug Gneisenau
Deinen Vater, „wie Sie von ihr genannt werden?" —
„Nun?" — „Sie nennt Sie den nec plus ultra". Dein
Herr Vater zog sich aber gut aus der Affaire, indem er er=
wiederte: „Ich wünschte, daß alle Damen so von mir sprächen,
und in jeder Hinsicht."

110.

Pückler an Lucie.

Den 15. April 1822.

— Lenné est un pauvre génie auprès de Repton, und hat höchst einseitige in England veraltete Ideen. Repton und sein Vater, von dem ich hierüber einen interessanten Brief gelesen habe, sind der Meinung, daß man bei alten Schlössern, die mit Gräben umgeben gewesen sind, wenn das darin stehende Wasser nicht der Gesundheit schädlich ist, stets die Gräben, und auch so viel thunlich in regelmäßiger Form, beibehalten muß, weil nichts mehr den Karakter von Vor= nehmheit und Größe hat, und der Eintritt über eine Brücke stets imposant bleibe. Er wünscht auch, daß die Brücke die Andeutung einer früheren Zugbrücke behalten möge. —

111.

Pückler an Lucie.

(Görlitz. (April).

Gute Lucie,

Ich habe hier so viel Geschäfte, um mich jeden Tag auf die Session vorzubereiten, und Abends der Gesellschaft einige Genüge zu thun (da ich den Zweck, mich hier beliebt zu machen, auf alle Art, und also auch durch die Weiber verfolgen muß), daß ich wieder nur eine kurze Zeit mich mit Dir unterhalten kann. In Muskau, bin ich Deinen Befehlen gemäß, kaum einen Tag geblieben, an welchem der Tod einiger zwanzig alten Linden beschlossen und zum Theil vollzogen wurde, wodurch das Ganze für die Zukunft allerdings sehr gewinnen wird. Herr Repton jammert sehr über das Dasein des Stalles, welcher ihn ganz an der Anlage des nur für uns bestimmten hobby housegardens hindert. Noch mehr beklagt er, daß die regelmäßigen Mauern um den Schloß-

graben nicht mehr existirten, weil dieser seiner Ansicht nach
mehr den Effekt von Größe und Pracht habe, als die der
Natur mühsam nachgeahmten geschlängelten Ufer. Er wünscht
diese in regelmäßigere paralellere Linien um das Schloß ge=
zogen. Uebrigens versichert er, daß er sehr beschämt sei, so
weit herzukommen, um nichts zu thun, da, Kleinigkeiten ab=
gerechnet, er alles über seine Erwartung gut, und zum Theil
besser angegeben fände, als er es selbst machen würde. Der
pleasureground ist mit wenig Abänderung geblieben, nur
wünscht er einen stärkeren, mehr sichtbaren Zaun, um die
Gränze recht deutlich anzuzeigen, damit es nicht aussehe, als
ob die Schafe mit Blumen gefüttert würden.

Nach Görlitz habe ich niemand als Lubisch, der als
Kampagnekoch vortrefflich ist, und meinen Kammerdiener mit=
genommen, und mich recht leiblich eingerichtet. Meine Rede
an die Stände, welche beinah zwei Stunden dauerte, und,
ich darf es wohl sagen, weil es wahr ist, manches Zeichen
des Beifalls erhielt, hat mich schnell hier eingeführt, und mit
den Ständen vertraut gemacht. Du weißt, daß ich als erster
Standesherr in der Versammlung präsidire, und wenn ein
neuer Stand gewählt wird, er mir den Handschlag zuerst
geben muß. Diese Ceremonie fand auch diesmal statt, ob=
gleich die neuen Aufnahmen immer seltener werden, da man
die Ahnenprobe von 16 Ahnen dazu machen muß. Der gute
Papa (den ich hundertmal küsse, und mich seiner Gnade em=
pfehle) wird über diese 16 Ahnen lachen. Es hat aber wegen
vieler durch den Adel hier fundirter Stifter und Stipendien,
in die man bis jetzt noch nicht Juden und Pferdehändler
aufnehmen will, seinen guten Grund, und da früher in der
Lausitz der Adel allein alle ersten Stellen der Landesregierung
besetzt, so sind ohngeachtet der 16 Ahnen doch Viele darunter,
die zu etwas Besserem als zu Kammerjunkern und Forstjunkern
taugen. Ich habe hier einige Reden gehört, von denen ich
wohl begierig wäre zu wissen, ob unter den zusammengewür=

felten Beamten zu Liegnitz, die uns jetzt regieren, ein Einziger sich so auszudrücken, und mit diesem angebornen Anstand zu sprechen weiß. Wie sie handeln, davon schweigt man besser

Uebrigens habe ich hier die beste Gelegenheit dem guten Beispiel zu folgen, welches der Vater uns auf der Reise gegeben hat, da ich täglich um 6 Uhr aufstehen muß, weil die Geschäfte um 8 Uhr beginnen. Abends erhole ich mich desto angenehmer in der Gesellschaft dreier hübscher und sehr gebildeter Damen, der Frau von Schindel, Frau von Bose und Frau von Gersdorff von Meffersdorf. Wir spielen, lesen, schwatzen u. s. w. Was unter dem u. s. w. alles verstanden ist, wollen wir dahingestellt sein lassen, um Deine Eifersucht nicht zu erregen. Es ist aber in der That etwas bedenklich. —

Morgen gebe ich den Ständen ein Diner, und übermorgen hat mich Herr von Schindel zu einem Ball auf seinem Gute eingeladen, das nur eine Stunde von Görlitz liegt. Dann wird der Landtag Dienstag oder Mittwoch wohl geschlossen werden, und ich über Muskau in Deine Arme eilen, um mich in Glienike der Rückkunft in das Haus des liebsten, besten und angebetetsten Vaters zu freuen, und mit Euch bene facere et gaudere. Dem lustigen und aimablen Fritzchen entbiete ich meinen Gruß. Herrn von Kimsky bitte ich mit meiner Empfehlung zu sagen, daß hier ein Orgelspieler ist, der alles übertrifft, was man sich vorstellen kann, da man in seinem Spiel ein ganzes Orchester, und auch die Violinen zu hören glaubt.

Lou küßt seine Schnucke zärtlich.

112.
Pückler an Lucie.

Liebe Schnucke,

Dein letzter Brief von einer halben Seite hat mich sehr geschmerzt. Ist es möglich, daß Du das Uebergehen eines Posttages als einen Verlust meiner Liebe ansehen kannst, und ist es billig mich so einzuzwängen, daß ich selbst bei den wichtigsten Geschäften nicht die Freiheit behalten soll, meine Briefe nach meiner Bequemlichkeit einzurichten. Gewiß bist und bleibst Du meine liebste und zärtlichste Freundin auf der Welt, mein Vertrauen zu Dir gränzenlos, und meine Liebe die innigste. Quäle mich aber nicht nutzlos in einer Zeit, wo alles mich plagt, und unsere Lage durch das Aus- bleiben aller Einnahmen recht drückend wird. Mühle ver- langt zu diesem Ostertermin noch 8000 Thaler. Ich bitte Dich inständigst die bewußten Gegenstände sogleich wieder an Beneke zurückzuschicken, und zwar in meinem Namen, denn ich muß ihn um einen Vorschuß bitten, wenn ich zurückkomme, oder vielmehr heute noch darum schreiben.

Ich versichere Dir, daß es ohne unsinnig zu handeln mir nicht möglich ist, vor dem 15. in Berlin zu sein. Ich hoffe aber, daß Du so viel Liebe für mich und für unser beiderseitiges Bestes haben wirst, um so lange noch auszu- halten, und die kindische Sehnsucht nach Muskau wie ein vernünftiges Wesen zu zügeln. Bedenke doch, daß ich seit Jahr und Tag eigentlich gar keinen Genuß mehr habe, und alles thue, was ich nicht mag, aus Vernunft und Hinsicht auf die Zukunft. Soll ich dabei noch von Dir geplagt werden, so möchte ich mein Leben ganz verwünschen. In Deiner Bereitwilligkeit, Sanftmuth und Klugheit hingegen ruht mein größtes Glück, und ich bitte Dich inständig mir es zu bewahren.

Mit der Ständischen Geschichte habe ich mir eine wahre Ruthe aufgebunden, und die Agitationen, welche bei meinem in dieser Hinsicht zu zarten Gemüth mit allem öffentlichen Auftreten verbunden sind, untergraben meine Gesundheit. Ich war in und nach dem Aufenthalt in Görlitz so elend und abgespannt, als nach einer ernsten Krankheit.

Hier habe ich mich etwas erholt, obgleich der Anblick Muskau's keinen angenehmen Anblick darbietet. Das Wetter ist fortwährend abscheulich. Heute ist alles mit Schnee bedeckt, und einige fünfzig große Bäume, die überall umherliegen, geben mit dem im Demolirtwerden sich befindenden Stall mehr als je die Idee des Chaos. Diesen Sommer ist es rein unmöglich hier Leute zu sehen, wenn wir nicht die Reputation Muskau's ganz verderben wollen. Auch wird unsere Kasse es nicht erlauben, die die höchste Sparsamkeit fordert.

Repton's Anwesenheit hat meine Kenntniß und Ansichten nur auf die erste Stufe gebracht, und ich nehme keineswegs alles von ihm blindlings an, sondern wir arbeiten gemeinschaftlich, und manche Idee kommt von mir her, in mancher habe ich ihn auf meine Seite gebracht. Auch wird im Ganzen nicht eben viel geändert, und die größte und nothwendigste Aenderung, nämlich die um das Schloß, soll bis zuletzt aufgeschoben werden, damit erst das Neue vollendet wird, ehe man das alte zwar Fehlerhafte, aber doch Fertige, einreißt.

Ich denke wo möglich den 13. oder 14. in Berlin einzutreffen; da Repton durchaus mit niemand sich hier verständlich machen kann, so würde, wie mich die Erfahrung jetzt sattsam belehrt hat, die größte Konfusion entstehen, wenn ich zu früh wegginge, und nicht nur meine 250 Louisd'or weggeworfen sein, sondern ein Schaden daraus entstehen, der uns vielleicht für unsere ganze Lebenszeit Kummer machte. Muskau ist und bleibt mein Beruf und meine Lust, alles Uebrige ist vorübergehend. Traue mir zu, daß ich die

Umstände hier beurtheilen kann, daß ich nicht wie ein Kind bloß der Laune des Augenblickes folge, sondern alles mit Kampf reiflich erwäge, den ich in allem ganz zu meinem Vertrauten gemacht habe, weil er sicher ist, es verdient, und mir in allen Verhältnissen nützlich werden kann.

Wir werden gewiß noch glückliche Tage verleben, und Ruhe finden; nur noch einige Jahre verlangen Arbeit und werden sorgenvoll sein. Ueberlaß aber mir nur wie bisher das Steuer, und gestehe unpartheiisch: ich habe das Schiff nicht schlecht geführt, obgleich manchmal leichtsinnig mich dieser und jener Klippe im Uebermuthe genähert.

Die eigentliche Steuersache ist nun so gut wie geendet, und keine Gefahr mehr dabei, weder in Berlin noch Görlitz. Die Entschädigung wird auch kommen, und dann sind wir geborgen. Laß mich machen, dränge und verwirre mich aber nicht über Kleinigkeiten, die Du von den wichtigen Momenten nicht immer großartig zu unterscheiden weißt.

Ich liebe Dich von ganzer Seele, und weiß, daß Du das einzige Wesen bist, welches mich auch wahrhaft liebt, und dem ich am meisten auf der Welt und mit unbedingtem Vertrauen ergeben bin. Erkenne dies, und beleidige mich nie wieder durch einen ähnlichen Brief wie Dein letzter war.

113.

Pückler an Lucie.

Den 9.

Ich bin zu gut, um mit meiner Alten zu lange zu boudiren, und will Dir daher, so wenig Du es auch verdienst, zum Zeichen des Friedens dieses Päckchen weiß und schwarzer Haare senden, denen der Eigenthümer selbst in einigen Tagen folgen wird, wenn es thunlich ist, denn ich möchte doch sehr gern in Muskau alles arrangiren helfen, ehe wir die neue Einrichtung feststellen. Es ist also sehr möglich, daß ich zum 14., 15., 16., 17., 18., 19., 20., oder um dieſe Zeit herum in Muskau eintreffe. Den ſchönen Kakadou bringe ich dann mit, bin während meines Aufent= haltes Dein Gaſt, und kehre mit Dir, aber in zwei Wagen, wie Du es wünſcheſt, nach Berlin zurück.

Ich küſſe Dich von Herzen in Gedanken, und wünſche ſehnlichſt es bald in natura thun zu können.

Gute Schnucke, io t'amo.

Das böſe Lind.

114.

Pückler an Lucie.

Berlin, den 21., Abends.

Eben ſind wir hier angekommen, wo ich einen ſehr feurigen und freundſchaftlichen Brief der Kimsky vorfand, den ich Dir ſpäter mittheilen will, wenn ich ihn be= antwortet habe.

Ich komme auf ein paar Tage nach Muskau, ſobald die Kimsky hier iſt, welches ich in der That ſehnlichſt wünſche. Deinen Herrn Bruder habe ich heute bei Tiſch in Gegenwart Flemming's derb gekappt, da er ſich anmaßen wollte mich zu belehren. Er erblaßte und ſchwieg, und war nach Tiſch die Urbanität ſelbſt. Er geht morgen. Der Vater fährt fort für mich ſehr gut zu ſein, und ich fange wirklich an, die Gefühle eines Sohnes für ihn zu haben. Ich liebe ſo gern und leicht die mich lieben, aber dies muß vorangehen. So iſt einmal mein häßlicher Karakter; Schnucke werde ich alſo wohl aus dieſem Grunde immer am liebſten haben. —

Auf Muskau und Schnucke freut ſich gar ſehr

Lou.

115.

Pückler an Lucie.

Um 1 Uhr, Nachts.

Nur Deinetwegen und um Dich zu beruhigen (denn es iſt das erſtemal, ſeitdem ich Muskau beſitze, daß ich ſelbſt nach einem Feuer ritt), machte ich mich heute in der glühenden Hitze auf den beschwerlichen Weg. Endlich auf dem Jagd= hause wieder angekommen, schrieb ich Dir sorgsam sogleich mit einem Boten, und bemerkte, daß ich in einer Stunde dem Ueberbringer folgen würde. Du hast also ohnmöglich, wie Du behauptest, glauben können, ich würde erst spät Abends eintreffen. Nun gestehe ich, daß ich mich nach des Tages Last und Hitze sehr darauf freute, das fröhliche Mittagmahl in Eurer Gesellschaft zu genießen. Der Tagelöhner, wenn er über die Zeit in seinem Berufe ausbleibt, weiß, daß seine Familie mit der ärmlichen, aber durch Liebe und Frohsinn gewürzten Mahlzeit, seiner harrt, und trägt in der Hoffnung auf diese heitere Stunde gern doppelte Mühe. Warum wolltest Du mir ein ähnliches Gefühl verdenken! Ich fand es bei meiner Nachhausekunft anders, als ich es erwartet hatte, und als ich es äußerte, noch obendrein ein mißbilli= gendes Benehmen. Dankbar nahm ich es auf, daß man mich bei Tisch allein ließ; als man mich aber von Seiten der Diener fragte, ob ich im Saale oder im rothen Zimmer Kaffee trinken wollte, hoffte ich die Damen dort zu finden, und wählte daher das letztere. Meine Erwartung wurde wieder getäuscht und mir deutlich versinnlicht, daß Ihr sehr wohl meiner entbehren könnt. Vielleicht bin ich eben so stark, vielleicht auch nicht, doch bleibt vielleicht der Versuch gefährlich! Es prüfe daher Jeder wohl, wie weit das Herz ihm zu gehen erlaubt. —

Um jedem zu dieser Prüfung Zeit zu lassen, werde ich vielleicht morgen früh auf das Jagdhaus gehen. Treibst Du es weiter, noch weiter, und wer weiß wie weiter!

Dein Dich immer liebender
Hermann.

116.
Püctler an Lucie.

Liebe Herzens=Schnucke,

Leider kam ich zu spät hier an, nämlich um 4 Uhr Nachmittag, um Dir noch mit der heutigen Post meinen Brief zuzuschicken. Nimm nun den verspäteten, aber nicht weniger innigen Dank Deines Lou für die liebe Zeit an, die er als der Gast seiner treuen ihm über alles geliebten und theuren Schnucke so angenehm verbracht hat, eine Zeit, die zu den ungetrübtesten und süßesten Erinnerungen seines Lebens gehören würde, wenn Helmina gar nicht in Muskau gewesen, und ihre und des reuigen Lou Schuld die heitern Tage nicht getrübt, und den Stachel der Reue im Herzen zurückgelassen hätten! Deine Liebe und Güte, mein süßes Schnückchen, ist sich gleich bei allem geblieben, und dankbar erkennt es mein Herz, wie manche Rauheit Du noch außerdem von Deinem Kind mit gewohnter Güte und mit ungewohnterer Geduld diesmal wieder getragen hast. Als ich Dich traurig verließ, blies der Wind gar kalt und häßlich über die Stoppel, und vermehrte meine melancholische Stimmung. Endlich kam mir die Müdigkeit zu Hülfe, ich borgte mir in Forsta eine Bettdecke, und arrangirte mir auf der Pritsche der Wurst zusammengekrümmt liegend ein recht leibliches Lager. Unbegreiflich ist es mir beinahe, wie ich einige Stunden fest darauf geschlafen habe, ohne so freiliegend her= unterzufallen. Der Instinkt muß mich auch im Schlafe ge= halten haben.

Hier fand ich alles beim Alten. Für uns sehr gut, die Kimsky herzlich, und wie ich überzeugt bin, aufrichtig. Den 5. reisen wir ab nach dem Blocksberg, und kommen, wie gesagt wird, in drei Wochen wieder. Ich werde Deine Chaise auf die Reise mitnehmen, und habe den neuen englischen Wagen heute schriftlich bestellt. Papa und die Kimsky empfehlen sich

Dir hundertmal. Bei unserer Rückkunft mußt Du zu u n s kommen, damit wir diesmal in Muskau keine neuen Aus= gaben haben. Vom Kongreß höre ich noch nichts. Auf jeden Fall scheint es, daß Papa vorher wieder hieher zurück= kommt.

Ein Paket Haare schenke ich Dir auch! La mauvaise tête et le coeur de Lou sont à vous.

Dein treuestes Lind.

117.

P ü c k l e r   a n   L u c i e.

Den 10. Mai.

Liebe Herzensschnucke,

Heute war unsere Präsentation beim Kronprinzen ohne Feierlichkeit, die diesmal gar nicht stattfindet. Es ging alles sehr gut und anständig ab. Papa ist ganz allein in Glienike, die arme Kimsky krank im Bett, und ich ziemlich fidel, wenn ich nicht so vielerlei zu thun hätte, was mich ennuyirt.

Den 11.

Wir haben diesen Morgen unsere Sitzungen beim Minister Voß begonnen, und ich erwiederte seine Anrede kurz, und wie ich glaube, bündig. Du hast Dich also keineswegs über meine Redesucht zu beklagen, und ich werde dafür sorgen, um Dir zu gefallen, daß man eher das zu wenige als das zu viele bemerkt. Mit Graf Schulenburg habe ich in dem Komité einen Streit gehabt, in welchem ich Sieger geblieben bin, und das Gleichgewicht unter den Deputirten wieder errungen habe, welches mir Schulenburg in meiner Abwesenheit ganz entrissen hatte. Ich bin durchgedrungen, daß die von ihm gemachte Vorstellung der Stände an den König, die schon unterschrieben war, zurückgenommen worden ist, da ich auf das Unpassende derselben und auf das Un=

richtige ihres Inhalts aufmerksam gemacht hatte. Schulenburg ronge son frein, muß aber äußerlich bonne mine à mauvais jeu machen. Mit dem Fürsten Pleß habe ich mich verbunden, um ihn von schlesischer Seite die Sache der Standes= herren betreiben zu machen.

Den 12.

Papa ließ mich heute nach Glienike zu Tisch kommen, war sehr herzlich und freundlich, und unsere Unterhaltung auf dem Rückwege hieher sehr lebhaft und interessant. Bei der Gelegenheit erfuhr ich aber, daß diesmal wenig Hoffnung zu einem diplomatischen Posten für mich ist.

118
Pückler an Lucie.

Den 16.

Liebe Schnucke,

Ich habe mich nicht entschließen können als Attaché von Bernstorff von unten auf den Dienst anzufangen. Viele Gründe, die ich Deinem Vater auseinandergesetzt habe, be= stimmten mich dagegen. Ich wünschte anstatt dessen mit Deinem Vater auf den Kongreß zu gehen, und bei ihm an= gestellt zu werden. Dies hat er aber, obgleich ich es ihm dringend an's Herz gelegt, bestimmt abgelehnt. Auch die Kimsky bleibt zurück. Rust, ihr bitterster Feind, geht mit, und wird, wie ich weiß, seine Frau in vierzehn Tagen nach= kommen lassen. Wie die Intriguen enden werden, muß der Erfolg zeigen. Je tire mon épingle du jeu, weil ich nichts mehr thun kann. Es geschieht aber, wie Du aus des Vaters Brief siehst, de bonne grâce, und ich kann beim Himmel schwören, der Erfolg hätte mir weniger Vergnügen gemacht als die Erlösung, denn ich bin der ganzen Sache innerlich so satt, daß ich Gott danke, mit guter Manier heraus zu

sein, ohne mich brouillirt zu haben, noch irgend Etwas ver=
säumt, um meinen Vortheil wahrzunehmen. Unter den un=
zuverläßigsten Umständen habe ich gethan, was möglich war,
mehr erlangt, als irgend Jemand glaubte, und mir den
Neid der Leute, der mich jetzt verfolgt, wenigstens nicht um=
sonst zugezogen.

Ich habe die größte Hoffnung noch zwei sehr gute
Geschäfte für unsere ökonomischen Verhältnisse zu Stande zu
bringen, und erlange ich außerdem noch binnen Jahr und Tag
den diplomatischen Posten, was nicht unwahrscheinlich ist, so
bin ich zufrieden.

Daß ich durch Nepton Schuld an der Hardenberger An=
lage sei, die Deines Vaters Juwelen verzehren, darfst Du
mir nicht vorwerfen, da ich den Brief noch habe, worin Du
verlangst, daß ich ihn nach Hardenberg bringen soll. Tröste
Dich darüber — denn Du hättest sie doch nicht bekommen,
und anders wie auf dem Wege des Prozesses erwartet Dich
gewiß keine Erbschaft von Deinem Vater. Hardenberg wird
übrigens nun, ganz nach meinen Plänen angegeben,
und von Vernal ganz vorzüglich ausgeführt (Rehder ist
in der technischen Ausführung nicht mit ihm zu vergleichen,)
so schön, daß Du erstaunen wirst, wenn Du es wiedersiehst.
In mancher Hinsicht wird es schöner wie Muskau.

Den 18. reise ich von hier ab. Den 19. bleibe ich in
Frankfurt. Den 20. komme ich nach Muskau, wo ich Dich
anzutreffen hoffe. Denselben Tag reist Dein Vater nach
Wien. Auch Putbus kommt um diese Zeit nach Muskau.
Gieb uns einige hübsche Jagden, und sei heiter, sanft und
folgsam wie das Ideal einer Ehefrau.

Wenn Du willst, können wir sie Mitte Oktober be=
suchen, von da zu meinem Bruder gehen, und dann den
Winter in Stockholm zubringen. Nous avons le temps, et
je trouverai l'argent.

Sollte Adelheid jetzt gerade niederkommen, so bleibe in Carolath, und komme später, denn wir haben ja nun die Aussicht uns lange zu sehen. Sei nur, wenn es möglich ist, recht sanft und freundlich, ich werde mich auch bemühen, einen liebenswürdigen Lou vorzustellen. Adieu, adieu, mündlich wollen wir uns ausschwatzen.

Dein treuer Lou.

119.
Pückler an Lucie.

Den 17.

Liebe Lucie,

Da die Post erst heute abgeht, so schreibe ich Dir noch einige Zeilen, und lege den gestern vergessenen Brief Deines Vaters bei. Ohngeachtet er mich nicht mitnimmt, ist er sehr gütig, und hat unter anderen die Attention gehabt, mir zu sagen, daß, wenn ich nach Berlin kommen sollte, er zwei Hengste zu meiner Disposition hier lassen würde.

Wie sehr mir das Herz im Leibe springt, endlich aus dieser Galere wenigstens auf eine geraume Zeit herauszukommen, kann ich Dir kaum beschreiben! und um so mehr, da ich meine Schuldigkeit nur malgré moi darin zu verweilen, bis auf den letzten Augenblick treulich erfüllt habe, mir also keinen Vorwurf zu machen habe.

Daß ich Dich nun nicht in Muskau finde, und noch länger im Celibat verweilen muß, ist höchst fatal, aber hoffentlich das letzte Opfer dieser Art, welches wir der Vernunft bringen müssen.

Ich küsse Dich tausendmal und bleibe
der unwandelbare Lou.

Eben kommt eine neue Nachricht. Goltz in Paris liegt auf dem Tode an einer unheilbaren Krankheit, dem Zungen-

krebs. Es wäre möglich, daß wir Paris erlangen könnten.
Wähle zwischen Paris und Dresden, und schreibe mir schnell,
worauf ich hinarbeiten soll?

———

120.
Pückler an Lucie.

Den 21. Mai 1822.

Mein gutes, liebes Herz,

Verzeih, daß ich Deiner Meinung nicht gefolgt und bei
unserer letzten Audienz eine lange Rede gehalten habe. Der
Erfolg war über meine Erwartung. Schuckmann, Ancillon,
alles drängte sich an mich, und der Kronprinz zeichnete mich
wahrhaft aus, während und nach dem Diner. Daß ich meine
Bescheidenheit nach dem Succeß verdoppelte, wirst Du meinem
Verstande zutrauen, so wie Du es meiner Eitelkeit zu Gute
halten mußt, daß ich mich darüber freue. Voß ist übrigens
ein sehr liebenswürdiger Mann, der mit großer Würde und
aisance repräsentirt, und ein Freund, kein Feind des
Adels ist. Ich kann es nicht anders mit gutem Gewissen
sagen, ich schätze ihn hoch, und liebe seine Formen so wie
die Amenität seines Betragens, in der er dem Kanzler keines=
wegs nachsteht. Im Vertrauen gesagt, steht es für den Letz=
teren hier sehr kritisch, und die Sachen haben sich so sonder=
bar gestellt, daß in diesem Augenblicke ich mehr davon weiß
wie er selbst. Gott weiß, wie alles enden wird, ich folge
meiner Ansicht und meinem Gewissen; äußere Du von dem
Gesagten gegen niemand etwas, aber sei nicht verwundert,
wenn bald eine Katastrophe eintritt. Antworte mir auch nur
ganz allgemein auf diesen Punkt, darum bitte ich inständig.
— Nun zu den Anlagen: Schinkel lobt die Zeichnungen
Repton's sehr, findet das Schloß allerliebst, und besser wie
seine Zeichnung. Cala fait honneur à tous les deux: Nur

die Zierrathen über die Fenster glaubt er theilweise zum Vor=
theil des Ganzen ersparen zu können. Die übrigen Zeich=
nungen und Pläne findet er alle vortrefflich. Voilà une
autorité de plus pour mon pauvre sourd et muet. Der
Kronprinz hat mir auch eine Menge Aufträge für ihn ge=
geben, ich besorge nur, daß er für deren Ausführung nicht
viel Baares erhalten wird.

Als Autor, der sich geltend zu machen wünscht, schicke
ich Dir meine drei Reden, wovon die ersten zwei mit Unter=
brechung nur discursive, die letztere aber in optima forma
gehalten worden. Ich habe wenigstens das Verdienst, sie ganz
allein gemacht und gut auswendig gelernt zu haben, und
danke Gott, daß alles vorbei ist. Wie sehne ich mich nach
meiner einzigen Freundin und meinem ehrlichen Muskau,
wo allein Häuslichkeit und Freisinn für mich zu finden ist.
Räume nur fleißig auf. Bald komme ich nach, Mühe und
Arbeit mit Dir zu genießen und wills Gott! mich der Er=
folge zu freuen. Noch kann ich nicht sagen, daß i was da=
von hätt'.

Schnückchen, io t'amo.

Dein Lind.

Püppchen Minchen küsse ich herzlich.

121.
Pückler an Lucie.

Eben erhalte ich Deinen melancholischen Brief, arme
Schnucke. Beruhige Dich über Helmine; sie ist gewiß nicht
krank. Mache nur, daß Du nach Dresden kommst. Das
zerstreut sie gewiß, und diese kleine Hülfe sind wir ihr schuldig.
Folge mir. Anfang September bin ich bestimmt wieder in
Muskau. Was nachher wird, weiß ich nicht.

Ganz der Deine.

122

Pückler an Lucie.

Beste Frau Gemahlin,

Ich schicke Ihnen hiebei 100 Friedrichsd'or zu einer Reise nach Befehl.

Inständig bitte ich Dich aber auch, gute Schnucke, die Reise wirklich Helminens wegen zu machen, der eine Zerstreuung jetzt vielleicht das Leben rettet. Am Besten wäre es, Du gingest nach Dresden, und brauchtest dort die Karlsbader Kur. Vierzehn Tage Theater, und vielleicht einige Kourmacher, stellen Helminchen gewiß wieder her. Du brauchst also die Kur, sie die Kour.

Du wirst mich sehr verbinden, wenn Du an Stägemann schreibst: ich habe Dir erzählt, wie freundschaftlich er sich unserer Sache angenommen, wie viel wir ihm zu verdanken hätten, und wie sehr Du Dich daher auch ihm verpflichtet fühltest. Schicke ihm zugleich Ananas und Wildprett.

Dein treuer Lou.

123.

Pückler an Lucie.

Den 26. Mai 1822.

Liebe Schnucke,

Gestern war die Vermählung der schönen Prinzessin Alexandrine. Die alten Exzellenzen mußten bei Hof den Fackeltanz aufführen, welches sehr spaßhaft aussah. Ich befand mich wohl genug, um die ganze Geschichte mitmachen zu können, ennüyirte mich aber sterblich dabei.

124.
Pückler an Lucie.

Frühjahr.

Beste Schnucke,

Seit heute bin ich in Neu=Hardenberg, wo mich Dein guter, lieber Vater, den ich, wie Du weißt, noch in Glienike vermuthete, so gütig und herzlich wie seinen eigenen Sohn empfangen hat. Er ist wohl und heiter, und hat sich unserer Wünsche so emsig angenommen, daß Klüber bereits auf seiner Abreise ist, die nur noch durch ein fehlendes Akten=stück verzögert wurde.

125.
Pückler an Lucie.

Neu=Hardenberg, den 30. Mai 1822.

Meine Herzensschnucke,

Gottlob bin ich nun wieder wohl, wenngleich sehr me=lancholisch. Die verschiedenen Ursachen einmal mündlich, wenn ich wieder in meinem freundlichen Muskau sein werde. Eine neue Unannehmlichkeit ist die, daß von Petersburg uns die kompletteste abschlägige Antwort wegen meines Wladimir=ordens und Abschieds als Obersten gekommen ist. Nur der Abschied tout court, sonst nichts ist bewilligt worden. Die Sache ist in der That höchst auffallend, und muß in einer Persönlichkeit ihren Grund haben, welche zu ergründen ich durch Schöler versuchen will.

Gestern machte ich einen einsamen Ritt von mehreren Stunden querfeld= und waldein, wo ich recht viel an Dich, mein Schnückchen, dachte, und wie ganz glücklich und uns selbst genügend wir leben würden, si Schnucke avait quinze ans, und mit mir herumreiten und alles mitmachen könnte, was Laune und Phantasie mir grade im Augenblick eingeben. Ich fühlte deutlich, daß Dein Herz und Dein Verstand grade so sind, wie ich sie brauche für meine Individualität, um ganz glücklich dadurch zu werden; wäre nun wie ehemals jugend= liche Schönheit noch damit vereinigt für meinen sinnlich künstlerischen Sinn, so fehlte nichts mehr, und die Voll= kommenheit wäre da, die zu erreichen dem Menschen nicht beschieden ist!!

Nachdem ich lange im Walde umhergeirrt war, kam ich plötzlich in eine Gegend, die mir in unserem Sandlande ein Traum erschien. Denke Dir einen prachtvollen See von smaragdgrüner Farbe, rund umher von dicht und üppig be= wachsenen Bergen eingeschlossen. Viele saubere Wege führten durch den Wald, der an Frische und Dichtigkeit der Vege= tation nichts zu wünschen übrig ließ. Mehrere Bergwässer schäumten über hohe Steinblöcke von den Anhöhen herab, oder rieselten in kleinen Bächen durch steinerne Rinnen über den Weg, und uralte Buchen, welche die Sonne vergoldete, aber nicht durchdringen konnte, verbreiteten ein magisches Dunkel über den romantisch reizenden Ort. Mit einemmal vernahm ich Musik, und nicht lange, so brachte mich der ein= geschlagene Weg, der an einer gewiß 200 Fuß tiefen jähen Schlucht hinführte, auf einen freien Platz, wo unter einer ungeheuren Riesenbuche einige Wagen standen, und eine zahl= reiche Gesellschaft an drei Tischen unter Musik und großem Jubel ihr Mittagsmahl verzehrten, während die Dienstboten dies und jenes aus den Wagen noch zuholten, und mehrere Kinder im Grase spielten. Ein höchst liebliches Bild in Waldesnacht und Einsamkeit.

Die Gesellschaft schien verwundert über den Fremden, der, wahrscheinlich auf verbotenen Fußsteigen auf seinem rabenschwarzen Roß ihren Tischen zugeritten kam. Ich grüßte freundlich, und von der wahrhaft romantischen Szene er= griffen, frug ich, ob ein ungebetener fremder Gast wohl an ihrem Mahle und ihrer Fröhlichkeit theilnehmen dürfe. Ein Herr von einnehmendem Aeußeren stand sogleich auf, rief jemand herbei, um mein Pferd zu halten, und bat mich sehr herzlich, im Namen der Gesellschaft, Platz zu nehmen. Ich erfuhr, daß der Graf und Besitzer dieses Elysiums (so heißt der Wald) hier gespeist, und eben fortgefahren sei. Nun habe die anwesende Gesellschaft erst vom Lokal Besitz nehmen können, die aus den zwei Pastoren des nahe liegenden Städt= chens und einigen anderen Honoratioren bestehe. Als ich nach einigen zu mir genommenen Erfrischungen den Wunsch äußerte, diese schöne Gegend etwas näher in Augenschein zu nehmen, erbot sich herzlich der eine Prediger, ein junger, freundlicher Mann, mich in ihren Bergen herumzuführen, an denen er, wie ich bald bemerkte, eben so herzlich hing, als an seiner ganzen häuslichen Existenz, und dem genügsamen Loose, das ihm der Himmel hier beschert hatte. Sein Töch= terchen, ein niedliches Kind von fünf Jahren, wanderte, ohn= geachtet des beschwerlichen Weges, an einem kleinen Stäbchen gestützt, rüstig mit uns.

Wir verweilten wohl eine Stunde lang bei dem ange= nehmsten Spaziergang, den man sich nur denken kann, immer von der üppigsten Vegetation inländischer und ausländischer Hölzer umgeben, oft durch die schönsten Aussichten überrascht, oft auch in wahrhaft heiliges Dunkel uralter Bäume gehüllt. Ein Theil des Weges, der eine Viertelstunde weit durch nichts als hundert Arten von Rosen führte, die schon großentheils blühten, war unendlich lieblich, zuweilen mit kleinen Wasser= fällen abwechselnd, die, durch Rosen sich emsig drängend, einem klaren Spiegel zuhüpften, der im Grunde auf blumigter Matte ausgebreitet lag, und ein Bild harmlosen Friedens, das unserige klar und rein zurückstrahlte.

Die Zeit war mir so schnell, so feenhaft vergangen, daß ich endlich nach der Uhr sehend, mit Schrecken gewahr wurde, daß es schon halb vier, und ich zwei starke Meilen von Neu= Hardenberg entfernt sei. Schnell mußte ich mich auf meinen herbeigerufenen Rappen schwingen, und mit schwerem Herzen

der unschuldsvollen ländlichen Welt Valet sagend, flog ich
davon, und war bald, allem Zauber entnommen, wieder auf
regelrechter, sandiger Heerstraße, dem öden trostlosen Aufent=
halt mit gezwungener Schnelle zueilend, wie das Schiff nahe
der Scilla mit doppelter Eile dem Abgrunde zueilt, der es
auf immer begraben soll.

Noch heute scheint mir der vergangene Tag ein Traum,
noch sehne ich mich nach dem räthselhaften Ort, den der
Mark sandige Wüsten vor ungeweihten Augen sorgsam zu
verbergen scheinen. Wo war ich? Rathe!

Nachträglich muß ich noch erzählen, daß, ehe ich nach
Elysium kam, ich in eine seltsam wilde Gegend gerieth, wo
wohl eine halbe Stunde weit, ein sehr schmaler und vom
Wasser zuweilen zerrissener Fußsteig an einem reißenden
Bach durch dickes Gestrüpp und himmelhohe Bäume hin=
führte.

Bei einer Stelle sank das Erdreich unter mir, und ich
glitschte mit dem Pferde wohl 10 Fuß tief in den Bach
hinab, ohne jedoch zu fallen. Das Pferd blieb auf den
Beinen, war aber nebst dem Reiter drob erschrocken.

Als ich später meinem geistlichen Begleiter dies erzählte,
und mich nach der Gegend erkundigte, erfuhr ich, daß jener
Ort wohl noch nicht zu Pferde passirt worden sei, und die
Hölle heiße. Alles kam mir in der aufgeregten Stimmung
so seltsam, so allegorisch vor, und ich dachte bei mir: nach=
dem Du in der Hölle, von schauerlich geformten Bäumen
umgeben, beim unheimlichen Rauschen des wilden Baches
den Sturz in die Tiefe gemacht, und leicht verunglückt wärst,
führt Dich jetzt ein Geistlicher durch Rosen im Elysium dem
geheimnißvollen grünen See zu — was deutet dies? Erkläre.

Dein Lou.

126.
Pückler an Lucie.

Berlin, den 5. Juni.

Es war nur ein Scherz, liebe Seele, daß ich Dir meine erlebten Fata durch die Frage am Ende als Allegorie darzustellen schien. Es ist alles die lauterste Wahrheit, und die schöne Gegend, wie ich sie beschrieben, wirklich da, und zwar bei der Stadt Buckow, in der sogenannten märkischen Schweiz, zwei starke Meilen von Neu = Hardenberg.

Das Elysium gehört dem Grafen Itzenplitz, und die Hölle dem Herrn von Flemming. Man kann nichts Hübscheres sehen, und ich bin seitdem schon mehreremal wieder hingeritten. Die Namen hätten die Sache aber alltäglicher gemacht, drum hüllte ich sie bei meiner scherzhaften Laune in poetische Schleier.

Jene Gegend ist so frisch, daß ihr die Dürre nichts schadet, die bei uns ein fast alle Jahre mehr oder weniger wiederkehrender Fluch ist, der besonders für junge Pflanzungen verderblich ist; denn alle Bäume und festverwurzelter Rasen leiden dadurch nur momentan.

————————

127.
Pückler an Lucie.

Liebe Schnucke,

Dein Brief kam gerade am Geburtstag des Vaters an, der hier gefeiert wurde. Ich hielt bei Tisch eine kleine Anrede an den Vater, zu seinem Stuhle hingehend, damit er es auch verstehen könnte, wovon ich Dir die Kopie schicke. Kurz und bündig, wie Du siehst; es war ziemlich große Gesellschaft von Berlin, und Abends eine Art Ball. Sonst vergeht die Zeit hier schrecklich einförmig mit Lesen, Essen, Spazierenreiten und Schlafen.

Die Anlagen gehen ihren Gang unter meiner und Ver= nal's Leitung rasch vorwärts, und ich glaube, der Park wird bald fertig sein. Nicht so das Haus, zu dem Schinkel einen neuen, sehr schönen Plan gemacht hat, der auf 10,000 Thaler angeschlagen ist, aber wohl nicht dafür ausgeführt werden wird.

128.
Pückler an Lucie.

Den 7. Juni.

Meine gute Herzensschnucke,

Wenn ich Dir sage, daß ich über das endliche Ge= lingen unserer Wünsche mehr Freude in Deiner Seele, als für mich selbst gehabt habe, so wirst Du dies um so leichter glauben, da Du gewiß dasselbe Gefühl gehabt hast.

In 14 Tagen wirst Du das Fürstendiplom erhalten, um es in Muskau publiziren zu können, und binnen vier Wochen wird das Geld gezahlt werden. Aber gerade jetzt, mein Engel, müssen wir uns einschränken, um nicht auch vielleicht diese letzte Gelegenheit, die uns das Glück darbietet, um uns zu arrangiren, wieder aus den Händen gehen zu lassen.

In 14 Tagen bringe ich Dir Deinen Wagen wieder erneut und recht hübsch mit der Fürstenkrone zurück. Dabei und bei Aenderung der Krone auf unseren Livree=Epauletten, die ich deshalb mitnehmen werde, laß unsere neue Einrichtung bewenden. Sind die Umstände in einem Jahre gut, so will ich Dir in England einen neuen Wagen und Pferde kaufen, und die Farbe der Livree ändern. Jetzt wird die größte Mäßigung uns die größte Ehre bringen.

Mündlich werde ich Dir übrigens manches sehr inter= essante Detail mittheilen können, das Du nicht erwartest. Ich sehne mich wieder einmal nach einer vertraulichen Unter=

haltung mit meiner alten Schnucke, die ich doch diesmal gewiß froh weiß!

Ich muß heute abbrechen, da ich fort muß. Das Ge=lingen unserer Sache kannst Du nun in Muskau wissen lassen. Aber ehe nicht eine offizielle Bekanntmachung da ist, darf niemand uns den neuen Titel geben. Cela va sans dire:

Ich küsse Dich, mein Herzensschnückchen und bin zum erstenmale

Euer Durchlaucht
ganz devotester Lou.

129.

Pückler an Lucie.

Neu=Hardenberg, den 9. Juni 1822

Meine gute Schnucke,

Der neugebackene Fürst hätte gestern wieder einmal zum Engel avanciren können. Als ich im Tilbury aus der Stadt fuhr, um hieher zu gelangen, faßte ein schnell vorbeifahrender besoffener Kutscher, auf einem Bierwagen sitzend, meine Achse, und warf mich mit dem leichten kleinen Dinge so in die Luft, daß Berndt und ich 10 Schritte weit auf's Pflaster hinflogen, und mein armes Tilbury in verschiedene Stücke sich auflöste. Glücklicherweise hielt ich instinktmäßig den Arm vor den Kopf, und schlug mir so bloß diesen etwas wund, und das eine Bein. Ich nahm also, so glücklich davongekommen, meine Parthie, suchte meine sieben Sachen zusammen, belud einen Jungen damit, überließ Berndt die Sorge für Wagen und Pferd, und wanderte nach der Post, wo ich auf einem schändlichen Stoßwagen meine Reise fortsetzte, welches mir aber derbe Schmerzen verursachte, so daß ich Abends in einem desolaten Zustande in Hardenberg ankam.

Von Müncheberg aus leuchtete m r überdies eine fürchter=
liche Brandfackel, die mich lange in der Besorgniß ließ, daß
es Hardenberg sei, welches brenne. Es war aber ein Dorf,
eine kleine Stunde davon, wo 22 Häuser diese Nacht abge=
brannt sind.

Papa, der schon zu Bette war, kam heute früh zu mir.
Wir sprachen viel von Dir, deren Briefe wir mit Ungeduld
erwarten. Ich mußte auf Papa's Verlangen zur Ausfer=
tigung des Fürstendiploms angeben, welche Veränderung ich
in meinem Wappen haben wolle. Ich setzte dies gleich auf,
und schicke Dir die Kopie davon mit. Hoffentlich wirst Du
mit mir einverstanden sein, und wegen der Livreen können
wir es später machen, wie wir wollen, da ich wohlweislich
alle Farben des Regenbogens und Silber und Gold im
Wappen aufgenommen habe. Ich rathe aber zu Cramoisi und
Weiß mit Gold, als den schönsten Farben. Dazu ein blauer
Wagen mit Cramoisi ausgeschlagen, und solcher Bockdecke,
und schöne Schimmel. Oder Dunkelblau, Weiß und Gold,
welches auch sehr reich und schön aussieht, gelber Wagen mit
blauer Bockdecke und braunem Pferde. Ueberlege diesen wich=
tigen Gegenstand genau. Ein Jahr haben wir noch Zeit.

Eine Stunde später.

Da Papa den Brief braucht, den ich ihm geschrieben
habe, so werde ich Dir das neue Wappen aus dem Kopfe
beschreiben, und zwar auf der anderen Seite, damit Du Bild
und Beschreibung auf einen Blick übersiehst.

- Wenn ich morgen wohl genug bin, reite ich wieder nach
Elysium, und trinke dort aus dem Silberbache auf Deine
Gesundheit, und pflücke die schönste Rose zu Deinem An=
denken. Gott gebe nur seinen Segen für die Zukunft. Ich
bin des Glückes so wenig gewohnt, daß ich das Gelingen
einer Sache fast immer mit Furcht ansehe, als wenn eine

bittere Folge gleich dahinter drohte! Auf schlüpfrigem Boden stehe ich immer.

Zu meinem alten Wappen also füge ich vier neue Schilder hinzu.

Im oberen neuen, himmelblauen Felde eine Eiche als Sinnbild deutschen Ursprungs, und der schönen Natur, für die ich lebe.

Im grünen Felde (der Farbe der Hoffnung) ein silbern Pferd, als Bild der Schnelligkeit und Stärke.

Im purpurfarbenen (der Farbe des Glanzes, der Pracht und des Geheimnisses, wie Goethe sagt) ein goldenes Einhorn als Sinnbild der Schönheit und räthselhafter Phantasie, dem Reiche des Romantischen!

Im weißen Felde das Schwert, Sinnbild der Tapferkeit mit reinem Zwecke und unschuldigem Herzen.

Die übrigen vier Felder sind das alte Wappen mit der alten Devise: Amor et virtus, welches die alten Fürsten von Muskau: Menschenliebe und Tugend, die jungen und hübschen: Weiberliebe und Tapferkeit (amour et valeur) übersetzen mögen. Ich stehe zwischen beiden Auslegungen in der Mitte als

Dein Lou.

130.

Pückler an Lucie.

Neu-Hardenberg, den 11. Juni 1822.

Ich war gestern sehr wüthend auf Dich, und bin auch heute Dir noch nicht wieder recht gut! Ich hatte mich so sehr auf Deine Freude gefreut, und mußte mich nun über die tragische und schwüle Art, mit der Du die Sache aufnahmst, so ganz umstimmen, und meine kinderartige Freude verderben lassen! Denn über eine Rettung aus großer Noth freut man sich nicht mehr — dies ist bloß Abnahme einer Last! Es kann in manchen Fällen vor Verzweiflung be

wahren, und ist in so fern wesentlicher als Freude, aber es
ist doch keine. Nur über Kleinigkeiten freut man sich, und
doppelt, wenn man die großen Begebenheiten des Lebens
noch kindlichen Sinn genug hat als Kleinigkeiten anzusehen.
Auch das Unglück erscheint einem solchen Sinne kleiner, und
die kindliche Phantasie gewinnt dem Unglück selbst leicht eine
interessante Seite ab.

So sind meine Gesinnungen und Ansichten beschaffen, und
täuscht mich die ebenfalls kindische Eitelkeit nicht, so sind sie
graziöser als die Deinigen. Vielleicht bekomme ich morgen
einen artigeren Brief von Dir, doch ist der Mißklang einmal
da, und wird nur durch die Zeit wieder verwischt! Wenigstens
sind die Bildchen des Kinds alle zerbrochen, und vor der
Zeit ist es seines letzten Spielzeugs überdrüssig geworden,
weil die täppische Schnucke es zerbrochen hat. Kind boudirt
daher noch, und stellt sich sehr ungebärdig an. — Es will
die Ruthe haben, so bös ist es. Deinen Brief aber hat der
grimmige Lou zerrissen und verbrannt.

Aber ganz im Ernst, diese Art Kleinmuth liebt das
Glück nicht, und straft es. Je vertrauensvoller, ja ich möchte
sagen, je leichtsinniger man in dieser Hinsicht ist, je mehr
bannt man das Glück, welches eine wahre capricieuse Kokette
ist, mit der man spielen muß, um sie zu gewinnen.

Ich habe nun von diesem Benehmen leider nur wenig
an mir, desto böser bin ich, wenn mir dies wenige durch
anderen Einfluß auch noch geraubt wird. Der Geist, der
wohlthätig auf mich einwirken will, muß Muth und leichten
Sinn in mir wecken und vermehren, aber ja nicht unter=
drücken; denn nur mit ihm gelingt mir alles, ohne ihn bn
ich verloren, und ich fühle ohnedem seine Abnahme seit lange
schmerzlich!

Nun sei genug philosophirt. Im Schreiben ist der letzte
Groll gegen Dich gewichen, und ich unterschreibe mich wieder
als   Dein treuer Lou.

131.

Pückler an Lucie.

Neu=Hardenberg, den 15. Juni.
L'ennui nous consume!

Liebe Lucie,

Herr von Kimsky erzählte mir neulich vom Fürsten Putbus eine Einrichtung, die ich nicht übel finde, nämlich er hat vier Menschen, die in seinem Ort wohnen, und dort Handwerker ꝛc. sind, gegen ein geringes Geld verpflichtet, täglich, wenn es verlangt wird, bei Tafel mit aufzuwarten. Sie kommen eine Stunde vorher auf's Schloß, ziehen dort ihre Livree an, serviren bei Tisch, ziehen dann die Livree aus, hängen sie reingemacht an den bestimmten Ort, und gehen wieder nach Hause. So imponirt er, man mag zu ihm kommen, wenn man will, durch eine große Menge Leute, die ihn fast gar nichts kosten. Das ist viel besser als Ein= heizer und Stallleute, die man anderswo braucht, einzukleiden, und solche Livreen kann man viele Jahre haben. Sonst hat er nur zwei Bediente und zwei Kammerdiener.

Braucht er Jäger, so nimmt er Revierjäger, und den Haushofmeisterdienst versieht der eine Kammerdiener, jetzt Herr Collin. Die Jäger haben alle Staatslivree (das heißt, mit etwas Gold) und bei größeren Gelegenheiten werden sie alle mit den Pseudobedienten aus der Stadt auf der Treppe und im Vorzimmer in Reih' und Glied gestellt, wie es recht schicklich ist, und geben ein imposantes Ansehen. Darin fehlt bei uns Ordnung. Suche Dir nun bald auch solche Mus= kauer Mittagsbedienten aus, die wir aber auch sehr oft ge= brauchen müssen, damit sie in der Routine bleiben. Der Maler würde gleich einen abgeben, u. s. w.

132.

Pückler an Lucie.

Liebe Schnucke,

Lachen habe ich müssen über die Vorhersagung, daß mir
bald die ganze Geschichte zum Ekel werden würde. Cela
est déja vrai à la lettre. Das Diplom ist noch nicht da,
et j'en suis dégoûté sur ma parole. Geld ist eigentlich
nach dem Moralischen von allen irdischen Dingen die Haupt=
sache, et hélas, nous n'en avons guères.

Bis jetzt bin ich weder ein Fürst von Pückler noch von
Muskau, denn ich habe kein Diplom. Dieses wird aber auf
Muskau gestellt, und der Titel Graf von Pückler auch bei=
behalten, so wie Baron von Grodiz. Im Falle der Herr
von Muskau Söhne hat, erhalten diese die erwähnten Titel.

Was macht denn Helmine? Seitdem sie einen Cour=
macher hat, schreibt sie nicht mehr, das sieht ihr recht ähnlich.
Viele Grüße an Deine liebenswürdigen, vortrefflichen Gäste.

Es ist wohl sehr möglich, daß Papa in den ersten Tagen
des Juli nach Muskau kömmt. Ich habe ihm tout bonne-
ment Deinen Brief mit dem Solo zugeschickt, und hätte nur
gewünscht, daß etwas Schmeichelhaftes für ihn darin gestan=
den hätte. Er verdient es wahrlich, daß Du in dieser Sache
ihm etwas mehr Dankbarkeit zeigst; denn er hat gethan, was
er konnte, der gute Papa!

Gestern habe ich hier des Wilhelm Tell Sohn reprä=
sentirt, nämlich dem Förster, der außerordentlich schießt, ein
Ei auf einem Stocke von einer Elle Länge gehalten, das er
richtig traf. Es wollte mir aber doch keiner nachmachen!
Il faut faire de temps en temps une petite folie. Au
reste, il n'y avait aucun danger bei der sicheren Geschick=
lichkeit des Försters. Papa war aber nicht dabei, der hätte
sonst sehr geschmählt, und Schnucke wird wahrscheinlich mich
auch gut heruntermachen, et c'est pour cela, que je vous
l'écris.

133.

Pückler an Lucie.

Neu-Hardenberg, den 18. Juni 1822.

Da Du mir vorhergesagt hast, daß ich mein Wappen noch einigemal zeichnen würde, so muß ich Dir nicht ver= schweigen, daß ich zu dem Dir überschickten noch einen Nach= trag gemacht habe. Nämlich anstatt drei Helme fünf, den einen gekrönt mit einem Lou, den anderen mit einem gothischen Thurm. Du findest also jetzt im neuen Wappen

die Parkpassion,

die Baupassion,

den Lou und seine die Pferdepassion,

Eigenschaften: den Raufsinn,

das Phantastische,

den Farbensinn.

Da Du bis auf die Pferdepassion alles mit mir theilst, so kannst Du Dir es gleichfalls annehmen.

134.

Pückler an Lucie.

Den 24.

Hier steht es nun so, so. Ob die Gunst des Vaters für mich lange so fortdauern wird, ist mehr als problema= tisch. En attendant, l'essentiel est gagné. Ce sera en tout cas une consolation. Le ciel disposera du reste.

135.

Pückler an Lucie.

Den 26. Juni 1822.

Gott gebe, daß das Glück oder meine Industrie bald wieder eine neue Quelle öffnen, sonst weiß ich nicht wie wir aus dem Hause kommen. Jordan hat wohl Recht gehabt, wenn er sagte: Da sind ein Paar zusammengekommen, die gut zu wirthschaften verstehen! Das Geld ist wirklich bei uns, wie Wasser auf einen heißen Stein. Wasser und Brod wird wohl am Ende allein noch übrig bleiben. Qu'importe, vogue la galère. A propos, der König hat nun das Diplom unterschrieben, und Du kannst den neuen Titel einführen, und die Standeserhöhung offiziell bekannt machen.

Dein wohlaffektionirter Fürst von Muskau.

Der nächste Brief überhebt mich nun der Verlegenheit in der Adresse zwischen Erlaucht, die Dir gebührte, aber nicht gegeben wird, und Exzellenz, die Dir gegeben wird, und nicht gebührte, eine unangenehme Wahl zu treffen. C'est un avantage.

136.
Pückler an Lucie.

Berlin, den 29. Juni.

Liebe Lucie,

Unser Avancement erregt hier mehr Neid, als Du Dir vorstellen kannst, und man haßt uns durchgängig mehr wie je, sucht mich auch mitunter zu kränken. Papa gab gestern ein kleines Diner mir zu Ehren, und lud die Vornehmsten ein, um mich ihnen als Fürst von Muskau vorzustellen. Gneisenau, Bernstorff, Lottum, Wittgenstein, Haßfeldt und Zichy. Die ersten drei waren artig, die anderen drei tranken kaum auf meine Gesundheit mit, als Papa sie ausbrachte, und thaten überhaupt nur gerade, was der nothdürftigste An- stand erforderte. Nachher, als ich weg war, bat Zichy den Fürsten auf heute zum Essen, und absichtlich mich nicht. Da- gegen ist nun gar nichts zu machen. Au contraire, on se rend ridicule, quand on en prend de l'humeur. Auf Papa macht es aber keine gute Wirkung, car au lien d'em- brasser ma cause, la froideur des autres le refroidit aussi pour moi. Voilà comment le fâcheux se joint à l'agréable dans ce monde!

Regen und Sonnenschein wechseln ewig ab. Heute bekam ich die Rechnung für das Fürstendiplom, auch eine kleine Knacknuß! 4000 Thaler sind dafür zu bezahlen, welche die Armen bekommen. Wir müssen nun noch dazu thun, unsere Grafenkrone von Livreen, Wappen und Silber fort=zuschaffen, damit man nicht immer an die Neuheit der Würde erinnert wird. Schicke mir also die Epauletes der Livreen schleunig, damit ich sie geändert zurückbringen kann. Wenn es aber zu spät ist, so müssen wir warten, bis nach des Vaters Abreise, denn die Kuppel der Jäger müssen auch ver=ändert werden, so wie die Knöpfe. Für letztere werde ich sorgen. On n'a que de l'embarras de cette affaire. Auf Deinem kleinen Pettschaft ist es leicht, die Krone verändern zu lassen, wie Dir beim nächsten Briefe das meinige zeigen wird.

Glienike, den 30.

Hier ist der Rasen so vertrocknet, daß kein Regen ihm mehr aufhelfen kann. Ist es wohl in Muskau auch so schlimm? Die lange Dürre macht, daß ich mich auf Muskau's Park weniger freue, als mich vor seinem Anblicke fürchte. Ueberhaupt thut es mir leid, daß Du mir gar nichts darüber schreibst, und wie sich eigentlich die neuen Veränderungen ausnehmen. Daß noch mehr Bäume wegmüssen, ist gewiß. In Neu=Hardenberg habe ich wenigstens noch 800 wegnehmen lassen, und nun erst bietet der Park das Bild einer Landschaft dar, und es könnte ohne Schaden noch weit mehr vorgenom=men werden.

Noch ein neuer Gast, den ich Dir anmelde, ist Rust, der den 15. Abends in Muskau eintrifft. Auch kommt vielleicht Jordan, den ich wegen des sächsischen Militair=ordens bearbeite. (Auch der Minister Bülow kommt bestimmt, jedoch später gegen Ende des Monats.)

22*

Schaffst Du mir nun noch den kleinen gelben schwe= dischen, so verschmerze ich das Mißlingen in Petersburg, und werfe den russischen ganz weg. Du siehst, dem Kind bleibt noch Spielwerk genug übrig, aber auch das Solide versäume ich nicht, und Du mußt doch gestehen, ich habe hierin tapfer gekämpft, und den schwachen Funken von Hoffnung, der bei unserer Verheirathung aus der Stellung der Umstände noch zu unseren Gunsten übrig blieb, durch unermüdetes Wind= machen zur hellen Flamme angeblasen. Ob sie nun vielleicht im besten Brennen wieder verlischt, das steht bei den Göttern, ich wette für ihr Fortbrennen keinen Pfifferling. Indessen haben wir doch etwas Holz dabei abgesetzt, und Gott wird weiter helfen, wenn wir gut sind. Uebrigens geht es mir wahrlich besser, als ich verdiene; denn ich tauge doch lange nicht so viel, als meine gute Herzensschnucke, die ein gut= geartetes Kind, während ich ein böses Kind bin! Hier unter allen Intriguen verderbe ich vollends, und erkenne meine Schwäche, die so wenig der Versuchung widersteht! Denn alle die Heuchelei, Falschheit der Welt, die ich malgré moi theile, ekelt mich an, und beunruhigt die timoré gar sehr.

Dein Lou.

137.
Pückler an Lucie.

Den 30., Abends.

Liebe Schnucke,

Eben schickt mir Papa Deinen Brief, gutes Herz, der mir sehr viel Freude macht, und den ich sogleich beantworte, damit die Antwort noch mit der Post morgen fort kann. Für's Erste finde ich Deine Art mein und Dein Wirken in Muskau zu beschreiben, sehr lustig und vollkommen wahr. Glaube aber ja nicht, daß es meine Absicht ist, diesmal irgend etwas umzustoßen. Im Gegentheil freue ich mich innig Deine

Anlagen zu sehen, und lobe die Distribution der neuen Zimmer sehr.

Erschrick also weder über den Maler, noch über den Bildhauer. Der erstere ist nur zum Planmachen für Schinkel nothwendig. Der zweite erlöst die Statuen, die ohnfehlbar zu Grunde gehen, wenn sie noch länger eingepackt bleiben. Daß sie jetzt zusammengesetzt, und in die Zimmer umher placirt werden, hindert ja nicht im Geringsten, sie, wenn das neue Prachtorangeriehaus fertig ist (zu dem ich viel Glück und Geld wünsche, und das mir sehr wohl vor der Hand als château en Espagne gefällt) dort aufzustellen. Wir wollen nur schon jetzt diese schönen Kunstwerke, die uns schweres Geld kosten, genießen, und nicht ungebraucht ver= stocken und vermodern lassen. Diesmal gehe ich von Künftig ab, und rufe durch Dich belehrt aus: „Jetzt."

Es bleibe also ja alles, wie Du es angelegt hast, und vor allem der Ton der Freude, der Grazie und des Ab= endons, den Du eingeführt hast. Sorgst Du überdies noch für Abwesenheit der Fliegen, kühle Stube, accurates Serviren, große Ordnung und Reinlichkeit, Eis und Eispunsch, so werde ich entzückt von Dir sein.

Was Deine Gesellschaft betrifft, so habe ich gewiß nichts gegen sie; nur warne ich Dich des Platzes und des agréments wegen nicht mehr zu behalten, als Du beherbergen kannst.

138.
Pückler an Lucie.

Den 6. Juli.

Vorgestern war ich bei Frau von Alopäus, die sehr zu= vorkommend war, so weit, daß sie mir sagte, sie sei jetzt sehr oft Abends allein, und würde sich freuen, wenn ihr alter Vorleser ihr die Langeweile vertreiben wollte. Demohn=

geachtet bin ich noch nicht wieder hingegangen, sondern habe gestern bei Stägemann vor einer ziemlich starken Gesellschaft, das heißt ein Dutzend Personen ungefähr, worunter die Generalin Helwig, aus dem „Faust" vorgelesen.

Wie ich gefallen habe, weiß ich nicht; wohlweislich hatte ich aber früher einen Zuhörer abgegeben, während Andere lasen, unter anderen die Frau von Helwig, und diese lasen alle miserabel.

139.
Pückler an Lucie.

Den 14. Juli, Abends.

Dein Brief von heute, gute Schnucke, hat mich auf verschiedene Art betrübt. Erstlich und vor allem, daß Du so schwermüthig bist, doch das wird sich wohl geben, wenn ich nach Muskau komme. Was aber mich mehr betrübt, weil es nicht zu ändern ist, war die Aeußerung, daß Du meine Briefe an Helminen geöffnet und gelesen habest. Ich hatte in dieser Hinsicht ein so blindes Vertrauen zu Dir, auf die höchste Achtung gegründet, und es schmerzt mich sehr, Dich um nichts besser als dies jammervolle Ding selbst zu finden, die alle Briefe erbricht, deren sie habhaft werden kann! Wenn ich selbst zugegen bin, will ich Dir immer gern meine Liebesbriefe zeigen, nicht aber, wenn ich abwesend bin, weil ich dann sehr bestimmt weiß, daß Du den höchst ordinairen Liebesjargon, den man doch in solchen Verhältnissen eben so schreiben muß, als ein gehorsamster Diener an jeden Fremden, ohne viel dabei zu denken, für, Gott weiß, was für ein tiefes Gefühl ansiehst, und Dich ganz ohne Noth darüber bekümmerst.

Das Dritte, was mich betrübt, und sehr verdrießt, ist, daß Du wieder meinen Brief an Neumann nicht übergeben hast. Glaube doch, daß ich recht gut weiß, was ich thue.

Hätte ich manchen Brief an Dehn abgeschickt, den Du mir ausredetest, es wäre besser gewesen.

Da Du meine Antwort an Helmine gelesen hast, so bitte ich Dich, auch ihre Briefe zu lesen, die ich hier bekam. Ich lege sie bei; sage ihr aber nichts davon.

Gestern Abend ist mir etwas Eigenes geschehen. Es flog eine niedliche Grasmücke in mein offenes Fenster herein. Ich ließ sie ruhig in der Stube, und als ich heute früh auf= stehe, und mich zum Frühstück setze, kommt sie auf meinen Tisch geflogen. Ich gab ihr etwas zu fressen, und wir machten so gute Bekanntschaft, daß das kleine, noch ganz junge Thier in wenig Stunden völlig zahm geworden ist, so wie ich aufstehe, mir nachfliegt und sich auf mich setzt, als wenn es gar nirgends anders sein könnte. Während ich dieses schreibe, sitzt sie die ganze Zeit auf meiner Hand, und sieht mich niedlich zwitschernd mit ihren kleinen Augen höchst freundlich an. Wenn das nette Thierchen leben bleibt, bringe ich es nach Muskau.

Eichhorn hat mich auf morgen früh bestellt, Rother kann ich noch immer nicht zu sprechen bekommen. Es ist ganz etwas Trauriges, sollizitiren zu müssen, und lahm zu sein! Sollte ich durch die Geschäfte gezwungen werden, noch länger hier zu bleiben, als ich wünsche, so laß die vier englischen Pferde im Garten arbeiten, sobald der Stallmeister ange= langt ist, damit sie ihr Brod verdienen.

Sei fröhlich, und gieb keinem unnützen Gram Gehör. Es wird alles noch gut gehen.

Dein treuester Lou.

140.

Pückler an Lucie.

Alt-Hardenberg, den 12. August 1822.

Gutes, liebes Lüschen,

Wir sind seit gestern wieder hier, alles wie vor vier Monaten, bis auf das Beste was mir fehlt, mein liebendes und geliebtes Schnückchen. — Welche bittere, und ich muß es sagen, verachtende Gefühle gegen Deinen Vater durch die tägliche Gegenwart auf dieser Reise, und dadurch in mir erwieder werden, daß ich die Kimsky überall an Deiner Stelle sehen muß! kann ich Dir nicht ausdrücken. Sie scheint es zwar vollkommen gut mit mir zu meinen, so weit sie dessen für Andere fähig ist, aber ihre Gemeinheit bleibt doch für jederman unerträglich, jederman schämt sich ihrer Gesellschaft, nur Dein erlauchter Vater nicht!!! Sie nimmt im Wagen den Platz neben Papa ein, und ihre Kammerjungfer sitzt gegenüber. Der vierte Platz soll unter mir, Hrn. von Kimsky und Rust abwechseln. Ich habe aber, den ersten Tag ausgenommen, keinen Gebrauch mehr davon gemacht. Ueber das Betragen in Gasthöfen, und über die Tyrannei, welche über den Alten ausgeübt wird, laß mich schweigen, Du kennst dies! Sonst wäre die Reise allerliebst. Der Harz ist weit schöner und romantischer, als ich erwartete. Auf den Brocken sind wir nicht gekommen, obgleich Papa sich die ganze Hinreise darauf gefreut hatte, weil die Kimsky mit einemmal die Lust dazu verlor. Das Schloß Wernigerode selbst ist aber schon sehr sehenswerth. In herrlicher Umgebung ein altes Ritterschloß, fast ganz noch so wie es vor zweihundert Jahren gewesen sein mag, nur in den Wohnzimmern oben einige Papier-Tapeten als Repräsentanten der modernen Zeit. Prächtige Buchen- und Eichenwälder auf drei Seiten, auf der vierten die Ebene unmittelbar vom Schloßberge sich ausbreitend. Schön ist auch der Ilsenstein mit einem eisernen Kreuz auf seiner Spitze, und das ganze

Thal, welches von der Nixe und ihrem plätschernden Berg=
strome den Namen entlehnt. Das Wetter, alles begünstigte
uns, nur die Menschen verderben mir die wahre Freude
daran. Seit Goslar sind wir geritten, und haben für den
guten Papa die fatigantesten Touren gemacht, damit die
Kimsky ihr neues Reitkleid produziren konnte. In diesem
Amazonenaufzug ist sie auch in Hardenberg angekommen, wo
sie Deine Zimmer bewohnt, aber glücklicherweise heute früh
mit ihrem souffre douleur eine Exkursion nach Kassel gemacht
hat, von der sie erst morgen Abend zurückkommt. Ich tröste
mich bei der ganzen Reise mit der Idee, sie nächstes Jahr
mit Dir zu wiederholen, und da die schöne Natur recht aus
vollem Herzen zu genießen. Aber reiten mußt Du wirklich
lernen, sonst bleiben alle solche Pläne Chimairen. Hier ist
niemand als Wirth, Wirthin und Tochter gegenwärtig.
Der letzteren habe ich ein schön gebundenes Stammbuch
geschenkt, welches früher für die schöne Auguste bestimmt
war, halte sie mir aber drei Schritte vom Leibe. Die beiden
Damen machen, die Kimsky betreffend, bonne mine à mauvais jeu, man merkt es ihnen aber doch an, daß sie nichts
weniger als erbaut vom Tausche sind. Wir verstehen uns
darüber ohne Worte. Ich habe ihnen indessen etwas Angst
mit den Krämpfen der lieben Dame gemacht.

Die Arme ist allerdings deshalb zu beklagen, aber wahr
ist es auch, daß die Krankheit bei ihr charakteristisch und
ihrem ganzen Wesen anpassend erscheint. Wie wird das auf
dem Kongreß werden? wo bisher Krämpfe noch zu den un=
bekannten Gästen gehört? Tout cela finira dans la boue.

Ich fürchte schrecklichen Ennui in Pyrmont, und wäre
so gern in Muskau, denn ohngeachtet der gewiß hier schönen
Gegend, überzeuge ich mich doch immer mehr, daß nach kurzer
Abwechslung, die mir nöthig ist, es mich immer bald wieder
nach Muskau zieht, und mir eigentlich nichts anderes mehr
dauernd gefällt. Auf der andern Seite lehrt mich aber auch

die Langeweile, die mir das Besehen anderer Anlagen einflößt, daß man sehr Unrecht thut, für Andere dergleichen zu schaffen. Man muß es durchaus nur um der Sache willen und seiner selbst willen thun, auf den Beifall Anderer wenig oder gar nicht rechnen, denn Jeder dieser Anderen hat auch ein chez soi, auf welches seine Gedanken und seine Liebhaberei gerichtet sind, und wer es nicht hat, den locken überhaupt andere Dinge mehr, und ein gleichgültiges Lob ist am Ende alles, was er geben, und ein flüchtiges Wohlgefallen alles was er fühlen kann. Nur der Schöpfer hat die wahre Freude an seinem Werk!

Um Dich nicht noch länger auf einen Brief von mir warten zu lassen, schließe ich hier. Von Pyrmont erhältst Du meinen nächsten Brief, in dubio schicke ich diesen an den alten Wolff. Sehr begierig bin ich auf die Deinigen, die ich ohne Zweifel in Pyrmont vorfinden werde, und die mir Kunde von Deinen Reisen bringen sollen.

Vergiß nicht in den Zerstreuungen der Fremde

Deines treuen Lou.

141.

Pückler an Lucie.

Pyrmont, den 16. August 1822.

Beste Schnucke,

Ich fand hier Deinen Brief vor, dessen erzürntes Ende mich sehr belustigte. Gute Schnucke, Du bist wie ein Pulverfaß. Jeder kleine Blitz, den ich Dir sende, sprengt Dich gleich in die Luft. Es ist mir nicht eingefallen an Rehder und Wimmel zu schreiben, daß sie Deinen Ordres nicht folgen sollten. Nur meine schon in Muskau gegebene Ordre habe ich wiederholt, ohne Deiner im geringsten zu erwähnen.

Daß ich meinen Brief an Helminen geschickt habe, geschah mit großer Ueberlegung, weil ich überzeugt bin, wie ich sie kenne, daß dieser Brief, wenn er auch augenblicklich ihren Schmerz aufregt, doch dazu gemacht ist, sie zu beruhigen. Je connais le coeur humain mieux que vous.

Die Gegend hier und unterwegs ist sehr hübsch, und ich verspreche mir manches Vergnügen von meinen einsamen Spazierritten. Auch will ich das Bad alles Ernstes ge= brauchen.

Obgleich man hier sehr gut mit mir ist, so scheinen mir doch einige Anzeichen zu verkünden que ma carrière actuelle tire sur sa fin, et tant mieux, denn es ist wahrlich eine gränzenlose corvée, und wird mir wenig gedankt, denn Dein Vater liebt nichts als die Kimsky. Alle Anderen sind ihm gleichgültig.

Deine große Freundin, die Frau von Plessen ist hier. Ich habe sie aber noch nicht gesehen. Wie mir Putbus sagt, brennt ssie vor Begierde, den Lou kennen zu lernen, von dem Schnucke ihr so viel geschrieben hat.

Den 17.

Heute früh habe ich Frau von Plessen kennen lernen. Hübsch ist sie nicht mehr, aber ganz artig; sie scheint mehr sentimental als eitel. Uebrigens ist fast gar keine Gesellschaft mehr hier, und der Ennui, den ich voraussehe, thürmt sich wie ein kolossaler Riese vor mir auf.

Dein treuer Lou.

142.

Pückler an Lucie.

Pyrmont, den 20. August 1822.

Nous nous ennuyons comme des damnés à Pyrmont, und Deine gute Plessen ist auch eine schwache Ressource.

Der Tod des Lord Londonderry ist noch die pikanteste Be=
gebenheit gewesen, welche unser ewiges Einerlei unterbrochen
hat, und der Himmel verzeihe mir die Sünde, ich habe mich
ordentlich darüber gefreut, blos weil es etwas Neues war.
Sonderbar ist es, daß die zwei sich immer mit abwechselndem
Glück bekämpfenden Häupter der beiden Partheien im Par=
lament, Whitbread von der Opposition, und Castlereagh vom
Ministerium — beide damit geendigt haben, sich mit dem
Rasirmesser den Hals abzuschneiden. Beides ausgezeichnete,
ernste, auf dem höchsten Gipfel des Ruhms und des Ansehens
bei ihrer Parthei stehende Männer, beide im Momente ihres
höchsten Glanzes!

Ich ennuyire mich ganz umsonst hier. Dabei bin ich so un=
entschlossen über meine Zukunft, daß ich sehr wünschte, einen
heftigen äußeren Anstoß zu bekommen, um decidirt zu werden,
denn dies ist mir nöthig, sonst verfalle ich leicht in eine Art
von kontemplativer, hypochondrischer Trägheit, die ein sehr
fataler Zustand ist.

Entscheide einmal, soll ich sofort alles anwenden, um
auf den Kongreß zu kommen, und eine Anstellung zu erhalten,
oder soll ich mich nach Muskau zurückziehen, und meinen
Affairen und meinem Vergnügen leben? Das erste wird ehren=
voller, das zweite angenehmer sein. Ich stehe wie ein Esel
zwischen zwei Heubündeln, Schaf, wähle für mich! Soll ich
in den Stall gehen, oder Säcke zur Mühle tragen, Disteln
am Wege fressen, oder gutes Futter in der Krippe? Ich
wollte, ein geschickter Reiter leitete mich, und ersparte mir die
Wahl. Dein Vater hätte ein solcher Reiter sein können, er
hat aber weder die Lust, noch die Kraft mehr dazu.

Was macht Helminchen? Je l'aime toujours, malgré
tous les tours de passe qu'elle me joue. Je vous
prie de lui dire cela, et de lui recommander surtout de
ne pas être folle. Adieu, Schnucke.

Dein affektionirter Lou.

———

143.

Pückler an Lucie.

Pyrmont, den 24. August 1822.

Ich freue mich herzlich, gute Schnucke, daß Du Deine
Gebirgsreise mit so vergnügten Sinnen angetreten hast. Die
Gegend, der Du zueiltest, ist sehr schön, und ich hoffe, Du
wirst eine Cottage aufsuchen, um dort das kleine Paradies
im Gebirge zu stiften, wo Lou bloß als Gast aufgenommen
zu werden das Recht haben soll, aber sonst durchaus seiner
Schnucke nicht in's Gehege kommen darf. Dann wird man
abwechseln zwischen Lou's Schloß und Schnucke'ns Hütte,
und machen wir Bankerott, wie es den Anschein hat, so
flüchten wir uns in die letztere für immer.

Wir bleiben, wie es heißt, bis zum 16. September
hier, kommen also vor dem 20. nicht zurück. Fünf Tage
muß ich in Berlin bleiben, dann eile ich unaufhaltsam nach
Muskau. Was weiter wird, steht noch unentziffert in den
Sternen! Der Sicherheit wegen, muß ich, ich sehe es
ein, einen Gesandtschaftsposten ernstlich suchen, denn im Amte
bin ich auf jeden Fall geborgen. Rambohr in Neapel ist
todt, Niebuhr sehr krank, der Münchner will Pension. Laß
ich die Gelegenheit jetzt vorbeigehen, so schließt sich das Thor
der Gnade vielleicht auf immer, und ich würde mir im un=
glücklichen Fall einmal große Vorwürfe machen, die günstige
Gelegenheit nicht besser benutzt zu haben. Fort also, schlaffe
Trägheit, feige Sorge, erhebe kühn Dein Haupt, o Hermann!
Und Du, Frau Gemahlin, ziehe mich nicht herab zur ge=
meinen Erde.

Beiliegenden Brief bitte ich der unartigen Helmine zu
übergeben. Nimm ihn ihr aber nachher wieder weg, und
verbrenne ihn. Ich will aber nicht, daß Du ihn vorher
liest, und hoffe, daß auch in meiner Abwesenheit mein Wille
Dir heilig ist, sonst müßte auch mein Vertrauen schwinden.
Adieu. Dein treuer Hermann.

144.

Pückler an Lucie.

Pyrmont, den 3. September 1822.

Beste Schnucke,

Deine Nachrichten sind diesmal keineswegs angenehm. — Sei aber ruhig. Ich handle für uns, und Papa sorgt für uns. So sind wir nicht verlassen, sondern in Abrahams Schooß und wenn es auch manchmal etwas drohend am Horizont aussieht, so verzieht sich manche Wolke wieder, und selbst ein kleines Donnerwetter erfrischt nur die Luft um desto mehr, und macht sie reiner. Je suis bon moraliste, comme vous voyez, übrigens lebe ich aber auch selbst hier exemplarisch. Außer Deiner mir so sehr empfohlenen Freundin habe ich mit niemand Fremden, am wenigsten mit schönen Damen, Umgang gepflogen, und Deiner stets gedacht, meine gute Lucie. Mittags bringt Papa Deine Gesundheit aus, und wie herzlich ich anstoße, kannst Du wohl denken. — Die Frau von Kimsky läßt sich Dir vielmals empfehlen. Die arme Seele hat wirklich eine traurige Gesundheit, und leidet fürchterlich.

Den 6. reisen wir hier ab, und den 18. bin ich im lieben, lieben Muskau.

Dein treuer Lou.

145.

Pückler an Lucie.

Glienife, den 11. September 1822.

Liebe Lucie,

Herzlichen Dank für Deinen hübschen und liebevollen Brief — er freut mich sehr, obgleich er zu schmeichelhaft ist, denn leider kann ich von der Liebenswürdigkeit, die Du in mir finden willst, bei genauer Untersuchung fast nichts entdecken, und die äußeren Vorzüge sind so sehr dahin, mein

Gesicht so runzlich, und meine Haare so grau, daß Grete Pleſſen
selbst gestand, mich im Anfang gar nicht hübsch gefunden zu
haben. Vielleicht ist nur die Miſchnng von Bonhommie und
Schlauheit, von Natürlichkeit und Affektation, von Kindlichkeit
und Bösartigkeit in mir so pikant, daß man, wie ich ge=
funden habe, in der Regel nicht gleichgültig gegen mich bleibt,
sondern mich entweder nicht leiden kann, oder malgré soi
lieb hat. Leider abermals sind jedoch der ersten Zahl Tausend,
der anderen gar wenig. Die Nullen entscheiden wie in der
Arithmetik auch hier! Und wenn ich sagen wollte: nur
Narren sind es, die mich gering achten, so würde man mir
mit Recht aus den Sprüchen Salomonis antworten können:
der Narren ist eine unendliche Zahl!

Ich kann über die Zukunft noch gar nichts sagen;
Papa, mit dem ich jetzt nicht schlecht stehe, wie Du zu fürchten
scheinst, wenn auch manchmal eine kleine Kälte mit unterläuft,
die vielleicht meine Vernachläſſigung seiner oft mehr hervor=
bringt, als eine nachtheilige Stimmung von seiner Seite, ist
völlig d'accord mir einen Gesandtschaftsposten zu geben, und
Dresden de préférence, wenn es möglich wird, Jordan wo
anders zu placiren. Dazu ist aber in dem Augenblicke
keine bestimmte Aussicht, auch die jetzige Vacanz in Neapel
schon leider durch Flemming so gut wie besetzt, der auf Warte=
geld steht, und mir daher natürlich vorgehen muß. Konstanti=
nopel, Madrid und Kaſſel bleiben unbesetzt, und nach dem
ersten Ort würdest Du wohl Dich nicht gern entschließen
mit Deinem Lou zu gehen? Es ist jetzt noch kein Anschein,
daß Dein Vater den Kongreß besuchen wird, sein Plan ist
aber, daß ich mich an die Gesandtschaft Bernstorff's an=
schließen soll, mit ihr dem Kongreß folgen und, mich auf diese
Art gewissermaßen zur diplomatischen Carrière vorbereiten.
Qu'en dis-tu? Ich habe mich noch nicht entschieden und be=
trachte es als eine corvée. Da ich viel Geschäfte in Berlin
vorfinde, morgen aber mit dem Vater nach Hardenberg gehen

foll, wo wir bis zum 16. bleiben, so werde ich vor dem 20. bis 22. nicht nach Muskau kommen können.

Die paar Wochen, die ich in Muskau bin, will ich An= lagen machen, und mich freuen, gut essen und trinken, den ganzen Tag im Busch umherlaufen, mich etwas weniges um unsere Affairen bekümmern, und allen Sorgen ein gehor= samstes Valet sagen. Das merke Dir, und bringe mir ein nicht ausgelassenes, aber still freundliches und folgsames, harmloses Gesicht entgegen. Dann wird Lou freundlich und zufrieden sein.

Dein treuer Hermann.

146.

Der Staatskanzler Hardenberg an Pückler.

Berlin, 15. September 1822.

Mein lieber Pückler,

Ich habe Deinen mir in Neu=Hardenberg übergebenen Aufsatz mehrmals mit der Aufmerksamkeit gelesen und durch= dacht, die ich so gern Deinen Anträgen widme. Frau von Kimsky hat mir überdem in Deinem Namen noch weiter die eindringlichsten Vorstellungen gemacht, es ist also nichts unterlassen worden, um Deinen Wünschen Eingang zu ver= schaffen. Dennoch kann ich nach der reiflichsten Erwägung ihnen zu meinem Bedauern nicht entsprechen, weil ich leb= haft überzeugt bin, daß ich dadurch zu Deinem und zu meinem größten Nachtheile handeln, und statt Dir den Weg zu einem Gesandtschaftsposten zu bahnen, ihn Dir vielleicht erschweren würde. Ich weiß mit Zuverlässigkeit, daß eine Anstellung bei meiner Person einen üblen Eindruck machen, und mir großen Tadel zuziehen würde. Meine Be= denken sind, ich versichere es Dir, nicht aus der Luft ge= griffen. Es ist unmöglich, mich darüber näher zu äußern;

aber ich bin es Dir und mir schuldig, ganz bestimmt zu erklären, daß bei unseren nahen verwandtschaftlichen Ver= hältnissen davon, und von Deinem Mitgehen nach dem Kon= greß durchaus nicht die Rede sein kann. Ob die Gründe, warum ich Dir vorschlug, eine Anstellung bei Bernstorff nachzusuchen, durch die aufgewogen werden, welche Du da= gegen aufstellst, lasse ich gern dahingestellt sein, kann aber auch die Ueberzeugung nicht unterdrücken, daß Deine Ehre dadurch nicht leiden würde, und Du keineswegs den Räthen des Grafen Bernstorff untergeben sein würdest, dagegen als Freiwilliger, wie Du Dich ausdrückst, von ihm be= schäftigt werden könntest, wozu, wie ich wiederholen muß, bei mir gar keine Gelegenheit sein würde, indem mein Geschäft bloß in mündlichen Berathungen mit Bernstorff selbst und den anderen Ministern bestehen wird, die ich niemand über= tragen kann. Es würde mich gewiß recht sehr schmerzen, wenn Du den Auslegungen Raum geben könntest, als ob Mangel an Vertrauen und Liebe mich veranlassen könnten, Dich nicht mit zum Kongreß zu nehmen. Niemand in der Welt wird dieses so auslegen können, oder die Unterlassung als Deiner Ehre nachtheilig anzusehen wagen. Ich weiß, daß oft von der Reise zum Kongresse die Rede war, aber ein bestimmtes Versprechen gegeben zu haben, bin ich mir nicht bewußt. Ich war ja selbst höchst ungewiß, ob ich hin= gehen würde, und nur des Königs Befehl hat meinen Ent= schluß hier zu bleiben, in den verwandelt, schnell abzureisen. Wie hätte ich Dir ein solches Versprechen geben können, geben dürfen? Laß doch also, ich beschwöre Dich, lieber Pückler, jeden Zweifel an meinen Gesinnungen fahren, und sei versichert, daß ich eifrig bemüht sein werde, Deine Ab= sichten wegen eines Gesandtschaftspostens, wozu sich hoffent= lich die Möglichkeit bald ergeben wird, zu befördern. Glaube mir, Deine Anwesenheit mit mir bei dem Kongreß würde Dich eher davon abführen, als Dir dazu helfen.

Ueberdies ist und bleibt bis jetzt noch die Dauer der meinigen so ungewiß, daß ich um deswillen auch Herrn und Frau von Kimsky zurücklasse, die ich, wenn sie mitgingen, doch auf keinen Fall auf Königliche Kosten reisen lassen dürfte, noch werde.

Ich würde daher auch Deine Reise nicht auf solche übernehmen dürfen, Dich zwar, wo ich sein mag, den Tisch bei mir allemal mit Vergnügen theilen sehen, die anderen Kosten aber Dir zustehen überlassen müssen. Ich bin nicht reich, liebster Pückler, und darf des Königs Kosten nicht über das, was mir zukömmt, beschweren. Ich gehöre auch zur Kategorie der Gutsbesitzer, und leide mit ihnen durch die Zeitläufte. Was ich zu Neu = Hardenberg verbaue, geschieht durch den Verkauf unnützer, keine Zinsen tragender Brillanten, wie ich Dir im Vertrauen sagen kann.

Noch einmal, liebster Pückler, begnüge Dich mit den glücklichen Privatverhältnissen, in denen ich mit Dir und der lieben, guten Lucie stehe. Was ich dennoch Dir und ihr an Liebe und Zutrauen erweisen kann, was ich sonst für Dich zu bewirken im Stande bin, darauf rechne fest, so wie auf die herzliche Freundschaft Deines Dir treu ergebenen

Vaters Hardenberg.

147.

Pückler an Lucie*).

Den 19. September.

Dein Vater hat mir gestern einen schönen Apfel bei Tisch gegeben, den ich Dir als Schlange überschicken soll. Nimm ihn als empfangen an, da die Briefpost ihn nicht mitnimmt, und erwähne seines Empfanges mit einigen hübschen Späßen dem Papa, der sehr gut, liebevoll und heiter ist.

*) Dieser Brief, so wie die drei folgenden scheinen im September 1821 geschrieben.

Die Jagd in Grimnitz ist auf den Anfang Oktober
verlegt und das Erntefest auf den 30. Abends, wo der Vater
Deine Rückkunft wünscht. Auch ich bitte sehr darum 1) weil
Lou sich nach seiner Schnucke sehnt, der besten aller seiner
Lieblingsthierchen, 2) weil es höchst wichtig ist, daß Du in
Berlin völlig etablirt bist, ehe die Fürstin kömmt, deren
Rückkehr früher vielleicht alles scheitern macht. Uebrigens
geht noch bis jetzt alles über Erwartung gut, doch ziehe ich
vor, hierüber mündlich zu sprechen. Es ist allerdings
wünschenswerth, zu wissen, wann die Fürstin Teplitz verläßt,
jedoch muß Vorsicht dabei angewendet werden, und vor allen
Dingen sie selbst nichts davon erfahren, sonst könnte es ge=
rade das Mittel sein, sie zu früherer Abreise zu bewegen.

148.

Pückler an Lucie.

(Ohne Datum).

Liebste Schnucke,

Der König von England, wenn er kömmt, kömmt wohl
erst Ende Oktober oder Anfangs November, und bis dahin
bin ich zurück. Jetzt laß mich nur erst ein Geschäft voll=
enden, Gott gebe, glücklich! Dann wollen wir an ein zweites
denken. Bei des guten Vaters Abneigung gegen alle ent=
scheidenden Schritte ist das Gelingen mit einer Person, wie
die Fürstin, gewiß äußerst schwierig, indessen habe ich noch
immer gute Hoffnung. Wenigstens soll es nicht durch meine
Schuld verdorben werden. Ich habe nie in eigener An=
gelegenheit so viel Vorsicht und Sorgfalt angewendet, weil
eigene Sachen mir im Grunde nie sehr und gewiß nie lange
am Herzen liegen. Etwas anderes ist es um die Pflicht
gegen einen zweiten, und besonders gegen einen so geliebten
Mann, wie Dein Vater für mich ist. Du hast wahrlich
wahr geredet, wenn Du sagtest, gute Schnucke: „Er hat

23*

doch mein Herz." Diese Worte vergesse ich nie, und finde sie nun auf eine so wohlthuende Art bestätigt.

Der guten Kimsky und ihrem Mann empfiehl mich bestens. Ich hoffe mit Bestimmtheit, daß Ihr alle in den ersten Tagen des Oktobers in Berlin etablirt sein werdet. Sollte dies versäumt werden, so kehrt gewiß die Fürstin bald als Herrin und Meisterin zurück, nimmt Besitz von ihrem Haus, und quält den armen Vater langsam zu Tode.

Wie ist doch das Treiben dieser Frau so unerklärlich, wie unbegreiflich diese Härte entgegengesetzt der Milde eines Engels. Du wirst aus meinem Briefe an den Vater einen Theil ihrer Aeußerungen hören, viel gehässiger erscheinen sie noch durch die Art, wie sie vorgebracht werden. Welcher Traum, daß diese beiden Menschen je wieder glücklich mit einander leben können!

149.
Pückler an Lucie.

Den 21.

Beste Schnucke,

Es ist sonderbar genug, aber wahr. Ich besitze in diesem Augenblicke das Vertrauen Deines Vaters mehr als irgend jemand, die Kimsky nicht ausgenommen. Ich habe alles, was vorgegangen ist, ohne Ausnahme erfahren, jeden Brief gelesen, und in dieser kurzen Zeit viel bewirkt. Jedoch bleibt die Sache kitzlich, und der Erfolg sehr ungewiß. Unumgänglich nöthig ist es, daß Du so schleunig als möglich herkömmst. Es ist der Wunsch Deines Vaters, daß Du hier im Hause Dich etablirst, und ich rathe Dir, die Gelegenheit nicht leichtsinnig vorübergehen zu lassen, die wohl schwerlich in diesem Maße wiederkehren möchte. Bist Du einmal im Posseß, so wirst Du mit meiner Hülfe auch bestimmt darin bleiben, aber geschmiedet muß das Eisen jetzt werden.

Ganz eigen kommt es mir allerdings vor, daß ich in den Zimmern wohne und gebiete, wo ich vor einem Jahre noch den Eintritt demüthig erbitten mußte, obgleich freilich der jetzige Stand der Dinge meinen Verhältnissen natürlicher angemessen ist, als der vorige. Gestern fuhr ich in Papa's Equipage herum, und erhielt der Equipage wegen manches tiefe und manches herzliche Kompliment mehr, als es sonst geschehen wäre. Doch kann ich gar nicht sagen, daß mich das freut; im Gegentheile, die kleine Prosperität, in der ich mich zufällig befinde, macht mich trauriger und timider als zuvor. Ich mag auch nichts; denn ich kann die Freiheit nicht entbehren. Könnten wir jedoch unseren Haushalt künftig ersparen, so würde mir das sehr lieb sein; denn auf Sparen steht mein ganzer Sinn, da wir in der That es höchst nöthig haben. Morgen soll ich mit Wittgenstein sprechen, bei dem Papa mich völlig accreditirt hat. Koreff's Versetzung wird, glaube ich, morgen unterschrieben. Daß Graf Goloffin meine Bitte für Röde gewährt hat, macht mir viel Freude, und ist in der That sehr edel.

Eben ließ mich Papa rufen, und befiehlt Dir spätestens den 29. in Neu-Hardenberg einzutreffen, dort den 30. das Erntefest abzuwarten und den 3. mit ihm nach Berlin zu gehen, um seine Hausfrau zu machen. Nun sei auch nicht zu blöde, und handle mit der Kimsky einverstanden, aber doch immer auch mit eigener Vorsicht und Verstand; denn keinem fremden Rathe muß man blindlings folgen. Uebrigens rathe ich Dir eine große Freundschaft und Dankbarkeit im Publico für die Kimsky, der Pflege Deines Vaters wegen, zu zeigen; denn je mehr Du sie vorbringst und ehrst, je mehr wird alles Geschwätz getödtet. Dinge, die etwas zweifelhafter Natur sind, muß man gerade mit verdoppelter Sicherheit en avant bringen, um dadurch zu imponiren. Ich drücke mich nicht zum besten aus, aber Du verstehst gewiß meine Gedanken. Ich muß schon übermorgen nach Teplitz, welches eben nicht angenehm ist.

Gestern hatte ich eine spaßhafte Szene mit Papa.

Ich wollte ihm (NB. wir waren allein) die Hand küssen, und um sich, wie er manchmal thut, zu wehren, nahm er meine Hand, und führte sie an den Mund, wahrscheinlich in der Meinung, ich werde sie zurückziehen. Das that ich aber nicht, sondern ließ ihn ganz ruhig meine Hand küssen, that aber dann, als wenn ich ganz decontenancirt über eine solche Perfidie sei. Ich bildete mir einen Augenblick ein, König zu sein, und für ertheilte Gnade den Handkuß meines Staatskanzlers zu empfangen. Du siehst, Kind spielt noch mit allem.

150.
Pückler an Lucie.
Berlin, den 23. September.

Säume ja nicht, spätestens den 29. zu kommen.

Recht gut wäre es gewesen, wenn Du bis dahin, wo der gute Vater mit Frau von Kimsky ganz allein in Glinike und Neu=Hardenberg zubringen wird, bei ihm gewesen wärst; in= dessen ging es nicht, und man muß sich darüber trösten. Ich habe gestern eine Unterredung mit Wittgenstein gehabt, der, wie Du aus seinem beiliegenden Briefe siehst, sehr freundschaftlich thut, und vielleicht auch ist. Der Erfolg der Unterhaltung war allen meinen Wünschen angemessen, und seine Meinung ging augenblicklich dahin, mit der Fürstin nicht so viel Komplimente zu machen, sondern ihr, ohne den Kanzler hereinzumeliren, par autorité sagen zu lassen, daß, wenn sie sich unterstände, dem Staatskanzler das Leben schwer zu machen, sie unerläßlich die Pension verlieren würde, die der König ihr nur aus Achtung für den Staatskanzler gäbe, und ihr anzubefehlen, sich vor der Hand wo anders

aufzuhalten, und nicht nach Berlin zurückzukehren. Aber —
Dein Vater selbst ist zu diesem Schritte nicht zu bewegen,
und will durchaus erst noch einmal in Güte versuchen, sie
zu bewegen, mit uns freundlich zu leben, oder ihr selbst die
Bedingungen der Trennung zu machen.

Du mußt nämlich wissen, daß auf den dummen Rath
von Hellwig und Schöll er sich eigentlich förmlich mit ihr
versöhnt hat, was wir gar nicht, selbst die Kimsky nicht,
wußten, und sie bereits so gut wie alles nachgegeben hatte,
jedoch sich die Beibehaltung Koreff's bedungen! Nur meine
Aussage über die gegen mich ausgestoßenen Schmähungen
der Fürstin, und Koreff's Versetzung gaben einen neuen
Anlaß zu Wiederanknüpfung der Feindseligkeiten, und Du
glaubst nicht, wie behutsam man mit dem Vater umgehen
muß, der theils noch viel Neigung für die Fürstin zu haben
scheint, theils eine unglaubliche Furcht vor jedem eclatanten
Schritt in dieser Sache hat. Indessen hoffe ich das Beste,
sobald Du nur mit der Kimsky im Hause etablirt bist, und
er den Unterschied sieht zwischen liebenden Kindern, die ihm
jeden Wunsch an den Augen absehen, und einer Megäre,
die Gemeinheit, Wuth und Hohn auf die grausamste Weise
über den armen alten Mann ausschüttet.

Dein Vater geht heute nach Glinike, ich folge ihm
morgen, und reise von da übermorgen nach Teplitz ab. Gott
gebe seinen Segen. Koreff's Versetzung nach Bonn wird
noch vor meiner Abreise unterschrieben.

Dein Aufenthalt hier in Berlin während des Königs
von England Anwesenheit wird hoffentlich angenehmer sein,
als der meinige in Teplitz; doch macht die kleine Excursion
mir auch einigen Spaß. Adieu, ich küsse Dich herzlich, und
freue mich im voraus auf ein frohes Wiedersehen nach dem
Gelingen unserer Wünsche.

Dein treues Lind.

151.
Pückler an Lucie.

Dienstag Abend.

Meine gute, alte Schnucke,

Nachdem ich in Muskau ganz wehmüthig von Dir Ab=
schied genommen hatte, ging die Reise ganz glücklich von
Statten, und ich fühlte keine weitere Verstimmung, als dar=
über, daß Du nicht bei mir warst. — Mir ist für die
Zukunft weniger bange, da die Stimmung allgemein sehr
gut für den Todten, und keineswegs übel gegen mich zu sein
scheint. Dagegen ist alles, selbst das Volk, in hohem Grade
gegen die Kimsky aufgebracht, die man auch, den Nachrichten
von Italien nach, durch ihr Benehmen als die Ursache seines
Todes ansieht. In Folge einer Szene, die sie Deinem
armen Vater gemacht hatte, schleppte sie ihn nachher in vier
Theatern an einem Abende herum, wo er sich die Verkältung
und Abmattung holte, die ihm den Tod brachte. Rust war
dabei, und kommt in wenig Tagen her.

Das Testament ist publizirt, aber die Kodizille, die man
vermuthet, noch nicht aufgefunden. Zum Majorat gehören
die Juwelen, Silber, Gemälde, Bibliothek, alle Kunstwerke
u. s. w. — schwerlich wird es ohne Prozeß abgehen! Das
Nähere in meinem nächsten Briefe. Von Stägemann,
Lottum, Lehnert bin ich mit großer Freundschaft auf=
genommen worden. Sonst habe ich noch niemand gesehen.
Ich logire im Gasthofe, da Deines Vaters Haus ganz ver=
siegelt ist.

Mit Hellwig habe ich eine lange Unterredung gehabt,
und wir sind freundschaftlich auseinander gegangen. Alle
Blitze scheinen sich auf das Haupt der Frau von Kimsky
zu sammeln. Jeder spricht jetzt, und unerhörte Sachen
werden sohne Zweifel zur Sprache kommen. Sie hat nicht
einen Freund. Hellwig behauptet, und belegt es ziemlich mit
Beweisen, daß auch Lübeke ein falscher Jünger war, und sehr

schlecht an uns gehandelt hat. Er kann sich aber freilich nicht mehr vertheidigen, denn er ist auch todt

Mittwoch früh.

Eben ist der Jäger Ritter aus Verona gekommen, und hat mir merkwürdige Details über Deines armen Vaters Tod gebracht. In Mailand, wo sich seine Krankheit ange= fangen, hat man ihn in einem Tage auf den Mailänder Dom 400 Stufen hoch steigen lassen, und dann den Abend in sechs Theater nacheinander gehen, so daß er erst um 1 Uhr ganz erschöpft zu Haus gekommen ist. So ist die Reise fortgesetzt worden. Früh halb 5 abgereist, und ganz spät angekommen bis Genua. Dort ist ausgestiegen worden, und zu Fuß erst nach dem Hafen und Leuchtthurm gegangen. Kimsky und seine Frau voraus, und der Fürst allein hinter= herlaufend, so daß er sich schon krank und schwach von neuem erkältet, und kaum im Gasthof angekommen, ihn auch nicht wieder verlassen hat. Seine Besinnung soll er bis fast zum Augenblick des Todes gehabt haben, und nachdem er den Kopf auf die Brust gesenkt, in tiefem Schweigen versunken lange gesessen, (denn er ist auf dem Stuhle sitzend gestorben,) erzählt Ritter, habe er sich mit einemmal hoch aufgerichtet, und einen so furchtbar drohenden Blick auf die Kimsky ge= worfen, daß ein Schauder die ganze Gesellschaft ergriffen hat, und sie ohnmächtig hingesunken ist. Vielleicht hat in diesem Augenblick sein Geist zu spät die Wahrheit eingesehen! So bald er todt war, hat sich alles voll Abscheu von diesem Paare gewendet, und keine Gemeinschaft mehr mit ihm gehabt, sondern sie allein abreisen lassen. Man weiß nach dieser Erzählung kaum, was man denken soll, und ob man den armen Alten nicht am Ende absichtlich hingeopfert hat Rust's Schwäche, sich nicht besser opponirt zu haben, ist höchst tadelnswerth, aber zu entschuldigen, wenn man die Gewalt kannte, welche der feindliche Dämon über Deinen Vater, und alles was ihn umgab, ausübte.

Sollte die Kimsky die Frechheit haben, zu Dir nach Muskau zu kommen, so hoffe ich, daß Du sie gehörig ab= weisen wirst. Schaumann schreibt, sie habe noch zuletzt dem Fürsten seine Geldbörse gestohlen, und sei von ihm auf die härteste Weise behandelt worden, jedoch unter dem Vorwande, es sei ein Geschenk des Fürsten, den Raub festgehalten.

In Glinike hat man Staatspapiere in ihrer Kommode gefunden, kurzum der Spektakel über diese Kreatur ist gränzenlos. Ich bin sehr begierig auf Rust's Ankunft, den man allgemein sehr tadelt, und wegen seiner Unthätigkeit verantwortlich macht. Es ist jetzt wirklich ein Glück, daß ich nicht dabei war!

Was das Majorat betrifft, so sind außer Hellwig, der es gemacht hat, alle Advokaten, auch Stägemann, der Mei= nung, daß es unhaltbar sei. Kann es aufrecht erhalten werden, so bist Du so gut wie enterbt, und erhältst gar nichts. Es ist aber nicht denkbar.

Unsere 20,000 Thaler sind heute endlich gezahlt, und schon an Beneke überwiesen. Die Hälfte davon ist aber leider schon hin. Indessen, wenn es gut geht, und Gott hilft, so bringt uns das andere Geschäft bald wieder einige Fonds.

Von der Erbschaft werden wir wohl vor mehreren Jahren nichts zu sehen bekommen, aber ich zweifle nicht, daß wir am Ende 100,000 Thaler davon lösen, obgleich Deine légitime nur den sechsten Theil des ganzen Vermögens ausmacht.

Dein einziger Lou.

Eben schickt mir Rother einen Bericht von Rust, den ich beilege.

152.
Rust an die Fürstin von Pückler.

Verona, den 2. Dezember 1822.

Nachdem Ew. Durchlaucht die traurige Nachricht von dem Hinscheiden Ihres Durchlauchtigen Herrn Vaters in Genua bereits zugekommen ist, halte ich es nur noch für meine Pflicht, Ew. ꝛc. die näheren Umstände und ursächlichen Verhältnisse seines Todes mitzutheilen.

Allerdings hätten Ew. ꝛc. die erste Nachricht von diesem höchst traurigen Ereignisse durch mich erhalten sollen; allein meine höchstbedrängte Lage am Todestage selbst, an welchem der Kourier noch abgefertigt werden mußte — die Menge amtlicher Anzeigen, die ich über dieses traurige Ereigniß zu erstatten hatte, die vielen Geschäfte, die mir wegen Besorgung der Leiche ganz allein noch oblagen, und meine körperliche und geistige Erschöpfung nach sieben angst= und kummervoll durchlebten Tagen, und schlaflos zugebrachten Nächten — werden mich dieses Versäumnisses wegen bei Ew. ꝛc. gewiß entschuldigen. Se. Durchlaucht kamen den 15. Oktober über Wien und Venedig hier in Verona in einem Wohlsein an, dessen sie sich, seit ich das Glück hatte näher um die Person desselben attachirt zu seyn, noch nie zu erfreuen hatte. Dieses Wohlbefinden fiel um so mehr Allen, welche den Fürsten hier wiedersahen, und selbst Sr. Majestät dem Könige auf, — als der Fürst wirklich noch unwohl und krank Berlin verlassen hatte, und alle seine Begleiter mehr oder weniger von der Reise angegriffen waren, und den Tribut dem ungewohnten Klima, der veränderten Nahrung und Lebensweise bezahlen mußten, und mitunter recht bedeutend erkrankten, wovon ich selbst nicht ausgenommen war.

Bei der an mich ergangenen Aufforderung, den Fürsten auf seiner Reise zu begleiten, erklärte ich demselben offen und frei, daß ich unberücksichtiget meines Privatverhältnisses als Professor und praktischer Arzt, und des sehr bedeutenden

ökonomischen Nachtheils, der mir durch eine so lange Ent=
fernung von Berlin, sowohl für die Zeit meiner Abwesenheit,
als auch wegen der unvermeidlichen Folgen für die Zukunft
erwachsen müßte — ihn schon darum nicht begleiten könnte,
weil ich mich, der erlebten Szenen in Pyrmont noch einge=
denk, nicht getraue, ihn lebend wieder zurückzuführen, falls
er die Absicht habe, diese Reise abermals in Begleitung der
von Kimsky'schen Eheleute zu vollführen. Von der Wahrheit
des Gesagten in seinem Inneren nur zu sehr überzeugt,
vielleicht auch eine nähere Auseinandersetzung und Erörterung
dieses ihm selbst unangenehmen Verhältnisses besorgend,
äußerte er hierauf keinen Unwillen, wie ich erwartet hatte,
und worauf ich gefaßt war, sondern entließ mich mit einem
leisen Händedruck schweigend. Den folgenden Tag zeigte
mir der Fürst eine Kabinetsordre, die mir den Dienst=Urlaub
zur Reise nach Verona ertheilte — versicherte mir, daß ich
ihn, außer seinem Dienstpersonale, allein begleiten, und daß
ich mich nicht nur des vollen Ersatzes für meine seiner Person
seit Jahr und Tag schon dargebrachten und neuerdings noch
darzubringenden Opfer, sondern überdies auch seiner Erkennt=
lichkeit und besonderen Fürsorge in der Stellung und Re=
gulirung meiner dienstlichen Verhältnisse versichert halten
sollte.

Das erhaltene fürstliche Wort mußte mir genügend sein,
und ohne weitere Rücksicht auf meine Person und meine
häuslichen Verhältnisse nehmen zu können, unterzog ich mich
dem Willen des Fürsten um so mehr mit Bereitwilligkeit, als
ich ihn nicht allein kindlich liebte, und ihm daher gern diente,
sondern weil es auch schien, daß es selbst Se. Majestät der
König wünschte, daß ich mich hinfort noch der Gesundheits=
pflege des Fürsten widmen sollte.

Leider ist mir diese Pflege nicht allein, und unter dem
von mir festgesetzten Bedingniß —— anvertraut geblieben.
Schon in Rogan erhielt der Fürst Briefe von Frau

von Kimsky, wie sie nur eine Buhldirne an einen verblen=
deten und verliebten Jüngling zu schreiben vermag, mit der
dringenden Aufforderung, sie doch ja recht bald nachkommen
zu lassen, weil sie, ohne um die Person des Fürsten zu sein,
nicht leben könne, noch möge. — Mit Briefen ähnlichen
Inhalts wurde nun der Fürst von Posttag zu Posttag be=
stürmt, deren er mir mehrere zu lesen gab, und worauf ich
theils gar nichts erwiederte und ihm blos mein Mißfallen
hierüber durch Mienen und Gebärden zu erkennen gab,
theils ihm auch die verflossenen Szenen und überstandenen
Qualen von Neu=Hardenberg und Pyrmont in Erinnerung
brachte, ihn seine Gesundheit und Erhaltung zu berücksichtigen
bat, und gleichzeitig versicherte, daß es der König gewiß übel
nehmen würde, wenn er Frau von Kimsky mit in der
Kongreß=Liste aufgeführt finden sollte, worauf er dann ge=
wöhnlich unter Andeutung seines Mißfallens über meine frei=
müthige Aeußerung schwieg.

Durch die erhaltenen Briefe in Wien wurde der Fürst
endlich bewogen, schon von dort aus Frau von Kimsky in
die Lage zu setzen und ihr die Bewilligung zu ertheilen,
direkt nach Verona nachfolgen zu können, was ich indessen
von ihm selbst erst in Venedig erfuhr, wo er mir eröffnete,
daß in den ersten Tagen nach unserer Ankunft in Verona
auch Herr und Frau von Kimsky daselbst eintreffen würden.
Ich konnte leider nur mit Achselzucken darauf antworten.
Indessen ließ Frau von Kimsky, wie sie nun einmal die Er=
laubniß nachkommen zu dürfen, in Händen hatte, den guten
und ungeduldigen Fürsten vier Wochen lang auf ihre Ankunft
warten, was ihn schon während seines Aufenthalts in Verona,
da er einmal ihr baldiges Eintreffen erwartet hatte, auch
die Verzögerung desselben seinen ganzen Reiseplan änderte,
sehr verstimmte, ob er gleich noch fortwährend einer sonst
ganz ungetrübten Gesundheit genoß.

Die erſehnten Gäſte kamen endlich an, und ſchon der
folgende Tag nach ihrer Ankunft wurde mit einer Eiferſuchts=
und darauf folgenden Krampf = Szene gefeiert, an der der
Fürſt leider immer den bedeutendſten Antheil nehmen mußte.
Dieſe Auftritte wiederholten ſich nun täglich, ſowohl während
unſeres noch kurzen Aufenthalts in Verona, als auch während
der ganzen Reiſe bis zum Todestage des Fürſten, der oft
vor Aerger und unzeitiger Beſorglichkeit um die theure Ge=
ſundheit der Freundin an Händen und Füßen wie eine Espe
zitterte. Anderer nachtheiligen Einflüſſe, die auf den Fürſten
ſeit der Anweſenheit der Frau von Kimsky einwirkten, und
die offenbar von Tag zu Tag ſeine Geſundheit untergruben,
will ich hier weiter nicht gedenken. Schon die erwähnten,
und die Art und Weiſe, wie nun die Reiſe vollzogen wurde,
waren hinreichend, meine Prophezeihung in Erfüllung zu
ſetzen. Nun war uicht mehr die Rede davon, ſich lediglich
nach den Erforderniſſen und der Bequemlichkeit des Fürſten
zu richten, bei ſtürmiſchem Wetter die Wagenfenſter ver=
ſchloſſen zu halten, 'dieſen oder jenen nachtheiligen Luftzug
abzuhalten, zur gemeſſenen Stunde auszufahren, anzukommen,
zu ſpeiſen, und ſich zur Ruhe zu begeben, ſondern alles dies
richtete ſich nur nach der Laune und dem Befinden der Be=
gleiter, nach der Schönheit der Ausſicht, nach dem Intereſſe
dieſes oder jenes Aufenthaltortes, und nach der Verſchieden=
heit der Genüſſe, die daſelbſt aufzufinden waren.

Es war von jeher eine der größten Schwächen des
Verewigten, noch immer jugendlich erſcheinen zu wollen, und
es bedurfte daher nur der leiſeſten Aufforderung, um ihn zu
Unternehmungen zu verleiten, die kaum ungeſtraft von
Männern in den beſten Jahren verübt werden dürfen. Be=
kanntlich war auch kein wohlmeinender Rath dann mehr ver=
mögend, ihn davon abzuhalten, wenn einmal ſein allzureger
Geiſt hierzu aufgeregt worden war. So geſchah es nun,
daß außer den pſychiſchen nachtheiligen Einwirkungen es auf

der ganzen Reise auch nicht an physischen Schädlichkeiten
fehlte, die endlich seine noch vorhandene Lebenskraft gewaltsam aufreiben mußten. So besuchte z. B. der Fürst ganz
gegen sein persönliches Interesse und seine Gewohnheit, sich
um 9 Uhr zur Ruhe zu begeben — worauf ich während der
ganzen ersten Reise strenge hielt — auf dieser zweiten Reis-
alle Schauspielhäuser, die in Italien erst um diese Stunde
beginnen, ja er verweilte in Mailand, wo er unstreitig die
Hauptveranlassung zu seiner bald darauf ausgebrochenen
Krankheit gab, bis ½12 Uhr Nachts daselbst, und eines
Tages fühlte er sich sogar durch geschehene Aufforderungen
an ihn bewogen, vier Schauspielhäuser hintereinander an
einem und demselben Abende zu besuchen. Dabei hatte er
das Unglück, eine schlechte, rauchige und zugige Wohnung,
die überdies noch im dritten Stockwerk gelegen war, zu besitzen, und die er darum mit keiner besseren, auch bei vor-
handenem Platze, vertauschen wollte, weil in der unteren
Etage nicht gleichzeitig Raum genug für seine nächste Umgebung war, die in der Regel drei, im Fall aber Hader
und Zank unter den Eheleuten herrschte, vier Zimmer zu
ihrer Bequemlichkeit bedurften, weil der Mann dann ein besonderes Zimmer, wie dies auch in Mailand der Fall war,
einnehmen mußte.

Dieser nachtheiligen Einflüsse noch nicht genug, trieb
sich der alte Mann den ganzen Tag über in der schlechtesten,
feucht-kalten und regnigen Witterung auf der Straße, in
Kirchen, Gewölben und Museen herum, um alles Merkwürdige zu sehen und zu zeigen: ja er bestieg sogar mit seiner
ohnehin beengten Brust die erste Abtheilung des Thurms
am Dome, 158 Stufen hoch, und setzte sich daselbst über eine
Stunde lang dem größten Luftzuge aus.

Die nachtheiligen Folgen so vieler hinter einander folgender schädlichen Einwirkungen konnten nicht ausbleiben.
Schon am 17. November, als dem nächstfolgenden Tage vor

unserer Abreise von Mailand, befiel ihn in Pavia ein Brust=
katarrh, der mich um so mehr besorglich machte, als derlei
Lungenaffektionen bei seiner ohnehin geschwächten Brust nie
ohne bedeutende üble Folgen zu verlaufen pflegten, und sich
zugleich eine sehr bemerkbare Erschöpfung seiner Kräfte
wahrnehmen ließ. Noch hoffte ich indessen, daß durch die
eingetretene bessere Witterung, und durch die Versetzung in
ein wärmeres Klima, das wir in Genua, wo wir den 19.
anlangten, wirklich fanden, der Aufruhr in seinem Inneren
sich wieder legen, und die bereits eingetretene, noch immer un=
bedeutend scheinende Unpäßlichkeit geben würde. Allein schon
in der Nacht zwischen dem 19. und 20. wurde der Fürst von
seinem gewöhnlichen Asthma befallen, das am 21. zu einer
so gefahrvollen Höhe stieg, daß ich alle Minuten besorgen
mußte, ein Stickfluß werde seinem Leben augenblicklich ein
Ende machen. Die unterdrückte Expektoration wurde zwar
zu wiederholten Malen wieder hergestellt, und so das fürchter=
liche Röcheln und Kochen auf der Brust öfters gehoben;
allein das gänzliche und plötzliche Schwinden seiner Kräfte,
die anhaltende Schlafsucht und Bewußtlosigkeit, die Unmög=
lichkeit, auch nur eine Sekunde lang in einer rückwärts ge=
lehnten Lage sich im Schlafsessel zu erhalten, und ein hinzu=
getretenes äußerst bedenkliches Sympthom, ein über 24 Stunden
anhaltendes lautes Schlucken, raubten schon damals die ge=
gründete Hoffnung zu seiner weiteren Erhaltung, und lieferten
mir zu deutlich 'den Beweis, daß seine organische Maschine
unaufhaltsam der Auflösung zueile. Doch gelang es der
Kunst noch einmal, das dem Verlöschen nahe Leben wieder
anzufachen.

Er erhielt am 24. das Bewußtsein wieder; die gänzlich
unterdrückt gewesene Haut=, Harn= und Lungen=Exkretion war
wieder hergestellt, die asthmatischen und nervösen Zufälle ge=
hoben, und schon glaubte ich am 25., an welchem Tage er
sich schon wieder selbst zu rasiren vermochte, und noch mehr

am 26. Morgens, an welchem die Kräfte mit Riesenschritten
sich wieder einzufinden schienen, die gegründete Hoffnung
hegen zu dürfen, daß eine fortgesetzte ärztliche Pflege im
Stande sein würde, ihn noch einmal in's Leben einzuführen,
und diesen wichtigen Mann dem Staate und uns Allen zu
erhalten. Allein das Schicksal schien es einmal unwider=
ruflich beschlossen zu haben, ihn fern vom Schauplatz seines
thatenreichen Wirkungskreises abzurufen.

Schon am 24. war der Kourier in Genua angelangt,
dessen Ankunft aber dem Fürsten sorgfältig verschwiegen,
weil es vorauszusehen war, daß der Fürst sich nicht würde
abhalten lassen, trotz aller noch vorhandenen Schwäche und
Hinfälligkeit die Depeschen zu erbrechen und zu expediren,
jede geistige und körperliche Anstrengung aber die gegründete
Besorgniß eines Rückfalls, und alsdann eines bestimmt
schlimmen Ausgangs erregen mußte. Das vermeinte längere
Ausbleiben des Kouriers reizte aber den Fürsten eben so
sehr zum Unwillen, daß wir endlich am 26. Morgens es
für räthlicher finden mußten, ihm dessen Ankunft zu melden,
mit der inständigen Bitte, dessen Abfertigung noch bis auf
den folgenden Tag zu verschieben, da dessen Abzug, um zur
rechten Zeit in Verona wieder einzutreffen, auch nicht eher
nöthig sei. Der Fürst, von dem ganzen Verlaufe der über=
standenen Krankheit, und von den Folgen, die ein Rückfall
nothwendig herbeiführen mußte, instruirt, versprach die Expe=
dition auf den folgenden Tag zu verschieben, nahm unsere
Besorgniß für sein theures Leben zwar mit Anerkenntniß
und Herzlichkeit auf, beschuldigte uns aber einer zu großen
und übertriebenen Aengstlichkeit, die ihm mehr schade als
nütze, und versicherte sich stark und kräftig zu fühlen, um sich
vorläufig am Schreibtische, seinem Elemente, in dem er lebte,
beschäftigen zu können. Alle Protestationen dagegen halfen
nichts, und reizten ihn nur zum Unmuthe. Es blieb indessen
nicht allein dabei, daß er die erhaltenen Depeschen überlas,

bald mit diesem, bald mit jenem von seiner Umgebung über
verschiedene Angelegenheiten sprach, sondern er ließ auch gegen
12 Uhr Mittags den dortigen preußischen Konsul zu sich
bitten, versetzte sich, was ihm nicht wenig Anstrengung
kostete, in sein gewöhnliches edles repräsentatives Air, dankte
ihm in den verbindlichsten Ausdrücken für die während
seiner Krankheit geleisteten Dienste, versprach den folgenden
Tag den Gouverneur selbst zu sprechen, und gab ihm zugleich
Aufträge an denselben mit.

Um 2 Uhr wollte er im Zimmer promeniren, fühlte
sich aber bereits zu erschöpft dazu. Er verlangte, daß die
Fenster geöffnet würden, weil er sich nach frischer Luft sehne,
und seine Brust ihm sehr beklommen sei, und statt meiner
Bitte, sich auf einige Stunden zur Ruhe zu begeben, Folge
zu leisten, ließ er sich im Zimmer herumführen.

Der Schlucken, der bereits seit drei Tagen sich verloren
hatte, erschien hierauf von neuem, und plötzlich sank der
Unterkiefer herab, der Speichel floß ihm aus dem Munde,
er hatte Bewußtsein und Sprache verloren, und ein Nerven=
schlag hatte ihn offenbar getroffen. Alle nur mögliche Hülfe,
die der Kunst in dergleichen Fällen zu Gebote steht, und
was nur Liebe und Sorgsamkeit für die Erhaltung des
theuren Greises geboten, wurde unausgesetzt bis zum letzten
röchelnden Athemzuge angewandt. -- Aber alles war ver=
gebens -- das Bewußtsein kehrte zwar auf Augenblicke zurück,
allein der Schlag hatte den Schlund und die Luftröhre ge=
lähmt. Um 11 Uhr 5 Minuten Nachts hauchte er sein
edles thatenreiches Leben aus.

Erlauben Ew. ꝛc., daß ich über diesen letzten Moment
des Lebens schnell vorüber gleite, und dessen nur mit wenigen
Worten hier Erwähnung thue. Noch kann ich mich selbst
der Thränen nicht enthalten, wenn ich dessen lebhaft ge=
denke; er war in mancher psychischer Hinsicht, vorzüglich im
Augenblicke des letzten Scheidens, wo der Verewigte die

klare Einsicht der Dinge und Menschen hienieden, wie sie be=
schaffen sind, erlangt zu haben schien, höchst tragisch und
merkwürdig — ich möchte sagen gespensterartig — und ich
behalte mir noch vor, Ew. Durchlaucht, wenn Sie es wünschen,
seiner Zeit mündlichen Vortrag darüber zu erstatten. Merk=
würdig war es auch, daß der Verewigte, während des ganzen
Verlaufs seiner Krankheit, in jedem gefahrvollen Krankheits=
momente die Frau von Kimsky nicht leiden mochte, und oft
sehr unsanft ihre Zärtlichkeiten und Hülfsleistungen zurück=
wies, während bei jeder, auch nur momentan eingetretenen
Besserung, ihm ihre Umgebung angenehm schien. Noch be=
merkenswerther ist es aber, daß der Fürst die ganze Zeit
von seinem seligen Vater träumte, in Phantasieen stets mit
ihm und seinen Todestage zu thun hatte, und in fieber=
freien Augenblicken uns mit Thränen im Auge erzählte, daß
der 26. November (also dasselbe Datum, an dem der Fürst
starb) sein Todestag gewesen sei, an welchen er immer um
diese Zeit sich mit Wehmuth erinnere.

Wie sehr übrigens der Frau von Kimsky an der Ge=
sellschaft und Pflege des Fürsten, die sie stets im Munde
führte, in der That gelegen war, läßt sich auch daraus ent=
nehmen, daß sie nicht eine einzige Nacht während des ganzen
Verlaufs der Krankheit bei ihm zubrachte, in der Regel sich
um 11, höchstens um 12 Uhr mit dem Herrn Gemahl zu
Bette begab, und dasselbe vor 8 bis 9 Uhr Morgens nie
verließ, sondern mir allein und der Dienerschaft die Wartung
und Pflege des Kranken sowohl bei Tag, wo sie gewöhnlich
die Merkwürdigkeiten Genua's besah, als bei Nacht anheim=
stellte. Ueberdies hatte sie während der ganzen Reise nichts
gelegentlicher zu thun, als dem Fürsten ihre dringende Bitte
an's Herz zu legen, sie doch, da der Fürst die Zeit nicht
hierzu habe, allein mit ihrem Manne nach Rom und Neapel
reisen zu lassen. Ja, noch am Morgen des Todestages, an
welchem ich dem Fürsten offen erklärte, daß nun an eine

24*

weitere Fortsetzung der projektirten Reise um diese Jahreszeit in Italien bei seiner schwächlichen Gesundheit nicht zu denken sei, daß er wenigstens noch acht Tage, um sich ganz zu erholen, in Genua bleiben müsse, und daß ich dann darauf bestehen müßte, wenn ich mich nicht aller Verantwortlichkeit losjagen sollte, sogleich die Rückreise auf dem kürzesten Wege nach Berlin anzutreten — forderte sie, daß sie für ihren Theil über Liverno, Pisa, Florenz, Venedig, Wien und Dresden reisen könne, um, wenn sie Rom und Neapel zu sehen aufgeben müßte, doch wenigstens diese Städte und Gegenden kennen zu lernen, was ihr auch der Fürst vorläufig zugestehen mußte.

Wer nun selbst Zeuge von allen diesen und noch vielen anderen Szenen und Begebenheiten in den letzten Lebenstagen des Fürsten war, die ich alle zu schildern noch mehrere Bogen anfüllen müßte, kann sich den nächsten Grund des Jammerns und Klagens dieser Menschen im letzten Todesmomente, und nach wirklich erfolgtem Eintritte desselben, leicht erklären, und sich die Ueberzeugung verschaffen, daß es nicht Liebe, Treue und aufrichtige Anhänglichkeit an die Person des Verblichenen, sondern nur Schmerz über den erlittenen pekuniairen Verlust, und über die gescheiterte Hoffnung war, noch manche Verschreibung zu erhalten, und so manches Projekt gegen die Umgebungen des Fürsten und die Erben desselben noch durchzusetzen, worüber Frau von Kimsky sich bei verschiedenen Veranlassungen deutlich genug gegen mich ausgesprochen hat. Hat sie sich doch sogar die einzige Geldbörse, die der Fürst bei sich trug, noch am letzten Tage seines Lebens, am Todestage von ihm schenken lassen, um sich einige Sammetkleider anschaffen zu können. — Wenigstens hat sie dies zu Protokoll so erklärt, als bei der vorgenommenen Versiegelung diese Börse vermißt wurde.

Die Sektion der Leiche, die ich übrigens nach dem mit dem Geh. Rath Schaumann gefaßten Beschlusse balsamiren und bis zur weiteren Disposition von Seiten des Königs oder der erlauchten Familie höchst anständig vorläufig in Genua deponiren, und unter Aufsicht und die nöthige Obhut setzen ließ, bewies übrigens, daß der Verblichene zwar allerdings den Keim des Todes in seinen Eingeweiden trug; denn die rechte Lunge war knotig und ganz vereitert, die linke mit dem Herzbeutel und Rippenfelle beinahe knorpelartig verwachsen, die Leber verhärtet, die Gallenblase ohne Galle, aber mit drei großen Gallensteinen ganz ausgefüllt, und die Arterien an vielen Orten, besonders aber die absteigende große Schlagader, sehr verknöchert — doch waren alles dies weder Folge noch Ursache der vorangegangenen Krankheit, sondern diese Desorganisationen bestanden schon lange vor seinem Tode, und mit denselben hätte er noch ein bis zwei Jahre fortleben können, wenn nur alle psychischen und sonstigen schädlichen Einwirkungen, die seine Lebenskraft in seinem hohen Alter und in seinem schon zerrütteten Organismus direkt angegriffen und gewaltsam aufrieben, sorgfältiger vermieden worden wären. Ich kann daher die Behauptung geradezu aussprechen, daß der Fürst heute noch am Leben, und höchstwahrscheinlich auch gesund nach Berlin wieder zurückgekehrt wäre, wenn er meinem Rathe gefolgt, diese zweite Reise ganz unterlassen, oder wenigstens die Rimsky in Berlin gelassen hätte.

Niemand von seinen Umgebungen hat wohl mehr als ich, der ich ihm willig meine halbe Existenz opferte, ihm ohne alles Interesse diente, und der ich mich nicht einmal rühmen kann, auch nur ein Andenken je von ihm erhalten zu haben, durch seinen Tod verloren. Meine arme Frau, die mir über die ungewohnte und lange Trennung von ihr die kummervollsten Briefe schreibt, und Unglücksfälle der Art noch weniger zu ertragen im Stande ist als ich, jammert mich dabei am meisten. Gern würde ich mich indessen über alles dies trösten, und es als eine Bestimmung des Schicksals,

das mich einmal hart hat treffen wollen, ansehen, — wenn
ich nur nicht die Ueberzeugung hätte, daß alles anders ge=
kommen wäre, wenn man mir gefolgt, und meinen Rath nicht
unbeachtet gelassen hätte.

Doch der Schmerz über den erlittenen Verlust verleitet
mich zu ungerechten Klagen gegen Ew. 2c., während ich
vielmehr alles aufbieten sollte, um Trostgründe für ihr eigenes
kindliches Herz aufzufinden. Ich glaubte indessen auch schuldig
zu sein Ew. 2c. mit dem wahren Hergange der Sache und
mit der Lage der Dinge, wie sie wirklich stehen, umständlich
bekannt zu machen, um desto sicherer Hochdieselben in den
Stand zu setzen, Wahrheit von Trug zu unterscheiden, und
Ihre weiteren Maaßregeln hiernach nehmen zu können.

Für jeden Fremden und Uneingeweihten soll übrigens
die ganze Geschichte, wenigstens von meiner Seite, ein Ge=
heimniß bleiben; denn ich wünsche, daß man sich nur der
edlen Karakterzüge, der großen Thaten und der seltenen
Herzensgüte des verklärten großen Mannes, aber nicht der
Schwächen in seinen letzten Lebensjahren erinnern möge.

Der fürstliche Haushalt ist übrigens gleich nach dem
Todestage eingestellt, und nur noch die hinterlassene Diener=
schaft hiervon bezahlt worden. Sowohl ich als der Geh.
Rath Schaumann, der dem Verstorbenen bis zur letzten
Todesstunde treu anhing, und auch nach derselben das In=
teresse des Königs und der Erben wahrnahm, so wie die
übrigen Umgebungen, leben jetzt auf unsere eigenen Kosten,
sind auf selbe hierher nach Verona zurückgekehrt, und werden
auch so nach Berlin wieder zurückreisen, sobald die König=
liche Antwort über die gemachte Todesanzeige hier eintreffen
wird. Der Himmel gebe, daß sie bald erscheine, und es mir
recht bald vergönnt sein möge, in meine Häuslichkeit zurück=
kehren zu dürfen.

Die von Kimsky's sind heute von den Verwünschungen der
sämmtlichen fürstlichen Dienerschaft begleitet nach Berlin oder

Mecklenburg von hier abgegangen, nachdem Graf von Bern=
storff ihnen gegen Ausstellung eines Wechsels die der An=
gabe nach nöthige Reisesumme hat vorschießen lassen, um sie
nur vom Kongreßorte hier so schnell als möglich wieder fort=
zubringen.

158.
Pückler an Lucie.

Den 23. Dezember 1822.

Meine gute Schnucke,

Traurig ist in der That der Tod Deines Vaters in
jeder Hinsicht. Für ihn am wenigsten — für uns am
meisten. Ich erinnere mich einmal von einem Manne, der
aus geringem Stande sich zu allen höheren emporgeschwungen
hatte, gelesen zu haben, daß er, als ihn jemand fragte,
welchen Umständen er sein Glück am meisten zuschreibe, ihm
erwiederte: ich verdanke es allein dem Umstand,
daß ich nie etwas bis morgen aufschob, was ich
heute thun konnte. Ich kann es mir nicht verbergen,
daß ich höchstwahrscheinlich jetzt 100,000 Thaler in guten
Wechseln in meiner Hand hätte, wenn ich diesen Grundsatz
befolgte, und vierzehn Tage früher in Berlin war, ehe
Dein Vater die Augen schloß. Fast scheint es mir jetzt auch
unbegreiflich, daß ich es nicht that, aber die Gewohnheit des
Alltäglichen ist so mächtig, lullt einen in solche Ruhe ein,
daß man das Außerordentliche sich nicht als möglich denkt.
Ganz bin ich freilich nicht ohne Entschuldigung, und der ein=
zige Fall dieses plötzlichen Todes ausgenommen, war mein
Zögern der Sache in anderer Hinsicht nützlicher als mein
Kommen — indessen hat es doch das Schicksal so hämisch,
möchte ich sagen, geartet, daß ich das Unglück und den
Vorwurf der eigenen Versäumniß zusammen tragen muß.

Verdammt sind diese regrets, wenn es zu spät ist! Nichts ist dümmer, unnützer, nichts ist aber auch schwerer zu unterdrücken, und nichts thut weher. —

Sonderbar ist es, daß ich, obgleich die Sache höchst einfach war, und menschlichen Ansichten nach immankabel schien, doch nie recht an ihr Gelingen glaubte, und zwar aus dem einzigen Grunde, weil ich überzeugt durch lange Er= fahrung bin, daß ein großer Glücksfall mir nie zu Theil werden soll, sondern nur überall kleine mit Mühe und Noth errungene Vortheile für mich da sind. Schon manchmal sagte ich Dir es. Auch großes Unglück erwarte ich nicht, in allem bin ich zu der entschiedenen Mittelmäßigkeit ver= dammt, die auch, jede alberne Eitelkeit und Einbildung einmal bei Seite gesetzt, überall mein wahres Loos und Ge= präge ist. Das tröstet mich auch, denn Dein armes Kind bringt es höchstens zu einem großen Bilde, eine große Wirklichkeit ist ihm in diesem Dasein verschlossen. —

Nun wollen wir aber wieder zu den Kindereien über= gehen, die vor der Hand uns noch bleiben, bis auch diese vielleicht ihr Ende nehmen; an Kindlichkeit soll es mir des= halb doch nicht fehlen, und wer weiß, ob rauhe Lüfte dann meiner moralischen Konstitution nicht besser bekommen, als eine Witterung wie die jetzige, die weder warm noch kalt ist.

Also die neue Livree des kleinen Pagen schicke nach Muskau, damit ich dort, wo ich eher ankomme als Du, sie ihm ordentlich anpassen lassen kann. Tragen soll er sie nicht eher, als in Deinem Dienst, aber er soll bereit sein, Dich auch gleich darin in Muskau zu empfangen. Sende sie also an Wolff. Alle übrigen Veränderungen sind gemacht. Neue Offizianten und Livreeknöpfe, die Epauletten, Schlösser und Geschirre mit den neuen Kronen versehen. Noch einmal können wir den Bettelfürsten in vollem Glanze repräsen= tiren, ehe vielleicht die Fürstenkrone auf dem Trödel ver= kauft wird.

Mit meiner Gesundheit geht es noch wenig besser, doch giebt Rust Hoffnung, daß das Uebel langsam zwar, aber doch ohne Bedenklichkeit sein Ende auch erreichen wird. Seine Erzählungen vom Tode Deines Vaters mündlich. Unserer hat er nie gedacht! Weder im Leben, noch im Sterben!

Von solchen Eltern habe ich doch früher nie einen Begriff gehabt, und in dem Grade kein Beispiel davon gesehen. Ein Beweis mehr für mich, daß der in der Welt nur für gut und brav geachtet wird, der die Formen achtet, und der Welt zu Liebe sich Zwang und Verstellung geduldig auflegt. Nach dem Gefühl fragt niemand, und wer seinen eigenen Weg geht, wird geachtet und gehaßt.

Wir wollen uns aber vor dem Philosophiren hüten, denn es führt zu nichts. Sei heiterer und fröhlicher in Carolath, als ich in dem öden und kalten Berlin, und schicke mir ein halb Dutzend von den angebotenen Fässern, die ich sehr gut hier anbringen kann.

Dein treuer Lou.

154.

Pückler an Lucie.

Den 24. Dezember 1822.

Liebe Schnucke,

Beifolgend erhältst Du das Testament Deines Vaters in Abschrift, woraus Du siehst, daß derselbe seine liebe Tochter, wie er Dich darin nennt, gänzlich enterbt hat. Da Lichtenberg nicht mit zum Allodium gehört, so übersteigen die Schulden und Legate, zu denen nun noch die Kodizille kommen werden, den Betrag des ganzen Allodialvermögens um die Hälfte.

Es ist heute der heilige Christbescheerungstag; wie gern hätte ich Dir ein besseres Geschenk zu diesem Tage gemacht!

Deinem Herrn Bruder habe ich geschrieben, wie man pro forma schreiben muß. Ich lege die Kopie, von meinem neuen Sekretair geschrieben, gleichfalls bei. Daß ich den Besuch in Muskau abzulehnen suche, wirst Du billigen.

Hast Du denn der armen — einen heiligen Christ geschickt? Ich wagte es nicht allein, um mir Deine Ungnade nicht zuzuziehen. Die arme Kleine dauert mich aber doch, und ich möchte ihr wohl eine kleine Freude machen, wenn ich nur wüßte, wie? Gieb mir einen Rath deshalb, und übernimm die Besorgung. Du könntest mir auch die Adresse schicken. Ich werde es gewiß nicht mißbrauchen, aber schreiben könnte ich wohl einmal mit gehöriger Vorsicht unter fremdem Namen.

Quand je m'imagine quelquefois d'être méchant, je finis toujours par être trop bon. Cependant le diable n'y perd rien, hélas!

Abends.

Ich glaubte heute Abend keinen heiligen Christ zu bekommen, als Dein lieber Brief ankam, der mir ein wohlthuender Beweis ist, daß doch auch an mich ein Herz liebend denkt.

Die wenigen Worte, die Du über Deine Verhältnisse mit Deinem Vater sagst, sind in der That rührend und merkwürdig. Du hast aber sehr Recht, seinem Andenken deshalb nicht es entgelten zu lassen. Er war ein Zusammengesetztes von Gut und Uebel, wie wir Alle, und wenn Du zu klagen hast, so kann dagegen Dein Bruder gewiß seinen Edelmuth nicht genug preisen. Uebrigens wünschte ich, daß Du mir früher die Verhältnisse so bestimmt auseinandergesetzt hättest, wie in Deinem Briefe. Ich glaube, daß ich dann mit ihm darüber gesprochen haben würde, und doch vielleicht sein Gewissen gerührt. Wir haben beide mit Testamenten Unglück. Mein Vater enterbte mich so viel er konnte, ganz ohne Urſache von meiner Seite. Der Deinige thut das Nämliche.

Was mich betrifft, ſo ſehe ich noch nicht recht ab, wann ich fortkomme, obgleich ich ein höchſt trauriges Leben hier führe. Den kleinen Lou *) bringe ich Dir mit. On ne demande plus mieux que de nous le donner, ich habe aber eben nicht ſehr viel empressement gezeigt. Vous gâtez tout le monde, ma chère, est quand vous faites du bien à quelqu'un, vous vous y prenez de manière qu'il finit toujours par croire que c'est lui qui oblige. Excepté votre Lou, vous n'avez fait que des ingrats. Addio!

Dein armer Bedrängter.

Malgré ma pauvreté j'ai été obligé de dépenser 30 écus pour les enfants de ma soeur.

1823.

155.

Pückler an Lucie.

1823.

Liebe Schnucke,

Das unglückliche Jahr bewährt ſich auf alle Weiſe.

Durch einen Zuſammenfluß unerwarteter unvorhergeſehener Umſtände, und hauptſächlich durch den Mangel an Nachdruck, den der Tod Deines Vaters mit ſich bringt, iſt meine ſo herrlich eingefädelte Sache, die mir auf einem Brette wenigſtens 70,000 Thaler noch vor Weihnachten gebracht hätte, wenn Dein Vater vielleicht nur acht Tage ſpäter ſtarb — gänzlich verunglückt.

---

*) Anmerkung der Herausgeberin. Ein Neffe von Pückler.

Mündlich erzähle ich Dir die näheren, wirklich unglück=
lichen Umstände!

Dies ist ein harter Schlag, denn ich hatte (und konnte
es fast mit Gewißheit) wenigstens auf 500,000 Thaler ge=
rechnet. Alles war mir schon zugesichert; aber wo man
früher nicht gewagt hätte, sich zu retraktiren, beobachtet man
jetzt nicht einmal mehr den Anstand, sondern läßt ganz
offen merken, daß die Zeit der Begünstigung vorüber ist.
Enfin, c'est une affaire manquée et finie, il ne faut plus
s'en arracher les cheveux.

Aber, gute Schnucke, da diese Aussicht verschwunden ist,
werden wir wohl ernstlich müssen an die Zukunft denken!

Wenn ich meine Anlagen ganz aufgeben soll, so hat
mein Leben auch seine ganze Bedeutung und sein Interesse
verloren. Alle H o f f n u n g künftiger Freude, die in Er=
mangelung der R e a l i t ä t jetzt noch die helle Seite meiner
Existenz ausmachte, schwindet auch dahin, und ich könnte
dann wirklich des ganzen leeren Seins herzlich überdrüssig
werden. —

Im Uebrigen aber könnte ich Entbehrungen sehr leicht
ertragen, nur liegt es einmal unbezwinglich in meinem Ka=
rakter, keine halben Maaßregeln dulden zu können. In
Muskau zu leben, und plötzlich dort zu der Kategorie eines
der dortigen Landedelleute herabzusteigen, ist mir unmöglich,
und würde mit bittreren Gefühlen für mich verbunden sein,
als wo anders Mangel selbst zu leiden. Auch ist es den
obwaltenden Umständen 'und so langer Gewohnheit nach gar
nicht ausführbar.

Das einzige Mittel einer ersprießlichen Ersparungs=
methode wäre, daß Du, liebste Schnucke, in irgend einer
nicht zu entfernten Stadt Dich so etablirst, daß Du mit
4000 Thalern Deine Haushaltung und alles bestreiten könntest,
in Muskau bis auf das allernöthigste Personal alles ab=
geschafft würde, für Park und Bauten ebenfalls 4000 Thaler

ausgesetzt würden, und ich endlich mit der gleichen Summe abwechselnd bei Dir, und in der guten Jahreszeit zuweilen in Muskau wäre, um Administration und Anlagen zu kontrolliren.

Ich sehe wahrlich nicht ein, wie es anders zu machen ist, auch muß und darf mein Aufenthalt in Muskau gar nicht lange dauern, damit ich nicht verpflichtet werde, mehr als das Etatmäßige auf die Anlagen zu verwenden.

Vielleicht ginge es auch, wenn man sich fest vornähme, niemand zu sehen, und solche Leute hielte, die man nach Gefallen als Bedienten und in der Administration brauchen könnte, wie Lubsch zum Beispiel, und die Bertram, daß man in Muskau bei beibehaltenem äußeren Anstand doch im Grunde ökonomisch lebte, und nicht mehr als die erwähnten 12,000 Thaler alles in allem verzehrte. Es wird aber für Dich diese Einsamkeit, wie ich in der letzten Zeit sehr vielfach bemerkte, unerträglich, und überhaupt ist die Sache schwer auszuführen.

So viel ist gewiß, meine frische Ansicht des Lebens geht täglich mehr verloren, und die Sorge steht wie ein Gespenst schon Jahre lang mir ewig zur Seite, und leider ist unsere Lage so, daß selbst die größten Entbehrungen uns nicht von dieser Sorge befreien können. Nur ein großes Glück, eine Radikalkur, die wenigstens die Hälfte der Schulden tilgte, könnte uns feste Sicherheit geben. 500,000 Thaler Schulden und 9000 Thaler jährliche Pensionen extra sind für Muskau eine zu unverhältnißmäßige Last. Es ist nicht zu läugnen, daß wir schon lange nur durch außerordentliche Mittel das Ganze halten. Erst Dein Vermögen, so weit es nicht durch Dehn verschleudert ward, dann der große Holzkontrakt, endlich die Entschädigung; nun hoffte ich auf die neue, aber versiegte Quelle, und so lange Dein Vater leben blieb, konnte es mir an Ressourcen nicht fehlen. Diese sind hin — und auf die Erbschaft ist leider gar nicht zu rechnen.

Es haben sich bis jetzt schon 60,000 Thaler Wechsel=
schulden gemeldet. Die Diamanten sind verkauft, und kann
das Majorat nicht umgestoßen werden, so reicht das Allo=
dialvermögen n i c h t h i n, die Schulden zu decken. Selbst
mit der Umstoßung des Majorats wird nicht viel heraus=
kommen, da auf dieses auch an 400,000 Thaler Schulden
sind, doch muß es ohne Zweifel versucht werden, und kann
auch höchstwahrscheinlich gelingen. Von einem Vergleich mit
Deinem Herrn Bruder hoffe ich wenig. — Heute früh war
ich bei Voß. Ich kann nicht anders sagen, als daß er mich
sehr freundlich und ohne Veränderung empfing. Aber was
helfen freundliche Gesichter!

Verzeih, meine gute Schnucke, wenn ich in Kummer und
Unmuth versunken, Dir ähnliche Empfindungen mittheilen
muß. Aber trübe Wolken verdunkeln unseren Horizont, und
es hilft nichts, die Augen vor ihnen zu verschließen.

Dein besorgter und betrübter, aber treuer Lou.

156.
Pückler an Lucie.

Den 8. Januar 1823.

Sei über meine Schritte in Hinsicht des Testaments
ruhig. Ich bin weit entfernt, etwas ohne Noth im voraus
aufzugeben. In der ganzen Sache kann jetzt noch gar nichts
gethan werden, selbst im Wege des Vergleichs ist sie schwierig,
und im Wege des Prozesses unabsehbar. Ich lese sehr wenig
Romane, wie Du glaubst, sondern studire ganz ernstlich und
fleißig. Neuigkeiten kann ich Dir nicht schreiben, denn ein
Maulwurf in seinem Loche kann nicht einsamer leben als ich.
Doch habe ich gehört, daß die ganze Stadt und alle vor=
nehmen Bürger in Allarm sind, weil Voß keinem mehr,
weder Rother, noch Friese, noch sonst einem nicht Adeligen,
den Titel Hochwohlgeboren giebt. Einige haben die Zu=

fertigungen zurückgeschickt, aber mit Protest wieder erhalten. On ne devrait pas commencer par des bagatelles. Si j'étais à la place de Voss, je les attaquerais par des endroits plus sensibles. Nadelstiche reizen, les coups de massue apaisent.

Eben kömmt wieder von Deinem Herrn Bruder Kontre-ordre, und die Nachricht, daß er erst am 15. Februar ein-treffen will. Ich werde also desto mehr eilen nach Carolath zu kommen, wo das hübsche Mädchen auf mich wartet.

Da ich seit vierzehn Tagen im Bett liege, habe ich keine Neujahrswünsche aussuchen können. So wie ich aber aus-gehen kann, schicke ich der lieblichen Adelheid den gewünsch-ten. Wie Du mir zuredest, mich nicht trüben Gedanken zu überlassen, so las ich es gerade heute in einer schönen Ode des Horaz, aus der ich Dir das Bruchstück übersetzen will. Diese Ode ist im Original unbeschreiblich schön, und ganz geeignet zu trösten, wenn man kleinmüthig wird

Adelheid kannst Du beifolgenden Anfang einer anderen Ode in Verse zu bringen geben.

Die kühle Grotte und das Rosenlager würden zwar jetzt bei 16 Grad Kälte nicht sehr anlockend sein, man muß sich aber in den lieblichen Süden versetzen, oder ganz pro-saisch ein warmes Bett substituiren.

Das ist das Neueste aus der Hauptstadt Augusts; aus der Residenz Friedrich Wilhelms weiß ich nicht das Geringste zu erzählen; denn in meiner Höhle höre ich kaum den Feuer-lärm, der drei Nächte hintereinander die Leute aus den warmen Federn in die grimmige Luft hinausgetrieben hat. Das letztemal, wurde mir erzählt, brannte es in der Behrenstraße neben einem Hause, wo in einer Gesellschaft sich unter anderen auch der Herzog von Rovigo befand, der im Angesichte des Feuers eine sehr interessante Schilderung des Brandes von Moskau zum Besten gegeben haben soll. Die Gesellschaft war bei einem Kaufmann, welche mit den Be-

amten und Justizkommissarien bei weitem die besten Häuser
hier machen, wo man sich auch besser amüsirt, weil sie Geld
haben, und ihre Soupers nicht wie die der vornehmen hie=
sigen Gesellschaften mit Ranudo di Colibrado's Hause allzu=
viel Aehnlichkeit haben. Sollte ich noch einmal in Berlin
aufthauen, so sind das gewiß allein die Zirkel, die ich auf=
suchen werde.

Der kleine Lou wird auch nicht vergessen werden; ich
werde ihn in meinen Bettsack stecken, damit er nicht unter=
wegs erfriert, und auch nicht zuviel Platz einnimmt.

Dein leibeigener Lou.

Den 8. Januar 1823.

Von Deinem Herrn Bruder habe ich beiliegenden Brief,
und von seiner Gemahlin den ebenfalls beiliegenden recht
graziösen Zettel empfangen.

Du siehst daraus zum Theil, wie die Sachen stehen.
Daß Dein Vater ihn nach Verona eingeladen, und uns zu=
rückgelassen, ist noch eine noch unbekannte Perfidie, und daß
der König Deinem Bruder sein Beileid bezeigt hat, und Dir
nicht, ist nicht artig gegen Damen. Point de prophète dans
son pays. Unsere Dienste werden hier nicht anerkannt.

156.

Pückler an Lucie.

Den 9. Januar.

Ich muß gestehen, wenn ich mein Leben überdenke, so
kann ich meinerseits nicht dem Glücke, sondern nur mir selbst
die traurigen Resultate zuschreiben, aber die Umstände trugen
doch auch immer das ihrige auf eine seltsame Art dazu bei,
mir jedesmal das sogleich zu entreißen, was das gute Glück
mir darbot. Dies geht immerwährend so fort seit meiner

Geburt. In die Welt getreten mit körperlichen und geistigen
Vorzügen, begabt mit einer vortrefflichen Konstitution, muß
eine unverantwortliche Erziehung jene fast in Null aufgehen
lassen, und diese durch eine mir gar nicht natürliche, sondern
nur künstlich hervorgerufene ausschweifende Lebensart ver=
derben.

Mein Vater stirbt früh, unter den obwaltenden Um=
ständen ein großes Glück für mich — ich konnte jetzt, führte
das Glück mir einen einzigen kundigen und rechtlichen Mann
zu, meine Lage sicher und glänzend für mein ganzes Leben
gründen. Anstatt dessen, ganz unerfahren in Welthändeln
dieser Art lasse ich mir eine Schuldenlast mehr von wenigstens
150,000 Thalern aufbürden, und lege dadurch den Grund
zu einem Leben à la Damokles mit der Schwertspitze über
dem Haupt, wie ich es seitdem ununterbrochen geführt, und
dadurch mein Leben gänzlich verkümmert habe.

Jetzt bringt eine Zeit, wie sie vielleicht in Jahrhun=
derten nicht wiederkehrt, mir persönlich die schönste Gelegen=
heit ein hohes Glück sowohl an Vermögen als an Ruhm zu
erwerben. Schon entschlossen, bereit abzugehen, bricht eine
Krankheit aus, die es mir sechs Wochen lang unmöglich macht.
In dieser Zeit ändern sich die Umstände, so daß es Wahn=
sinn schien, jetzt noch den früheren Weg einzuschlagen, und
das Glück war abermals verscherzt.

Endlich finde ich Dich, gute Schnucke, mit einem Ver=
mögen, fähig, den früheren Verlust zu ersetzen, und mit
Ordnung und Mäßigung unsere Lage beneidenswerth, wenn
auch nicht über alles ausgezeichnet zu machen. Da schiebt
das schwarze Verhältniß Dehn und Neumann dazwischen, und
der Erfolg ist bekannt.

Zuletzt gelingt es mir in einem gewissen Grade die
Gunst Deines Vaters zu gewinnen. Ich leite mit unsäg=
licher Mühe und vieler, vieler Qual vier höchst wichtige
Zwecke für uns ein. Der eine, die Entschädigung gelingt,

der zweite, die Steuersache, ist so gut wie gewonnen, der dritte ist im Begriffe völlig zu reüssiren und mir 100,000 Thaler wie im Traum einzubringen, der vierte, die Tilgung unserer Schuld durch den Fond in Klosterzelle, ist gleichfalls eingeleitet, und die beste Hoffnung zu einem guten Erfolg — in diesem Augenblicke stirbt Dein Vater, die Steuersache ist auf dem alten Flecke, die 100,000 Thaler verschwunden, und das letzte unausführbar geworden.

Sein Testament wird geöffnet, und Du bist bis auf den letzten Pfennig enterbt.

So stellt sich die Sache auf der einen Seite dar. Auf der anderen muß ich leider mein eigener Ankläger werden. Mancher, kann ich sagen, hat eine schlechtere Erziehung erhalten, und durch eigene Kraft und Ueberwindung sich zu einem musterhaften Jüngling herangebildet. An Kopf und Kraft dazu hätte es mir nicht gefehlt.

Wäre ich bei meines Vaters Tode mit weniger Leichtsinn zu Werke gegangen, so hätte ich wohl selbst auf den Einfall kommen müssen, ehe ich alles weggab, mehrere gescheute Rechtsgelehrte zu fragen.

Hätte ich mich nicht einer strafbaren und unvernünftigen Liederlichkeit ergeben, so konnte eine Krankheit der Art mich nicht hindern, den Weg des Glückes zu verfolgen.

Wer zwang mich dazu, blindlings einen Mann als ein Orakel anzusehen, und mich ihm in die Arme zu werfen, den ich weder kannte noch geprüft hatte.

Zum zweitenmale raubte mir eine selbstverschuldete Krankheit hier den Hauptgewinn, den mir der Kredit Deines Vaters bringen konnte, und das letztere betreffend, hätte ein klügeres Benehmen und eine bestimmte Explikation auch hierin ein besseres Resultat herbeiführen können. Also — beim Lichte besehen, das Schicksal gab so viel als es nahm, und eher mehr; an mir, dem Steuermann, lag es, das Schiff besser zu führen. Wer Geist und Unpartheilichkeit genug hat, sein Leben aufrichtig zu prüfen, wird vielleicht immer finden, daß er nur seines Glückes eigener Schmied ist.

Ich habe mit Fleiß meine übrigen Thorheiten, Spiel, Anlagen und manche andere Verschwendung gar nicht erwähnt; denn diese sind meiner Natur so angemessen, daß ich es auch bei besserer Einsicht doch schwerlich hätte anders machen können; aber diese haben auch nicht so bedeutend eingegriffen, und mir manchen Genuß gewährt, an den ich noch mit Vergnügen denke, und den ich nicht bereuen kann.

Hier werde ich in meinem Philosophiren durch ein Briefchen von Dir unterbrochen, in dem Du Dich über den Mangel von Nachrichten über mich beschwerst.

Nun, ich muß gestehen, wenn man seit meinem Aufenthalt in Berlin unsere Briefe gegeneinander abwiegt, so müssen Deine gewaltsam in die Höhe geschnellt werden, und schon ihres Volumens wegen ist es zu entschuldigen, wenn sie mit der fahrenden Post gingen. Ich kann mich mit meinen Briefen nicht an die Tage binden. Verschone mich damit, oder Du machst mich capriciös, und dann schreibe ich gar nicht. Amtsberichte mögen an einen Posttag gebunden sein, aber vertrauliche Briefe werden besser nach Neigung als nach Kommando geschrieben. Uebrigens sind Deine Kommissionen und Packete daran Schuld; die Neujahrswünsche habe ich versucht mit der reitenden Post zu schicken, und ich wünsche nur, daß sie wohl konditionirt angekommen sein mögen.

Morgen ein Mehreres, jetzt gute Nacht. Ich bin heute zum erstenmal eine Viertelstunde ausgefahren, und befinde mich recht wohl.

Dein treuer Lou.

158.

Pückler an Lucie.

Den 13. Januar 1823.

So lange Dein Vater lebte, war mir nicht sehr bange, da mußten sich immer Ressourcen finden, das ist nun leider anders geworden und außer der Herrschaft Muskau nichts mehr vorhanden.

Welche Ersparungen bei den Pferden gemacht werden können und sonst, werde ich in Muskau ernstlich untersuchen. Ich fürchte aber, wir sind beide zu verwöhnt, und werden wohl nicht eher uns nach dem Bette krümmen, bis uns die Beine abgeschnitten sind.

Ueber den Kronprinzen von Schweden habe ich mich vielfach erkundigt. Das Resultat ist, daß er den Damen mehr gefallen hat, als den Männern, weil er hübsch und von sehr guter Tournüre ist, aber sich gegen jederman ohne Aus= nahme mit der größten hauteur, und sogar, wie man be= hauptet, mit einiger Geringschätzung benommen hat. Sehr verdacht wird ihm, daß er in Potsdam, wo er sich um 1 Uhr bei der Prinzeß Louise, Tochter des Königs, ansagen ließ, diese, den Kronprinzen und die ganze Garnison über eine Stunde lang warten ließ, ohne sich anders als flüchtig zu entschuldigen.

In seiner Lage war Stolz sehr passend, das Erwähnte scheint mir aber doch ein Bischen zu weit gegangen.

Ein propos von ihm, das ich gehört habe, mißfällt mir. Er frug Nostitz, der den Dienst bei ihm hatte, wer ein junger Mann wäre, der mit der Prinzeß Louise tanzte. Nostitz antwortete: „der Oberst Röder". „Ah, das Avan= cement bei Ihnen muß gut sein." „O sehr gut, Ihre Königs= liche Hoheit". — „Bei uns auch, mein Vater und ich sind ein Beweis davon."

Das finde ich bei einer solchen Gelegenheit nicht taktvoll. Wenn der König in einer ernsten Anrede an sein Volk von

seiner Herkunft spricht, oder bei passender Gelegenheit nicht
scheut, ihrer wie einer bekannten Sache zu erwähnen, so hat
er Recht, aber die Gelegenheit dazu vom Zaune zu brechen,
und selbst gewissermaßen über sich ein Bonmot zu machen, ist
nicht würdevoll nach meiner Ansicht. Uebrigens soll er sich
sehr wie ein geborener Prinz ausgenommen, und weit mehr
durch sein Benehmen imponirt haben, als manche andere
Leute, et on lui en veut peut-être.

Man sagt, Bülow würde nach Paris kommen, und
einige Minister entlassen, dagegen Provinzialminister aus
ihnen gemacht werden. Doch sind dies bloß Gerüchte, die
mich zufällig in meiner Einsamkeit treffen. Ich möchte Dir
gern mehr Neues sagen, weiß aber leider nichts mehr.

Mit der Gesundheit geht es besser. Ich werde nun
bald wieder ausgehen können, da auch die Kälte nachgelassen
hat, und freue mich herzlich auf Dich, meine gute Schnucke,
und auf Carolath.

Dein treuer Lou.

159.
Pückler an Lucie.

Den 15. Januar 1823.

Du wirfst mir, liebe Schnucke, Verstimmtheit vor, und
ich kann mich nicht frei davon sprechen. Aber wahrlich, eine
schwerer andringende Epoche, als die jetzige, habe ich nicht
erlebt, und krank und elend dazu — wer bliebe da wohl
unverstimmt!

Verwundere Dich nicht, wenn Du mich traurig und
etwas verändert findest, Carolath's häusliche Freuden und
ländlicher Frieden werden gewiß wohlthätig auf mich wirken.
Viel Neues weiß ich Dir nicht zu sagen, da ich zwar gestern
und heute wieder ausgegangen bin, aber keine Gesellschaften
besuche.

Der Minister Voß liegt gefährlich an einer Lungen=
entzündung krank, und eine andere Sache, die das Publikum
beschäftigt, ist die außerordentliche Gunst, in welcher Alexander
Humboldt beim König steht, der ihn auf eine bis jetzt un=
erhörte Weise auszeichnet. Er hat gleich Wittgenstein sein
Couvert Mittags und Abends beim König, ist né prié zu
jedem Familienzirkel, enfin, on ne peut se passer de lui.

Man glaubt, daß er übermorgen den großen rothen
Adlerorden erhalten wird, und macht ihn bereits zum Mi=
nister über Altenstein's Departement.

Sollte Voß sterben, so werden die großen Männer
immer rarer werden, und wenn dann ein embarras eintritt,
so ist es wahrlich nicht de richesses.

Venus Miche und Pater Carolath erhalten beide bei=
liegend Antworten, die ich abzugeben bitte. Obgleich ich, wie
gesagt, in fünf bis sechs Tagen abzureisen denke, so bitte ich
doch, mir noch einmal zu antworten.

Deinen kleinen Lou kann ich, da ich in Frankfurt ver=
weilen muß, ohnmöglich überall mitschleppen, auch wünschte
ihn Agnes noch bis zu ihrer Abreise zu behalten, und im
April selbst nach Muskau zu bringen. Ich fürchte überhaupt,
wir werden mit dem Kinde in den April geschickt werden.
Wir bürden uns, während unsere Lage immer beschränkter
wird, da eine neue Last auf, die auch recht sehr génant ist.

Ich gestehe aufrichtig, daß mir angst und bange dafür
ist, einen solchen ungezogenen Jungen im Hause zu haben,
der gar nicht zu meiner Lebensart und zu meinen Neigungen
paßt. Den kummervollen Besitz von Muskau soll er nach
unserem Tode haben, wenn wir ihn anders noch hinterlassen;
aber im Leben will ich mir keine Ruthe aufbinden; es ist so
schon Zwang und Noth genug darin.

160.
Pückler an Lucie.

Den 16. Januar 1823.

Deinen Brief vom 13. oder 14. beantworte ich sogleich. Es freut mich, daß Du wieder zufriedener mit mir bist, und man in Carolath meiner freundlich gedenkt.

Hier existirt nichts Lustiges für mich, als das von früh bis in die Nacht dauernde Exerziren unglücklicher, vor Frost klappernder Rekruten vor meinen Fenstern, von denen bei= liegendes Blatt eine treue Darstellung liefert.

Meine philosophischen Betrachtungen von neulich sind ein Spiegel, in welchem Du Dich auch ein wenig beschauen könntest, dann wollen wir uns beide gemeinschaftlich bessern. Zu dem Ende übersetze ich noch eine kurze Ode des Horaz, da Du die frühere so schmeichelhaft aufgenommen hast. Es ist immer dieselbe Philosophie.

Dein Bruder macht jetzt patte de velours, weil er Schwierigkeiten von unserer Seite fürchtet, die ihm nicht an= genehm sind. Ich werde gewiß nicht unfreundlich, aber eben auch nicht sehr entgegenkommend mich benehmen.

Mit der Güte, mein Engel, bekömmt man unter den Wölfen, die uns überall umlagern, nichts. Unter uns gesagt, es steht wirklich erbärmlich mit uns, aber mit Horaz will ich nicht sorgen und den Tag noch genießen, so lange er hell ist, auch Wein kosten, nur nicht Carolather. Comprenez vous? Pas du cru de son Altesse, mais bien de sa cave.

Das Schlimmste ist, daß ich eigentlich auch diesen von Horaz empfohlenen Trost entbehren muß, da mir leider der Wein noch immer verboten ist. Faute de mieux übersetze ich Dir nun noch eine Klage des Eifersüchtigen, die schön ist, wenngleich die Sitten damals anders und liederlicher als jetzt gewesen sein mögen. Die Ode ist gerichtet an eine andere Lydia.   Dein treuer Gatte.

Für vier neubelegte und polirte Spiegel habe ich
26 Thaler zahlen müssen, die Du Felzin zur Besorgung
durch den Baudirektor übersendet hast. Ist es denn auch der
Mühe werth für die alten Spiegel so viel auszugeben?

Bald wird übrigens das Zahlen von selbst aufhören.
In dem halben Jahre vom 1. Juli bis Weihnachten ist
bereits ein Defizit von 33,000 Thalern (gedeckt durch die
Entschädigung), 7000 Thaler sind nun noch übrig, und dann
auf keine Hülfe mehr zu rechnen.

Kein Absatz für Holz, der Alaun bis auf 5 Thaler her=
unter, die Pächter insolvent, die administrirten Oekonomieen
nicht im Stande, vor zwei Jahren etwas zu bringen. Branitz
nicht verkaufbar. Wer kann sich da retten! Dazu der un=
glückliche Verkauf, der es unmöglich macht, sich einem land=
schaftlichen Kreditsystem anzuschließen, und alle Gläubiger
über 150,000 Thaler noch rebellisch machen wird. Das sind
unsere Aussichten!

161.
Pückler an Lucie.
Montag, den 20. Januar 1823.

Auf mich fährt das Unglück fort einzudringen, ich bin
aber nun schon gestählt, und auf jedes völlig gefaßt. Von
Deinem Verstande hoffe ich dasselbe. Der jetzige Umstand
besteht darin: Nach meinem Kontrakt mit der Salzdirektion
habe ich die noch restirenden 6400 Ring Stabholz erst
Anno 26 abzuliefern. weil ich die dazwischen liegenden Lie=
ferungen, wie Du weißt, einem Kaufmanne hier früher ab=
getreten habe.

Wir glaubten, wie Du Dich erinnern wirst, durch diese
Flöße einen Fond zu erhalten, dessen die Muskauer Admi=
nistration so sehr bedürftig ist — indeß es ist vergebens,
und wir müssen uns anders helfen.

Ich verschonte Dich gern, liebe Seele, mit diesen unan=
genehmen Nachrichten; aber es ist nöthig, Dich darauf gefaßt
zu machen, daß in der That unsere Ressourcen außerhalb
zu Ende sind, und wie die Sachen stehen, aufrichtig gesagt,
nicht viel mehr übrig bleibt. Sei indeß jetzt unbesorgt und
verschwiegen. Vor allen Dingen beschwöre ich Dich aber
sanft und folgsam zu sein, wenn Du mich nicht zur Ver=
zweiflung bringen willst; denn im Glück kann ich Widerspruch
nur schlecht vertragen, im Unglück gar nicht. Auch verbanne,
so viel Du kannst, liebste Lucie, alle (doch ganz unnütze)
Aengstlichkeit.

Einer Sorge, nämlich meinetwegen — was Deinem
liebenden Herzen, wie ich wohl weiß, eine Hauptsorge ist —
kannst Du Dich völlig überheben; denn die Zukunft wird
Dich überzeugen, daß mir vielleicht jede Lage heilsamer sein
wird, als die bisherige, deren Verworrenheit und Unnatür=
lichkeit, wenn ich mich so ausdrücken darf, einen wahren
Fluch darauf warf. Uebrigens sei vor übereilten Hand=
lungen von meiner Seite nicht bange. Ich werde nichts
thun, als nach reiflicher Ueberlegung und mündlich das
Weitere mit Dir in Carolath verhandeln. Bis dahin Streu=
sand darüber.

Dein immer treuer, ehrlicher Lou.

162.
Pückler an Lucie.

Den 21. Januar 1823.

Liebe, gute Schnucke,

Wie ich mit Deinem Bruder stehe, zeigt Dir auch ohn=
gefähr der beiliegende Brief. Je le vois ici pour la première fois dans le grand monde, où il ne brille pas. Il
est gauche, doucereux, et d'une affectation ridicule. Mit seiner

Frau lebt er aber vortrefflich. Il est extrémement égoiste, mais il aime et apprécie singulièrement tout ce qui lui appartient, par conséquent aussi sa femme. Toutes les autres femmes de Berlin se réjouissent de sa laideur, et comme le bruit court en même temps que leurs affaires sont très dérangées, tout le monde leurs veut du bien. L'envie est remplacée par la pitié.

Was mich betrifft, gute Schnucke, so bin ich in der letzten Zeit ziemlich repandirt gewesen, und überall hingegangen. Wir hatten auch einen großen bal paré, den 20 Personen gaben. Die beiliegende Einladungskarte zeigt Dir den guten Geschmack, der die Geber beseelte.

Die fête war indeß, Dank dem schönen Saale, der guten Erleuchtung, und der Menge bunter Uniformen sehr schön. Der König sprach freundlich mit mir, was mich freut, da ich besorgte, bei ihm ein wenig angeschwärzt zu sein; der Kronprinz dagegen hat selten die Gnade mich zu bemerken. Gesungen wird ebenfalls ziemlich fleißig, seitdem die Lunge es wieder erlaubt.

Dein treues Louchen.

163.

Pückler an Lucie.

Berlin, den 23. Januar 1823.

Liebe Lucie,

Eine Sache, die auch mich gekränkt hat, und die ich Dir nicht eher mittheilen mochte, war folgende.

Kurz vor dem Tode Deines Vaters erfuhr ich durch Kämpf, daß im „Hesperus" schon Anfangs Monat Oktober eine impertinente Ankündigung meiner Erhebung in den Fürstenstand stehe, und so unangenehm es ihm sei, halte er es für seine Pflicht, mich davon zu benachrichtigen. Sobald ich das

Blatt erhielt, beantwortete ich es (ohne Zweifel dankt das Pasquile sein Entstehen einer gewissen, Dir bekannten Parthei hier in Berlin, und ich bin überzeugt, daß Dein Vater es gelesen, und den übelsten Eindruck davon erhalten hat, ohne mir jedoch ein Wort davon zu sagen) und ließ diese Antwort von Berlin aus durch Kämpf an den Redakteur des „Hesperus" schicken. Dieser versprach, sie einzurücken, that es aber nicht (vermuthlich bestochen), und von Posttag zu Posttag erwartete ich die Ankunft des Blattes vergebens. Unterdessen über= zeugte ich mich, daß, obgleich nur äußerst wenig Exemplare des „Hesperus" hier in Berlin sind, so daß ich mir bis jetzt aller angewandten Mühe ohngeachtet noch keins verschaffen konnte, man doch Sorge getragen hatte, es so bekannt als möglich zu machen. Alle unsere Vettern hatten es, als sie in Muskau waren, schon gelesen, und aus falscher Delikatesse oder aus Mangel an wahrem Antheil verschwiegen sie mir es. Ich schickte Dir gern das Blatt mit, wenn ich es be= kommen könnte.

Der Inhalt war im Wesentlichen folgender: Nie habe etwas mehr in Berlin ein mißfälliges Aufsehen gemacht, als meine Erhebung in den Fürstenstand. Man sei allgemein der Meinung, daß es nicht sowohl vom König ausginge, als vom Nepotismus des Kanzlers. Wie aber der Kanzler sich dazu habe hergeben können, begreife man nicht. Nur drei Personen habe der König in den Fürstenstand erhoben, Blücher, Hardenberg und mich, ein Kleeblatt, das nicht recht gut passen wolle. Von den Vorfahren des Königs sei man dergleichen Günstlingschaft nicht gewohnt. Mich kenne man übrigens durch nichts, als durch einen übertriebenen Aufwand, manche Sonderbarkeiten, und die Härte, mit der ich meine sonst leibeigenen Unterthanen behandelt habe, wofür mir das Fürstenpatent verliehen sei.

Ein anderes Patent, das das Publikum mit mehr Sehnsucht erwarte, und das ohne Zweifel nützlicher sei, das

Patent des Herrn Fauche-Borel für die fosses inodores
bliebe noch aus. — In wenig Worten Bosheit genug.

Nur durch eine Ueberraschung der Zensur habe ich es
hier endlich dahin gebracht, meine Antwort im „Gesellschafter,"
einem viel gelesenen Blatte, drucken zu lassen, und schicke
Dir einige Exemplare davon mit, um sie denen mitzutheilen,
die von dem ersten Angriff Kenntniß haben.

Viel gäbe ich darum, wenn ich mit Gewißheit den Ver=
fasser ausmitteln könnte. Ich gebe es auch nicht auf; aber
um es einst zu erfahren, muß ich jetzt keine démarche des=
halb machen, da sie gewiß vergebens wäre. Ich habe mit
Ruhe und Wahrheit, und, wie ich glaube, doch nicht ganz
ohne Stachel geantwortet, daher hoffe ich wohl, das unpar=
theiische Publikum für mich zu gewinnen. Aber viel Leid
aller Art muß ich jetzt tragen!

Der Rheumatismus läßt etwas nach, aber noch nicht
viel. Ich hinke noch gefährlich. Adieu.

Dein alter Lou.

164.
Pückler an Lucie.

Den 26. Januar 1823.

Man muß gestehen, Dein Brief hat Hand und Fuß,
gute Schnucke, und kein Professor hätte besser schreiben können.
Es läßt sich auch vernünftigerweise gar nichts dagegen ein=
wenden; leider giebt es aber Naturen, denen gewisse lang=
same Opfer und Anstrengungen schwerer sind, als solche, die
auf einmal Gut und Leben auf's Spiel setzen.

Indessen so viel geht aus Deinen Gründen und aus
meinen eigenen Betrachtungen hervor, daß, wie die Verhält=
nisse sind, das Verlassen von Muskau auch bei der größten
Sparsamkeit unseren Ruin herbeiführt, da der Mann, dem
wir es blindlings überlassen dürften, noch nicht gefunden ist,

und allerdings eine momentane Erscheinung die immerwäh=
rende, so nöthige Kontrolle nicht ersetzen kann.

Da nun unter den jetzigen Umständen an einen Staats=
dienst kaum zu denken sein möchte, so will ich mich dieser
Kontrolle wirklich unterziehen, und auch die von Dir vor=
geschlagenen Ersparnisse zum Theil und gradatim auszuführen
suchen. Deine Rolle sei, mich auf alles, was Dir der Mühe
werth scheint, aufmerksam zu machen, aber ohne Dich selbst
in irgend etwas thätig einzumischen, und ohne Parthei zu
nehmen. Auf diese Art kannst Du viel nützen, aber auch
nur so allein. Mache aber Deine Anmerkungen nicht auf
eine vorwerfende und höhnende Art, sondern weise und
freundlich, und ertrage eine vorübergehende üble Laune ge=
duldig und liebevoll.

Ueberhaupt, gute Schnucke, denke (was nur einer weib=
lichen, liebenden Seele möglich ist) denke nie daran, in unseren
gegenseitigen Verhältnissen, wie ich sein sollte, denn leider
bin ich voller Fehler, sondern nur wie Du sein solltest.
Gieb mir ein für allemal **carte** blanche für alle
möglichen Mängel, und bewache nur Dich. — Dies klingt
gewaltig egoistisch, und doch ist es nur der Beweis, daß ich
Deinem weiblichen, liebenden Herzen weit Höheres zutraue,
und es weit höher achte, als mich selbst.

Fremde wollen wir also so wenig sehen als möglich,
eine Gesellschafterin scheint mir aber für Dich Bedürfniß.
Auch wird der kleine Louis Deine Zeit mehr ausfüllen, den
ich bestimmt mitbringe. Mit dem Aufsagen der Leute warte,
bis ich zurückkomme. Zwei Reitpferde bin ich auch bereit
abzuschaffen, die Ackerpferde machen sich wohl bezahlt, so
lange es noch Streu, Asche und Mergel zu fahren giebt.
Im Bauen werde ich gewiß ernstlich sparen. Ganz aufzu=
hören, ist es noch zu früh.

165.
Pückler an Lucie.

Meine liebe Schnucke,

Ich erhalte eine Stunde vor Abgang der Post nach Carolath noch Deinen lieben Brief vom 19. und 20. Er ist ganz so, wie ich ihn wünsche, (bis auf die bestellten De= likatessen, ein Auftrag, der mich etwas schmerzlich daran er= innerte, daß diese leichte Art und Weise, Wünsche nur aus= zusprechen, um sie erlangt zu sehen, jetzt ein Ende hat). Deine vernünftige Fassung in das Unabänderliche, Deine Liebe, und noch eine Aeußerung, die mich hoffen macht, daß Du meinem Plan für die erste Zukunft, dem vernünftigsten und glücklichsten, den wir in unserer Lage erreichen können, nicht entgegen sein wirst — alles dies macht mir wahre Freude, und die Stelle, wo Du so naiv und herzig sagst, daß Gott eine Zeit in seiner Hand halte, wo ich noch recht froh sein würde, hat mich fast zu Thränen gerührt. Ich überlasse mich gern dieser Hoffnung, wiewohl sie sich vielleicht ganz anders realisirt, als Du und ich es uns jetzt vorstellen!

An den Hof will ich gehen pour la dernière fois, wie schon gesagt, wenn mein Befinden es erlaubt. Aufrichtig gesagt, kam mir die Krankheit fast erwünscht, um mich vom Ausgehen bisher zu dispensiren. Erklärlich ist es wohl in meiner Lage, warum. Auch schämte ich mich ein wenig, ehe meine Antwort auf jenen diffamirenden Zeitungsartikel er= schienen war, dem Hohn, Mißgunst und Triumph der Feinde mich zu zeigen, ohne allen Halt in einer Gesellschaft, wo man uns haßt, weil man so unwissend ist, uns zu beneiden. Kennten die Menschen unsere wahre Lage, sie würden uns bald lieb gewinnen, denn bedauern thun sie gern, versteht sich, daß sie nicht zum helfen aufgefordert werden dürfen. Gottlob, ich kann sie entbehren.

Dein weißhaariger, runzlicher, vor der
Zeit durch Sorge alt gewordener
Lou.

Warum es unmöglich ist, uns jetzt mit der Erziehung des Louis zu befassen, wirst Du bald sehen, denn, gute, liebe Lucie, der Traum ist aus. Die Herrschaft Muskau trägt kaum, wie das letzte Wirthschaftsjahr unumstößlich beweist, ihre Lasten mehr, und alle Hoffnungen beruhen auf Projekten, als: 12,000 Zentner Alaun zu machen und abzusetzen, große Einnahmen vom Kottbusser Holzhof, Holzhandel nach Berlin, die alle Schaum sind und Irrbilder, uns, wenn wir ihnen sorglos nachgehen, ohnfehlbar in den Abgrund zu stürzen. Gott gebe, daß wir Branitz retten, von Muskau habe ich abstrahirt. Doch mündlich mehr.

Vor der Hand laß Dir gegen niemand etwas merken, ich wiederhole es, und kümmere Dich nicht. Folge mir blindlings, und ich hoffe mit Zuversicht auf ein frohes, wenn auch kein üppiges Leben.

166.
Pückler an Lucie.

Liebe Schnucke,

Da Du Dich für Politik interessirst, so will ich Dir sagen, was man über die Gestaltung der hiesigen Affairen glaubt. Der alte Lottum wird, wie man sagt, Präsident des Staatsraths und eine Art Premier, Albrecht, Stägemann und Ladenberg vortragende Kabinetsräthe beim König. (Ich glaube aber, die letzten nur bei Lottum.) An Humboldt scheint man nicht zu denken.

Wie weit nun Lottum's kräftige Hand von Wittgenstein dirigirt, wie in der italienischen Komödie, wo der Vorstehende spricht, und der Hintere mit dessen eigenen Händen gestikulirt, die etwas verwilderten Staatsrosse leiten wird, muß die Zukunft lehren.

Der spanische Krieg kann kritische Zeiten herbeiführen, auch glückliche Konjunkturen für Preußen, von denen der Patriot wünschen muß, daß sie mit mehr Energie als früher benutzt werden mögen.

Vor allen gebe uns Gott eine bessere Finanzverwaltung, als die Deines Vaters war, der Preußen nach Empfang der französischen Staatskontribution mit einer Schuldenlast von 280 Millionen Thalern hinterläßt, und einen völligen Ruin alles großen Grundbesitzes, der doch in Kriegszeiten die Auslagen für den kleinen machen muß.

167.
Pückler an Lucie.

Den 26. Januar 1823.

Liebste Lucie,

Um über Deinen Kronprinzen ganz auf's Reine zu kommen, habe ich allen alten Hader vergessen, und Dehn einen Besuch gemacht, der sehr erfreut schien mit mir wieder auf einen guten Fuß zu kommen, und mir so viel Wunderdinge von dem Kronprinzen erzählt hat, daß ich ihn angewiesen habe, sie Dir selbst zu schreiben: Du siehst, ich bin eine versöhnliche Seele, wie mir gerade die Laune steht. Les hommes ne sont pour moi que des choses. Je ne sais ni les aimer ni les hair. C'est un grand défaut, et je ne m'en vante pas, mais c'est une triste vérité. Ma bonne Schnucke cependant, qui est un Leib und eine Seele mit mir, fait la seule exception à la règle.

Ohngeachtet meines heftigen Schnupfens gehe ich nun doch
wieder etwas in die Welt, wo bis jetzt der Herzog von Rovigo
mir noch die interessanteste Erscheinung war. Diese Leute
wissen sich in alle Lagen zu finden; doch blickt manchmal der
tiefe Unmuth über ihren Fall brennend hindurch, wie bei
gefallenen Geistern. Dieser mag böse genug sein, aber von
hoher Art, ein schöner, ausdrucksvoller Kopf mit grauen,
spärlichen Haaren, edler Stirn und ein paar Augen, gerade
so glühend wie Kohlen.

Ein Bekannter von Dir, der Major Kleist, heirathet
eine Gräfin Loß aus Dresden, und Herr von Massow die
Gräfin Schulenburg. Sonst kann ich Dir nichts Neues
melden.

Ich sehne mich, recht bald abzureisen, um über unsere
Zukunft einen festen Entschluß zu fassen. Fest steht er zwar
schon bei mir in der Hauptsache, aber die Art und Weise
wünsche ich Deinem Geschmacke so viel als möglich anzu=
passen. Ich hoffe aber, Du wirst meinem Rathe folgen.
Vielleicht bringen einige Jahre günstigere Konstellationen in
Wirksamkeit. Jetzt müssen wir einmal der Gewalt weichen.
Dein treuer Lou.

168.
Pückler an Lucie.

Den 28. Januar, Abends.

Du mußt nicht glauben, daß ich das Kind mit dem
Bade verschütten, und Muskau abandoniren will. Umgekehrt!
Ich sehe aber immer klarer, was ihm frommt, und greife
nun das Uebel bei der Wurzel an, was freilich viel früher
hätte geschehen sollen.

Kämpf, der jetzt sein Gut bald los sein wird, ist kein
Gott, eben so wenig wie wir Alle, aber höchst brauchbar für

uns, wenigstens noch auf einige Jahre. So schläfrig Bethe ist, so hat er sich doch in vielem recht sehr nützlich gemacht.

Die Offizianten alle miteinander sind wahrlich nicht die schlimmsten, aber eine Kuh mag noch so künstlich gemolken werden, sie kann am Ende nicht mehr Milch geben, als sie hat, und wir verlangten von einer armen abgetriebenen, halb verhungerten Bestie so viel als von einer oldenburger Heerde. Das geht nicht. Wir bildeten uns ein, reich zu sein, und sind arm. An sich ist wahrlich eins so gut wie das andere. Man muß nur vom richtigen Gesichtspunkte ausgehen, und anstatt den Nanudo in Muskau zu machen, sich die Freuden der Beschränktheit nicht rauben wollen, und sie hat deren viele. —

Du irrst Dich, liebe Lucie, wenn Du mich unmuthig glaubst. Die Umstände, die mich endlich zu einer Aenderung zwingen, sind mir wahrhaftig eigentlich erwünscht, und ich fühle eine Last von mir genommen. Hätte ich allein an mich zu denken, so würde ich heiterer sein, als ich lange gewesen bin. Nur von Dir, und der Art, wie Du das Ganze auf= nimmst, inwiefern Du meine Ansichten theilst oder nicht, kann mir Unmuth kommen.

Deine Citation, die übrigens sehr wahr ist, trifft mich also gar nicht; denn ich will gerade aus der Einseitigkeit, Lebensüberdruß und Apathie, in die ich versunken war, hin= ausgehen in eine frische Lebensthätigkeit, nach allen Seiten hin gerichtet, wo sich etwas für sie darbieten wird. Je we= niger Fesseln, je besser; denn Freiheit, Ungebundenheit ist einmal mein Element, und in Muskau war ich wie ein blinder Esel, der im Dunkeln eine Mühle treibt, ewig rundum ren= nend, bis ihm die Sinne vergehen.

Du irrst Dich auch, wenn Du glaubst, daß mich der Aufsatz in dem „Hesperus" so sehr gepeinigt habe. Er hat mich gerade hinlänglich geärgert, um Galle genug zur Ant= wort aufzutreiben. Vierzehn Tage später hätte ich die nicht

einmal mehr gehabt. Uebrigens habe ich Dir einen Punkt
falsch angegeben. Es stand nämlich nicht darin, daß meine
Wenigkeit bloß durch ihre Sonderbarkeiten bekannt sei,
sondern durch einen unverhältnißmäßigen Aufwand,
daher auch darauf die Antwort gerichtet ist.

Die Post geht in einer Stunde ab. Ich muß schließen.

169.

Pückler an Lucie.

Berlin, den 1. Februar 1823.

Liebe Lucie,

Daß der arme Voß seinem Gegner so bald in's Grab
gefolgt ist, wird die Zeitung Dir früher verkündigt haben
als ich. — Er thut mir sehr leid; denn ich hatte von seinen
Gesinnungen, die mit den meinigen weit mehr als die Deines
seligen Vaters übereinstimmten, wie Du weißt, gute Hoff=
nung für die Zukunft. Ich bin begierig, was nun werden
wird. Die Epoche scheint innerlich und äußerlich sehr wichtig.
Man spricht im Publiko viel von Stein, ein Beweis, daß
man ihn wünscht, und — wahrscheinlich hat ihn die Er=
fahrung von manchen jugendlichen Ideen zurückgebracht. Er
kann wie der Abbé Gorani, der früher ein Partisan der Re=
volution war, aber als Ultra endete, zur Erklärung dieses
Wechsels sagen: Lorsque je dormais dans la révolution,
je connaissais les grands, mais je ne connaissais pas
encore les petits.

Ueber unser Papiergeld wird ebenfalls viel raisonnirt.
Sogar einige der Prinzen haben uns die Ehre erzeigt, sich
welches davon kommen zu lassen. Jemand äußerte, der
Adler habe sie frappirt. Ich erwiederte ihm, eine Neuigkeit
sei dieser Adler wenigstens nicht; denn er befinde sich eben

26*

so lange in unserem Wappen, als der preußische in den ihrigen.

Was man in dem lieben Berlin kleinstädtisch ist, geht wirklich über alle Begriffe, und es ist ein wahrer Fluch, daß ich nicht aus dem Gerede dieser Leute kommen kann, ich mag mich zurückziehen wie ein Einsiedler, oder unter sie mischen, es ist alles eins. Wäre ich reich und unabhängig, so könnte es mich freuen, Berlin und seine Bewohner eine Zeit lang ganz so zu mystifiziren, als sie es verlangen, und sich dazu besser wie Krähwinkel pretiren — jetzt wünschte ich nur, von der ganzen Welt total vergessen zu sein.

Die Unterhandlungen mit Deinem Bruder setze ich fort, und thue, was ich kann; aber es ist nicht viel zu machen, und am Ende wird der Prozeß das einzige Mittel bleiben, nicht ganz leer auszugehen. Sobald ich mit Deinem Bruder über irgend etwas Vergleichartiges zu Stande kommen kann, werde ich Dir eine genaue Uebersicht zukommen lassen.

Dein treuer Lou.

Der kleine Lou läßt grüßen, und Agnes beklagt sich über Dein Stillschweigen.

170.
Pückler an Lucie.

Den 5. Februar 1823.

Meine gute Lucie,

Ich bedaure herzlich, daß Du krank gewesen bist, und hoffe, daß Du jetzt über eine unvermeidliche Veränderung unserer Lage gefaßt bist, die vielleicht, in der Nähe gesehen, viel weniger trübe aussieht, als Gewohnheit und Vorurtheil uns befürchten machen.

Deiner dringenden Aufforderung, zu kommen, kann ich aber vernünftigerweise jetzt nicht genügen, da ich mit Deinem

Bruder unterhandle, und alles anstrenge, um wenigstens etwas aus der Erbschaft für Dich zu retten.

Die einzige Hoffnung beruht darauf, daß der König 80,000 Thaler, die der Kanzler an Königliche Kassen schuldig ist, niederschlägt. In diesem Falle würde etwas Weniges für Dich übrig bleiben, und hierüber unterhandle ich nun.

Diese Sache ist zu wichtig, um sie leichtsinnig abzu=brechen. Uebrigens werde ich gewiß mich möglichst beeilen, und ganz Deinen Wünschen gemäß nichts thun, ohne mit Dir in Carolath Rücksprache genommen zu haben. Ich bitte Dich aber sehr, in Carolath zu bleiben, und jetzt weder der Ungeduld noch der Aengstlichkeit Raum zu geben. Wir sind auf einem Punkte, wo beide ganz thöricht sind; denn wir sehen ganz klar, und wissen, woran wir sind. Die Bedürf=nisse des Lebens werden uns nicht fehlen, und den Ueberfluß werden wir leichter entbehren, als Du glaubst. Er war ja so mehr für Andere als für uns.

Also, so bald als möglich und vernünftig, verlasse ich gewiß Berlin, um zu Dir zu eilen; denn wahrlich, mein Aufenthalt hier ist kein Genuß.

Dein treues Lind.

171.
Pückler an Lucie.

Den 12. Februar 1823.

Beim König bin ich zu Tische gebeten worden, und er hat mir einige verbindliche Worte über den Tod des Kanzlers gesagt, aber viel weniger freundlich als sonst, wie es mir vorkam. Vielleicht hat man ihn auch gegen uns einzunehmen gesucht, und ich begreife in der That nicht, aus welchem Grunde man uns hier so vielfach anfeindet! Wäre nur die Steuersache und die Erbschaftsangelegenheit in Ordnung, ich

wollte gern meinen Anblick ihnen auf immer ersparen; aber
so lange muß man noch ackern im Schweiße seines Ange=
sichtes, hélas!!

Der schönen Miche tausend Grüße.

Viel Freundliches an Carolath. Könnte ich meinen
Wünschen folgen, so reiste ich in einer Stunde dahin ab.

Dein treuester Lou.

172.

Pückler an Lucie.

Den 19. Februar 1823.

— Wir wollen alles mit Kampf recht verständig prüfen,
und dann entscheiden, aber auch bei der Entscheidung bleiben.

Nur bringe mir auf jeden Fall kein trübes, sondern
ein heiteres Gefühl entgegen, denn Fortuna haßt die, welche
sich leicht decontenanciren lassen, und liebt die Kecken. Bei
mir weiß sie schon, daß, wenn ich auch noch so kleinmüthig
thue, es nur der Kleinmuth eines Kindes ist, daß die Mi=
nute darauf wieder oben hinausgeht, und daher denke ich ihr
doch noch am Ende ihre Gunst abzutrotzen.

Uebrigens ist es allerdings ein Unglück, daß wir beide
geborene Verschwender sind, und dies ist der eigentliche Ab=
grund, nicht Muskau. In keiner einzelnen Sache ist es zu
suchen, in allem zusammen. Wir haben ungeheure Summen
verthan, das ist nicht zu läugnen, das zeigen unsere Sünden=
register. Wir schieben es uns, so viel wir können, einer
dem anderen zu, au bout du compte wird wohl keiner dem
anderen viel vorzuwerfen haben, und ob wir werden recht
sparsam sein können, ohne durch die größte Noth dazu ge=
zwungen zu werden, ist auch noch ein Problem für mich.

Dein geplagter Lou,
der den Rest seiner Jugend verkümmern
und vertrauern soll, o weh!

Sonne und Frühling lachen mich so freundlich an. Ich fühle mich noch jung, und möchte mich tummeln. Da stehen aber zwei Gespenster, Einschränkung, Armuth, und grinsen mich an, und weisen mich in Nacht und Winter zurück. — Besser wäre es, ich stürbe, und würde glücklicher wieder geboren! Denn auch Anderen nützt der Unglückliche nichts.

173.
Pückler an Lucie.

Den 28.

Gestern auf einem Balle bei Schuckmann überraschte mich der Kronprinz durch eine freundliche Anrede, die ich nicht an ihm gewohnt bin. Es wäre mir aber sehr lieb, wenn er mich besser kennen lernte; denn ich glaube, seiner Empfänglichkeit würde manche freie Ansicht, die ich ihm mittheilen könnte, nicht ganz uninteressant sein.

Mündlich hierüber mehr.

Den 1. März.

Auf meine Liebe und redliche Treue kannst Du in jeder Lage mit Sicherheit rechnen, aber mit Tändeleien mußt Du mich jetzt in so ernster Zeit nicht quälen, eben so wenig als mit Jeremiaden, gute Schnucke, ou je vous renverrais chez vos compatriotes, le peuple idolâtre communément appelé Haidschnucken.

Ich liege auch nicht auf Rosen; aber ich will alles unnütze Klagen unterlassen.

Dein alter Lou.

174.
Pückler an Lucie.

Den 6. März 1823.

— So habe ich nun ein Drittel Jahrhundert verlebt, mit dem Schwerte über meinem Haupte. Endlich wird nun

wohl der dünne Faden reißen. Darin allein in dieser Un=
sicherheit, in diesem Mißverhältniß meiner Lage ist der Grund
zu suchen, warum ich nie glücklich und zufrieden war, noch
sein konnte. Du bist nun auch in diese Galeere mit hin=
eingerathen, arme Schnucke, und mußt ihr Schicksal theilen.
Es wäre Dir freilich in den Händen, wo Du warst, auf
keine Art besser gegangen; aber es thut mir doch leid, daß
ich Dir kein besseres Loos bereiten kann. Könnte ich Dir
und meinen Nachkommen den schuldenfreien Besitz von Muskau
sichern, so wollte ich ihm für mich selbst gern und auf
der Stelle entsagen, ja auch eine Kugel mir vor den Kopf
schießen; aber jetzt hälfe ich niemand damit, als vielleicht mir,
wenn ich so melancholisch und lebensüberdrüssig bleibe, als ich
jetzt bin.

175.
Pückler an Lucie.

Den 26., früh, 1823.

Nun sind endlich nach vielen Leiden die vermaledeiten
Haare wieder jugendlich schwarz, und der alte Lou erscheint
als junger Elegant im Publiko. Erst aber leider an die
nicht nur trockenen, sondern so sehr demüthigenden und be=
drängenden Geschäfte. Während Andere zu Hunderten bloß
herkommen, sich zu amüsiren, und an mannigfachen Festen zu
freuen, geht dies alles spurlos an mir vorüber, der seit
Jahren hier nur deshalb seinen Fuß hersetzt, um sich eine
kurze Galgenfrist zu verschaffen. Indessen Augenblicks vergißt
man das doch, und die Eitelkeit verlangt dennoch ihren Tribut,
obgleich sie weniger Genuß zu geben im Stande ist. So ist
es mir eingefallen, ob es nicht gut gethan wäre, wenn Du
sans autre forme de procès noch einmal versuchtest an den
König zu schreiben, wegen des rothen Adlerordens. Hilft's
nichts, so schadet's nichts, und nur recht oft gebeten, am

Ende muß man doch etwas bekommen, ist die sehr richtige Theorie des Bettlers. Es bleibt Dir allerlei zu sagen, daß der König, als er Dir es das letztemal abschlug, Dich auf eine andere Gelegenheit vertröstete.

Welche bessere könnte nun sein, welche dem Herzen eines treuen Unterthanen süßere, als die Epoche der Vermählung unseres vielgeliebten Kronprinzen 2c. 2c. Mit Deinem Verstande arrangirtest Du das alles, Herzensschnucke, und fügtest noch hinzu, Du habest, wie Dir wohl bekannt sei, keine Protektion bei Sr. Majestät, im Gegentheil habe die Stellung Deines Vaters Dir und mir nur Neider und Feinde zurückgelassen; nur in die oft bewiesene Gnade des Königs, bei dem das Andenken Deines Vaters gewiß am letzten erlöschen würde, setzest Du Dein Vertrauen u. s. w. Alles dies nicht so crûment, sondern zarter angedeutet, führte vielleicht zum Zwecke, oder gäbe einen Anhalt für ein andermal. Schreibe mir Deine Gedanken darüber, unmöglich wäre die Sache eben nicht.

Das gerupfte Hühnchen ist nicht dicker von Ems zurückgekommen, und ziert sich noch eben so wie sonst. Von da ging ich zur Alopäus, die glänzend gesund ist, und wo ich viel Gesellschaft fand, dann zur Zichy, bei der ich die Frau von Rayneval, eine angenehme Frau, kennen lernte, und beschloß den Abend bei der guten, alten pis aller Hagen. Die spaßhafteste Anekdote, die ich hörte, war, daß man zur Ankunft der Prinzessin einen Triumphbogen in einem Dorfe gebaut habe, mit dem bairischen Löwen und preußischen Adler angemalt, und die Worte darüber: „Gieb mir die Hand, mein Leben", aus „Don Juan". Der Förster im Grunewald aber hat eine Ehrenpforte von Hirschgeweihen gemacht, die jedoch auf Befehl wieder eingerissen worden ist. Voilà tout ce que je sais de nouveau.

Tausend Küsse von   Deinem treuen Lou.

176.
Pückler an Lucie.

Heute früh habe ich meine tournée bei den Prinzen gemacht, und bin von Prinz Wilhelm und Karl angenommen worden, wobei mir der letzte seine Kunst = und Künstlich= keitensammlungen zeigte, die in der That magnifik sind.

Ich habe mich wohl eine Stunde bei ihm aufgehalten, und sie doch nur sehr flüchtig sehen können. Die Herzogin von Cumberland, die mich auch annahm, fand ich sehr ver= ändert, ihr Kind aber wirklich allerliebst, und sonderbar genug, dem König von England sehr ähnlich.

Der Herzog bat mich zu Tisch, wo die Herzogin ohn= mächtig wurde, und ich mich fast in die neben mir sitzende Prinzeß Solms verliebte, die allerliebst ist, und welche, wie es heißt, der Kronprinz von Hessen heirathen will.

Abends hatte ich bei Stägemann Konferenz über die Verkaufssache, die mir einige Hoffnung des endlichen Ge= lingens giebt, doch nur eine schwache.

Als ich neulich beim Herzog aß, habe ich genau auf das Service Acht gegeben, und auch hier gesehen, was ich schon in England mich gesehen zu haben erinnere, daß nämlich bei kleiner Gesellschaft die Bedienten auch bei Tisch in ihren Morgenjacken serviren (und nicht in Gamaschen). Das wird unsere Livreen sehr schonen, wenn wir es einführen. Die Jäger ohne Seitengewehr und Epauletten. Während des Essens werden bei jeder sauren oder süßen Schüssel, anstatt Silber, porzellainene Teller herumgegeben, (und auch die Schüssel ist natürlich von Porzellain) wenn sie auch unmittel= bar nach der Suppe kömmt, worauf der Dirigirende ein wach= sames Auge haben muß. Mit dem Wein ist die französische Mode angenommen, nach der Suppe Madeira oder Xeres in Gläsern herumzupräsentiren, während des Essens Rheinwein

ober Burgunder, zum Braten Champagner. Hiebei muß beo=
bachtet werden, daß der trockene Wein in Gläsern auf dem
Brett präsentirt wird, der Champagner aber, wenn er mousseux
ist, erst vom Kammerdiener eingeschenkt wird, nachdem er an=
geboten und angenommen ist, damit er nicht verfliegt, wie
es bei uns auch geschieht. Bei größeren Diners bin ich
Deiner Meinung, daß es besser ist, so zu serviren wie vorigen
Sommer.

Halte nur recht genau auf reine Gläser und schön ge=
putztes Silber. Daß wir übrigens zwei Kammerdiener be=
halten, ist für die Schicklichkeit des Hauses sehr gut, da in
der That es ohne sie sowohl beim Präsentiren des Kaffees,
als bei Tisch, wo doch nothwendig einer für die Speisen,
und einer für den Wein sein muß, gar nicht dezent aussehen
kann. Sollte ich in's Bad gehen, so lasse ich Dir beide.

Den 31.

Heute haben wir den Geburtstag des Verstorbenen bei
Mad. Krelinger gefeiert, wo ein gutes Diner und eine lustige
Gesellschaft mich für den gestrigen Tag entschädigte, den ich
mit Migraine fast ganz im Bett zugebracht habe.

177.
Pückler an Lucie.

Montag, Abends.

— Bei der Hochzeit, die durch die außerordentliche Häßlich=
keit von Braut und Bräutigam merkwürdig wurde, waren
eine solche Menge alter häßlicher Basen, Tanten und Mütter
vorhanden, daß man nicht wußte, wie man sich vor ihnen
retten sollte.

Abends brachte ich Breyer zu Wittgenstein, spielte eine
Parthie Whist mit dem Herzog von Cumberland, und beschloß

meinen Tag um Mitternacht auf einem großmächtigen Souper bei Ruft, deſſen Geburtstag war. Humboldt war ſehr aimable, und machte viel hübſche Späße.

Dienstag.

Meinen Abend brachte ich nach einer Viſite bei Schuck= mann und bei der Fouqué auf einem Balle bei Haſſenſtein zu.

178.
Pückler an Lucie.

Den 2. Juni.

Wir haben bei dem Diner auf dem Schloſſe eine ſchreck= liche Hiße ausgeſtanden, die nun durch ein Gewitter abge= kühlt wird. Ich hoffe, daß es in Muskau nun gleichfalls donnert, blißt und regnet. Seine Majeſtät waren ſehr gnädig, ſprachen mit mir vor und nach Tiſche, und erkundigten ſich auch nach Dir. Nach Tiſche machte ich meine Aufwartung der Königin von Holland und der Kurfürſtin, die beide ſich auch nach Dir erkundigten.

Mit General Wißleben hatte ich Gelegenheit, über unſer Konſiſtorium zu ſprechen und die Schwierigkeiten, die man der Einführung der Agende entgegenſeßt. Ich werde morgen früh ihm die Akten vorlegen.

Den 4.

Ich habe heute beim Kronprinzen gegeſſen, und als ich nach Hauſe kam, fand ich Deinen Brief.

179.
Pückler an Lucie.

Den 9. Juni.

Ich habe im Thiergarten Madame Wolff beſucht, deren Mann beſonders ein ausgezeichnet gebildeter und angenehmer Geſellſchafter iſt, und am Ende allein zu Hauſe gegeſſen,

und einen Roman von Walter Scott dabei gelesen, worin
der Herzog von Buckingham (Günstling Karl's des Zweiten,
wie Du weißt) und einer der ersten Wüstlinge seiner Zeit,
eine sehr interessante Rolle spielt.

180.
Pückler an Lucie.

Den 23. Juni.

Das Diner bei Krelinger war recht angenehm und lustig.
Den Abend brachte ich, da ich einmal angezogen war, bei
Bernstorff zu. Die Gräfin Bernstorff ist, wenn sie näher
bekannt wird, eine sehr lebenslustige und liebenswürdige
Frau, weil sie natürlich, froh und gutmüthig ist. Der Zirkel
bei ihr, den ich zwar nur wenig kenne, scheint mir viel herz=
licher unter sich, als es in Berlin sonst üblich ist. Die Ge=
sellschaft ohne Zweck bietet mir aber zu wenig Reiz dar,
und ein interessantes Buch bleibt mir immer unendlich vor=
züglicher. Wäre unsere Lage besser, so würde es mich sehr
freuen, mit Dir zu reisen, Dir England und Italien zu
zeigen. Bei der unglücklichen französischen Reise hatte ich
die Leidenschaft für Helmine im Herzen, die mir wirklich eine
martervolle Pein bereitete, an die ich noch immer mit einer
Art von Schauer denke. Es war alles so romanhaft, so
seltsam gegangen, daß meine Einbildungskraft davon auf's
heftigste ergriffen war, und vielleicht liegt das faible, das
ich für Helmine unbegreiflicherweise behalten habe, obgleich es
wirklich sehr faible ist, in der Erinnerung des Schmerzes,
den mir damals die Trennung von ihr kostete.

Dies stumpfte mich für jedes Vergnügen ab, und machte
mir im Gegentheile alles widerwärtig. Ich muß Dich, arme
Schnucke, nicht wenig gequält haben, obgleich ich mir über=
natürliche Mühe gab, Dich nicht zu kränken. Alles war
freilich Einbildung, Schaum, Thorheit!!

Aber das ift unfer ganzes Leben, und in welchem Irr=
thume man auch befangen fei, das Gefühl bleibt doch wirklich,
der Schmerz wahr wie die Luft!

Alfo jetzt, wo ich ruhig bin, und niemand lieber habe
als Dich, meine gute Schnucke, wäre eine folche Reife wirklich
allerliebft, aber viel Geld müßte dabei fein, und eine voll=
kommene Sicherheit vor unangenehmen Nachrichten aus der
Heimath. Dies ift nun freilich in unferer Lage unmöglich,
und wird nie möglich werden, wie ich fürchte — alfo bleibe
es nur ein Bild der Phantafie, fich daran zu ergötzen, bis
die Zeit eintritt, wo man allein an Ruhe und Bequemlich=
keit noch Vergnügen findet. Erhalten wir diefe, fo find wir
am Ende doch noch glücklich zu preifen, bis eine neue Exi=
ftenz wieder frifchere Kräfte und jungen Lebensgenuß her=
vorruft, in einem neuen Körper. Hier fehe ich meinen Lauf
ohnedies fo ziemlich als abgefchloffen an, eine Vegetation in
Noth und Sorge bis an's Grab, voilà tout ce que j'ai à
attendre.

Den 24.

Heute bin ich, meine gute, alte Schnucke, wieder etwas
weniger melancholifch, als geftern Abends, und gebe Dir die
Ordre, nicht zu vergeffen auf dem englifchen Haufe eine
Scheibe zum Piftolenfchießen zu organifiren, wo ein Feuer=
werk abbrennt, oder ein Schwärmer in die Höhe fliegt, wenn
man den Punkt trifft. Die Idee, erzählt Seckendorf, fei bei
ihm ausgeführt worden, wenn ich nicht irre.

181.

Lucie an Pückler.

Todesurtheil

der Aermften auf Erden.

Muskau, den 31. Oktober 1823.

Es ift Zeit, den Entfchluß in's Leben treten zu laffen,
den ich, mein über alles theurer Freund, wie Du weißt, fchon

längst gefaßt habe. Er heißt Trennung — und Trennung
von Dir aus zärtlichster Liebe. So sehr Du auch alles
entfernt haft, um mich jemals den Abstand unserer Jahre
fühlen zu machen, so ist dennoch der Unterschied derselben zu
groß, und nimmt durch meine Kränklichkeit noch täglich zu.
Mit einem Wort, die Form unserer Verbindung
lastet auf Dir, da sie jene Glückseligkeit ganz von Dir
entfernt, welche doch die höchste und gehaltvollste bleibt, und
die das eigentliche Verlangen Deines Herzens ausmacht;
während außerdem alle Deine Verhältnisse auf's günstigste
zusagen, um Dich an der Seite einer jungen Frau, umgeben
von eigenen Erben, Familienfreuden und häusliche Zufrieden=
heit finden zu lassen.

Indem ich also: Dir Deine Freiheit zurückgebe,
und bestimmt erkläre, daß ich von Dir geschieden zu sein
verlange, bezeuge ich Dir nochmals: daß ich Dir das höchste,
das einzig wahre Glück meines Lebens verdanke — Dein
geistreicher, liebenswürdiger Umgang, Dein fester, männlicher,
und doch so sanfter Karakter, haben es mir gewährt,
und noch mehr als alles, Dein tiefes, edles Gemüth,
Dein gutes, weiches Herz!

Daß Deine Gesinnungen der Art sind, daß kein Wechsel,
kein Ereigniß sie zu verändern und aufzulösen vermag, das
glaube ich, und nur in dieser festen Ueberzeugung fühle ich
die Kraft Dir ein Opfer zu bringen, das mir zwar unendlich
schwer wird, ohne welches ich aber doch keine Beruhigung
mehr finde. Gott segne es — und leite davon für Dich das
reinste, ungetrübteste Glück herab, Deiner mütterlichen Freun=
din aber bleibe das Bewußtsein der treuesten Hingebung
und Ergebenheit bis im Tode für das Theuerste und Ge=
liebteste, was sie in dieser Welt besaß.

Deine Lucie.

Dasjenige, was zu dem Schritt erforderlich wird, den
ich entschlossen bin, zu thun, das bitte ich Dich, wie die Be=

ſtimmungen über meine künftige Lage nach meinen Wünſchen und Deinem Willen ſo feſtzuſetzen und einzuleiten, daß ich nur darin, wo es unvermeiblich wird, davon höre, und darein eingemiſcht werde.

<hr/>

182.

Pückler an Lucie.

Berlin, den 24. November 1823.

Meine gute Herzensſchnucke,

Mit vieler Liebe und Zärtlichkeit habe ich während der Reiſe hieher gar viel an Dich gedacht, Du Gute, an Dich, von der ich glaube, daß ſie, wenige kalte und eigenſüchtige Augenblicke ausgenommen, wie ſie jeder der gebrechlichen Menſchen, auch der beſte hat, mit mehr Liebe an mir hängt, als irgend einer, den ich kenne (mich nicht ausgenommen) fähig iſt.

Das iſt ein Juwel in Deiner Natur, der mir unſchätz= bar iſt, und der jeden Fehler, den Du haben könnteſt, hundertmal aufwiegt. Du biſt der Magnet, ich das Eiſen. So lange der Magnet ſeine Kraft nicht verliert, muß das Eiſen ihm folgen; nur wenn jener die Gewalt mit der Kraft von ſich giebt, tritt jenes wieder in den Zuſtand der Kälte zurück, den nur eben der Magnet und die Flamme beſiegt.

Meine Natur iſt ſeltſam, gute Schnucke, aber nicht ge= mein, und ſie ſo weit zu beherrſchen, als es Dir gelang, iſt wahrlich, das fühle ich, nur hohen Eigenſchaften möglich, vor allem aber Deiner Kraft zu lieben, deren ich bedarf, ſo wie Deines frommen Glaubens, um nicht ſehr unglücklich zu ſein. Dein Abſchied hat mich wahrhaft geſtärkt, beruhigt und mehr Muth gegeben, als irgend etwas anderes hätte thun können.

Das Gefühl, ein Weſen zu kennen, das in jeder Falte meiner Seele leſen kann, jeden Mangel, jeden Fehler ſieht, und wie der Allbarmherzige mich deshalb nicht weniger zu

lieben, jedes Opfer der Eigenliebe mir zu bringen, sich mir
so anzuschließen vermag, daß es sich selbst vergessend, mit
mir eins wird — dies Gefühl ist erhaben und unbeschreiblich,
und wenn es Dich auch höher stellt, mich stellt es auch nicht
niedrig!

Friede sei mit Dir, und Liebe, unendliche Liebe Dein
Element, damit Du Seligkeit fühlest im Himmel und auf
Erden, — denn der Geliebte ist glücklich, der Liebende selig,
selbst im Schmerz, das fühle ich, meine Schnucke, innig, wenn
gleich nur in Momenten; denn meine Seele ist rathlos,
schaffend, ewig wechselnd, wie die Biene von Blume zu
Blume schwebend, die Deinige weiblich an Einem hängend;
es wäre gewiß Dein Unglück und das meine, wenn wir,
einmal gefunden, uns geistig wieder trennen könnten, ob vor
der Welt und in der Form — ich bin noch nicht mit mir
darüber einig, nur höchste Noth kann es bei mir entschul=
digen. Daß aber höchste Noth bei uns etwas anderes ist als
bei dem Tagelöhner, unseren Bedürfnissen, unserem Wirkungs=
kreise angemessen, muß der Verstand gestehen, wenn auch das
Gefühl sich entschieden dagegen sträubt. Dies auf jeden
Fall muß die bestimmte Entscheidung bleiben, und sind wir
auch dann in der Theorie einig, wer weiß, ob ich zur Praxis
den Muth und Willen fassen kann! Bilder zu machen, ist
Dein Lou auf jedem Wege stets bereit, sie aber auszuführen,
ist ein ganz anderes Ding!

Nun aber zurück zum Historischen meiner Reise.

Es dauerte eine ganze Weile, ehe ich in dem alten
Offiziantenwagen mich an die ungewohnten Stöße gewöhnt,
und eine wohlthuende Attitüde ausfindig machte. Endlich
gelang es doch, und à tout prendre ist das schnelle Fort=
kommen und die frische Luft, der man ausgesetzt ist, mehr
werth, als die sybaritische Bequemlichkeit in dem ambulanten
englischen Hause. Der mitgenommene Wegweiser war uns
sehr heilsam; denn diesen Weg nach Sommerfeld zu finden,

ohne ihn studirt zu haben, liegt im Reiche der Unmöglichkeit; denn in keinem deutschenglischen Parke können die Wege korkzieherartiger gehen als dieser.

Die vier Oekonomierappen liefen vortrefflich, und um ¼4 hielten wir schon in den Straßen von Sommerfeld. Hier war aber alles so ausgestorben, daß es einer halben Stunde bedurfte, um uns ein Individuum herauszupochen, welches uns die Post anzeigen konnte. Dort begegneten wir auch einem Nachtwächter, der aber so über alle Begriffe schändlich sang, daß ich ihm Stillschweigen gebot, und aus meinem Wagen sein Lied, das er mir diktirte, den Sommerfeldern so anmuthig vorsang, daß die wenigen Wachenden gewiß davon ergötzt worden sind, und kaum geahnt haben mögen, welcher vornehme Nachtwächter heute den Dienst bei ihnen verrichtete.

Nagler's preiswürdige Fürsorge muß sich bis auf das unbedeutende Städtchen verbreitet haben, denn obgleich in der Nacht, wurde ich bald abgefertigt, und als ich aus einem recht leiblichen Schlafe früh um 7 Uhr erwachte, befand ich mich am Bober neben einem Hammerwerke in einer ganz originellen Gegend, in der sich besonders Hügel, dem Muskauer gleich an Höhe, von einer ganz eigenthümlichen Form auszeichneten. Ich nahm einige gute Gedanken für den Park von ihnen mit, und bewunderte Gottes Größe in ihrer unerschöpflichen Mannigfaltigkeit!

In Krossen fing ich an, an einer Migraine zu leiden, die mir den Rest des Tages eine nicht ganz geringe Standhaftigkeitsprobe auflegte. Ich ließ mich aber nicht beugen, und fuhr mit abscheulichen Schmerzen bis Berlin. In Krossen frühstückte ich noch ziemlich wohlgemuth im Gasthofe zum Löwen, und amüsirte mich sehr mit der dortigen Wirthschafterin, einer Schwester von Jagdhaus Wesel's Frau, die nicht häßlich, und eine wahre Virago ist. Sie erzählte mir, daß sie, als der Oberforstmeister Erdmannsdorff ihren Vater der Förster auf der Friedrichshainer Glashütte ist, über Nachlässigkeit gegen die Bauern, und in Betreibung der Jagd bestraft hätte, Mannskleider angezogen habe, die Bauern gepfändet, und alle Abend auf dem Anstand die verlangte Zahl Wild erlegt habe. Auch in ihrem jetzigen Wirkungskreise scheint sie gute Ordnung zu halten, und keine Gelegenheit zu versäumen, die sich darbietet, das Rauhe herauszukehren.

Wenn man von Krossen auf der Straße nach Berlin herausfährt, hat man von der Brücke über den Bober eine magnifique Aussicht, die in diesem Lande ganz überraschend ist. Ueberhaupt ist dieser Weg viel mannigfaltiger und angenehmer, aber bedeutend weiter, so daß ich diesmal bis Berlin, wo ich, wenn ich auch von Muskau aus mit Post fahre, nie über 24 Stunden brauche, diesmal 27 nöthig hatte, um Berlin zu erreichen.

Den ersten Tag in Berlin habe ich mit Einrichtung meiner Papiere und Wohnung zugebracht, Abends färbe ich meine Haare, und morgen trete ich in die Welt. Berlin wird, wie man sagt, sehr brillant werden. An der neuen Brücke steht ein rosenrother Triumphbogen mit Statuen auf jeder Säule, die wie Gerippe aussehen, und ungeheuer lange Arme von sich strecken.

Zum Hofe des Kronprinzen ist Massow, Bruder des Flügeladjutanten als Hofmarschall, und die Mutter der Frau von Perponcher als Oberhofmeisterin ernannt, die Hofdamen sind ein Fräulein Vorstel, von der neuen Oberhofmeisterin rekommandirt, und Fräulein Brockhausen. Was ich weiter erfahre, soll Dir treulich gemeldet werden.

Den 25.

Die verdammten Haare sind diesmal nicht gerathen, halbschwarz, halbroth, so daß ich die Qual, denn es ist wirklich eine, noch einmal vornehmen mußte, und dabei einen Tag

verliere, wo ich nicht ausgehen kann. Cela me met de bien
mauvaise humeur.

Uebrigens ist Leboeuf glücklicherweise noch hier, und ich
entschädige mich wenigstens für das Zuhausesitzen mit einem
guten Diner.

183
Pückler an Lucie.

Den 26., Abends.

Meine Visiten .habe ich diesmal mit Stägemann und
Frau von Alopäus angefangen, die wieder sehr schön, und
dabei etwas stark geworden ist. Sie wohnt jetzt neben mir
an, und empfängt wieder alle_Abend. Ich hörte dort, daß
Wolchonsky in Ungnade gefallen sein soll, und auf Reisen
gehen wird, gleichfalls der Schwiegervater von Nesselrode,
Gurief, Finanzminister, der seinen Abschied gefordert hat,
und derjenige eigentlich ist, durch den Nesselrode seine Carrière
gemacht hat.

Hier ist noch immer alles beim Alten, die Maschine
steht; ich glaube, es graut jedem davor, den Augiasstall auf=
zuräumen, denn wahrlich, die vorige Administration hat nicht
wenig Unrath anhäufen lassen, und es mag keine Kleinigkeit
sein, jetzt zu bestimmen, welches System und wie man es be=
folgen soll, bei so vielen gemachten Fehlern, so verschiedenen
Ansichten und Interessen. Der Himmel wird wohl auch
hier helfen, und alles zum Besten kehren.

Von politischen Neuigkeiten weiß ich nichts, als was in
den Zeitungen steht; aber man glaubt allgemein, daß die
Spanier sich nicht mit großer Energie vertheidigen werden.

Den 27.

Da ich heute früh Geschäftsvisiten gemacht hatte, wollte
ich mich einmal den Abend von der gêne im Theater er=
holen, wo ein neues Stück angekündigt war. Meine Hoff=

nung wurde aber sehr getäuscht! denn es war alles so gemein
und erbärmlich, daß man es in Teplitz oder Warmbrunn
kaum hätte schlechter sehen können.

Wider alles Vermuthen bekam ich heute eine Einladung
zur Whistpartie bei Wittgenstein, obgleich ich ihm noch keinen
Besuch gemacht habe. Mir ist dies sehr angenehm, da ich
mich so ganz, ohne es zu wissen, warum, in brouillerie mit
ihm befand, und dies nun wahrscheinlich wieder in's Gleis
kommen wird.

Ich habe heute bei Mad. Crelinger zu Mittag gegessen,
und mich recht gut amüsirt. Sie zeigte mir einen Brief der
Fürstin aus Dresden, der eine merkwürdige Perfidie Pappen=
heim's an den Tag bringt, die wirklich meine Meinung von
ihm ganz bestätigt, schwach und falsch im höchsten Grade, wie
Du ihn kennst, und ich ihn gleich beurtheilt habe. Adelheid
ist sein.Ebenbild darin, versüßt durch die Grazie und Gut=
müthigkeit der Mutter Ich bin aber durch den Brief der
Fürstin Wittwe überzeugt worden, daß in Dresden unserer
nichts weniger als vortheilhaft gedacht worden ist.

Abends.

Ich irrte mich, es war eine große Gesellschaft bei
Wittgenstein, und der Wirth noch eben so unfreundlich gegen
mich als sonst. Les princes y étaient, et m'ont tous adressé
gracieusement la parole. Es war das Fest einer hübschen
Frau zu Ehren, die der König sehr auszeichnet, Gräfin
Ficquelmont, Frau des österreichischen Gesandten in Neapel.

Den 27., Abends.

Morgen geht nun hier die bagarre los, und wir müssen
von 12 Uhr bis 3 Uhr in Schuh und Strümpfen im Freien
stehen, welches mir bei einem Schnupfen, den ich bereits
durch das Haarfärben bekommen habe, gewiß schlecht aus=
gehen wird. Es ist diese Parthie um so unangenehmer, da

wir dadurch um das schöne Schauspiel des Zuges durch die
Linden kommen, bei welchem alle Handwerksgilden der Haupt=
stadt uniformirt erscheinen sollen, was bei dem monotonen
Militair der Szene einmal Abwechselung geben wird. Ich
schicke Dir das Programm der Hoffeierlichkeit mit, und wäre
froh, wenn ich es mit Dir in Carolath lesen könnte, anstatt
es hier mitzumachen.

184.
Pückler an Lucie.

Den 29.

Herzensschnucke,

Eine Cour habe ich gestern überstanden, und meinen
Schnupfen gehörig dabei vermehrt. Ich fand dort mich zu=
fällig mit Gräfin Spargelstiel, Frau von Buch und Deiner
Schwägerin zusammen, denen ich aus Aerger, daß sie so wenig
Antheil an Dir zeigten, einige derbe Sarkasmen in den
Bart warf; denn immer patte de velours zu machen, werde
ich nie lernen. Sonst wurde ich überall gut aufgenommen,
den alten Sünder habe ich aber gar nicht gegrüßt.

Die Prinzessin [1]) ist meines Erachtens nach recht sehr
hübsch, und vollkommen graziös, und zeigt beim ersten Blick
eine weit bessere Erziehung, als hier üblich ist. Der Einzug
soll imposant gewesen sein, ich habe leider nichts davon sehen
können. Die Illumination Abends war ganz mesquine, und
solche abgeschmackte Polizeieinrichtungen getroffen, daß alle
Straßen versperrt waren, und bei der neuen Brücke eine
Menge Menschen verunglückt sind. Ich ging, da nirgends
durchzukommen war, zu Putbus, und gewann dort 62 Fried=
richsd'or, die mir sehr wohlbekommen sollen. Heute früh

---

[1]) Prinzessin Elisabeth von Baiern, die Braut des Kronprinzen.

machte ich der guten alten Neale Visite, die, wie immer, mich
sehr freundschaftlich empfing, und Dich herzlich grüßen läßt,
dann Fräulein Zeunert, Frau von Heydebreck, und Gräfin
Redern, deren ältester Sohn ein interessanter Mann zu
werden verspricht, auch außer seinem Reichthum interessant,
der ihn mit 40,000 Thalern reinen Revenüen affligirt. Dort
erfuhr ich, daß der älteste Sohn des Ministers Brockhausen
toll geworden ist, und bereits von England, wo er als Le=
gationssekretair ernannt war, zurückgebracht wird. Beide
Söhne waren immer etwas simpel, und da der eine ein wüthen=
der Anglomane, der andere ein eben so leidenschaftlicher
Nachahmer der Polen war, so nannte man sie zum Unter=
schiede hier immer Brockinton und Brockinsky, den Vater
aber Brockingrob.

Den 30.

Bei den vorgestrigen Feierlichkeiten sind 20 Menschen er=
drückt worden, und gestern beim Hofball war es im weißen
Saale nicht viel besser. Mein Schnupfen 'und Katarrh ver=
mehrte sich, so daß ich beinahe die Sprache davon verloren
habe, um so mehr, da ich wegen embarras der Wagen zu
Fuß nach Hause gehen mußte.

Den 1. Dezember.

Mit jedem Hoffeste vermehrt sich mein Katarrh und
Schnupfen, so daß ich ganz elend daran leide, da es un=
möglich ist, sich in dem zugigten Schlosse nicht jeden Tag
zu erkälten. Gestern aß ich bei Heydebreck mit dem Präsidenten
Wißmann, der sich sehr lebhaft für unser Bad interessirt,
und es das nächste Jahr brauchen will. Mit Rust habe ich
auch sehr weitläufig darüber gesprochen, und mit Hermbstädt
soll es geschehen, sobald man nur mit den Hofgeschichten Ruhe
hat, die wegen der unbequemen Stunden den ganzen Tag
wegnehmen.

Die Post geht, ich muß schließen; tausend Empfehlungen
an Miche und Carolath, tausend zärtliche Küsse meiner alten

Schnucke. Deine Fischlein sind wohl, Dein Lou ist jämmer=
lich krank.

Das treue Lind.

185.
Pückler an Lucie.

Den 2. Dezember.

Wir haben gestern einem schlechten Diner beigewohnt,
und eine elende Oper in Gala angesehen, und ich glaube,
kein Mensch hat sich dabei amüsirt. Ich bin so krank, daß
ich kaum noch fortkomme, und fürchte mich schon vor dem
heutigen Balle.

Den 3.

Die Generalin Witzleben, die ich vom Balle an ihren
Wagen führte, läßt Dir viel Herzliches und Verbindliches
sagen. Auch er sprach mit viel Interesse von Muskau. Der
Kronprinz, bei dem heute Diner war, hat das Geschenk des
Bildes (dont il ne faut point parler à Carolath) sehr
gnädig aufgenommen, und mir viel Artiges darüber gesagt.
Er ließ es holen, und es wurde allgemein admirirt, was
mich sehr gefreut hat. Die Kronprinzessin habe ich nun
zweimal gesprochen, und finde sie außerordentlich liebens=
würdig, und dabei sehr hübsch, besonders schöne Augen und
Zähne. Früh besuchte ich den Prinz Karl, wo ich wieder
hübsche Neuigkeiten sah, die des Nachahmens werth sind, denn
er ist wie eine petite maitresse logirt. Mündlich mehr
davon. Mit dem Prinzen August habe ich mich auch wieder
versöhnt, jedoch sans conséquence, ma bonne Schnucke.
— Ueberhaupt kann ich diesmal nicht über meine Aufnahme
klagen, und würde wohl, wenn ich viel hier wäre, und ein
Haus machen könnte, die Gemüther eben so für mich stimmen,
als sie bisher gegen mich acharnirt waren.

Bei der Tafel saß ich neben Fräulein Berg, die ich
für das reizendste Mädchen in Berlin halte, und doch kann
sie keinen Mann finden, weil ihr das schmähliche Geld
mangelt.

Stägemann habe ich 50 Bouteillen Champagner, die
ich hier von Schöll genommen habe, zur Hochzeit geschickt, die
ganz en famille heute gefeiert wird, wie ich von Frau von
Wißmann gehört habe; denn von der Stägemann'schen
Familie habe ich noch niemand gesehen, da ich sie zweimal
nicht zu Hause fand.

Wäre ich doch sorgenlos in Carolath. Wie viel glück=
licher wäre mein Loos, als hier, wo ich wie ein wurmstichiger
Apfel nur die schöne Seite herauskehre, und wie die Pariser
Tänzer ein fröhliches Gesicht schneiden muß, während inner=
lich der Kummer wohnt.

Dein armer, geplagter Lou.

186.

Pückler an Lucie.

Den 5. Dezember.

Meine gute, alte Schnucke,

Den gestrigen Abend habe ich bei Frau von Rayneval
zugebracht, die sehr liebenswürdig ist. Es wurde Billard
gespielt, und dann Musik gemacht; den Abend zu beschließen,
ging ich noch zu Frau von Fouqué, deren Unterhaltung weit
ansprechender ist, als ihre Schriften. Mittags hatte ich bei
Deinem Bruder gegessen, der, wie seine Frau, recht sehr
freundschaftlich für mich ist, wie ich nicht anders sagen kann.
Die Frau ist dabei ohne Zweifel geistreich, und die Unter=
haltung mit ihr nicht ohne Ressource.

Heute früh habe ich endlich Stägemann zu sehen be=
kommen, und über unsere Geschäfte leidliche Auskunft erhal=

ten, doch ist mit der Steuersache noch alles im Dunkeln. Stägemann ist krank, und sieht sehr schwächlich aus, die Tochter habe ich noch nicht gesehen. Mittags aß ich beim Prinz August mit Hannoveranern, bei denen ich mich fleißig nach der schönen Schulte erkundigte, Wangenheim und Hattorst, deren Du wohl Dich erinnerst. Abends haben wir einen ungeheuren Ball bei Rechberg, der das Palais Sacken ge= miethet, und neu eingerichtet hat. Ich benutze die Zeit vor der Toilette, um Dir zu schreiben.

187.
Pückler an Lucie.

Den 6. December.

Der gestrige Ball bei Rechberg war magnifique, und die erste fête comme il faut, die ich in Berlin gesehen habe, die Hoffêten mit einbegriffen. Das prächtige Sacken'sche Pa= lais durchgängig neu meublirt, und mit Transparents, Blumen, Lauben und Lichtern verschönert, herrlich erleuchtet, eine Menge von 500 geschmückten Personen, die frei rund umher durch Zimmer und Säle cirkuliren konnten, alles im Ueber= fluß und in bester Qualität, eine große Stube für die Toi= lette der Damen mit Pariser Schuhen, seidenen Strümpfen versehen, um jedem etwaigen Schaden sogleich abzuhelfen, alles d'une fraîcheur admirable, mit einem Worte, es war wirklich ein schönes Fest. Der einzige Fehler war, daß der Champagner beim Souper nicht in Eis gestellt war. Einen kleinen Kupferstich von der Kronprinzessin, der ziemlich ähnlich ist, schicke ich mit der fahrenden Post, mit Helminens (die ich herzlich grüße) Kette und Rauchpfännchen.

Ich war heute bei zwei Handelsleuten eingeladen, Cre= linger und dem Handelsminister. Dem Zeitgeiste gemäß, habe ich dem Juden den Vorzug gegeben, und bei Crelinger ge= gessen. Das Diner war gut, ich saß beim Finanzminister, und hatte Gelegenheit, mit ihm manches für uns Nützliche abzusprechen.

Den Abend brachte ich bei Mad. Beer auf eine wahr=
haft genußreiche Art zu, indem der berühmte Klavierspieler
Kalkbrenner, dem man wohl unbezweifelt den ersten Rang
unter Allen einräumen muß, dort spielte. Er hat sich durch
seine Kunst, obgleich erst 25 Jahre alt, bereits ein Ver=
mögen von 20,000 Thalern Renten gemacht, und lebt in
Paris und London, wo er abwechselnd zubringt, auf einem
großen Fuß. Er ist dabei sehr hübsch, und besitzt eine der
liebenswürdigsten Tournuren, die mir vorgekommen sind.
Unter der großen Gesellschaft war ein höchst reizendes Mäd=
chen, voller Leben, Feuer und Grazie, und dem schönsten
Ebenmaß aller Schönheiten, die wir an Frauen lieben.
Wundervolle Augen, schöne Zähne und Mund, einen lieb=
lichen Fuß, hübsche Hände, und herrliche Arme. Der kleine
Engel ist ein jüdischer, und heißt Mamsell Ebers. Es kann
gar nicht geläugnet werden, daß man sich in Berlin in diesem
Cirkel der Gesellschaft unendlich besser amüsirt als in der
ersten, und dabei vielleicht einige Ridicules (so empfing uns
zum Beispiele Mad. Beer in einem großen, ächten Hermelin=
kragen, wie ein alter brandenburgischer Kurfürst) und klein=
städtische Sitte anzutreffen ist, dagegen aber bei weitem mehr
Talent, Verstand und Kenntnisse angetroffen werden, auch für
den Leib besser gesorgt wird, da die Leute mehr Geld haben,
als unser verhungerter Adel.

Den 7.

Heute früh habe ich noch einmal in der jüdischen Welt
gelebt, nämlich bei Mendelssohn, wo ein herrliches Konzert
gegeben wurde. Mittags war ein Diner bei Deinem Bruder
wo es sehr gemein herging, schlechtes Essen, schlechter Wein,
schlecht servirt, warmer Champagner, kalter Kaffee, und
Liqueur zum Dessert! Wie schade, daß der Himmel uns dar=

ben läßt, da wir so gut verstehen würden, etwas der Voll=
kommenheit sich Näherndes darzustellen.

Ich verscheuche alles Nachdenken, denn sonst werde ich
gleich schwermüthig. Auf eine unbegreifliche Art verzögerte
sich die versprochene Zahlung der Salzdirektion, und von
Muskau werde ich ziemlich gedrängt.

Zum Verkauf des Holzes ist auch noch gar keine Aussicht,
und Mund, der 5000 Thaler schuldig ist, macht Schwierig=
keiten wegen schlechten Alauns, und zu später Ankunft desselben,
und will nichts geben. Welche ewige Qual und Noth! Doch
werde ich mich schon durchschlagen; tröste mich nur zuweilen
mit einem freundlichen Briefe, den ich nun schon so lange
entbehre.

158.
Pückler an Lucie.

Den 8.

Den gestrigen Abend habe ich Visiten gemacht bei Frau
von Senden, der Fürstin Lynar, deren Mutter bei Rechberg's
Fête wie Samiel angezogen war, und bei einer Illumination
von 50 Lichtern gewöhnlich mit Sohn und Tochter in einem
Winkel ihres großen Appartements die Abende allein zubringt,
da kein Mensch sich um einer Tasse Thee willen zu Tode
ennuyiren mag, und zuletzt bei Frau von Perponcher, wo ich
viel Gesellschaft antraf.

Das Staatsministerium, so wie die Einzelnen, fangen jetzt
an, mir den Titel: Fürstliche Gnaden allgemein zu geben.
Da in meinem Diplom mir durchaus alle Vorrechte der ge=
borenen Fürsten des Landes zugesichert werden, so wünsche
ich zu wissen, wie die Ministerieen an Carolath schreiben, um
mich darnach zu richten.

Um den Leuten zu zeigen, daß ich noch nicht so ban=
querott bin, als sie glauben, werde ich meine Equipage doch

kommen laſſen, um ſo mehr, da es wohlfeiler iſt, als 100 Thaler monatlich für einen Miethwagen auszugeben, und mir doch in meinen Sorgen hie und da eine kleine Eitelkeitsfreude macht. Mit der Salzdirektion bin ich nun endlich heute in Ordnung gekommen, und habe 8000 Thaler von ihr gezahlt erhalten. Gott helfe nur weiter! Im Uebrigen geht es mir gut; ich bin wieder wohl, und kann über die geſellſchaftlichen Verhältniſſe nicht klagen, wiewohl ich wahrlich hundertmal lieber mit meiner Schnucke in Ca = rolath wäre.

Heute Abend iſt ein großer Ball bei Prinzeß Wilhelm, und morgen ein Diner bei Prinz Friedrich, womit die Feſt = lichkeiten wohl ziemlich beſchloſſen ſein werden.

Es iſt eigentlich recht ſchade, daß ich mich von dem dummen Muskauer Gerede habe irre machen laſſen, und nicht über Dresden gegangen bin, um meinen Wagen abzu = holen, der allerdings das Eleganteſte hier geweſen ſein würde, während meine lumpige Miethsequipage für einen Einheimiſchen ohne Zweifel ein wenig ärmlich ausſieht. Noch bin ich kein Philoſoph, gute Schnucke, wie Du ſiehſt, ſondern Dein eitles, ſpieliges, kindiſches Lind bis in alle Ewigkeit. Amen.

189.

Pückler an Lucie.

Den 11. Dezember 1823.

Damit ich gehörig im Trab bleibe, bekomme ich, kaum mit der Salzdirektion und mit der Beſchwichtigung Mund's fertig, ein ernſteres Stück Arbeit als alle vorherigen.

Die Regierung verlangt von neuem die Zahlung von 17,000 Thalern rückſtändiger Steuern, und droht mit Exeku = tion. Seckendorff ſchickt mir ſoeben die ganze, angenehme Weihnachtsbeſcheerung. Ich habe noch heute mit Stägemann

und Maaßen gesprochen, und sechs Stunden unaufhörlich ge=
arbeit, um die nöthigen Eingaben zu machen.   Unglücklicher=
weise war niemand wie Kämpf von dieser Sache unterrichtet,
und Kunofsky ist viel zu faul, sich so bald durch die Stöße
Akten durchzuarbeiten, die über die Sache bereits vorliegen.
Ich muß sie also ganz allein betreiben, was mühsam, höchst
langweilig und sorgenvoll ist.   Wie hart wird mir jede Er=
holung jetzt verdorben, und jede Freude versagt!

Kaum ergreife ich eine hervorragende Klippe, so reißt
eine neue Woge mich wieder mitten hinein in das tobende
Meer! — Wie lange werden die Kräfte dem armen Schwim=
mer noch ausreichen, und wie lange wird er noch bitteres
Salzwasser schlucken müssen! Gute Nacht, es ist $\frac{1}{2}$4 Uhr,
und ich eben erst mit meinen Vorstellungen fertig.   Nach
solcher Arbeit ist der Schlaf nicht sanft.

Den 11.

Heute war großes Diner beim Prinz August.   Der
König, welcher in der That mich immer sehr gnädig bemerkt,
sprach eine ganze Weile mit mir.   Wüßte er, wie es uns
geht, und kennte er Deine Verhältnisse mit Deinem Vater,
er thäte gewiß etwas für uns.   Den Abend brachte ich,
nachdem ich die Muskauer Briefe beantwortet, und dem Wild=
meister mitgegeben hatte, bei Frau von Rahneval zu, und
will mich heute früher zu Bette legen, da ich nicht recht
wohl bin.   Alle Aussicht, von hier wegzukommen, ist mir
nun wieder ganz benommen; wäre es nur möglich, diesen
Winter wenigstens alles zu beendigen!

Gute Nacht, mein Herz; ich wollte Dir noch etwas
schicken, nämlich eine neue Art Karten, mit denen die hohen
Herrschaften bei der Vermählung spielten, ich konnte sie aber
nicht bekommen.   Ich küsse und umarme meine gute Schnucke,
und liebe sie sehr.

Adelheid und ihrer Michelle viel Schönes, so wie an
Carolath.   Dein treuer Lou.

190.

Pückler an Lucie.

Den 17 Dezember 1823.

Liebe Schnucke,

Da die Generalin Witzleben gestern auf dem Balle von mir hörte, daß ich für Dich zum Weihnachtsgeschenk vergebens nach den Karten gesucht hätte, mit denen am Vermählungs= feste gespielt worden ist, und die nicht in den Handel kommen dürfen, so hat sie darauf bestanden, Dir mit den ihrigen ein Präsent zu machen, und hat sie mir heute früh zu= geschickt.

Den 18.

Wir hatten heute einen Pikenike zum Diner bei Leboeuf arrangirt, wozu ich für meinen Theil Graf Brandenburg und den Grafen Giech, der mit der Kronprinzessin von München hergeschickt ist, gebeten hatte. Muskau's Cham= pagner und Lafitte haben dabei paradirt, und bedeutenden Beifall erhalten. Gestern Abend war ich zum Verlobungs= fest der Tochter von Frau von Fouqué in kleiner Gesellschaft eingeladen, wo auch der Herzog von Cumberland war. Du weißt, daß er sich alles in seinen Propos erlaubt glaubt, und jederman entreprenirt. Ich saß an seinem Tische; da gerade von dem dänischen Gesandten die Rede war, und es die Damen tadelten, daß er eine so junge Frau geheirathet habe, so fing er an: (Sei nicht böse, Schnucke, car avec vous je n'use pas d'une fausse délicatesse, ich bin zu sehr Eins mit Dir, et je vous dis tout) „Besser, wenn ein Alter eine junge Frau heirathet, als ein Junger eine Alte, — wie Pückler, dessen Frau seine Mutter sein könnte". A la lettre, wie ich es schreibe. Einen Augenblick war ich beinahe decontenancirt, doch faßte ich mich eben so schnell, und erwiederte, so gut ich es in der Schnelligkeit finden konnte: „Je ne suis pas si jeune, que vous semblez le croire; au reste une femme sage est un grand trésor."

Der Herzog, der boshaft, und vermöge seines Ranges grob ist, fing an zu lachen, und sagte: „C'est cela justement, vous avez épousé une sage-femme." Hier schwoll mir der Kamm, und wenn ich böse werde, finde ich in der Regel, de quoi répondre. „Comme il vous plaira, Monseigneur", rief ich, de retourner la phrase. Le fait est, que j'ai épousé une femme sage et bonne, et tant que nous sommes ici (es war aber von Herren niemand am Tisch, als er und ich) chacun ne peut pas se vanter d'en avoir fait autant." Die Damen geriethen über die gegenseitige Grobheit in die bitterste Verlegenheit, und wurden, zu ihrer Ehre gesagt, roth und blaß. Frau von Fouqué offerirte in der Angst dem Herzog das Souper, obgleich es noch nicht da war. Dieser refüsirte, und stand auf. Die Sache ist übrigens saus beaucoup de conséquences; denn man macht sich gar keinen Begriff davon, welche Sottisen der Herzog, der in England nichts war, und hier wie ein Souverain behandelt wird, jeder Dame und jedem Manne sich zu sagen erlaubt. Denselben Abend erklärte er, wie ich schon erwähnte, der intimsten Freundin der Frau von Klausewitz, daß er keinen eklicheren Kerl kenne, als den kupfrigen Klausewitz, und seine ganze Sippschaft. Die Frau wäre zwar reputirt als ein modèle de la vertu, aber nur deshalb, weil sie zu häßlich wäre, um je in Versuchung geführt worden zu sein. Alles dies läßt man sich aber hier devotest gefallen.

Du meinst, daß ich mir in Berlin besser zu gefallen scheine, als sonst. Ach nein, ich werde nicht mehr beneidet, und daher mehr gelitten; aber gefallen thue ich gewiß eben so wenig, als mir Berlin gefällt. Dazu gehört mehr Muth, mehr Sicherheit, und eine ganz andere Stimmung, als die meinige.

191.

Pückler an Lucie.

Den 20., Abends.

Gute, liebe Schnucke,

Seitdem mein Brief von heute früh weg ist, ist es mir auf's Herz gefallen, daß die dumme Geschichte mit dem Herzog von Cumberland Dich vielleicht doch kränken könnte, und Du bei Deiner Argwöhnigkeit wohl gar gerade jetzt etwas Vorsätzliches darin finden möchtest. Das thue aber doch ja nicht, meine Schnucke, denn dann wäre unser Ver= hältniß ganz getrübt, wenn Du mich anders als ganz kindlich gegen Dich nähmst.

Wahr ist es, daß ich dergleichen sonst nicht geschrieben habe, wenn vielleicht ähnliches vorkam; jetzt aber, wo alles unter uns zur Sprache gekommen ist, und wo ich Dich mehr deshalb noch liebe als je, giebt es keine Delikatesse für mich mehr, als die Wahrheit und Offenheit im höchsten Grade, wie auch Du sie gegen mich übst und üben mußt. Und ich bin es in der erwähnten Hinsicht auch deswegen mehr, weil früher, ich will es gestehen, dergleichen Aeußerungen, entfernt von Dir, mir ein bitteres Gefühl gaben, und vielleicht Ur= sache mancher unfreundlicher Briefe waren — jetzt aber, seitdem Du so edel gegen mich gehandelt, und so scharf und wahr unser Verhältniß gewürdigt, machen sie durchaus keinen üblen Eindruck mehr auf mich, und die Ueberzeugung, daß Du aus Liebe zu mir sogleich bereit bist, mir Deine Wünsche zu opfern, macht, daß wenn auch der Verstand das Opfer annehmen möchte, das Herz es doch nicht kann. Ich habe also nicht die mindeste démarche gemacht, obgleich mir der Zufall eine ganz unabhängige Besitzerin von 300,000 Thalern von 16 Jahren, und großer Familie vorgeführt hat — und will mit meiner alten Schnucke, die ein treuer Engel ist, leben und sterben, es komme, wie es wolle.

In dieſem Sinne nimm den Neujahrswunſch, den ich
Dir ſchicke, das einzige Präſent; denn ich bin, wie Du weißt,
jetzt zu arm zu einem ſchönen.

Helmine grüße ich von Herzen und hoffe, den Neujahrs=
wunſch für ſie paſſend gewählt zu haben. Ich bin heute
zum Souper beim Miniſter Lottum gebeten, und muß mich
anziehen. Adieu, meine Schnucke, ich zupfe und rupfe Dich
in Gedanken.

Lou.

192.

Pückler an Lucie.

Den 21.

Ganz unerwartet bekam ich geſtern, ohngeachtet der
kleinen Szene, eine Einladung zum heutigen Konzert bei der
Herzogin von Cumberland. Der Hof war da, und keine
ſehr große Geſellſchaft. Der König wurde erwartet, ließ
aber abſagen.

Uebrigens war die Fête recht hübſch und belebt. Die
Prinzen und Prinzeſſinnen erzeigen mir diesmal öfter als
ſonſt die Ehre, mich anzureden, wovon man zwar, wie Sta=
berle ſagt, nicht viel hat, aber doch es gern ſieht, beſonders
in Berlin, wo ſo etwas viel mehr bemerkt wird, als irgend
wo anders. Mittags war ich bei einem großen Diner bei
unſerem Freunde Ruſt, das ſehr ſtattlich ausſah, mit Hum=
boldt, Altenſtein, Ingenheim, einer Menge Aerzten u. ſ. w.,
auch Hermbſtedt, mit dem ich recht Freundſchaft gemacht habe,
und einen Abſtecher nach Muskau zum Frühjahr verab=
redete.

Früh hatte ich eine intereſſante Viſite. Grävell, der
Autor, war bei mir, der Wolfshayn gekauft hat, und dadurch
unſer Nachbar in Muskau geworden, was mir in vieler
Rückſicht ſehr angenehm iſt.

Spät Abends, als ich vom Herzog zurückkam, fand ich noch Briefe von Muskau, worin Mühle wieder 4700 Thlr. fordert. Geht das so fort, so tritt die Zahlungsunfähigkeit schon dieses Jahr ein, und mich überläuft es manchmal ganz kalt, wenn ich an die Zukunft denke. Was wird aus der ganzen Geschichte noch werden! Ich möchte manchmal ganz sehnlich, ich wäre todt, für Dich ist doch tant bien que mal gesorgt, und alle anderen Projekte sind Chimaire. Es bleibt mir nichts übrig, als Betäubung bis zum Untergang! Trau=riges, aber mehr oder minder verdientes Los. Gute Nacht.

Den 22.

Ich bin heute Abends bei dem Fürsten Lynar, der den Winter ein großes Haus machen wird, zum Souper ein=geladen. Vorgestern war ein recht hübsches bei Lottum, welcher nun das Arnim'sche Haus bewohnt, und es wirklich recht geschmackvoll hat meubliren lassen. Ueberhaupt finde ich, daß der Luxus in der Stadt bedeutend zunimmt, weshalb ich glaube, daß für Alle die Zeiten doch nicht so schlimm sein müssen.

Den 23.

Durch die große Güte des Geheimraths Maaßen habe ich vor der Hand wenigstens wieder Aussicht in der Steuer=sache erhalten; wie es weiter gehen wird, weiß der Himmel.

193.

Pückler an Lucie.

Den 24. Dezember 1823.

Liebste Schnucke,

Dein Brief vom 20. betrübt mich sehr wegen Deines Unwohlseins, die Aeußerungen Deiner Liebe sind aber so

28*

wohlthuend, daß sie mich über meine und Deine Leiden trösten. Gute Schnucke, ich danke Dir herzlich für Deine hingebende, liebende Güte, wenngleich Du mich hundertmal höher stellst, als es dem Himmel gefiel, die Atome in mir zu vereinen; denn sie gefiel sich bei mir etwas Großes zu beginnen, und auf halbem Wege stehen bleibend, es zu verlassen. Darum blieb mir nur die Qual ewiger Sehnsucht, ohne die Möglichkeit der Erfüllung!

Vermiſchter Briefwechſel

aus

Pückler's Jugendzeit.

1810 bis 1820.

———•◇•———

1.

Pückler an Wolff.

Straßburg, den 22. Januar 1810.

Lieber Wolff,

Mein Vater sollte eigentlich nicht darüber zürnen, wenn er mich lieb hat, daß ich noch etwas von der Göttergabe des köstlichen Leichtsinns übrig behalten habe, denn ohne sie hätte ich längst der Welt und ihrem Kummer freiwillig Valet gesagt. — Wenn mein Vater meine melancholische Gestalt in Muskau wird herumschleichen sehen, wenn er bemerken wird, wie ich an nichts mehr lebhaften Antheil nehme, wie ich der menschlichen Gesellschaft überdrüssig nur die Einsamkeit aufsuche, und seitdem ich selbst alle Eigenschaften eines angenehmen Gesellschafters verloren habe, nur noch Vergnügen im Umgang mit meinen Büchern finden kann — wenn, sag' ich, mein Vater mich so kennen lernen wird, könnte er vielleicht noch meinen alten frohen und lustigen Leichtsinn an mir zurückwünschen.

Die Entscheidung meines Vaters wegen der drei von mir gemachten Vorschläge ist so wie ich sie erwartet, und eigentlich im Grund des Herzens gewünscht habe. Alles ist dafür, nur zwei Dinge sind dagegen, e r s t e n s , die Schwierigkeiten, welche dieser Schritt in Hinsicht auf die Bezahlung meiner Schulden erregen wird, z w e i t e n s , daß ich vielleicht mehr Gefahr für meine Person in Muskau, als in Spanien zu befürchten habe, doch dieser letzte Grund kommt in gar keine Betrachtung, da es mich nur persönlich angeht.

Jetzt habe ich aber noch eine Bitte an meinen Vater, von der ich im voraus überzeugt bin, daß er zu gnädig und liebevoll gegen mich gesinnt ist, um sie mir abzuschlagen. Ich reise jetzt seit drei Jahren, und habe Paris noch nicht ge=sehen — man hat in unseren Tagen nichts gesehen, und keinen richtigen Maßstab für alles andere, wenn man diese Haupt=stadt der Welt nicht kennt. Ich renoncire gern (weil es nicht anders sein kann), Paris in gesellschaftlicher Hinsicht kennen zu lernen, aber so nahe dabei zu sein, und seine Merkwür=digkeiten, Meisterstücke und Kunstschätze jeder Art nicht ein=mal gesehen zu haben, wäre in der That unverantwortlich, und ein Regret für mich, der mir meinen Aufenthalt in Muskau immerwährend verbittern würde. Ich gedenke nicht länger als einen Monat in Paris zu bleiben, weil ich aus Erfahrung weiß, wie viel man in kurzer Zeit sehen kann, wenn man will; da ich aber in einem so kurzen Zeitraum alles zusammenfassen muß, so brauche ich nothwendig eine Remise und Lohnbedienten, welches mit den verschiedenen anderen Ausgaben, Trinkgeldern u. s. w. der Hinundherreise mich in dem einen Monat wohl so viel kosten wird, als eine ganze Quartalsumme beträgt. Ich ersuche daher meinen guten Vater mir noch 600 Thaler, oder zwei Quartale übermachen zu lassen, bis ich nach Muskau komme, wo ich Ende Mai einzutreffen gedenke, um die Muskauer nicht im April mit meiner Ankunft in den April zu schicken. Da die Zeit kost=bar ist, und ich die Antwort auf diesen Brief einen Monat lang hier erwarten müßte, so werde ich, (in der sicheren Hoff=nung, daß mein Vater mir eine so vernünftige Bitte, die einzige nach einer dreijährigen, mühe= und kummervollen Wanderschaft, und vor einer gänzlichen Entsagung auf alle weiteren Reise= und andere Projekte, nicht abschlagen wird,) sogleich mit der nächsten Diligence nach Paris abgehen. Den ersten März bin ich wieder in Straßburg, wo ich aber ohne einen Pfennig Geld ankommen werde, und daher hoffe, daß

ich welches hier vorfinden werde, wofür ich meinem geliebten
Vater im voraus dankbarlichst die Hände küsse.

Eine Stelle in Ihrem Briefe hat sonderbare Empfindungen in mir erregt: „Ihr Herr Vater ist seit langer Zeit
zum erstenmal wieder allein auf's Amtshaus gegangen." —
Kennen Sie die Fabel von dem Vögelein, das wie bezaubert
der Schlange mit dem offenen Rachen in den Hals kriechen
muß? — Gott gebe, daß die Fabel nie zur Wahrheit wird —
ich habe Dinge vernommen, die mich mit Staunen und Schreck
erfüllt haben, aber wehe denen, die schuldig sind.

Leben Sie wohl, alter Freund, und behalten Sie mich
immer lieb.

Ihr

treuer H. Pückler.

2.

P ü c k l e r a n J u l i e G r ä f i n G a l l e n b e r g.

Strasbourg, le 26. février 1810.

Je suis toujours ici, chère Julie, et aussi heureux
que je puis l'être loin de toi. Trois jolies femmes qui
te ressemblent, me rendent le séjour de Strasbourg bien
agréable. Je ne suis pas leur amant, mais je me flatte
d'être leur ami, et je passe presque tout mon temps
dans leur société, qui est pour moi aussi instructive
qu'amusante. Elles ont au reste tous les avantages de
la fortune et tiennent des maisons charmantes, dont
elles sont elles-mêmes le plus bel ornement. La plus
jeune et la plus leste des trois grâces vient de partir,
j'ai été bien plus affligé de son départ que ses com-
pagnes — et pour cause, mais les deux soeurs qui
restent sont bien capables de consoler l'âme la plus
attristée. Le mari de l'ainée est absent depuis long-
temps, celui de la cadette est ici, c'est un homme fort

aimable, et certainement le modèle des amis pour la douceur et l'égalité de son caractère. Au reste, ces dames m'ont bien l'air de ne pas ignorer ce qui plait aux femmes, c'est-à-dire, d'être maîtresses au logis — ainsi les maris n'y compteront pas pour beaucoup plus que partout ailleurs, si leurs intérêts commenceraient à se croiser, c'est l'usage — j'ignore s'ils sont trompés, comme c'est encore plus l'usage, mais tu sais bien qu'en bonne logique il faut toujours commencer par le sup- poser. Ces maris sont naturellement des bêtes à cornes, et si par hazard s'en trouve un qui fait exception à la règle, c'est ce que les naturalistes appellent un jeu de la nature. Il faut pourtant convenir pour la gloire de ces dames que je n'ai jamais entendu sortir d'aussi jolies bouches plus de maximes de vertu et de morale — elles s'amusent quelquefois à me prêcher, et c'est avec une telle onction, que je pourrai bien un jour en être ébranlé. Hélas!

Je serais peut-être à Paris, s'il n'avait pas plu à la Sainte Trinité d'appeler dans son sein le très-digne père du Comte de Seydewitz. ci devant l'adorateur, au- jourd'hui le mari pas trop heureux de ma mère — ce qui a obligé cette dernière de se rendre en Saxe pour recueillir l'héritage de son beau-père, au lieu d'aller à Paris dépenser celui de son oncle, où j'aurai aidé un peu de mon côté. — — Mon autre père, je parle du ci-devant mari de ma mère, (j'en ai tant qu'il faut que je m'explique) m'obligera, je crains, de passer la belle saison auprès de lui, c'est-à-dire, au milieu des forêts, dans une espèce de désert, où il n'y a que des loups, des sangliers, des paysants et des sots. J'y mangerai force choux-croute, je chaufferai ma chambre en été, je ne parlerai à personne, je lirai quand je serai assez heureux de trouver un livre, je dormirai autant qu'il

me sera possible, et je regretterais toujours le beau
climat de Naples, les douces chaines, que j'y portais,
et surtout la divinité, dont je fus et dont je serai éternellement le plus zélé adorateur. Je te prie de dire à
Carluccio qu'il entrera toujours pour beaucoup dans
mes regrets, car enfin malgré tout, c'est un charmant
jeune homme, fait pour gagner les coeurs de toutes les
femmes, et l'amitié de tous les hommes.

Les Brun sont des pédants ennuyeux — la poésie
a tourné la tête à la mère, la coquetterie à la fille
ainée et la vanité à la seconde. Comme elle veut faire
la petite divinité, conseillez-lui d'aller en Turquie, ce
n'est que là qu'on adore les fous et les folles, parcequ'on les croit inspirés de Dieu. Je crois que notre
folle en question est plutôt inspirée par le Diable,
d'après toutes les calomnies impertinentes, qu'elle s'est
permis sur mon compte; si jamais je rencontre cette
petite impudente, je me propose de lui rendre avec
usure toutes les méchancetés, dont elle m'a si généreusement gratifiée.

Quand tu verras l'archevèqne de Tarente, la Princesse Belmonte et la Bibikoff, je te prie de me rap-
peler dans leur souvenir. As-tu fait la connaisance de
la Comtesse Schouvaloff et de sa fille? Ce sont deux
femmes bien aimables; le Prince est-il toujours imbécille
et gouverné par l'ennuyeux Général et l'Amphibie hon-
groise? Je dis milles choses gracieuses à Robert et à
Schweigel, je suis enchanté, que le dernier veut bien
se résoudre enfin de négliger un peu Bachus pour s'oc-
cuper des grâces de Psyché — dis-lui, je te prie, que
je suis en bon chemin pour m'approprier sa morale et
sa façon de penser vis-à-vis des femmes. Je me crois
guéri du sentiment pour la vie, ou du moins de la sen-

timentalité — pas autant d'un autre petit défaut que tu me connais.

Adieu, ma bien aimée Julie, aime-moi toujours un peu, et compte que tu n'as dans le monde entier de meilleur ami que moi.

Armand P.

3.

Pückler an Wolff.

Straßburg, den 8. März 1810.

Mein guter, alter Freund,

Ich habe Straßburg noch nicht verlassen, erstlich, weil ich nicht Geld genug hatte, um die Reise nach Paris zu wagen, zweitens, weil ich mich doch nicht getraut, ohne meines Vaters Erlaubniß hinzugehen, drittens, weil ich an Rosen= ketten hier gehalten werde.

Meines Vaters gütiges Betragen hat mich sehr gefreut, und ich danke ihm recht aus vollem Herzen dafür, so wie für das überschickte Geld.

Jetzt meine ganz kurzen Bemerkungen über das Schul= denwesen, welches freilich bald abgemacht werden muß, da= mit uns die Einführung des Code Napoléon in Sachsen, die wahrscheinlich sehr nahe ist, keine neuen Weitläufigkeiten verursacht.

(Hier folgt einiges über die Schulden.)

Grüßen Sie meinen Vater herzlich von mir, und kon= doliren Sie ihm in meinem Namen wegen des Todes meines Großvaters. Viel Komplimente an alle, die es gut mit mir meinen.

Hermann Pückler.

In ein paar Tagen, wenn ich mich selbst entschlossen habe, schreibe ich Ihnen was ich ferner zu thun gedenke.

Es thut mir leid, daß der arme Hempel in eine solche Ver=
legenheit gekommen ist — ich glaube doch, daß er es mit
meinem Vater immer gut gemeint hat — daß er mir nicht
sehr gewogen war, konnte ich ihm aus mancher Rücksicht nicht
so sehr verdenken. Ich wünschte indessen doch, daß sich mein
Vater so sehr als möglich seiner annehme, denn im Unglück
soll man keinen verlassen, mit dem man in besseren Zeiten
Freund war.

4.
Pückler an Wolff.

Straßburg, den 20. Juni 1810.

Lieber Wolff,

Es ist mir unbegreiflich, daß Sie keinen der zwei Briefe
erhalten haben, die ich Ihnen von Paris geschrieben habe.
Ich bat darin um Geld, und schilderte Ihnen die enorme
und fast unglaubliche Theuerung, welche die Feierlichkeiten
und übermäßige Menge Fremder hervorgebracht hatte. Eine
schlechte Stube kostet monatlich wenigstens drei Louisd'or,
ein Lohnbedienter täglich 6 Franken, ein Wagen bis 50
Louisd'or monatlich, u. s. w. im Verhältniß. Ich bin drei
Monat in Paris gewesen, habe alles gesehen, was man sehen
kann, und in diesem Fall werden wenige der ungeheuren
Menge von Fremden mir nachkommen, habe aber auch für
meine Umstände viel Geld gebraucht. Mit den hundert Louis=
d'or, die ich zuletzt durch meines Vaters Güte erhielt, und
von denen ich nach Bezahlung meiner kleinen Schulden in
Straßburg, und den Reisekosten nur noch 75 nach Paris
brachte, habe ich bei dieser Theuerung nicht weit kommen
können. Ein guter Freund hat mir indeß das nöthige Geld
ohne Interessen vorgeschossen. Ihre freundschaftliche Sorge
um meine Gesundheit rührt mich sehr — ich danke Ihnen
recht herzlich dafür. In der That bin ich, wenn auch nicht

frank, doch seit langer Zeit höchst kränklich, vielleicht kurirt mich die gesunde Muskauer Luft — dann sprechen wir ein Mehreres über mancherlei Dinge, deren Sie in Ihrem Briefe, den ich vorgestern nebst dem Gelde hier erhalten habe, erwähnen. Ich hoffe, daß die abermalige Unpäßlichkeit meines Vaters keine üblen Folgen haben wird, und wünsche Mamsell Jettchen eine glückliche Niederkunft. Viele Komplimente an Vater und Schwestern, und auch an die verwittwete Großmama.

Unserer liebenswürdigen Hofrath küße ich die Hände, und bitte Sie und Ihre ganze Familie nie an meiner aufrichtigen Freundschaft und Dankbarkeit für die Ihrigen zu zweifeln. Adieu.

Hermann Pückler.

5.

Pückler an Wolff.

Berlin, den 30. Oktober 1810.

Eben erhalte ich Ihren Brief vom 26., worin ich keine Antwort auf die zehn oder zwölf Briefe finde, die ich bereits an meinen Vater geschrieben habe.

Soll ich mich den ewig mit der so unerträglichen Geldnoth herumschlagen? Kann man denn mehr thun, als von jedem ausgegebenen Dreier Rechenschaft zu geben, und die Rechnung darüber schriftlich einzuschicken? Man wird mir doch nicht zumuthen wollen, mich auch jetzt noch so fortzumartern, wie es bereits drei Monate lang geschehen ist, und wenn ich es auch wollte, so sind ja die Zwecke, warum ich hier bin, von der Art, daß ich es gar nicht kann. Ich bin jetzt in alle hiesigen großen Zirkel eingeführt, heute bei dem Minister oder Gesandten, morgen bei jenen, und kann mir doch nicht mehr wie sonst die Schuhe selbst putzen, und durch den Schmutz zu Fuß waten; anständig gekleidet muß ich

auch sein, Bediente und Lohnbediente unterhalten, hunderterlei
Ausgaben bestreiten, die ein solches Leben mit sich führt —
es dauert ja nur einige Monate, aber wenn man mir auch
diese Zeit über den Brotkorb so hoch als möglich hängen
will, so ist es besser, ich komme gleich zurück, damit ich
mich nicht dieser Tage in der Verlegenheit befinde, beim
Oberhofmarschall Massow oder dem sächsischen Gesandten
um Geld zu betteln, oder dem Wucherer 50 Prozent zu
geben.

Wenn ich wenigstens nur eine Antwort bekommen hätte,
so wär' ich doch beruhigt, aber so bin ich in der größten
Verlegenheit, und weiß gar nicht, wie ich daran bin. Zu
meinem heutigen Geburtstag habe ich das Vergnügen noch
einen Reichsthaler Geld in der Tasche zu haben, und einige
noch schuldig zu sein. Dazu soll ich heute und morgen mich
in einer Assemblee einfinden, wo es fast nicht zu vermeiden
steht, zu spielen. Verliere ich nun über einen Thaler, so
muß ich mich entschuldigen, wie der dumme Junge aus
Meißen, daß Papa noch kein Geld geschickt hat, und ich
zuvor nicht bezahlen kann.

Ach Du lieber Gott, ich wünschte bei bewandten Um=
ständen, ich wäre, wo der Pfeffer wächst!

Es freut mich, daß mein Vater besser ist, sagen Sie
ihm nur, daß er sich jetzt besser schont, und keine Reisen
mehr auf offener Wurst macht. Hier ist ein Fürst Wittgenstein,
der ganz an derselben Krankheit leidet, diesem hat Dobberan
sehr gute Dienste geleistet.

Meinen Empfehl an Clementine Kospoth.

Adieu.

6.
Pückler an Wolff.

(Berlin), den 1. November 1810.

Soeben erfahre ich durch den Postboten, daß Geld für mich, wenn gleich nur wenig, angekommen ist; ich bitte Sie daher den gestern geschriebenen Brief, wenn es noch nicht geschehen ist, meinem Vater nicht zu zeigen. Was hilft das Klagen, es ist doch unnütz, und wird' nicht anders. Ich werde nun sehen, was mir mein Vater schreibt, und darnach aufrichtig antworten.

Viele Empfehlungen an Ihre liebe Familie, und den Hofrath. Leben Sie wohl, und erhalten Sie mir Ihre Freundschaft.

Hermann Pückler.

7.
Pückler an Wolff.

Den 10. November 1810.

Lieber Wolff,

Ich bitte Sie das Portrait meines Großvaters, das ich vom Jagdhaus weggenommen habe, wieder hinbringen zu lassen, weil meine Mutter den Raub, wie sie ihn nennt, sehr übel genommen hat. Dagegen autorisirt sie mich das ihrige, mir auch geraubte Bild, welches sich auf dem Jagdhause ebenfalls befinden soll, wieder zu nehmen; dieses bitte ich also an die Stelle des Grafen Callenberg aufmachen zu lassen. Wie geht es denn mit meinem armen Papa, ist er denn immer noch nicht besser? Ich glaube immer, er macht sich selbst die Krankheit durch Aengstlichkeit und Trostlosigkeit noch schwerer. Ich habe bis jetzt noch keine andere Nach= richt von ihm, als einen langen Brief voll Vorwürfe über Geldausgaben, das tägliche Brot. Wenn ich auf diesen Monat nicht noch hundert Thaler Zuschuß bekomme (ich habe bis jetzt nur zweihundert erhalten), so kann ich nicht auskommen — das habe ich auch meinem Vater schon ge= schrieben, denn so lange ich als Handwerksbursche, mein Bündel auf dem Rücken, umherstieg, ging alles, es mochte auch noch so übel stehen, jetzt ist dies aber nicht mehr der Fall, und ich habe auch gar nicht Lust mich mein letztes Bischen Jugend durch noch so unnöthig zu quälen.

Viel Grüße an Ihre liebe Frau, Kinder und Onkel Röhde.

Ihr Freund Hermann Pückler.

8.

Pückler an Wolff.

(Berlin.) Ich bitte diesen Brief allein zu lesen.

Lieber Wolff,

Ich bin in einer ganz verdammten Verlegenheit, aus der Sie mich reißen müssen, auf welche Art es wolle. Ich bin, der Teufel weiß wie, in einer sehr vornehmen Gesell= schaft, nachdem wir gut gegessen, und besonders getrunken hatten, in eine Spielparthie verwickelt worden, bei der ich 300 Thaler verloren habe. Das Geld ist mir einstweilen ohne Interessen geborgt worden, ich muß es aber, wenn ich mich nicht auf's äußerste blamiren will, in acht Tagen wieder bezahlen. Ich sehe mein Unrecht ein, und bedaure es herzlich, aber für's erste ist schleunige Hülfe nöthig. Mein Vater darf durchaus nichts davon wissen, denn er würde zu böse werden. Aber der Pachter aus Gablenz, oder Bock aus Braunsdorf, oder ein Anderer, ja vielleicht selbst Stabler, kann es geben einstweilen, besonders wenn Sie sich mit dafür verbürgen. Zeit gewonnen, alles gewonnen, in vierzehn Tagen, drei Wochen, findet sich dann schon ein anderes Mittel das Geld wiederzugeben, nur jetzt muß ich es um jeden Preis haben. Wiedergeschehen soll es mir nicht, aber Du lieber Gott, der Geist ist willig, aber das Fleisch ist schwach. Ich bin noch jung, und ein Irrthum ist ja noch zu verzeihen, mein Vater würde aber nicht so nachsichtig denken, und es muß ihm daher verschwiegen werden. Strengen Sie Ihren Kopf und Ihre Freundschaft diesmal an, liebes Wolffchen, es gilt. Adieu,

Ihr bekümmerter und unruhiger Freund.

Ich mache meinen Brief noch einmal auf, um Ihnen noch einmal einzuschärfen, daß von diesem Vorfall mein Vater durchaus nichts erfahren darf.

8.
Pückler an Wolff.
(Berlin,) den 16. November 1810.
Lieber Wolff,

Ich hoffe, Sie sind bei ihren Versuchen Geld für mich zu bekommen, so vorsichtig gewesen, als möglich, denn bei der jetzigen Krisis ist es doppelt nothwendig, wenigstens müssen Sie nie gestehen, daß es wegen einer Spielschuld ist.

Der neue Plan meines Vaters ist recht gut, aber der alte ist besser, und wir müssen daher alles thun, den alten zu realisiren; ist dies aber nicht möglich, den neuen bei= behalten — denn ein dritter würde wahrscheinlich noch unvor= theilhafter werden. Da ich Ihren Brief nicht als offiziell betrachten darf, so habe ich einstweilen folgenden Brief an meinen Vater geschrieben, wovon ich Ihnen eine Kopie mit= schicke. Es ist nichts Unwahres darin, und alles was ich sage, meine aufrichtige Meinung. Ich schicke Ihnen denselben, damit Sie durch nichts unser Verständniß verrathen, in dem mein Vater bei seinem Argwohn gleich Gott weiß was für Komplotte ahnen würde, da er doch gewiß mit uns beiden, wenn er Vertrauen hätte, besser fahren würde, als mit allen seinen übrigen Rathgebern. Grüßen Sie Madame Markow von mir, und bitten Sie sie, mein Interesse ein wenig zu berücksichtigen. Ich glaube, sie meint es ehrlich mit mir. Adieu. Wenn mir mein Vater 400 Thaler schickte, so brauchten Sie kein Geld weiter für mich aufzunehmen, aber so viel wird er wohl nicht hergeben wollen. Kann ich die Herrschaft nicht bekommen, so mache ich Sie zu meinem Kassirer und Geschäftsträger in Muskau. Adieu.

Bis zum 1. Dezember hat es Zeit mit Bezahlung meiner Schuld. Ihr Freund Hermann Pückler.

9.
Pückler an Wolff.

(Berlin, November 1810.)

Lieber Wolff,

Ich hoffe, Sie haben von dem Briefe niemand etwas merken lassen, den ich Ihnen wegen der 300 Thaler schrieb. Ich mag Sie nicht belügen, und gestehe Ihnen daher, daß es nicht wahr war, sondern nur aus Besorgniß geschah, daß es mir hier an Geld fehlen würde. Nun hat mir aber mein Vater 200 Thaler geschickt, womit ich wenigstens die dringendsten Ausgaben habe bestreiten können, und die Güte, mit der er mir schreibt, läßt mich hoffen, daß er auch das Uebrige, was noch nöthig ist, bald nachschicken wird, wenn er meine Rechnung erhält, die ich immerwährend sehr genau geführt habe. Sollten Sie indeß schon das Geld aufgenommen haben, wo es nicht nöthig ist, es sogleich wieder zu bezahlen, so nehme ich es recht gern, weil ich es hier vortheilhaft durch einige zu unternernehmende Käufe anwenden kann. Antworten Sie mir nur schleunig auf diesen Brief. Adieu. Viele Grüße an alle meine Freunde.

Ihr Freund Hermann Pückler.

Tausend Empfehlungen an Clementinen.

10.
Pückler an Wolff.

Berlin, den 26.

Lieber Wolff!

Ich habe Ihren Brief mit den 150 Thalern erhalten, und danke Ihnen herzlichst für den Freundschaftsdienst — er beweist mir, daß ich in jeder Noth auf Ihre Hülfe rechnen kann, so weit es Ihnen nur möglich ist. Auch Stabler bitte ich meinen Dank abzustatten, und ihm von mir zu versichern, daß sein Betragen meine gute Meinung für ihn, und meine Zuneigung noch um vieles vermehrt hätte. Obgleich Sie nun schon wissen, daß die Ursache meines Geldgesuchs erdichtet war, so kommen mir die 150 Thaler doch zu Statten, weil ich mit dem von meinem Vater erhaltenen Gelde nicht habe auskommen können.

Schreiben Sie mir doch Ihre Meinung, ob ich nach Muskau kommen soll, und noch suchen die Herrschaft zu bekommen, oder in den Plan meines Vaters eingehen? Kann das erste geschehen, so glaube ich, daß es doch für uns alle beide, Vater und Sohn, und für die Herrschaft selbst am zuträglichsten.

Viel Komplimente an Ihre Familie.

Ihr treuer Freund Hermann.

———

11.
Pückler an die Gräfin von Schönburg-Lüttichau.

Branitz, le 30 septembre (1811).

Pardonnez-moi, Madame, de ne pas avoir répondu plutôt à votre aimable lettre du 22. septembre. Mon absence de Muskau est cause que je ne l'ai reçu qu'en ce moment.

Sans m'arrêter aux belles choses que vous me dites et auxquelles je ne sais que répondre sinon que

vous êtes comme Voltaire, qui trouvait de l'esprit à
tout le monde — je marche tout droit au fait pour
avoir le plaisir de vous assurer que votre protégé est
réellement élevé à la dignité de Chaplain, comme vous
vous exprimez avec un peu d'ironie. En tout cas, si
j'avais à le féliciter, ce serait bien moins pour être
Chapelain que pour avoir le bonheur d'être votre protégé.
J'ose même aller plus loin, et solliciter ce beau titre
pour moi-même — ce serait qu'alors que je croirai
mériter le nom de l'elice.

Agréez, Madame, l'expression des sentiments les
plus distingués.

12.
Pückler an eine junge Großtante.
Madame.

Permettez, Madame la Comtesse, que dans ma qualité
de votre parent, et de votre bien dévoué parent, je prends
la liberté de vous adresser ces lignes. J'avais chargé
mon oncle, le Comte Callenberg, lorsqu'il partit d'ici
pour Dresde, il y a huit jours. de vous présenter mes
très humbles respects, en attendant que je puisse vous
les témoigner en personne. J'espère qu'il s'est acquitté
de cette commission, et que ma lettre vous en paraîtra
un peu moins déplacée.

Peut-être, Madame, que vous ignorez notre degré
de parenté autant que ma personne, je m'empresse donc
de vous notifier que j'ai l'honneur d'être votre petit-neveu
à la mode de Brétagne, qui est pénétré pour vous de
tous les sentiments qu'une Grande-Tante de votre mérite
et de votre amabilité doit inspirer, et qui par conséquent
a été bien désolé de n'avoir pu vous rendre ses devoirs,

ainsi qu'à Mr le Comte votre mari, et vous recevoir dans son humble demeure lorsque vous y passâtes en revenant de Pologne. Actuellement, Madame, que vous êtes instruite de mes droits à votre bienveillance, je me flatte que dans une pareille occasion, vous me traiterez avec plus de générosité.

Ce point réglé, et sachant que vous faites la première chère de Dresde, j'ose accompagner cette lettre d'une demi douzaine d'ortolans, qui vous prouveront, Madame, que dans nos forêts de sapins, et nos sables de Lyvius où tout maigrit, les oiseaux au moins trouvent encore moyen de s'engraisser.

Je finis, Madame, en vous demandant deux grâces, qui vous paraîtront un peu hétérogènes. La première est de m'accorder la permission de vous envoyer de temps en temps des meilleures fruits de mes serres chaudes, dont le degré de chaleur qu'il faut pour les mûrir est comparable au degré d'attachement et de respect qui m'anime pour vous. La seconde grâce que je vous demande, Madame, est plus importante. C'est de me permettre de remplacer quelque fois le nom de Madame la Comtesse pour celui de ma très-chère Grande-Tante, bien plus analogue aux sentiments que je viens de vous exprimer, et avec lesquels, je serai toute ma vie

Madame la Comtesse
et bien chère Grande-Tante
Votre très etc.

13.

Pückler an eine junge Großtante.

La réponse, dont vous m'avez honoré, Madame la Comtesse, m'avait déjà préparé à ce que mon oncle m'a dit plustard, que vous aviez été choqué du ton familier de ma lettre que j'avais pris la liberté de vous écrire. Il m'a même montré celle que vous lui avez écrite à se sujet, me grondant du peu de tact que j'avais montré dans cette circonstance. Ce n'est sans doute que par miséricorde, Madame, et pour dorer généreusement la pillule, que vous y faites mention de mon esprit, tandis que vous ne me rendez qu'une parfaite justice, en trouvant ma lettre hors de toute convenance. Je ne peux pas désavouer mon tort, et je ne saurais vous exprimer, Madame, à quel point je suis confus de la faute que j'ai commise. Permettez-moi cependant, Madame la Comtesse, de vous assurer que cette familiarité qui vous a déplu n'a pas été certainement occasionée par un manque de respect de ma part — elle n'a eu sa source que dans l'attachement bien sincère que je me sens pour vous, Madame, et qui, à ce que je crois, n'exclut pas le plus profond respect, d'autant plus qu'il est fondé même sur la connaissance que j'ai de votre amabilité et de vos qualités supérieures en tout genre, et sur le souvenir de l'indulgence surtout, avec laquelle vous daignâtes autrefois me tolérer, lors· que j'eu l'honneur de vous voir de temps en temps chez ma cousine, la Comtesse Callenberg.

C'est tout ce que je peux dire à mon excuse, et il ne me reste après cela que d'implorer votre pardon pour le jeune homme, qu'une pareille leçon vieillira de plusieurs années.

Je sens que mon oncle a également entrepris ma défense, mais d'une manière que le remède m'a paru pire que le mal, car en effet, lorsqu'il parle pour m'excuser d'une éducation pitoyable, d'exemples condannables et de sociétés exécrables, ses excuses sont beaucoup plus aggravantes pour moi que vos accusations, Madame.

Il ne ressemble pas mal à cet oncle qui présenta son neveu en disant: Voilà mon neveu, qui n'est pas si bête qu'il en a l'air. C'est aussi la seule différence qu'il y a entre lui et mon oncle.   Le Neveu.

Mais il est temps de finir ma lettre, qui ne devrait contenir que des excuses, et qui peut-être ne vous paraîtra pas beaucoup meilleure que la première. Dans ce cas, il faudrait réellement en accuser mon éducation, et me dire en deux mots, Madame, que je dois tâcher d'en recevoir une plus convenable avant d'oser vous écrire. Cela me fermera sans doute la bouche hermétiquement, et arrêtera ma plùme sans pouvoir cependant alléguer un moment les sentiments les plus distingués de la vénération et du respect le plus profond etc.

Souffrez, Madame, que je joigne à cette lettre un apostille d'ortolans.

14.

Pückler an Mimi von Oertel auf Carolath.

(November 1812.)

Gnädiges Fräulein!

Der Grund meines Stillschweigens auf Ihre zwei liebenswürdigen Briefe ist wirklich nur in der Vollkommenheit dieser letzteren zu suchen. Ich bin eitel, und mit Verlaub zu melden, faul — nun wird Ihr Verstand schon das Uebrige errathen, aber Ihrer Bescheidenheit muß ich zu Hülfe kommen. Also gerade heraus: Sie schreiben so natürlich, so zart, so anmuthig, daß ich fühle wie meine Antworten zu Ihren Briefen sich verhalten, wie ein Schattenriß mit dem Storchschnabel zu einem Gemälde von Correggio. — Dies hielt mich ab, doch jetzt befehlen Sie, wenn gleich auf Ihre eigne sanfte Art, und Pflichtgefühl wird mich stärken. Um Sie dabei mein Verdienst in jeder Hinsicht kennen lernen zu lassen, muß ich noch hinzufügen, daß ich außer einer schmerzvollen und ernsthaften Krankheit, die mich schon seit vier Wochen von neuem an das Zimmer kettet, noch an zwei Aerzten krank liege, die mir mit unzählig periodisch wiederkehrenden Pillen, Latwergen, Tränkchen, Bädern, Gurgelwassern und Tissanen kaum eine Spanne Zeit, und noch weniger ein Fünkchen freien Muth übrig lassen. Unter solchen Umständen kam Ihr freundlicher Brief früh um 10 Uhr hier an, und wird heute Abend mit der weimarischen Chronik um 6 Uhr schon auf der Post seiner Weiterbeförderung entgegensehen. Dieser bewiesene gute Wille wird mir hoffentlich Ihre Zufriedenheit erwerben.

Also Weimar hat auch das Verdienst Ihre Geburtsstadt zu sein! wahrlich ein Grund mehr für mich, es zu lieben, wie ich aus vollem Herzen thue. Die Damen, die sich nach der lieben, klugen und guten Mimi mit so lebhaftem Interesse erkundigten, (bemerken Sie, liebenswürdige Mimi, daß klug v o r gut gesetzt wurde, ein Beweis, daß Ihr Zünglein in sarkastischem Rufe stehen mag) gehören zu den seltenen Erscheinungen in dieser langweiligen und verkehrten Menschenwelt. Es sind, die Hofräthin Schopenhauer und ihre herrliche Tochter. Ich bin unverdienter und ungesuchterweise in ihrem Hause mit einer Güte aufgenommen worden, von der ich wohl sagen kann, daß sie mir eben so unvergeßlich bleiben wird, als der Genuß, den mir die kurze Bekanntschaft dieser Damen, so wie ihres braven, gemüthlichen und gehaltvollen Freundes, Herrn Müller's, gewährt hat. Von diesem letzteren bin ich so frei ein Buch beizulegen, was Sie, wenn es Ihnen nicht schon bekannt ist, gewiß innig anziehen, erschüttern und rühren wird. Frau Hofräthin Schopenhauer ist die angenehmste und anspruchloseste gelehrte Frau, die ich je sah, ihre Unterhaltung voller Interesse, und doch von der seltenen Art, die weit weniger zu glänzen, als Andere in

das vortheilhafteste Licht zu setzen, und das Ganze leise und
unmerklich zu beleben sucht. Auch sie ist in der litterarischen
Welt durch mehrere sehr gelungene Arbeiten bekannt. Ihre
Tochter Adele ist eines von den weiblichen Wesen, die ent=
weder ganz kalt lassen, oder tiefes, unwandelbares Interesse
erregen müssen. Was meine eigene Individualität angeht,
kann ich nicht mehr über sie sagen, als daß ich wünschte,
meine künftige Frau möchte ihr treues Ebenbild sein. Ihr
Aeußeres gefällt mir, ihr Inneres ist eine schöne Schöpfung
der Natur. Diese Unbefangenheit und wahre Unschuld des
Gemüths, diese kindliche Naivetät bei so seltener, ja ich
möchte sagen, fast schauerlicher Tiefe, diese natürliche Ge=
wandtheit im Umgange bei der brennendsten Einbildungskraft,
diese stille Herrschaft über sich selbst, bei der bewunderns=
würdigsten Leichtigkeit sich jedes Talent zu eigen zu machen,
und bei so vielen Anlässen zur Eitelkeit diese aufrichtige
ungezwungene Bescheidenheit — bilden ein Ganzes, dem
wenig Mädchen unserer Zeit gleichen werden. Gestehen Sie,
Fräulein Mimi, daß ich Sie selbst für eine der vorzüglichsten
halten muß, da ich es wage, Sie mit einer so langen Lob=
rede auf eine Ihrer Schwestern zu unterhalten. Wenn Sie
mir Ihr Versprechen halten, mich zu besuchen, werde ich
Ihnen ausgeschnittene Phantasieen von dieser Adele zeigen,
deren Anblick mir noch immer den reizendsten Genuß gewährt,
aber aus den Händen gebe ich sie nicht.

Die dritte Dame, mit der ich das Vergnügen hatte von
Ihnen zu sprechen, ist Frau von Spiegel, in deren Hause
ich ebenfalls viele vergnügte Stunden verlebt habe, und die
Ihrer mit vieler Freundschaft gedenkt. Goethe war diesmal
abwesend, welches ich, wie Sie denken können, sehr bedauert
habe. Ich hatte indeß schon früher vor zwei Jahren das
Vergnügen ihn in seinem Hause kennen zu lernen. Er mochte
mir die aufrichtige, herzliche und folglich unbefangene Ver=
ehrung und Liebe, die ich zu ihm trage, in den Augen lesen,

und so wohl selbst freundlich gegen mich gestimmt worden, denn er gönnte mir eine recht lebhafte Unterhaltung von mehr als einer Stunde. Sie wissen, bei großen Herren, und also mit noch mehr Recht bei großen Männern, wird man durch eine so lange Audienz schon ganz stolz.

Wenn · Sie zum Frühjahr nach Weimar reisen wollen, so biete ich mich Ihnen zum Reisegefährten an; englische Bücher schicke ich Ihnen eins, aber ich binde es Ihnen auf die Seele. Ich sage nicht ein Wort darüber, weil ich sonst nicht wieder aufhören würde, es ist für mich mit Schakespeare das herrlichste der englischen Litteratur, und neu. Sie kennen es gewiß nicht. In Weimar habe ich es dem oben geschil= derten Kleeblatt an einem Abend vorgelesen, und mit unaus= sprechlichen Gefühlen sind wir Alle davon geschieden. Wie glücklich würde es mich machen, liebenswürdige Mimi, auch den Eindruck belauschen zu können, den es auf Ihren Geist machen wird. — Doch genug von so lieblichen Phantasieen! Die Stunde schlägt, Pillen und Tränke erscheinen, und lassen mir kaum Zeit zu den Versprochenen.

Sterbe ich wie Concialini, so steht gleich ihm in nächster Nacht mein Geist vor Ihrem Bette.

Ihr Freund,
Hermann Pückler.

15.
Karoline von Fouqué an Frau von Oelsen.

Rennhausen, den 6. 1813.

Pückler hat sich einmal wieder in seiner ganzen Groß= artigkeit gezeigt. Er ist ein wahrhaft altritterliches Gemüth, das mit den Schätzen dieser Welt, wie mit anderen freund= lichen Lebensgenüssen als etwas Vorübergehendem spielt, und da von allen deutschen Volksstämmen die Engländer diese

Eigenthümlichkeit unserer nordischen Altväter mit einem Theil ihrer Reichthümer am meisten bewahrten, so ruft Pückler's Erscheinung uns den englisch=deutschen Karakter zurück, er ist ein gemilderter Engländer, edel, großmüthig, ernst, ohne schroff und trocken zu sein. Sage ihm dies, meine Liebe, statt aller weitläufigen Danksagung in meinem Namen.

Nun aber, nimm Du noch ganz besonders die Ver= sicherung meiner herzlichen Erkenntlichkeit für die Mühe des Ausbietens der kleinen Schrift. So etwas ist peinlich, und hätte ich das früher übersehen, ich hätte Dich wie mehrere Andere damit verschont.

Das Geld übergieb gütigst der Troschke, die von dessen Zweck unterrichtet ist.

Wir Alle sind gespannt und beengt in diesen Tagen. Napoleons Ankunft preßt mir die Brust zusammen. Es ziehen große, verhängnißvolle Stunden herauf; die Todesloose sind geworfen, des Schicksals Waage ist gefüllt, der nächste Augenblick reißt den Vorhang von einander, wir zittern hindurchzusehen. Gott mit uns Allen! Deine

Karoline Fouqué.

· · · · · · · · · ·

16.

Pückler an Graf von Spiegel.

Muskau, den 1. Januar 1816.

Wie geht es Dir, lieber Spiegel? Ich wünsche Dir zum und im neuen Jahre alles was Dir fehlt, um ganz glücklich zu sein. Mir ist es seit unserem letzten Zusammen= treffen sehr traurig gegangen. Kaum hier angelangt, bin ich gefährlich krank geworden, und habe, anstatt mich in Venedig und Mailand zu vergnügen, noch nicht meine Stube ver= lassen dürfen, auch wenig Aussicht es vor vor zwei Monaten zu können. Meine Pferde erwarten mich unterdessen in

Wien, wo ihnen die Zeit wahrscheinlich nicht so lang wird, als mir. Stedmere, der Schimmel, den Du kennst, ist mit Restleß, einer Stute des Fürsten Lichtenstein, auf eine Wette von 1000 Dukaten in Golde engagirt, welche erst den 18. April statthaben wird, aber bereits abgeschlossen ist. Stößt einem oder dem anderen Pferde etwas zu, was den Besitzer verhindert, es an dem bestimmten Tage laufen zu lassen, so zahlt er dem ohngeachtet die Wette. Ich zweifle nicht an Stedmeres Siege, und bedaure nur, nicht dabei gegenwärtig sein zu können, indem ich im April, wenn ich nicht schon todt bin, das Bad in Aachen gebrauchen muß. Die Stute Restleß ist erst kürzlich vom Fürsten Lichtenstein für 4000 Dukaten erkauft worden, ich kann sie aber zu meiner Verwunderung nicht im Stubbook finden, welches mir keine sonderliche Idee von ihrem Verdienste giebt.

Wenn es die Gelegenheit erlaubt, so bitte ich Dich, mich den hohen Herrschaften zu Füßen zu legen. Ich höre, der Herzog hat seinen Kriegern eine Medaille gegeben. Ich hoffe, er wird mir auch eine schicken, da ich auch zu seinen Kriegern zu gehören die Ehre gehabt habe, und ihm wahrlich nicht am wenigsten ergeben gewesen bin.

Geißmar war bei mir. Er hat mir erzählt, die Gräfin aus Kassel, deren Name mir im Augenblicke nicht beifällt, habe pis que pendre von mir gesprochen, eben so wie ihre Schwester, die geheime Oberhofcommère Wie närrisch! Es benimmt sich nichts einfältiger, als die Weiber, die die Prüden machen wollen, ohne es gewohnt zu sein. Da heißt es auch Naturam expellas furca, tamen usque recurrit. Schrecklose Wunder= und Gespenstergeschichten vom Schloß .... und einer weißen Frau, die dem liebenswürdigen Fräulein von Rothberg, der ich in Parenthese gesagt den Rock küsse, mehrmals erscheinen, und derselben ihren Beifall bezeigt haben, sind uns ebenfalls von Geißmar aufgetischt worden. Ohne die Ehre zu haben, mit der nicht nur hoch=

wohlgeborenen, sondern wahrscheinlich auch hochgestorbenen
weißen Ahnfrau bekannt zu sein, beweist wenigstens der
Beifall, den sie dem besten und holdesten aller deutschen
Fräuleins gezollt hat, daß ihr Geschmack der beste ist. Wie
würde es erst sein, wenn anstatt einer weißen Frau ein
weißer Mann umginge! Doch ich schreibe um Mitternacht,
und will keinem frevelhaften Gedanken Raum geben, aus
Furcht, die weiße Frau möchte mir über die Schultern gucken,
und erzürnt einen Nasenstüber reichen — denn in meinem
Schlößlein pflegen auch Geister umherzuwandeln, und manch
schauderhafte Mähre ist davon zu erzählen.

Das Papier hört auf, und Deine Geduld wahrscheinlich
auch. Drum schließe ich, nur das bitte ich mir noch aus,
Deiner Frau Gemahlin und Fräulein Rothberg so viel Liebes
und Schönes von mir zu sagen, als Du während der Dauer
einer Pfeife Tabak auszusinnen im Stande bist. Und so
lebe denn wohl, Trauter, und vergiß mein nicht.

H. Pückler.

17.
Pückler an Graf von Spiegel.
Muskau, den 17. Februar 1816.

Du antwortest mir verteufelt kurz, bester Spiegel, und
von Deiner liebenswürdigen Familie sprichst Du eben so
flüchtig, von der jedes Detail mich doch so lebhaft interessiren
würde. Ich hoffe, daß außer Deiner gestrengen Frau Ge=
mahlin und dem Ritter = und Geisterfräulein auch Mesde-
moiselles de Spiegel und der schöne Junge sich wohl be=
finden.

Der Gräfin Pappenheim gratulire ich, wieder unter der
Haube zu sein. Es ist dies immer ein guter Zustand. Der
Ehegespons schwebt mir nur noch dunkel vor. Ich sah ihn
nur einen Augenblick voriges Jahr in Frankfurt. Er kam

damals gerade von der Reise, und hatte sich nicht gewaschen. Daher sah er nicht eben sehr appetitlich aus, indessen: tout est bon pour un mari, ist überall die Maxime des weiblichen Tugendbundes.

Dem Großherzog bitte ich meinen unterthänigen Dank für die Uebersendung der Medaille abzustatten. Ich bitte ihn zugleich um die Erlaubniß, ihm im Monat Mai persönlich aufzuwarten, wo ich, um in's Bad nach Aachen zu gehen, auf dem Wege dahin mich einige Wochen in dem lieben, geistreichen und anmuthigen Weimar aufzuhalten gedenke. Ich habe auch schon deshalb alle meine bereits nach Italien geschickten Equipagen wieder zurück beordert, und hoffe deren Ankunft hier in drei Wochen.

In Weimar werde ich Dir wieder zwei neue englische Wagen produziren, die vorigen aber auch mitbringen, denn ich wünsche mir es diesmal so comfortable als möglich zu machen. Für meine Reitpferde ist mir so viel Geld geboten worden, daß ich sie alle verkauft habe, und nur noch den Stedmere besitze, der von drei Engländern abgewartet wird, und seinen Palast auf dem Simmring bei Wien bezogen hat, um seinen Meditationen über die bevorstehende Wette ungestörter nachhängen zu können.

Also auf baldiges Wiedersehen, guter Spiegel. Deiner Frau küsse ich die Hände, bei dem Geisterfräulein wage ich dieses aus Furcht vor ihrer zu großen Abneigung nicht, und begnüge mich hiermit devotest anfragen zu lassen, ob an dem bewußten Ritterkleide oder Frauenhembe (nach Friedrich Kind) der Halskragen nach meinem ohnmaßgeblichen Rathe dahin verändert worden ist, daß man die Kehrseite des sonst so ungemein schönen türkischen Stoffes nicht mehr durchblicken sieht? Diese mir höchst interessante Frage bitte ich ja genau zu beantworten, indem sie mir ein Licht mehr über den holdseligen Karakter besagten sehr fürtrefflichen Fräuleins aufstecken muß, und Menschenkenntniß sowohl im Einzelnen, als

im Allgemeinen zu erwerben, bekanntlich ein sehr lobens=
werthes Bestreben ist. In dieser Absicht gab ich unter anderen
auch neulich hier ein Fest, welches drollig genug ausgefallen
ist. Ich ließ nämlich, da ich im Grunde nirgends mehr
fremd bin, als bei mir zu Hause und daher wenig Menschen
kenne, durch die Zeitung der Provinz alle Welt zu einem
großen Maskenball einladen, wobei jedem der Eintritt ver=
stattet wurde, der nur eine Maske vorhatte; jedoch mit dem
ausdrücklichen Beding, sich nicht zu demaskiren, selbst nicht
beim Essen.

Damit Alle bei einem Soupé versammelt sein könnten,
hatte ich das Theater in einen Saal umgewandelt, Tische
von Brettern für eine Anzahl Personen darin zusammen=
schlagen, und, um mich auch der Oekonomie zu befleißigen,
die um die Tische laufenden Bänke mit den schwarztuchenen
Leichentüchern beschlagen lassen, die in unserer Familiengruft
aufbewahrt, und zur Beerdigung des jedesmal, respective selig,
verstorbenen Herrn, schon, glaube ich, seit sehr langer Zeit
gebraucht worden, denn die Motten hatten sie bereits stark
angenagt.

Ich selbst hatte mich krank gemeldet, und sah aus einer
loge grillée dem Spektakel zu. Wie tölpisch sich das gute
Volk benahm, ist gar nicht zu beschreiben, und da ich mit
Fleiß alles auf englische hier völlig unbekannte Art einge=
richtet hatte, und serviren ließ, so wurde die Konfusion
complett. Meine schönen englischen Krystallgefäße befanden
sich aber sehr schlecht dabei, denn ihre Stunde schlug meisten=
theils an diesem verhängnißvollen Tage. Eine prächtige
Punschbowle dieser Art mit glühendem Tranke gefüllt, zer=
schmetterte ein Elegant, indem er, sich zu eilfertig hinzu=
drängend, gerade mit dem Gesicht hineinstürzte, so daß alle
Umstehenden verbrüht wurden, und mehrere Damen einen
kleinen Schrei des Schreckens ausstießen, der mein fühlendes
Herz in der Loge beängstigte. Nach mehreren possirlichen

Unglücksfällen dieser Art, während welcher das ungeheure
Gedränge das Tanzen fast unmöglich machte, um so mehr,
da ich den Musikanten befohlen hatte, zuweilen aus einer
Ecossaise unvermerkt in einen Walzer, Symphonie oder Marsch
überzugehen, wobei der Kampf der Tanzenden mit der Musik
bald nachgebend, bald widerstrebend, ein seltsames Schauspiel
darbot — trat endlich die Stunde des Souper ein. Gegen
das Ende desselben ließ ich durch meine Getreuen mißbilligend
verbreiten, daß die Gäste eigentlich auf Leichentüchern säßen,
die noch kürzlich Leichname umhüllt hätten, und ein verwirrter
Mensch wie ich leicht fähig wäre, auch ein Ragout von
Leichen aufzutischen. Jeder griff bestürzt unter sich, und als
er das modrige Tuch fühlte, fuhren Viele ganz entsetzt in
die Höhe. In diesem Augenblick erzeigten mir die Mäuse
einen Dienst, den ich ihnen nie vergessen werde. Durch eine
alberne Anlage meiner Vorfahren befindet sich gerade über
dem Theater ein Kornboden. Durch diesen ging der Strick,
an welchem der altmodische Kronleuchter des Theaters hing.
Diesen Strick nun müssen die Mäuse zerfressen haben, denn
in dem Augenblicke, wo es bekannt wurde, woraus die Ge-
säße der verehrten Gesellschaft beständen, und wo jeder schon
mit Schauer Leichengeruch zu wittern meinte, stürzte mit
einem fürchterlichen Geprassel der alte Kronleuchter auf die
Mitte der Tafel. Nun war kein Halten mehr, alles wogte
zum Ausgang, und ein, mit seltener Geistesgegenwart, von
mir angeordnetes Feuergeschrei machte mein Haus in weniger als fünf Minuten zur Einöde. Ich hoffe, mich durch
die Fête um diese Provinz verdient gemacht zu haben, denn
längerer Stoff zu Kaffee-Visiten und Bierkränzchen ist
ihnen gewiß seit lange nicht vorgekommen.

Doch genug von meinen Thorheiten, dieses Kapitel bietet
auch nur zu viel Stoff dieser Art dar, und ohne Deine lako-
nische Kürze nachzuahmen, möchte ich Dir doch auch nicht gern
zu weitläufig erscheinen. Dein aufrichtiger Freund Pückler.

18.

Kontrakt des Luftschiffers Reichard mit Pückler.

Berlin, den 1. Oktober 1816.

Die Füllungskosten für meinen Luftball sind folgende:

1) 1400 Pfd. Schwefelsäure à 4 Gr. . . Thlr. 233. 8.
2) 14 Cetnr. Eisen à 3 Thlr. . . . . . = 42. —
3) 8 Stück Fässer à 5 Thlr. . . . . . = 40. —
4) 9 Stück Röhren zu repariren . . . = 6. —
5) Bänke für die Zuschauer . . . . . = 120. —
6) Druckkosten . . . . = 25. —
7) Wache . . . . = 15. —
8) Arbeitslohn . . . . = 25. —

Thlr. 506. 8.

Die Vergrößerung des Ballons und die
Füllung für den Herrn Grafen, laut
des von Professor Jungius beglaubigten
Anschlags . . . . = 583. 20.

Summa sämmtlicher Kosten Thlr. 1090. 4.

Davon bezahlen der Herr Graf am Tage
der Luftfahrt . . . . = 440. —

Folglich muß die Einnahme an der Kasse
betragen . . . . Thlr. 650. 4.

Machen der Herr Graf von Pückler = Muskau durch
Unterschrift dieses Papiers sich verbindlich für den Fall, daß
die Einnahme geringer als sechshundert und fünfzig Thaler
sei, nur die Hälfte dessen, was an obiger Summe fehlt,
mir zu restituiren, so bin ich bereit, die Luftfahrt mit Sr.
Hochgeboren zwischen heute und dem dreizehnten dieses
Monats, spätestens aber an diesem Tage, zu veranstalten.

Berlin, am 1. Oktober 1816.

G. Reichard.

19.

Pückler's Mutter, Gräfin Clementine von Seyde-
witz an ihren Sohn.

Den 30. Auguſt 1817.

Von fremden Menſchen höre ich, Du wäreſt verheirathet,
ich glaube es aber nicht, und zweifle gern daran, denn von
Fremden möchte ich ein ſolches wichtiges Ereigniß doch wohl
nicht zuerſt erfahren. Du haſt ja keine lahme Hand wie ich,
und doch auch ein grades, kindliches Herz. Ferner ſagt die
lügenhafte Berliner Fama, Du adoptirteſt Helminen, erhöbeſt
ſie zu einer Gräfin Pückler-Muskau; das iſt abermals eine
fauſſe nouvelle, die zweite finde ich klüger ausgedacht, daß
P. Eduard Helminen zur Prinzeſſin durch die Trauungs-
formel erwählet — ſie wird ſein Arzt durch die Liebe, ſo
iſt's recht, und gewöhnt ihm das Tabackſchnupfen ab. —
Dein Bruder Max hat ſeine Studien ſchon angefangen, und
iſt in Halle; ich bin froh, daß er jetzt Beſchäftigung hat,
denn Müßiggang iſt ſchädlich, von traurigen Folgen, beſonders
für einen jungen, lebhaften Mann, der dann oft dumme
Streiche aus Langerweile beginnt, die wieder gut zu machen
ſchwer hält, und oft unmöglich iſt. — Du haſt meine Vorwürfe aus einer ganz falſchen Anſicht genommen, die Sache,
nämlich die Wohnung Deiner Lucie in Hermannsruh fand
ich recht gut, nur die Art nicht, mir gar nichts davon zu
ſchreiben. — Lebe wohl, mein lieber alter Sohn, beſuche
mich künftiges Jahr in Alex. Das wärmere Klima wird
Dir vielleicht auch bald angenehm ſein.

Deine treue Mutter   C. S.

20.

E. T. A. Hoffmann an Pückler.

Berlin, den 24. Januar 1819.

Hochgeborener Herr Graf!

Es ist wohl schon eine geraume Zeit her, als Sie, hochgeehrtester Herr Graf! mich auf eine Art nach Muskau einluden, die mich nicht anders als recht tief in's Gemüth hinein erfreuen konnte, da sie mir auf's neue die freund=schaftliche Beachtung bewies, der Sie mich während Ihres Aufenthaltes in B. werth hielten.

Mein innigster Wunsch war, Ihrer gütigen Einladung folgen zu können, das Hochlöbliche Kammergericht hielt mich aber bei den Rockschößen fest, oder vielmehr, es ging mir mit meinem Urlaubsgesuch ebenso wie jenem Kranken vor dem Teich zu Bethesda in der Bibel, der immer zu spät kam, wenn der Engel das Wasser bewegt hatte; immer war schon ein Anderer vor ihm hineingesprungen! —

Später schrieb ich an Sie, hochverehrtester Herr Graf! einen langen sehr verwunderlichen Brief. — Es war darin viel von der deutschen Kirche auf dem Gensd'armes=Platz die Rede, in die mich der Zufall, der die Laune hatte, sich in die Uniform eines Polizeiinspektors zu werfen, hineinführte, als eben eine sehr feierliche Trauung eines überaus schönen jungen Paares vollzogen wurde. Aber unter allen Lichtern, Sternen, goldenen und silbernen Blitzen, suchte mein Geist, sich dazu meiner leiblichen Augen bedienend, jenes höchst in=teressante Mädchen, mit der ich einst das Glück hatte, auf einer wüsten Insel zusammenzukommen, und ihr zu beweisen, daß der zarte, keusche Schaum des sphärischsten aller Weine, nämlich des Champagners, von Rosenlipppen genippt (mit weniger Mühe läßt sich das in Verse bringen) jeden Kopfschmerz der Inhaberin jener Lippen verscheuche! — Es war ferner die Rede von einem glänzend erleuchteten Hoch=zeitshause, und von den verlockenden Seufzern einer Musik,

in der die Clarinetten, Flöten und Hoboen selbst in Françai=
sen und Gavotten nichts weiter sprechen als: Bald bist Du
mein, mein, mein.

Wie ich mich hingesetzt, erzählte ich ferner, in tiefer
Dämmerung etwas somnambül gestimmt, auf einer schnöden
Bank unter den Linden, und wirklich ganz öffentlich in
conspectu omnium, nur von einiger Nacht und den nicht
brennenden Laternen, sowie dem blendenden Glanz des Hoch=
zeitshauses geschützt, mit einem seltsamen Mann, der sich bei
mir eingefunden, und mit dem ich eine Flasche Champagner leerte.
(Der Restaurateur Jagor hatte sie nebst dem erforderlichen Trink=
geschirr höchst eigenhändig, oder vielmehr eigentaschig herbei=
gebracht.) Der seltsame Mann erzählte mir die wunder=
barsten Dinge. Am Ende war's ein alter Bekannter, nämlich
Ahasverus, der ewige Jude! —

Noch viel mehr stand in dem Briefe, als ich ihn in=
dessen absenden wollte, erfuhr ich, daß Sie, hochverehrtester
Herr Graf! sich auf weiten Reisen befänden. Ich schickte
den Brief daher nicht ab, und glaube aus diesem Grunde
mit Recht vermuthen zu können, daß Sie ihn nicht erhalten
haben.

Eben erfahre ich durch den G. R. Koreff, daß Sie,
hochverehrtester Herr Graf! sich wieder in Muskau befinden,
und ich beeile mich, Sie auf das angelegtlichste um die Fort=
dauer Ihres gütigen Wohlwollens zu bitten.

Sie fanden einiges Wohlwollen an meinen schriftstelle=
rischen Versuchen, eben in dem Augenblick hat ein Mährchen
von mir die Presse verlassen, das, wie mir scheint, die Ge=
burt einer etwas ausgelassenen ironisirenden Phantasie ist.
Ich überreiche Ihnen, hochgeehrtester Herr Graf! dies Phantasie=
stück, den „kleinen Zinnober,“ und empfehle den humoristischen
Wechselbalg Ihrer Protektion. Damit sich das Buch als
Autorexemplar bewähre, habe ich einige Druckfehler mit Blei=
stift herauskorrigirt. Zinnober's Portrait auf dem Deckel ist

sehr ähnlich, denn da sonst niemand den Kleinen zu Gesicht bekommen konnte, als ich selbst, so verfertigte ich auch selbst die Zeichnung.

Mit der ausgezeichnetsten Hochachtung habe ich die Ehre zu sein

hochgeborener, hochverehrtester Herr Graf,

Ihr ganz gehorsamster

Hoffmann.

21.

Pückler an Hoffmann.

Schloß Muskau, den 3. Februar 1819.

Bester, höchstverehrter Herr Kammer=Gerichts=Rath,

Wie viel Freude mir Ihr freundliches Andenken und Uebersendung „Zinnober's" gemacht hat, werden Sie kaum glauben, da Sie wahrscheinlich gar nicht wissen, wie sehr ich Sie liebe, und mich wie ein Eisenstäubchen vom Magnete, zu Ihnen mit einer Gewalt hingezogen fühle, daß ich es Kopf=unter Kopf=über nennen würde, wenn ich nicht zugleich fühlte, es sei noch passender zu sagen: Kopf=unter, Herz=über, weshalb ich auch bitte, diese meine Antwort mehr mit dem letzten als mit dem ersten zu beurtheilen.

Bis jetzt habe ich von „Zinnober" noch nichts gelesen, und mich blos am Umschlagskupfer ergötzt, den alten Be= kannten aber gleichfalls sprechend ähnlich gefunden, denn um etwas weit auszuholen, schon Cäsar (versteht sich nicht der Welteroberer in bello gallico, sondern nur der preußische Husarenrittmeister dieses Namens auf dem Aachener Kon= greß, wo es so manche Gelegenheit gab, sich an „Klein=Zaches" zu erinnern, wer nämlich vorher etwas von ihm wußte) Cäsar also verfolgte mich schon damals, um mir die Ge= schichte des kleinen Mannes zu erzählen. Ich hielt mir aber standhaft die Ohren zu, und wollte mir keine Freude der Ueberraschung verderben lassen, obgleich der Versucher mir zu wiederholtenmalen versicherte: Zinnober sei ein solcher Ausbund, daß er gar nicht das Licht der Welt werde erblicken dürfen.

Es muß eine Ahndung des mir Bevorstehenden, und so angenehm Eingetroffenen, gewesen sein, die mich stärkte, meine Neugierde zu zähmen, und wie froh bin ich dessen jetzt, da ich von „Klein=Zaches" nichts weiter weiß, als daß er Minister gewesen ist, ein Umstand, den er mit so viel anderen Ministern gemein hat, daß dem Interesse dadurch nichts abgebrochen werden kann. Sie aber, verehrtester Herr Kammer= Gerichts=Rath, sehe ich als den Potentaten an, der ihn ab= schickte, und da er mir eben ein von seinem Herrn eigenhändig geschriebenes, und was bei Souverainen noch seltener ist, sogar Höchstselbst verfaßtes Kreditiv überreicht hat, so wird er hier am Hofe, obgleich noch unbekannt, schon als ein= heimisch angesehen, und zu den andern Lieblingen der Phan= tasie und Nacht in des Teufels Küche logirt. Bei der ersten Audienz wollen aber einige Damen durchaus gegenwärtig sein, die sich schon nach Erblickung des bloßen Portraits so sehr in den Gesandten verliebt haben, daß ich ihn kaum vor schleuniger Entführung aus ihren schönen Händen retten konnte.

Alle Drei sind alte Bekanntinnen, und wenn ich nicht irre, war die Eine mit Ihnen, Hochverehrtester, auf der wüsten Insel, Champagner nippend. Bei dieser Anspielung muß ich Ihnen nun rund heraussagen, daß der lange Brief, von dem Sie im Auszuge davon sprechend, uns lüstern machen, Ihnen gar nicht erlassen werden kann; man fühlt sich durch gewisse Ausdrücke zu sehr geschmeichelt, um nicht auf das Ganze höchstbegierig zu sein, und wie mir scheint, eignen sich Zwei den Preis zu, der doch nur Einem galten kann.

Suchen Sie nur dem Kammergerichte diesmal zuvor-
zukommen, und lassen Sie sich von mir mitnehmen, wenn ich
im Frühling von Berlin, wo ich in vierzehn Tagen einzutreffen gedenke, wieder nach Muskau zurückkehre. Um meiner
bis dahin zu gedenken, schicke ich dem neuen Callot ein kleines
Bild des Alten, sonderbar genug an vielartiger Gestalt, sich
in Nebel und Duft phantastisch verlierend. Die Rückseite
giebt auch eine Federprobe Callot's, und die naiven alten
Worte gelten wieder für den Empfänger.

***

22.
Leopold Schefer an Pückler.

Konstantinopel, den 1. Mai 1819.

Hochgeborner Graf,
Gnädigster Herr Graf,

Seit einigen Tagen bin ich hier in Konstantinopel, die
schönstgelegene Stadt der Erde, und überall bezaubernd. Ehe
ich hieher kam, habe ich verschiedene Abentheuer und Lebens-
gefahren glücklich bestanden, so daß ich meinen Hals mein
nennen kann; unter anderen bin ich unter die Seeräuber gerathen; ich müßte es aber alles ausführlich erzählen, um es
Ihnen einigermaßen interessant zu machen.

Bei der Durchfahrt durch die Dardanellen habe ich die
in der litterarischen Welt fast unbekannten und unbesuchten
Alterthümer von Heraklea besucht, wo 7 alte Hügel, Gräber
sind, die denen in der Troas gleichen des Achills, und dem
Ajanteon. Alle Schlösser und Mauern in der Türkei sind
so reinlich und weiß abgeputzt, wie wenn sie eben fertig
geworden wären; so auch ist das Serai, welches das ganze
alte Byzanz allein einnimmt. Eben ging die Sonne prächtig
über Anatolien auf, als unser Schiff hineinfuhr, und die
goldenen Gitter der 400 Mädchen erleuchtete, und die ver-

goldeten Spitzen der Schami's, die Sophienkirche, St. Gio=
vanni und der Apostel. Unten am Meer steht ein bloßes
Kaffeehaus des Sultans von lauter edlen Steinen bekleidet,
was groß wie ein Pallast ist. Die Stadt ist unübersehlich,
man zählt anderthalb Millionen Menschen.

Wie wohlgeordnet die Stadt in polizeilicher Hinsicht ist,
ist über alles Vermuthen; der Kapudan Pascha reitet selbst
Tags und Nachts, wenigstens einmal durch die Straßen, die
unter ihm stehen (ich wohne in Pera, auf dem Stawrodrom).
Diese Nacht war Feuer in Scutari, es brannte bis morgens;
es sind aber nur 200 Häuser abgebrannt. Ueber ein tür=
kisches Haus an Bequemlichkeit der Einrichtung, Zierlichkeit
und Freundlichkeit geht keine andere Bauart.

Seit gestern ist die Pest ausgebrochen, und die
Menschen, die unzähligen, drängen sich durcheinander, und
wenden und drehen sich, ohne sich zu berühren. Die Kirch=
höfe sind an den schönsten Orten, und manche so voll Cy=
pressen, daß bei Tag Nacht drin ist. Seit der russische
Gesandte in einer Moschee ausgespukt, darf man weder die
Sophien= noch die anderen Kirchen, die jetzt Moscheen sind,
drinnen besehen. Der Sultan war vorgestern im Süßen
Wasser, der schönste Belustigungsort, der zu erdenken ist,
eine blumenvolle Wiese zwischen reizenden Hügeln voll
Menschen, und auch Weibern, die in niedrigen niedlichen
bunten Kinderwagen fahren, mit Rindern mit vergoldeten
Hörnern. Uebrigens sieht man Weiber und Mädchen genug,
die sich nach den jungen Männern sogar umwenden, wie
kaum in einer anderen Stadt. Das ist aber ein schlimmes
Zeichen; denn wenn sie besäßen, würden sie nicht wün=
schen. Dieser Tage hingen sie hier einen französischen Arzt
vor einem türkischen Hause auf. Das Volk bestand darauf.
Der Mann selber vertheidigte seine Frau; aber es half nichts,
er mußte hängen, sie ist entflohen, ohne gesäckt zu werden.

Dagegen ist die abscheuliche Liebe schöner Knaben un=
bestraft, und so üblich, daß sich 4 — 5 schöne Kinder um
einen Rubio (110 Paras) 1 Fl. Silber, einem ohne Scham
anbieten. Mädchen werden nicht geduldet; fast täglich gehen
Boote ab mit 4, 5, 6, die auf wüste kleine Inseln im Archipel
ausgesetzt werden. Die Türken haben eine sehr erfreuliche
Kinderliebe; sie tragen sie selbst auf ihrem Arm spaziren,
ein großer Trost für die Weiber! Zugleich lieben sie die
Blumen, die in ungeheurer Menge und Schönheit verkauft
werden. Das hat mehr Bezug auf die Frauen, die in dieser
himmlischen Sprache hier heimlich verständlich reden. Um
sie zu lernen, führe ich selber einen solchen Discours mit
einer jungen Armenierin mir gegenüber.

Die schönen weißen Wassertauben mit blauen Flügeln,
die in den Gewässern schwimmen, und sich oft auf die Boote
setzen, sind bei Todesstrafe zu beleidigen verboten, deswegen
sind sie so zahm. Der Marstall des Kaisers kommt jetzt auf
die Wiesen des süßen Wassers, die über dem Kenas (Kanal)
hinauf an dem alten Flüßchen Banbysos liegen. Wenn
der Herr Graf nicht einmal herkommen, werden Sie solche
edle Thiere nie sehen. Von Alterthümern ist doch einiges
zu sehen, eine Wasserleitung und ein alter Grabhügel aus
der urältesten Zeit. Dagegen ist der Sincitus, die Tempel=
stellen des Jupiters, Pluton, Juno, der Leda und der Venus
und der Hippodrom, wo Phidias' Zeus noch heute in der
Erde gestürzt liegt, und der Obelisk im Serail eingeschlossen.
Sonderbar wohnen die Mädchen gerade da, wo sonst der
Venustempel stand.

Der Stolz und die Dummheit der Griechen ist hier
fast unerträglich, auch der Mädchen, so daß die schönsten
Blumen oft, ja viel, ungebrochen verblühen!, weil sie Kaiser
oder Fürsten zu Männern haben wollen, von denen sie ab=
zustammen sich rühmen. Der Großherr, der nur Konstan=
tinopel sieht, wird auch verleitet, sein Reich für wohlhabend

und wohlgeordnet zu halten, indeß es eine Wüste und das schönste elendeste Reich der Erde sein mag, was ich ihm mit allen Reisenden bezeugen wollte. Es liegen 20 seiner Linienschiffe hier, die prächtig, ja sogar manche versilbert sind, aber Du lieber Gott! alles drinnen ist traurig, und drei amerikanische Fregatten, die schnell die Dardanellen herauf kämen, vernichteten dies ganze glänzende Elend.

Er selbst ist ein schöner, kräftiger Mann, dem man auf dem Gesicht so manche Wonne, aber auch so manchen Verdruß und Kummer deutlich lesen kann. Wenn Konstantinopel ein Reich wäre, wie sonst Städte Staaten waren, so wäre seins das erste Reich der Erde freilich. Die Kasernen sind ungeheuer und prächtig, aber die Soldaten sieht man eher für Falstaff's Nobelgarde an. Schon in Athen ist es lächerlich, wenn der rothbemantelte Woiwoda mit seiner Garde stolz durch die Stadt einherstolzirt, doch sind es wohl gute Männer, wie ich den Aga in Tino rühmen muß, und dem ich vielen Dank schuldig bin. Ueberhaupt ist das türkische Volk das treueste, edelste und einfachste der Erde. Ich ziehe sie allen vor.

Von den übrigen Reisen will ich nicht anfangen zu erzählen, nicht von Aegypten, noch Jerusalem und Palmyra, oder von Chio, wo ich diesmal das Glück hätte haben können, das schönste Mädchen zu heirathen, aber ich möchte nicht da bleiben, sie nicht fortgehen.

Ich bin überzeugt, daß ich durch meine treuen und aufrichtigen Erzählungen den Herrn Grafen noch einmal flott mache! Durch Ihre glücklichen Verbindungen steht Ihnen so manches nahe. Vielleicht auch die Gesandtschaft von Konstantinopel nach einigen Jahren. Denn der Graf Sladen will zurückkehren, ob er gleich den Ruhm des edelsten Mannes und des strengsten unter allen Gesandten hier hat, ein allgemein hochgeschätzter Mann. Der Herr Graf würden seinem Ruhm und Ruf würdig gleichkommen

Auch für Ihre Frau Gemahlin würde es eine unvergleich=
liche Unterhaltung fein! Ohne daß ich die Ehre habe, fie
zu kennen, scheint es mir fo, nach dem, was der Herr
Graf die Gnade gehabt haben, mir früher von ihr zu fagen,
und nach Rom in einem fo gnädigen und unschätzbaren
Briefe zu schreiben, den ich Abends im Mondenscheine
auf der Colonna Trajana gelefen habe, und der mir
alle die guten Gefinnungen gegen Sie wieder
zu haben fo huldvoll erlaubte, von denen meine
Seele voll ift.

Unter zwanzig Unterbrechungen mit meiner schönen Ar=
menierin hier drüben, habe ich diefen Brief geschrieben, und
der Herr Graf werden die Gnade haben, feine Ungeordnet=
heit verzeihen zu wollen. Aus Petersburg denke ich Ihnen
den nächsten Brief zu schreiben, von da will ich

> arm am Beutel,
> krank am Herzen

wie Goethe fagt, über Stettin nach Muskau zurückkehren.
Vielleicht auch über Wien, um Geld zu ersparen, da meine
Caffa ziemlich eingeschmolzen ift, fo daß ich vielleicht ohne
einen Thaler Geld zurückkehren werde. Schulden hätte ich
fehr leicht fehr viele machen können, aber meine Ehrlichkeit
hat mich daran verhindert, da ich bis dato nicht wüßte, fie
zu bezahlen; fie bestehen in 10 Venez. Ducaten und 23 Co=
lonaten, die mir aufgedrungen worden find. Man fagt hier,
das schöne Messina fei ein zweitesmal untergegangen
Uebrigens liest man hier nichts, als den „Oesterreichischen Be=
obachter" (ein affichirtes elendes und auf Schrauben gestell=
tes Blatt) und den „Freimüthigen". Erlauben Sie mir
gnädigft mit der größten Ehrerbietung mich zu nennen

Ew. Hochgeboren

ganz unterthänigfter Diener
Leopold Schefer.

23.

Weisflog an Pückler.

Sagan, den 2. September 1820.

Hochgeborener Herr Graf,
Höchstzuverehrender Herr,

Die Welt der Blumen, der Ideale und der Phantasieen, das ist die eigentliche Heimath, nach der das Herz sich sehnet, sei es nun mit Strahlen umgeben, oder werde es im gewöhnlichen Philisterleben als ein unnützer Appendix auf der Straße der vierten Bitte dahingeschleppt. In dieser unserer eigentlichen Welt — hochverehrter Herr Graf — bin ich nie von Ihrer Seite gewichen, aber auch niemals in der wirklichen mit Ihnen je in Opposition oder in Streite befangen gewesen.

Daß mich das Ober-Landesgericht schlechterdings nöthigen wollte, mit Ew. Hochgebohren einen neuen Justitiarats-Kontract zu errichten, wozu ich gar keine Lust hatte und habe, meine alten Verhältnisse zu dem verehrten Standes-herren mir viel zu lieb sind, als daß ich sie mit neuen vertauschen sollte, dies scheint mir, sowie alles andere blos von Herrn Dehn ausgegangen zu sein. Noch viel weniger aber habe ich jemals Theil an dem Prozesse der Frau von Maltitz gegen Ew. Hochgeboren genommen, vielmehr derselben gleich im Anfange auf des bestimmteste meine Mitwirkung in Rath und That verweigert

da ich niemals im geringsten gegen Ew. Hochgeb.
dienen würde,

wobei es denn auch verblieben, dergestalt, daß ich gar nicht das geringste von dieser Sache weiß.

Daß alle diese elenden Philistereien, alle Akten, Prozesse und Advokaten Sie — hochverehrter Herr Graf — von Herzen anekeln, das verdenke ich Ihnen ganz und gar nicht. Bin ich mir doch deshalb selbst, obschon ich auch noch etwas

anders bin, oft ein Scheuel und Gräuel. Um desto heller
ist der Lichtpunkt meines Lebens, den Ew. Hochgeboren mir
in der Lebensluft Ihres freundlichen Schreibens angezündet
haben. Ersehe ich doch daraus, daß Sie aus der Legirung
des Menschen noch immer so wie sonst das Quintlein reinen
Silbers herauszufinden wissen, und daß doch auch ich nicht
ganz und gar aus lauter schnödem Advokatenkupfer bestehe.
Wäre diese schwarz angelaufene Isis nur ein klein wenig
mehr presentable, gewiß

        die schönen Tage von Aranjuez

— das heißt, die schönen Tage von Muskau sollten nicht zu
meinen tempi passati gehören. Denn Sie wissen es ja
— hochverehrter Herr Graf —

> dort bei der Kerzen hellem Schimmer
> wird auch ein beßres Auge blind.
> Auf glattem Boden scheinen immer
> wir Uzims kleiner noch und krümmer
> und zehnmal kränker noch und dümmer
> als wir es in re vera sind.

Daß Ew. Hochgeboren mir übrigens mit dem Oel=
zweige entgegen kommen, steht Ihrer scherzhaften Laune
überaus wohl, und ich komme mir dabei vor wie Se. Durch=
laucht der Fürst Reuß=Greiz=Lobenstein, als ihn der Kaiser
Alexander in die heilige Alliance aufnahm, wobei ich denn
nicht umhin kann, über mich selbst beträchtlich zu lachen.

Auf jeden Fall — hochgeehrter Herr Graf — hat noch
dieser Beweis davon, daß Sie meiner noch freundlich und
gütig gedenken und sogar des Brama noch nicht vergessen
haben, der bei mir noch immer über die Erde zieht, sehr
glücklich gemacht.

Noch ehe Ihre neuseeländische Rose Ihr Gewächshaus
mit Ranken und Blumen überzogen |haben wird, werde ich
vielleicht Gelegenheit haben, Ihnen meine Gefühle ununter=
brochener Verehrung und Ergebenheit mündlich zu wieder=
holen, und dabei mich herzlich und innig Ihrer neuen Natur=

schöpfungen zu erfreuen. Dafür mögen Sie, wenn Sie es nicht verschmähen, auch ein wenig in meinem poetisch roman= tischen Walde spazieren, den ich mit mir herum trage, und von dem ich nun einige Zweiglein ins Herbarium vivum — das heißt auf's Papier gebracht habe. Dies alles, — hochverehrter Herr Graf — soll und muß uns werden bei herzlichem Lachen und erkecklichem Trinken, dafern nicht die Gegenwart ein unheimlicher Spuck der Vergangenheit ist.

Wir sind vielleicht schon lange todt, wandeln spuckhaft durch die stille Nacht. Kein Laut regt sich, nur heimliche Worte flüstern. Da erregt ein Spaß vor 50 Jahren ein lautes Lachen. Aber wir erwachen drüber und finden uns allein in der stillen schaurigen Geisternacht. Möge das holde freundliche Leben der Wirklichkeit Sie — hochverehrter Herr Graf — beglücken!

Ich bin in unverändert hochachtungsvollem Respekte

Ew. Hochgeboren gehorsamster Diener

C. Weisflog.

Berichtigungen.

Im vierten Bande sind folgende Irrthümer zu verbessern: auf dem Titel muß es anstatt: „Briefwechsel zwischen Pückler und Ludmilla Assing" heißen: „Briefe Pückler's an Ludmilla Assing."

Seite 298 sind die Worte „Nach der Heirath" vor dem 53. Brief zu streichen.